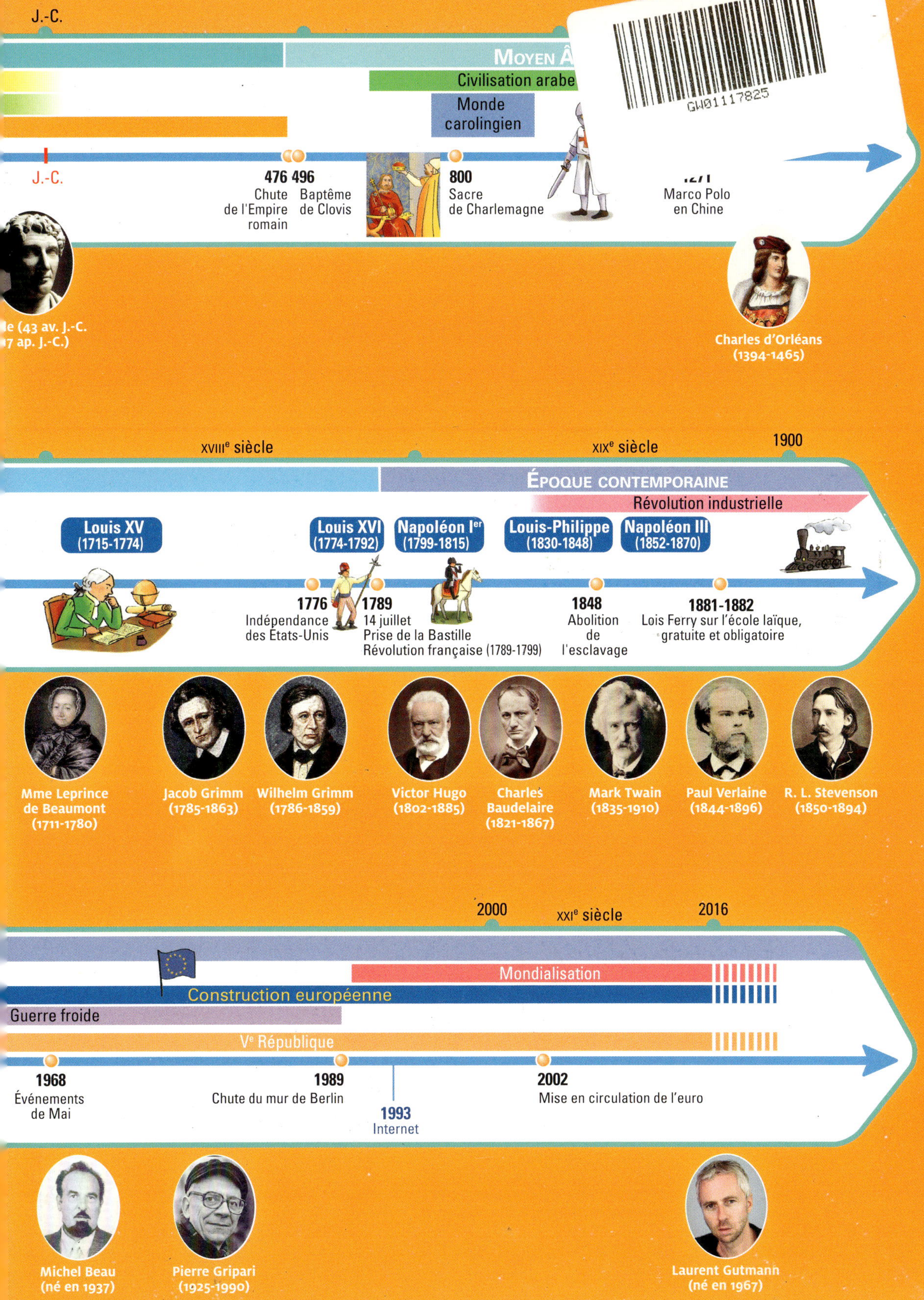

J.-C.

MOYEN ÂGE

Civilisation arabe

Monde carolingien

J.-C.

476 Chute de l'Empire romain
496 Baptême de Clovis
800 Sacre de Charlemagne
1271 Marco Polo en Chine

(43 av. J.-C. – 17 ap. J.-C.)

Charles d'Orléans (1394-1465)

XVIIIe siècle — XIXe siècle — 1900

ÉPOQUE CONTEMPORAINE

Révolution industrielle

Louis XV (1715-1774)
Louis XVI (1774-1792)
Napoléon Ier (1799-1815)
Louis-Philippe (1830-1848)
Napoléon III (1852-1870)

1776 Indépendance des États-Unis
1789 14 juillet Prise de la Bastille Révolution française (1789-1799)
1848 Abolition de l'esclavage
1881-1882 Lois Ferry sur l'école laïque, gratuite et obligatoire

Mme Leprince de Beaumont (1711-1780)
Jacob Grimm (1785-1863)
Wilhelm Grimm (1786-1859)
Victor Hugo (1802-1885)
Charles Baudelaire (1821-1867)
Mark Twain (1835-1910)
Paul Verlaine (1844-1896)
R. L. Stevenson (1850-1894)

2000 — XXIe siècle — 2016

Mondialisation

Construction européenne

Guerre froide

Ve République

1968 Événements de Mai
1989 Chute du mur de Berlin
1993 Internet
2002 Mise en circulation de l'euro

Michel Beau (né en 1937)
Pierre Gripari (1925-1990)
Laurent Gutmann (né en 1967)

Nouveau programme 2016

Français

L'envol des lettres

CYCLE 3 — 6ᵉ

Sous la direction de Florence Randanne
Agrégée de Lettres classiques
Académie d'Amiens

Jennifer Cléry
Certifiée de Lettres classiques
Collège Jules Ferry, Conty, académie d'Amiens

Florence Cognard
Agrégée de Lettres classiques
Académie d'Amiens

Martine Dewald
Agrégée de Lettres modernes, formatrice
Académie de Caen

Patricia Fize
Agrégée de Lettres modernes
Académie de Caen

Cédric Hannedouche
Agrégé de Lettres modernes
Collège Denis Diderot, Dainville, académie de Lille

Émilie Manidren
Certifiée de Lettres modernes
Collège Val de Nièvre, Domart-en-Ponthieu, académie d'Amiens

Mirita Merckaert Ribeiro
Agrégée de Lettres modernes,
Missionnée pour l'enseignement du théâtre
DAAC de l'académie d'Amiens

Martine Schwebel
Agrégée d'Arts plastiques

Elvire Sergheraert
Agrégée de Lettres classiques
Lycée Louis Thuillier, académie d'Amiens

Belin:

Attendus de fin de cycle 3 : détail des compétences évaluées dans votre manuel

Programme du cycle 3	Évaluation des compétences dans le manuel
Comprendre et s'exprimer à l'oral	
• Écouter pour comprendre un message oral, un propos, un discours, un texte lu.	• S'exprimer à l'oral : séquences 2 (p. 52), 4 (p. 96), 5 (p. 118)
• Parler en prenant en compte son auditoire.	• S'exprimer à l'oral : séquences 1 (p.30), 2 (p. 52), 3 (p. 73), 4 (p. 96), 7 (p. 158), 8 (p. 178), 12 (p. 274)
• Participer à des échanges dans des situations diversifiées.	• Bilans de fin de séquence : séquence 1 (p. 30) • S'exprimer à l'oral : séquences 2 (p. 52), 3 (p. 73), 4 (p. 96), 5 (p. 118), 6 (p. 140), 7 (p. 158), 9 (p. 202), 10 (p. 226), 11 (p. 250), 12 (p. 274) • S'exprimer à l'écrit : séquences 2 (p. 53), 6 (p. 140), 10 (p. 227), 11 (p. 251), 12 (p. 275)
• Adopter une attitude critique par rapport au langage produit.	• S'exprimer à l'oral : séquences 4 (p. 96), 5 (p. 118), 7 (p. 158), 9 (p. 202), 11 (p. 250) • S'exprimer à l'écrit : séquence 10 (p. 227)
Lire	
• Lire avec fluidité.	• S'exprimer à l'oral : séquences 2 (p. 52), 5 (p. 118), 11 (p. 250), 12 (p. 274)
• Comprendre un texte littéraire et l'interpréter.	• Lecture intégrale : séquences 3 (p. 68), 6 (p. 136), 8 (p. 176) • Bilans de fin de séquence : séquences 2 (p. 55), 3 (p. 75), 4 (p. 99), 5 (p. 121), 6 (p. 141), 7 (p. 161), 9 (p. 205), 10 (p. 229), 11 (p. 253), 12 (p. 277) • S'exprimer à l'oral : séquences 5 (p. 118), 6 (p. 140), 9 (p. 202), 10 (p. 226), 11 (p. 250), 12 (p. 274) • S'exprimer à l'écrit : séquences 1 (p. 31), 3 (p. 74), 8 (p. 178), 9 (p. 203)
• Comprendre des textes, des documents et des images et les interpréter.	• Bilans de fin de séquence : séquence 4 (p. 99) • S'exprimer à l'écrit : séquence 2 (p. 53)
• Contrôler sa compréhension, être un lecteur autonome.	• Bilans de fin de séquence : séquences 2 (p. 55), 4 (p. 99), 5 (p. 121), 7 (p. 161), 9 (p. 205), 10 (p. 229), 11 (p. 253), 12 (p. 277).
Écrire	
• Écrire à la main de manière fluide et efficace.	• Bilans de fin de séquence : séquences 2 (p. 55), 7 (p. 161), 9 (p. 205), 11 (p. 253) • S'exprimer à l'écrit : séquences 3 (p. 74), 7 (p. 159), 9 (p. 203), 11 (p. 251)
• Écrire avec un clavier rapidement et efficacement.	• S'exprimer à l'écrit : séquences 5 (p. 119), 6 (p. 140), 10 (p. 227), 11 (p. 251), 12 (p. 275)
• Recourir à l'écriture pour réfléchir et pour apprendre.	• Bilans de fin de séquence : séquences 2 (p. 55), 4 (p. 99), 5 (p. 121), 6 (p. 141), 7 (p. 161), 9 (p. 205), 11 (p. 253), 12 (p. 277) • S'exprimer à l'oral : séquences 1 (p. 30), 7 (p. 158) • S'exprimer à l'écrit : séquences 3 (p. 74), 5 (p. 119)
• Produire des écrits variés.	• Bilans de fin de séquence : séquences 2 (p. 55), 3 (p. 75), 4 (p. 99), 5 (p. 121), 6 (p. 141), 9 (p. 205), 10 (p. 229), 12 (p. 277) • S'exprimer à l'oral : séquences 8 (p. 178), 9 (p. 202) • S'exprimer à l'écrit : séquences 1 (p. 31), 3 (p. 74), 4 (p. 97), 5 (p. 119), 6 (p. 140), 7 (p. 159), 8 (p. 178), 9 (p. 203), 11 (p. 251), 12 (p. 275)
• Réécrire à partir de nouvelles consignes ou faire évoluer son texte.	• Bilans de fin de séquence : séquences 2 (p. 55) • S'exprimer à l'écrit : séquences 1 (p. 31), 2 (p. 53), 3 (p.74), 4 (p. 97), 10 (p. 227), 12 (p. 275)
• Prendre en compte les normes de l'écrit pour formuler, transcrire et réviser.	• Bilan de fin de séquence : séquences 10 (p. 229), 11 (p. 253) • S'exprimer à l'écrit : séquences 4 (p. 97), 5 (p. 119), 6 (p. 140)
Comprendre le fonctionnement de la langue	
• Maitriser les relations entre l'oral et l'écrit.	• S'exprimer à l'oral : séquences 7 (p. 158), 9 (p. 202), 12 (p. 274) • S'exprimer à l'écrit : séquence 11 (p. 251) • Fiches Étude de la langue : fiches 19 (p. 310), 34 (p. 340), 35 (p. 341), 36 (p. 343), 37 (p. 344), 38 (p. 345).
• Acquérir la structure, le sens et l'orthographe des mots.	• S'exprimer à l'écrit : 4 (p. 97), 7 (p. 159), 12 (p. 275) • Fiches Étude de la langue : fiches 1 (p. 280), 2 (p. 282), 3 (p. 283), 4 (p. 284), 5 (p. 286), 6 (p. 287), 7 (p. 288), 8 (p. 290), 9 (p. 291), 10 (p. 292), 11 (p. 294), 12 (p. 296), 13 (p. 298)
• Maitriser la forme des mots en lien avec la syntaxe.	• S'exprimer à l'écrit : séquences 2 (p. 53), 4 (p. 97) • Fiches Étude de la langue : fiches 31 (p. 334), 32 (p. 336), 33 (p. 338), 34 (p. 340), 35 (p. 341), 36 (p. 343), 37 (p. 344), 38 (p. 345)
• Observer le fonctionnement du verbe et l'orthographier.	• Fiches Étude de la langue : fiches 14 (p. 300), 15 (p. 302), 16 (p. 304), 22 (p. 315), 23 (p. 318), 24 (p. 320), 25 (p. 322), 26 (p. 323), 27 (p. 325), 28 (p. 328), 29 (p. 330), 30 (p. 332), 32 (p. 336)
• Identifier les constituants d'une phrase simple en relation avec son sens ; distinguer phrase simple et phrase complexe.	• Fiches Étude de la langue : fiches 14 (p. 300), 15 (p. 302), 16 (p. 304), 17 (p. 306), 18 (p. 308), 19 (p. 310), 20 (p. 311), 21 (p. 313)

L'envol des lettres 6ᵉ

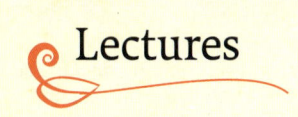

Lectures

Séquence 1 — La rentrée dont vous êtes le héros

Le monstre, aux limites de l'humain

Séquence 2 — Les sorcières, de la peur au rire
Séquence 3 — *La Belle et la Bête* (œuvre intégrale)
Séquence 4 — Ulysse mis à l'épreuve
Séquence 5 — Les héros face aux monstres

Récits d'aventures

Séquence 6 — *Les Aventures de Tom Sawyer* (œuvre intégrale)
Séquence 7 — Redoutables pirates

Résister au plus fort : ruses, mensonges et masques

Séquence 8 — Le Petit Poucet au théâtre (œuvre intégrale)
Séquence 9 — Tel est pris qui croyait prendre

Récits de création ; création poétique

Séquence 10 — Récits du Déluge
Séquence 11 — La poésie au fil des saisons
Séquence 12 — Bestiaire poétique

Étude de la langue

© Éditions Belin, 2016, 170 bis boulevard du Montparnasse, 75680 Parix Cedex 14
ISBN 978-2-7011-9844-6

1 La rentrée dont vous êtes le héros 12

▶ Comment les écrivains abordent-ils le thème de la rentrée scolaire ? Vous reconnaissez-vous dans les expériences et les sentiments qu'ils expriment ?

Lectures

1. David Lescot, *J'ai trop peur* — 14
→ Découvrir un texte de théâtre
→ Comprendre les émotions du personnage

2. Philippe Delerm, *C'est bien* — 16
→ Lire un récit d'enfance
→ Mettre des textes en relation

3. Marcel Pagnol, *Le Temps des secrets* — 18
→ Comprendre l'implicite d'un récit
→ Identifier des sentiments variés

4. Sempé et René Goscinny, *Le Petit Nicolas* — 20
→ Identifier un narrateur
→ Comprendre le choix d'un point de vue pour raconter une histoire

5. Susie Morgenstern, *La Sixième* — 22
→ S'interroger sur les idées d'un personnage
→ Se faire une opinion

▶ **L'Antiquité et nous** L'école au temps des Romains — 24
Henry Winterfeld, *L'Affaire Caïus*

▶ **Cinéma** Les représentations de l'école au cinéma — 26

Compétences langagières et linguistiques

Méthode Lire un article du dictionnaire — 28
Vocabulaire Les mots de l'école — 29
S'exprimer à l'oral Décrire l'école d'hier et de demain — 30
S'exprimer à l'écrit Rédiger un journal de rentrée ATELIER — 31

2 Les sorcières, de la peur au rire 32

Le monstre, aux limites de l'humain

▶ Pourquoi la sorcière apparaît-elle comme une figure monstrueuse ? Comment est-elle représentée dans les contes d'hier et d'aujourd'hui ?

Repères Les multiples visages de la sorcière — 34

▶ **Entrer dans la séquence**
Jacques Charpentreau, « Au marché des sorcières… » — 35

Lectures

1. Jacob et Wilhelm Grimm, « Dame Trude » — 36 *Texte intégral*
→ Découvrir la sorcière d'un conte traditionnel
→ Comprendre le sens d'un conte

2. Pierre Gripari, « La Sorcière de la rue Mouffetard » — 38 *Texte intégral*
→ Découvrir la sorcière d'un conte contemporain
→ Identifier des procédés de détournement

3. Roald Dahl, *Sacrées Sorcières* — 44
→ Étudier le portrait d'un personnage effrayant
→ Interpréter les sentiments d'un narrateur personnage

▶ **Histoire des arts** Les sorcières dans les arts — 46

▶ **Vers d'autres lectures** Histoires de sorcières — 48

Compétences langagières et linguistiques

Méthode Améliorer un brouillon — 49
Vocabulaire Le pouvoir des sorcières — 50
Grammaire Les types de phrases — 51
S'exprimer à l'oral Jeu de rôles : parler comme une sorcière — 52
S'exprimer à l'écrit Détourner un conte de fées ATELIER — 53

▶ **Je fais le point** Bilan et évaluation — 54
Roald Dahl, *Sacrées Sorcières*

3 La Belle et la Bête 56
Le monstre, aux limites de l'humain

▶ Quel est le rôle du monstre dans le conte de fées ?
En quoi la Bête est-elle un monstre merveilleux ?

Madame Leprince de Beaumont, La Belle et la Bête *Parcours d'une œuvre*

Repères Un conte universel 58
▶ **Entrer dans la séquence** 59

Lectures

1. Il y avait une fois… 60
→ Étudier le début d'un conte
→ Se représenter les personnages

2. Un monstre terrifiant 62
→ Découvrir un lieu caractéristique du conte de fées : le château
→ Relever les indices du merveilleux

3. Une Bête sans esprit 64
→ S'interroger sur la figure du monstre
→ Étudier un dialogue du conte

4. La fin de l'enchantement 66
→ Comprendre l'évolution d'un personnage
→ Interpréter le dénouement

▶ **Lecture intégrale** Lire *La Belle et la Bête*, de Madame Leprince de Beaumont 68

Compétences langagières et linguistiques

Méthode Lire un photogramme 69
Cinéma Les visages de la Bête au cinéma 70
Vocabulaire Le monde des monstres et du merveilleux 72
S'exprimer à l'oral Commenter une illustration de conte 73
S'exprimer à l'écrit Faire le portrait d'un loup-garou ATELIER 74

↘ **Je fais le point** Bilan et évaluation 75

---

4 Ulysse mis à l'épreuve 76
Le monstre, aux limites de l'humain

▶ Comment les monstres de L'Odyssée d'Homère incarnent-ils les peurs de l'être humain ?

Homère, L'Odyssée *Parcours d'une œuvre*

Repères L'Odyssée : le récit du voyage d'Ulysse 78
▶ **Entrer dans la séquence**
Homère, L'Odyssée 79

Lectures

1. Ulysse et le Cyclope 80
→ Identifier le caractère monstrueux du Cyclope
→ Découvrir les limites de la force et le pouvoir de la ruse

2. La déesse Circé 84
→ Découvrir un personnage monstrueux et séduisant
→ Comparer deux textes traitant du même sujet

3. Ulysse et les Sirènes 86
→ Découvrir le mythe d'Ulysse et des Sirènes
→ S'interroger sur l'attitude du héros face à un monstre tentateur

4. Charybde et Scylla 88
→ Identifier dans les monstres une personnification de dangers naturels
→ Exprimer des émotions fortes et s'interroger sur leur sens

▶ **Histoire des arts** Portraits du cyclope Polyphème 90
▶ **L'Antiquité et nous**
« Muse, chante-moi ce héros… » 92
Invocations à la Muse de *L'Iliade* et de *L'Odyssée*

Compétences langagières et linguistiques

Méthode Utiliser un pad d'écriture collaborative en ligne 93
Vocabulaire Les racines grecques 94
Grammaire L'impératif présent 95
S'exprimer à l'oral Conter un nouvel épisode de *L'Odyssée* 96
S'exprimer à l'écrit Écrire à plusieurs une nouvelle aventure d'Ulysse ATELIER 97

↘ **Je fais le point** Bilan et évaluation 98
Homère, L'Odyssée

5 Les héros face aux monstres 100

Le monstre, aux limites de l'humain

▶ *Comment, dans les mythes grecs, l'affrontement avec les monstres permet-il de révéler les qualités du héros ?*

Repères Héros et monstres mythiques — 102

▶ **Entrer dans la séquence** — 103

Lectures

1. Pseudo-Apollodore, *Bibliothèque* : Héraclès et l'hydre de Lerne — 104
   → Découvrir l'un des travaux d'Héraclès
   → Comprendre comment le monstre représente une épreuve pour le héros

2. *Le Robert Junior* : Thésée et le Minotaure — 106
   → Découvrir un monstre hybride
   → Comprendre qu'un mythe se décline en différentes versions

3. Émile Genest, *Contes et légendes mythologiques* : Persée et Méduse — 108
   → Repérer la construction du héros dans le combat avec le monstre

4. Marie-Thérèse Davidson, *Œdipe le maudit* : Œdipe et la Sphinx — 110
   → Découvrir le mythe d'Œdipe
   → Découvrir un autre type d'affrontement entre un monstre et un héros

▶ **Cinéma** Monstres et héros mythiques au cinéma — 112

▶ **L'Antiquité et nous** Les expressions tirées des mythes grecs — 114
Brigitte Heller, *Petites Histoires des expressions de la mythologie*

Compétences langagières et linguistiques

Méthode Préparer et présenter un diaporama — 115
Vocabulaire L'affrontement entre héros et monstres — 116
Grammaire Les emplois du présent — 117
S'exprimer à l'oral Lire des récits à voix haute — 118
S'exprimer à l'écrit Réaliser un recueil de récits sur un monstre ATELIER — 119

▶ **Je fais le point** Bilan et évaluation — 120
Pseudo-Apollodore, *Bibliothèque*

---

6 Les Aventures de Tom Sawyer 122

Récits d'aventures

▶ *Comment les récits d'aventures apprennent-ils à entrer dans la vie ?*

Mark Twain, *Les Aventures de Tom Sawyer* — Parcours d'une œuvre

Repères Un roman d'aventures sur les rives du Mississippi — 124

▶ **Entrer dans la séquence** — 125
Jouer aux Indiens (chapitre XVI)

Lectures

1. Le sens des affaires (chapitre II) — 126
   → Découvrir le personnage principal du roman

2. Drame dans un cimetière (chapitre IX) — 128
   → Étudier une scène d'action
   → Comprendre l'implicite de certaines actions

3. Tom au tribunal (chapitre XXIII) — 130
   → Comprendre les interactions entre les personnages

4. Dans la maison abandonnée (chapitre XXVI) — 132
   → Identifier le motif des témoins cachés
   → Comprendre comment le jeu des enfants devient réalité

5. Découverte du trésor (chapitre XXXIII) — 134
   → Analyser un cadre propice au mystère

▶ **Lecture intégrale** Lire *Les Aventures de Tom Sawyer*, de Mark Twain — 136

Compétences langagières et linguistiques

Vocabulaire Les mots de l'aventure — 137
S'exprimer à l'oral — 138
Jouer une scène du roman
S'exprimer à l'écrit — 138
Imaginer et rédiger un récit d'aventures

▶ **Je fais le point** Bilan et évaluation — 139

7 Redoutables pirates 140

Récits d'aventures

▶ En quoi les romans de pirates sont-ils aussi des récits d'aventures ? Comment tiennent-ils le lecteur en haleine ?

Repères Les pirates, de la réalité au roman   142

● **Entrer dans la séquence**
Robert Louis Stevenson, *L'Île au trésor*   143

Lectures

1. Robert Louis Stevenson, *L'Île au trésor*   144
→ Comprendre l'importance du hasard dans le début de l'aventure

2. John Meade Falkner, *Moonfleet*   146
→ Comprendre comment le récit capte l'attention du lecteur

3. James Matthew Barrie, *Peter Pan*   148
→ Analyser le portrait d'un pirate légendaire

4. Pierre Mac Orlan, *Les Clients du Bon Chien Jaune*   150
→ Étudier une scène d'abordage

● **Histoire des arts** Le *Hollandais-Volant* à travers les arts   152

● **L'Antiquité et nous** Piraterie en Méditerranée   154
Ovide, *Les Métamorphoses*

Compétences langagières et linguistiques

Méthode Réussir un exposé   155
Gilles Lapouge, *Les Pirates*

Vocabulaire L'aventure et la piraterie   156

Grammaire Les formes du pluriel   157

S'exprimer à l'oral Réaliser une interview imaginaire ATELIER   158

S'exprimer à l'écrit Écrire le journal de bord d'un pirate   159

▼ **Je fais le point** Bilan et évaluation   160
Pierre Mac Orlan, *Les Clients du Bon Chien Jaune*

8 Le Petit Poucet au théâtre 162

Résister au plus fort : ruses, mensonges et masques

▶ Comment les épreuves vécues par le Petit Poucet aident-elles les enfants à grandir ?

Laurent Gutmann, *Le Petit Poucet ou Du bienfait des balades en forêt dans l'éducation des enfants* *Parcours d'une œuvre*

Repères *Le Petit Poucet*, une pièce de théâtre inspirée d'un conte de Perrault   164

● **Entrer dans la séquence**   165
Charles Perrault, *Le Petit Poucet* ;
Laurent Gutmann, *Le Petit Poucet* (scène 1)

Lectures

1. Des parents démunis (scène 2)   166
→ Comprendre ce qui déclenche l'action

2. Seul dans la forêt (scène 11)   168
→ Étudier un monologue
→ Analyser l'expression de la peur

3. Les ruses du Petit Poucet (scènes 14 et 18)   170
→ Identifier les ruses du Petit Poucet
→ Découvrir le rôle des didascalies

4. Un retour héroïque (scène 20)   172
→ Interpréter le dénouement de la pièce
→ Comprendre la morale d'une histoire

● **Histoire des arts** Du conte au théâtre, la représentation de l'ogre   174

● **Lecture intégrale** Lire *Le Petit Poucet*, de Laurent Gutmann   176

Compétences langagières et linguistiques

Vocabulaire L'expression de la peur   177

S'exprimer à l'oral Jouer l'ogre dans la forêt   178

S'exprimer à l'écrit Écrire une scène de théâtre   178

▼ **Je fais le point** Bilan et évaluation   179

9 Tel est pris qui croyait prendre 180

Résister au plus fort : ruses, mensonges et masques

▶ Comment la ruse permet-elle au plus faible de triompher du plus fort ? Pourquoi rit-on quand le trompeur est trompé à son tour ?

Repères La ruse en littérature 182

▶ **Entrer dans la séquence** 183

Lectures

1. Jean de La Fontaine, *Le Corbeau et le Renard* 184
→ Comprendre la mise en place d'une ruse

2. Jean de La Fontaine, *Le Coq et le Renard* 186
→ Découvrir une fable qui déjoue les attentes du lecteur

3. Anonyme, *La Farce du pâté et de la tarte* 188
→ Comprendre le mécanisme de la farce

4. Molière, *Les Fourberies de Scapin* 190
→ Saisir les effets comiques du retournement de situation

5. Anonyme, *Le Vilain et la Tarte* **Texte intégral** 192
→ Étudier un fabliau
→ Lire un récit qui remet en question la loi du plus fort

▶ **Histoire des arts** L'art de tromper le regard 196

▶ **L'Antiquité et nous** D'Ésope à La Fontaine 198
Ésope, *Du Renard et de la Cigogne* ;
Jean de La Fontaine, *Le Renard et la Cigogne*

Compétences langagières et linguistiques

Vocabulaire Les mots de la ruse et de la force 200

Grammaire Les mots trompeurs : homonymes et paronymes 201

S'exprimer à l'oral Transformer un fabliau en scène de farce **ATELIER** 202

S'exprimer à l'écrit Rédiger la suite d'un fabliau 203

▶ **Je fais le point** Bilan et évaluation 204
Anonyme, *Le Paysan mire*

10 Récits du Déluge 206

Récits de création ; création poétique

▶ En quoi des récits fondateurs, d'origines diverses, proposent-ils une interrogation sur l'Homme et sur la nature ? Quelles sont les similitudes et les différences entre ces récits ?

Repères Le Déluge, un thème universel 208

▶ **Entrer dans la séquence** 209

Lectures

1. *Gilgamesh* 210
→ Découvrir la première épopée connue
→ Raconter un cataclysme

2. La Bible 212
→ Lire un récit biblique
→ Repérer les indications de temps qui organisent un récit et savoir les réutiliser

3. Ovide, *Les Métamorphoses* 214
→ Découvrir un mythe gréco-romain
→ Identifier des procédés d'écriture qui permettent de rendre vivant un récit

4. Le Coran 218
→ Étudier un récit coranique
→ Comparer différentes versions d'un même mythe

▶ **Cinéma** Le Déluge au cinéma 220

▶ **L'Antiquité et nous** La tempête dans l'Antiquité 222
Virgile, *L'Énéide*

Compétences langagières et linguistiques

Méthode Comprendre une consigne 223
Flore Talamon, *Noé face au déluge*

Vocabulaire Les mots issus des mythes et des religions 224

Grammaire Utiliser les connecteurs de temps et de lieu 225

S'exprimer à l'oral **ATELIER** Raconter le Déluge à l'aide d'ombres chinoises 226

S'exprimer à l'écrit Rédiger un récit de déluge 227

▶ **Je fais le point** Bilan et évaluation 228
Flore Talamon, *Noé face au déluge*

11 La poésie au fil des saisons 230

Récits de création ; création poétique

▶ *Comment les poètes créent-ils un univers poétique ? Comment représentent-ils les saisons et la nature ?*

Repères Les saisons vues par les poètes 232

Entrer dans la séquence
Gérard de Nerval, « Les Papillons » 233

Lectures

1. Haïkus des quatre saisons 234
→ Caractériser les quatre saisons en poésie
→ Découvrir le haïku

2. Charles d'Orléans, « Le temps a laissé son manteau… » 236
→ Comprendre comment le poète célèbre le retour d'une saison
→ Découvrir un rondeau

3. Leconte de Lisle, « Midi » 238
→ Découvrir une vision inattendue de l'été
→ Reconnaître une figure de style : la personnification

4. Guillaume Apollinaire, « Automne malade » 240
→ Étudier l'expression des sentiments dans la description d'une saison

5. Victor Hugo, « En hiver la terre pleure… » 242
→ Reconnaître une figure de style : la comparaison
→ Comprendre l'intérêt du dialogue dans une poésie

Histoire des arts Les saisons en musique et en peinture 244

L'Antiquité et nous Le mythe de Proserpine
Annie Collognat, *20 métamorphoses d'Ovide* 246

Compétences langagières et linguistiques

Méthode Analyser la forme d'un poème 247
Victor Hugo, « Voici que la saison décline… »

Vocabulaire Les mots des saisons 248

Grammaire Phrase verbale et phrase non verbale 249

S'exprimer à l'oral Dire des poèmes 250

S'exprimer à l'écrit Réaliser un arbre à poèmes ATELIER 251

Je fais le point Bilan et évaluation 252
Théophile Gautier, « Le Chant du grillon »
Pernette Chaponnière, « Regardez la neige qui danse… »

12 Bestiaire poétique 254

Récits de création ; création poétique

▶ *Comment un animal méprisé des hommes devient-il un objet poétique ?*

Repères Le regard des poètes sur des animaux mal-aimés 256

Entrer dans la séquence
Robert Desnos, « Le Crapaud » 257

Lectures

1. Pierre de Ronsard, « L'Amour piqué par une abeille » 258
→ Découvrir un sujet emprunté à l'Antiquité

2. Victor Hugo, « J'aime l'araignée… » 260
→ Étudier un poème lyrique
→ Découvrir une vision inattendue de l'araignée

3. Charles Baudelaire, « Les Hiboux » 262
→ Analyser la fonction symbolique d'un animal
→ Étudier la forme poétique traditionnelle du sonnet

4. Francis Ponge, « L'Huître » 264
→ Étudier un poème en prose
→ Découvrir une représentation poétique de l'huître

5. Michel Beau, « Scriptoforme du Hérisson » 266
→ Étudier une forme poétique alliant le texte et l'image

Histoire des arts Les animaux dans l'art 268

Vers d'autres lectures Les animaux à travers les livres de poésie 270

Compétences langagières et linguistiques

Méthode Repérer des figures de style 271
Victor Hugo, « La Méridienne du lion »

Vocabulaire Les mots des animaux 272

Grammaire Les suffixes 273

S'exprimer à l'oral Jouer avec les mots et les sonorités 274

S'exprimer à l'écrit Réaliser un mur poétique ATELIER 275

Je fais le point Bilan et évaluation 276
Jacques Roubaud, « Le Lombric »

Étude de la langue

Le mot

1. Construire des mots par composition ou dérivation — 280
2. Identifier les principaux préfixes — 282
3. Identifier les principaux suffixes — 283
4. Découvrir l'origine des mots — 284
5. Employer les mots génériques — 286
6. Employer synonymes et antonymes — 287
7. Maîtriser le champ sémantique — 288
8. Identifier et construire un champ lexical — 290
9. Identifier et employer les articles — 291
10. Identifier et employer les déterminants possessifs et démonstratifs — 292
11. Identifier et employer les pronoms personnels — 294
12. Identifier et employer les pronoms possessifs et démonstratifs — 296
13. Éviter les répétitions : les reprises nominales et pronominales — 298

La phrase

Le groupe verbal et les compléments de phrase

14. Repérer le sujet de la phrase et ce qu'on en dit — 300
15. Identifier les compléments du verbe (1) : l'attribut du sujet — 302
16. Identifier les compléments du verbe (2) : COD et COI — 304
17. Maîtriser l'expression du lieu et du temps — 306
18. Maîtriser l'expression de la manière — 308

La construction de la phrase

19. Maîtriser l'emploi de la ponctuation — 310
20. Reconnaître et employer les différents types et formes de phrases — 311
21. Distinguer la phrase simple de la phrase complexe — 313

Le verbe

- 22 Savoir conjuguer le présent de l'indicatif — 315
- 23 Identifier les emplois du présent — 318
- 24 Savoir conjuguer le passé simple — 320
- 25 Savoir conjuguer l'imparfait — 322
- 26 Employer le passé simple et l'imparfait dans un récit au passé — 323
- 27 Savoir conjuguer et employer le futur — 325
- 28 Savoir conjuguer et employer les temps composés — 328
- 29 Savoir conjuguer et employer le conditionnel présent — 330
- 30 Savoir conjuguer et employer l'impératif présent — 332

L'orthographe

- 31 Maîtriser les accords au sein du groupe nominal — 334
- 32 Maîtriser les accords au sein du groupe verbal — 336
- 33 Maîtriser les accords du participe passé — 338
- 34 Orthographier correctement les sons « s », « k », « g » et « j » — 340
- 35 Orthographier les sons « é » et « è » — 341
- 36 Distinguer et employer les homophones a/à, est/et — 343
- 37 Distinguer et employer les homophones ou/où, mais/mes — 344
- 38 Distinguer et employer les homophones la/là/l'a/l'as — 345

Les registres

- 39 Connaître les particularités du registre merveilleux — 346
- 40 Connaître les particularités du registre épique — 348

Vocabulaire pratique

- 41 Le vocabulaire de la poésie — 350
- 42 Le vocabulaire du théâtre — 351
- 43 Le vocabulaire de l'image — 353
- 44 Les figures de style — 356

Annexes

- Tableaux des racines grecques et latines — 357
- Tableaux de conjugaison — 358
- Glossaire — 364
- Index des auteurs et des œuvres — 366

SÉQUENCE 1

La rentrée dont

OBJECTIFS
- Explorer le thème de l'école dans la littérature.
- Raconter son expérience et la confronter à celle des autres.

Lectures

1. David Lescot, *J'ai trop peur* — 14
Découvrir un texte de théâtre
Comprendre les émotions du personnage

2. Philippe Delerm, *C'est bien* — 16
Lire un récit d'enfance
Mettre des textes en relation

3. Marcel Pagnol, *Le Temps des secrets* — 18
Comprendre l'implicite d'un récit
Identifier des sentiments variés

4. Sempé et René Goscinny, *Le Petit Nicolas* — 20
Identifier un narrateur
Comprendre le choix d'un point de vue pour raconter une histoire

5. Susie Morgenstern, *La Sixième* — 22
S'interroger sur les idées d'un personnage
Se faire une opinion

L'Antiquité et nous

L'école au temps des Romains — 24
Henry Winterfeld, *L'Affaire Caïus*

Cinéma

Les représentations de l'école au cinéma — 26

Méthode Lire un article de dictionnaire — 28
Vocabulaire Les mots de l'école — 29
S'exprimer à l'oral
Décrire l'école d'hier et de demain — 30
S'exprimer à l'écrit ATELIER
Rédiger un journal de rentrée — 31
Anne Fine, *Journal d'un chat assassin*

Les Enfants de Timpelbach, film de Nicolas Bary, 2008.

vous êtes le héros

sujet du jour : faut il composer avec sa nature profonde ?

je suis un élément perturbateur qui dérange le bon fonctionnement de la classe

▶ **Comment les écrivains abordent-ils le thème de la rentrée scolaire ? Vous reconnaissez-vous dans les expériences et les sentiments qu'ils expriment ?**

Lecture 1

Objectifs
- Découvrir un texte de théâtre.
- Comprendre les émotions du personnage.

Compétence
- Exprimer une réaction sur un texte.

REPÈRES
- Au théâtre, on ne connaît la situation d'un personnage qu'à travers ses paroles. Au début de la pièce, « Moi », le personnage principal de la pièce, est en scène. Son discours est un **monologue** car il parle seul, face au public.

Pour bien écrire
« C'est pas grave » (l. 28). L'absence du *ne* dans la négation est un indice du langage oral. À l'écrit, la négation doit comporter deux éléments : « ne... pas ». Réécrivez les phrases suivantes en restituant la négation complète : « Ils sont pas préparés pour ça ? C'est pas grave. »

J'ai trop peur

J'ai trop peur est une pièce de théâtre dont le personnage principal, Moi, est un jeune garçon qui va quitter l'école primaire pour entrer en sixième. Voici le début de la pièce. Le personnage est seul en scène.

J moins soixante

Moi. – C'est le dernier jour de classe. Quand la cloche sonnera, dans une heure, on sera en vacances. Les grandes vacances.

La chose que j'attends plus que tout.

Seulement, cette fois, c'est complètement différent.

5 Je voudrais que cette heure qui reste ne s'arrête jamais, ne passe jamais, ou bien que la journée d'aujourd'hui recommence demain, et après-demain, et après après-demain, et après après après-demain...

Bref, cette fois je ne veux pas que la journée se termine, je ne veux pas que l'année scolaire se termine, et je ne veux pas que les grandes
10 vacances commencent.

Pourquoi ?

Parce que j'ai dix ans et demi, que je suis en CM2, et qu'après les grandes vacances, c'est la sixième.

Et je sais, enfin j'ai entendu, enfin on m'a raconté, enfin j'imagine,
15 enfin je me suis laissé dire, enfin tout le monde sait que... que c'est l'horreur.

La sixième.

L'horreur absolue.

Et je sais que quand la cloche sonnera, dans moins d'une heure
20 maintenant, ils vont nous souhaiter « bonnes vacances les enfants » avec des grands sourires faussement gentils, et en fait c'est une manière dégueulasse de se débarrasser de nous et de nous envoyer à la casse. En sixième.

Je commence à comprendre comment marche le système : c'est de
25 l'hypocrisie totale. On fait semblant de s'occuper des jeunes, de faire attention à eux, ça c'est jusqu'à la fin du CM2. Et puis après, dès qu'on n'a plus besoin d'eux, eh ben voilà, on les envoie en sixième. Ils sont pas préparés pour ça ? C'est pas grave. Ils savent pas comment ça se passe ?

J'ai trop peur, mise en scène de David Lescot, avec Suzanne Aubert (Moi), compagnie du Kaïros, théâtre de la Ville, Paris, 2015.

30 C'est pas grave. Ils vont se faire démolir, ah c'est pas grave, c'est pas notre problème, nous on a fait notre travail, ils ont qu'à se débrouiller…
Voilà.
La vérité c'est que je suis mal, très mal même. Et que j'ai peur. Trop peur. C'est pour ça d'ailleurs que personne ne dit rien.
35 Personne n'ouvre sa gueule, personne ne dénonce.
C'est parce que tout le monde a peur. Et quand t'as peur tu te tais. Et là tout le monde se tait. Ce qui prouve bien que j'ai raison.

David Lescot, *J'ai trop peur*, Actes Sud, 2014.

Je découvre le texte

1. À quel moment précis de l'année la pièce débute-t-elle ?

2. Quel est l'événement que Moi redoute ? Quand cet événement doit-il se produire ?

3. LANGUE Observez le texte des lignes 17 à 29 : à quels indices (vocabulaire, construction des phrases, ponctuation) reconnaît-on que le personnage est un enfant ?

Je comprends le texte

4. Les craintes de Moi sont-elles précises ? Comment comprenez-vous l'expression « ils vont se faire démolir » (l. 30) ?

5. Que reproche le personnage aux adultes ?

Je mets en jeu le texte

6. MISE EN VOIX Choisissez une phrase qui exprime la peur du personnage. Apprenez-la, puis dites-la de façon expressive en choisissant le ton approprié. Vous pouvez crier, murmurer, bégayer… Travaillez aussi l'expression du visage, la position des mains et du corps. Vous pouvez utiliser un accessoire. Montrez à tour de rôle votre proposition de jeu devant vos camarades.

À vous de débattre

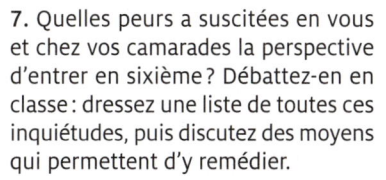

7. Quelles peurs a suscitées en vous et chez vos camarades la perspective d'entrer en sixième ? Débattez-en en classe : dressez une liste de toutes ces inquiétudes, puis discutez des moyens qui permettent d'y remédier.

Je retiens

- La première scène d'une pièce de théâtre se nomme la **scène d'exposition**. Elle met en place **le cadre** de l'action, **le personnage principal** et présente le problème auquel il est confronté. Moi exprime ici sa peur d'entrer en sixième.

Lecture 2

Objectifs
- Lire un récit d'enfance.
- Mettre des textes en relation.

Compétence
- Comprendre un texte littéraire et l'interpréter.

C'est bien, juste avant la rentrée des classes

Voici les premières pages du livre de Philippe Delerm. Il y évoque la fin des vacances et les petits plaisirs qui précèdent la rentrée.

On n'a plus vraiment envie d'être en vacances, on n'a plus vraiment envie de soleil, de mer ou de montagne. On n'a plus vraiment envie d'être loin de sa vie. Huit jours avant la rentrée, c'est bien de retrouver le papier
5   à fleurs de sa chambre, et cette petite tache juste à côté du poster de Snoopy[1]. Avant de partir, on avait rangé beaucoup mieux que d'habitude : les albums de Tintin, de Boule et Bill[2] et de Gaston[3] paraissent tout neufs, et puis ça fait longtemps qu'on ne les a pas lus.
10   On reprend *L'Étoile mystérieuse*[4], et c'est très bien cette atmosphère un peu étrange au début, avec la chaleur anormale qui règne dans la ville. Milou reste les pattes collées dans l'asphalte avant que Tintin ne vienne le délivrer. Dehors il pleut, on entend de grosses gouttes
15   qui s'écrasent contre les vitres. On est allongé sur son lit avec l'album de Tintin, et on n'a même pas tellement envie d'avancer dans l'histoire – seulement de rester comme ça, avec l'ambiance très forte du début. Près de soi, on a son ours qui regarde fixement l'armoire. Bien sûr, on est trop grand pour le prendre partout en vacances, mais on voit bien :
20   cela lui fait plaisir qu'on soit rentré, et son silence est très doux.

Tout à l'heure, on ira faire des courses de rentrée. C'est un peu comme l'album de Tintin : tout revient vers d'autres couleurs, le blanc, le marron, le jaune pâle. Maman a dit :

— Ne compte pas sur moi pour
25   t'acheter tous ces gadgets hors de prix qu'on fait maintenant !

Mais ce n'est pas tellement les gadgets et les mots publicitaires sur les trousses ou les cahiers de
30   textes qui font envie. Non, ce qui est bien, c'est le bleu léger des lignes sur les cahiers où l'on n'a rien écrit encore, c'est l'odeur de la colle d'amande et les tubes de peinture
35   neufs, toujours blancs avec une

REPÈRES

- Dans *C'est bien*, **Philippe Delerm** (né en 1950) décrit d'agréables souvenirs d'enfance : lire « un livre qui fait peur », « acheter des bonbons chez la boulangère », « rouler sur l'autoroute la nuit », « se lever le premier »... Chaque chapitre commence par « C'est bien... ».

petite bande de couleur au milieu, comme un maillot de coureur cycliste. On a du mal à dévisser le capuchon noir la première fois, pour regarder si la couleur est vraiment celle de la bande. Rose tyrien, terre de Sienne, bleu cobalt⁵.

On verra peut-être une copine ou un copain rentrés de vacances, eux aussi. Aujourd'hui ce serait bien, parce qu'on est encore un peu bronzé. Pour la première fois depuis longtemps, on a mis un pull qui gratte sur les avant-bras – dessous, on a encore un tee-shirt. Mais c'est bon de mettre le pull de laine vert foncé quand on est loin encore de la fin de l'été – qu'on est si près déjà de la rentrée.

Philippe Delerm, *C'est bien*, « C'est bien, juste avant la rentrée des classes », Milan, 1991.

---

1. **Snoopy** : chien, héros avec Charlie Brown, son maître, des bandes dessinées du dessinateur Schulz.
2. **Boule et Bill** : chien et son jeune maître, héros d'une bande dessinée de Jean Roba et Laurent Verron.
3. **Gaston** : héros de la bande dessinée *Gaston Lagaffe*, d'André Franquin.
4. ***L'Étoile mystérieuse*** : titre d'une aventure de Tintin, par Hergé.
5. **Rose tyrien** : rose un peu mauve ; **terre de Sienne** : jaune brun ; **bleu cobalt** : bleu vif.

Pour bien écrire

« **C'est** » (l. 4). Ne confondez pas le présentatif *c'est* (cela est) avec *s'est*, toujours suivi d'un participe passé : « **c'est** bien »/« il **s'est** levé ».

L'HISTOIRE DES MOTS

« **Gadgets** » (l. 25) est un mot emprunté à l'anglais, qui signifie « petits objets inutiles, mais qui plaisent par leur nouveauté ». Connaissez-vous d'autres mots français empruntés à l'anglais ?

Je découvre le texte 💬

1. À quels indices reconnaît-on l'univers d'un enfant ?
2. Quels mots l'auteur répète-t-il dans les deux premières phrases ?
3. Retrouvez les mots du titre dans le texte : sont-ils répétés à l'identique ?
4. Quel est le sujet du texte ? Proposez un autre titre pour l'exprimer.

Je comprends le texte

5. LANGUE Quel pronom personnel sujet est employé dans ce texte ? Pourquoi, selon vous ? ➘ Identifier et employer les pronoms personnels, p. 294
6. À quel genre de lectures l'auteur fait-il référence ? Qu'en pensez-vous ?
7. Qu'est-ce qui est attrayant dans le matériel scolaire de la rentrée ? Citez le texte.
8. Faites la liste des plaisirs qu'évoque Philippe Delerm à ce moment de l'année.

J'écris pour interpréter le texte ✏️

9. À VOS PLUMES Quel moment préféreriez-vous lorsque vous étiez à l'école primaire ? Quelles sensations, quelles images vous viennent à l'esprit si vous fermez les yeux ? Racontez un de ces moments en commençant par : « C'est/c'était bien, quand on… »

Je retiens

- Philippe Delerm évoque des **sensations** éprouvées à l'approche de la rentrée scolaire, lorsqu'on est enfant.
- Il s'adresse à ses lecteurs en employant **le pronom *on*** dans lequel chacun peut se reconnaître.

Lecture 3

Le matin de la rentrée

Marcel Pagnol raconte ici son entrée au collège, à Marseille au début du XXe siècle. Son père, Joseph, qui est maître d'école, et son petit frère Paul l'accompagnent le matin de la rentrée.

Objectifs
• Comprendre l'implicite d'un récit.
• Identifier des sentiments variés.

Compétence
• Interpréter un texte à partir de la mise en relation d'indices.

REPÈRES

• Dans *Le Temps des secrets*, **Marcel Pagnol** (1895-1974) raconte son enfance au début du XXe siècle. Plus tard, il expliquera avoir choisi ce titre pour retranscrire : « le moment où les petits garçons ne disent plus tout à la maison et commencent à avoir leurs petites idées personnelles et leur petite vie secrète ».

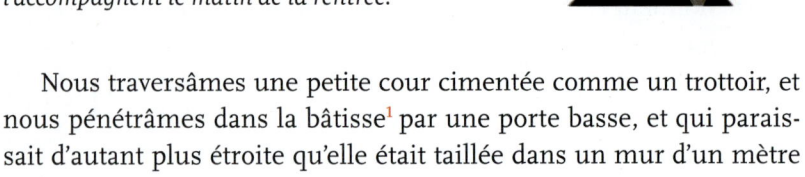

Le Temps des secrets, téléfilm de Thierry Chabert avec Richard Oiry (Marcel Pagnol à onze ans), 2007.

Nous traversâmes une petite cour cimentée comme un trottoir, et nous pénétrâmes dans la bâtisse[1] par une porte basse, et qui paraissait d'autant plus étroite qu'elle était taillée dans un mur d'un mètre d'épaisseur.

5 À la sortie de ce tunnel, nous débouchâmes dans un couloir aussi haut qu'une église.

Sur des dalles noires et blanches qui s'allongeaient à perte de vue, circulaient des élèves de tous âges. Les plus jeunes étaient accompagnés par des messieurs ou des dames, très richement vêtus, qui avaient des têtes de parents d'élèves.

10 Au croisement de deux couloirs, nous trouvâmes M. le surveillant général[2] sur la porte de son cabinet[3].

C'était un gros petit homme à la barbiche en pointe sous une forte moustache poivre et sel[4]. Il portait des lorgnons[5] tremblants, rattachés à 15 sa boutonnière par un cordonnet noir. Sur la tête une calotte[6] de velours gris de la même couleur que sa jaquette[7].

Cerné par un demi-cercle d'enfants et de parents, il jetait un coup d'œil sur les feuilles qu'on lui tendait, et il orientait les élèves : mais à partir de ce 20 lieu fatal[8], les parents n'avaient plus le droit de les suivre. Il y avait des embrassades ; je vis même un petit blond qui pleurait, et qui refusait de lâcher la main de sa mère.

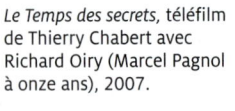

Je découvre le texte

1. Qui le pronom personnel *nous* désigne-t-il dans le premier paragraphe ?

2. Pourquoi l'endroit où se trouve le surveillant général est-il qualifié de « lieu fatal » (l. 20) ?

3. Pour quelle raison Joseph et Paul partent-ils à huit heures moins le quart ?

« C'est sans doute un pensionnaire, dit mon père. Il ne verra plus ses parents jusqu'à la Noël. »

Cette idée parut à Paul si cruelle qu'il en eut les larmes aux yeux.

Cependant, Joseph avait tendu ma feuille au surveillant général. Celui-ci la regarda, et sans la moindre hésitation, il dit :

« Troisième porte à gauche. Traversez l'étude, laissez-y vos affaires, et allez attendre dans la cour des petits. »

C'était à moi qu'il disait vous !

Je vis que mon père aurait voulu lui parler ; mais d'autres feuilles étaient déjà sous ses yeux, et il continuait à distribuer les élèves dans toutes les directions, comme quelqu'un qui donne les cartes.

« Allons, dit mon père, nous aussi, nous avons une rentrée des classes, et il ne faut pas nous mettre en retard. »

Il m'embrassa, et j'embrassai Paul, qui ne put retenir ses larmes.

« Ne pleure pas, lui dis-je. Moi je ne reste pas ici jusqu'à la Noël : je reviendrai ce soir à la maison.

– Tu me raconteras tout ?

– Tout.

– Et si on te met au cachot ?

– Papa te l'a dit : ça ne se fait plus, à cause de la Révolution[9]...

– Allons ! dit Joseph. Filons. Il est huit heures moins le quart ! »

Il l'entraîna, tandis que je m'éloignais...

J'arrivai à la troisième porte. Je me retournai. À travers les passages d'élèves, je les vis tous les deux, arrêtés devant le tunnel de sortie : ils me regardaient, et Paul, la main levée, me faisait de petits adieux.

Marcel Pagnol, *Le Temps des secrets* [1960], Éditions de Fallois, 2004.

---

1. **Bâtisse** : bâtiment. 2. **Surveillant général** : conseiller principal d'éducation. 3. **Cabinet** : bureau.
4. **Poivre et sel** : grisonnant. 5. **Lorgnons** : lunettes sans branches. 6. **Calotte** : petit bonnet couvrant le sommet de la tête. 7. **Jaquette** : veste. 8. **Fatal** : marqué par le destin, décisif.
9. À la suite de la révolution de 1789, il a été interdit d'enfermer les gens sans procès.

L'HISTOIRE DES MOTS

« **Jaquette** » (l. 16) vient du nom commun *jacques* qui désignait les paysans à partir du XIVe siècle. La jaquette désigne aujourd'hui une veste longue qui ressemble au vêtement que portaient ces paysans.

Je comprends le texte

4. Quels sont les différents lieux traversés par le narrateur ? Quelle impression donnent-ils ?

5. LANGUE « C'était à moi qu'il disait vous ! » (l. 31) Quel est le type de phrase employé ici ? Expliquez le sens de cette phrase. Quel sentiment du narrateur traduit-elle ?

↳ Reconnaître les types de phrases, p. 311

6. Selon vous, quel personnage du texte est le plus sensible ? Citez deux passages qui le montrent.

7. Montrez, à travers le dialogue, la complicité entre les deux frères. Que promet le narrateur à Paul ? Pensez-vous que cette promesse sera tenue ?

J'écris pour interpréter le texte

8. À VOS PLUMES Le jeune Marcel se perd. Il retourne vers le surveillant général et lui demande à nouveau son chemin. Rédigez, avec votre voisin, leur dialogue en quelques lignes.

Je retiens

- Marcel Pagnol raconte son entrée au collège, dont il se souvient avec précision.
- Impressionné par les lieux et par le fait qu'on le vouvoie, il garde cependant assez d'assurance pour réconforter son petit frère qui cède à l'émotion.

1. La rentrée dont vous êtes le héros

Lecture 4

Objectifs
- Identifier un narrateur.
- Comprendre le choix d'un point de vue pour raconter une histoire.

Compétence
- Mettre en relation les informations importantes pour comprendre un texte.

Le nouveau

Le Petit Nicolas est le narrateur de ce récit qui raconte les aventures d'un groupe d'écoliers.

Nous avons eu un nouveau, en classe. L'après-midi, la maîtresse est arrivée avec un petit garçon qui avait des cheveux tout rouges, des taches de rousseur et des yeux bleus comme la bille que j'ai perdue hier à la récréation, mais Maixent a triché. « Mes enfants, a dit la maîtresse, je vous présente un nouveau petit camarade. Il est étranger et ses parents l'ont mis dans cette école pour qu'il apprenne à parler français. Je compte sur vous pour m'aider et être très gentils avec lui. » Et puis la maîtresse s'est tournée vers le nouveau et elle lui a dit : « Dis ton nom à tes petits camarades. » Le nouveau n'a pas compris ce que lui demandait la maîtresse, il a souri et nous avons vu qu'il avait des tas de dents terribles. « Le veinard, a dit Alceste, un copain gros, qui mange tout le temps, avec des dents comme ça, il doit mordre des drôles de morceaux ! » Comme le nouveau ne disait rien, la maîtresse nous a dit qu'il s'appelait Georges MacIntosh. « Yes, a dit le nouveau, Dgeorges. » « Pardon, mademoiselle, a demandé Maixent, il s'appelle Georges ou Dgeorges ? » La maîtresse nous a expliqué qu'il s'appelait Georges, mais que dans sa langue, ça se prononçait Dgeorges. « Bon, a dit Maixent, on l'appellera Jojo. » « Non, a dit Joachim, il faut prononcer Djodjo. » « Tais-toi, Djoachim », a dit Maixent et la maîtresse les a mis tous les deux au piquet[1].

La maîtresse a fait asseoir Djodjo à côté d'Agnan. Agnan avait l'air de se méfier du nouveau, comme il est le premier de la classe et le chouchou de la maîtresse, il a toujours peur des nouveaux, qui peuvent devenir premiers et chouchous. Avec nous, Agnan sait qu'il est tranquille.

REPÈRES

- Dans *Le Petit Nicolas*, le **narrateur** raconte sa vie d'écolier. Il est entouré de camarades qui ont chacun leur personnalité et qui aiment surtout s'amuser ! Les situations sont souvent cocasses : bagarres, bêtises, punitions...

Pour bien écrire

« **Des cheveux tout rouges** » (l. 2). Dans cette phrase, *tout* est un mot invariable, c'est-à-dire qui ne s'accorde pas. Il signifie ici « entièrement ». Proposez une phrase sur ce modèle.

Je découvre le texte

1. Où cette histoire se passe-t-elle ? Qui le pronom personnel *nous* (l. 1) désigne-t-il ?
2. MISE EN VOIX Dans les lignes 1 à 11, repérez les personnages du texte, puis faites en groupe une lecture de ce passage.

Je comprends le texte

3. Lignes 1 à 11, relevez les indices de langage qui montrent que le narrateur est un enfant.

Le Petit Nicolas, film de Laurent Tirard avec Maxime Godart (Nicolas), 2009.

25 Djodjo s'est assis, toujours en faisant son sourire plein de dents. « C'est dommage que personne ne parle sa langue », a dit la maîtresse. « Moi je possède quelques rudiments[2] d'anglais », a dit Agnan, qui, il faut le dire, parle bien. Mais après qu'Agnan eut sorti ses rudiments à Djodjo, Djodjo l'a regardé et puis il s'est mis à rire et il s'est tapé le front avec le doigt.
30 Agnan était très vexé, mais Djodjo avait raison. Après, on a su qu'Agnan lui avait raconté des choses sur son tailleur qui était riche[3] [...]. Il est fou, Agnan !

Sempé et René Goscinny, *Le Petit Nicolas* [1960], « Djodjo », IMAV éditions, 2013.

1. **Piquet** : coin, lieu où l'on va quand on est puni. 2. **Rudiments** : notions élémentaires. 3. Allusion à une célèbre méthode d'anglais qui citait en exemple la phrase *My tailor is rich* (« Mon tailleur est riche »).

L'HISTOIRE DES MOTS

« **Camarade** » (l. 5) vient du nom espagnol *camarada* qui désigne des gens partageant la même chambre (*cámara*). Le sens du mot s'est élargi pour désigner des amis ou des élèves de la même classe. Proposez deux synonymes du mot *camarade*.

---

4. Quelles sont les réactions des élèves à l'arrivée du nouveau ?

5. Pourquoi Djodjo ne dit-il presque rien dans ce passage ?

6. Pourquoi la maîtresse envoie-t-elle Joachim et Maixent « au piquet » ?

7. « Avec nous, Agnan sait qu'il est tranquille » (l. 24). Expliquez en quoi cette phrase est drôle. D'autres passages du texte vous ont-ils fait sourire ?

J'écris pour interpréter le texte

8. **À VOS PLUMES** À votre tour, imaginez qu'un « nouveau » a rejoint la classe. Complétez ce texte : « Le nouveau s'est assis à côté de moi. Il m'a dit : .... Je lui ai répondu : .... » Cet échange doit être amusant.

Je retiens

- Dans *Le Petit Nicolas*, le **narrateur** est un enfant qui raconte des scènes d'école, de vacances...
- Le **langage** restitue la manière de parler des enfants, grâce à des expressions savoureuses qui font souvent rire le lecteur.

Lecture 5

Objectifs
- S'interroger sur les idées d'un personnage.
- Se faire une opinion.

Compétence
- Convoquer sa connaissance du monde pour exprimer une réaction.

REPÈRES

- **Susie Morgenstern** raconte l'année de sixième de Margot, une élève souvent déroutée par le collège. Pleine de bonnes intentions, Margot rêve d'une classe solidaire. Elle découvre cependant qu'il est difficile de faire accepter ses projets.

Pour bien écrire

« **Brillez** » (l. 37).
Les verbes de l'*Abécédaire* sont conjugués à la deuxième personne du pluriel de l'impératif présent : notez bien leur terminaison en *-ez*. Cherchez dans le texte un autre verbe à l'impératif.

Abécédaire de la réussite

Excédé par la sixième 6 qui s'agite, le professeur d'anglais a donné une retenue de trois heures à la classe, puis il a mis tout le monde à la porte de son cours. Les élèves sortent, emmenés par Margot, la déléguée de classe.

Le troupeau sortit d'un seul mouvement, hébété[1] par la tempête qu'il venait de subir. Les élèves ne savaient pas où aller jusqu'au prochain cours. Ils suivirent Margot qui s'assit sur un banc dans la cour ensoleillée, les coudes sur les genoux, et prit sa tête dans ses mains. C'était sa position favorite pour réfléchir.

Au bout d'un long moment, elle annonça :
– Écoutez, ça ne peut pas continuer comme ça...
Enfin son idée apparut. Elle rêva à haute voix :
– Pourquoi ne serions-nous pas comme la sixième 2 adorée, dont M. Maldonné[2] nous parle tous les jours. Nous ne sommes pas plus bêtes qu'eux.

On l'écoutait attentivement.
– C'est vrai, affirma Christian. On n'est pas aussi bêtes qu'ils le disent.
– Écoutez, reprit Margot, on n'a qu'à se mettre vraiment à travailler. Mais tous ! On n'a qu'à décider qu'on va tous travailler. On n'a qu'à faire le pacte de devenir la meilleure sixième de l'établissement.

L'enthousiasme[3] de Margot était contagieux.
– Écoutez, il faut décider de tous réussir la sixième. Tous ou personne. S'il y a un seul élève qui doit redoubler, alors on redouble tous !

Et comme si elle lisait dans les pensées de Catherine qui était une bonne élève, elle continua :

— Les forts aideront ceux qui ont du mal à rattraper le niveau. Il faut qu'on arrive à avoir tous la même note. On peut faire des équipes avec un bon et deux mauvais.

— Chouette ! Super ! applaudirent Arthur et Philippe.

— Ça ne peut pas marcher, jugèrent Catherine et Annick.

— Ça va marcher ! protesta Margot.

Le soir, Margot créa un nouvel alphabet : *L'ABC Solidarité Sixième Six* qui servirait de traité d'accord :

A attention	G générosité	N notez	T travaillez
B brillez	H habileté	O organisation	U urgence
C courage	I intelligence	P patience	V volonté
D discipline	J jugement	Q qualité	W double volonté
E effort	L leçons	R réussite	Z zèle[4]
F fonctionnez	M motivation	S sérieux	

Comme d'habitude, les K, X, Y la gênaient mais elle s'en était bien sortie avec le W.

Le lendemain, Margot fit signer le traité par tous les élèves de sixième 6. Elle l'enferma dans une poche secrète de son cartable et se mit immédiatement à l'œuvre en aidant Camille à réviser les dates de l'histoire de Rome.

Susie Morgenstern, *La Sixième*, L'École des loisirs, 1985.

1. **Hébété** : choqué, sans réaction. 2. **M. Maldonné** : professeur de français de la classe.
3. **Enthousiasme** : passion. 4. **Zèle** : empressement.

L'HISTOIRE DES MOTS

« **Solidarité** » (l. 34) est dérivé de l'adjectif qualificatif *solidaire* qui vient du latin *in solidum* signifiant « pour le tout ». Connaissez-vous la devise des mousquetaires qui exprime leur solidarité ?

Je découvre le texte

1. Quelles informations apprend-on sur l'attitude de la sixième 6 en classe ?

2. Résumez en une phrase la proposition de Margot.

Je comprends le texte

3. LANGUE À quoi la classe est-elle comparée dans la première phrase ? Quel adjectif qualificatif utilisé deux fois au début du dialogue (l. 12-19) reprend le sens de cette image ? ↘ Les figures de style, p. 356

4. Quels indices montrent que Margot joue un rôle important dans sa classe ?

5. Quelle formule Margot répète-t-elle lignes 20 à 22 ? Comment pourriez-vous reformuler ses propos ?

6. Donnez deux objectifs que doit réaliser la classe pour devenir meilleure que la sixième 2.

7. Relevez dans la liste de Margot les mots qui invitent à l'entraide.

8. L'enthousiasme de Margot est-il partagé par tous ? Justifiez votre réponse par des mots du texte.

J'écris pour interpréter le texte

9. Rédigez collectivement un « Abécédaire du professeur idéal » en débattant des qualités que vous attendez de vos enseignants, par exemple : « A comme attentif », etc.

À vous de débattre

10. Pensez-vous comme Margot que l'on peut s'entraider dans la classe pour réussir ? Établissez une liste d'activités qui permettraient de réaliser un projet intitulé « Solidarité sixième ».

Je retiens

- Dans ce récit, le personnage principal manifeste son esprit de **solidarité**.
- Margot ne se contente pas de subir la punition, elle souhaite que les choses changent. C'est par le **dialogue** et la création d'un abécédaire qu'elle parvient à motiver la classe.

L'Antiquité et nous

Objectifs
- Entrer dans l'univers d'un récit historique.
- Explorer des images de l'école dans l'Antiquité.

L'école au temps des Romains

Dans L'Affaire Caïus, Henry Winterfeld raconte les aventures de jeunes écoliers romains à Pompéi, une ville d'Italie détruite par l'éruption du Vésuve au Ier siècle ap. J.-C.

La scolarité des Romains

- Dans la Rome antique, les enfants de 7 à 11 ans apprennent à lire, à écrire et à calculer auprès du *ludi magister*, « le maître d'école ».
- Les plus riches peuvent étudier jusqu'à 18 ans. Le *grammaticus* leur enseigne la lecture des textes latins et grecs, comme *L'Iliade* et *L'Odyssée*. Puis le *rhétor* les initie à l'éloquence (l'art de faire des discours).
- Le *pédagogue* est l'esclave chargé de les conduire à l'école et de s'occuper d'eux. Qu'est-ce qu'un pédagogue de nos jours ? Cherchez la définition. Que constatez-vous ?

    Le profond silence qui régnait depuis un moment dans la classe fut soudain troublé par des rires étouffés. Seul Mucius, le meilleur élève de l'école, ne se laissa pas distraire dans son travail et continua à écrire sur sa tablette de cire. Mais lorsque son voisin Antoine lui eut poussé
5 le coude à deux ou trois reprises, il finit par s'interrompre pour jeter un coup d'œil autour de lui et voir ce qui provoquait l'hilarité[1] discrète des autres élèves. Il s'aperçut alors que son ami Rufus venait de réussir un tour peu ordinaire : il avait subrepticement[2] quitté sa place et, par un savant mouvement tournant, était parvenu à se glisser derrière le
10 maître qui, plongé dans sa lecture, n'avait rien remarqué. Puis il avait accroché au mur sa tablette qui portait l'inscription suivante, tracée en grandes majuscules visibles de loin :
    CAÏUS EST UN ÂNE.
    Les écoliers pouffaient de rire, à l'exception de ce gros benêt[3] de
15 Caïus qui contenait difficilement sa fureur. Tout fier du succès remporté par son initiative, Rufus s'inclina deux ou trois fois vers l'assistance, comme un acteur qui salue le public, puis il étendit le bras pour décrocher sa tablette. Mais au même instant Xantippe, le maître d'école,

Coupe attique signée par le peintre Douris, vers 485 av. J.-C., musée de Berlin.

relevait la tête en fronçant ses gros sourcils broussailleux.

« Un peu de silence ! » gronda-t-il.

Les rires cessèrent comme par enchantement. Rufus se figea dans une immobilité complète et attendit un moment plus favorable pour regagner sa place. Les autres élèves baissèrent le nez sur leur travail. Quelques minutes auparavant, le maître leur avait fait ânonner en chœur une longue liste de mots grecs, puis leur avait ordonné de les noter de mémoire. Ils firent donc semblant de griffonner sur leurs tablettes, mais, à la dérobée[4], continuèrent à lancer des regards moqueurs à Caïus rouge de colère.

« Rufus est fou ! chuchota Mucius à l'oreille d'Antoine. Qu'est-ce qui lui a pris ?

– C'est parce que Caïus l'empêchait de travailler, répliqua l'autre en gloussant de rire. Il ne cessait pas de lui piquer le dos avec son stylet[5]. »

Henry Winterfeld, *L'Affaire Caïus* [1953], trad. de l'allemand par O. Séchan, Livre de poche Jeunesse, 1996, 2001.

Scène d'école dans la maison d'un homme riche, IIIe siècle ap. J.-C., relief funéraire romain, musée de Trèves.

1. **Hilarité** : rires. 2. **Subrepticement** : discrètement.
3. **Benêt** : sot. 4. **À la dérobée** : en se cachant.
5. **Stylet** : pointe de bois servant à écrire dans la cire.

Tablette d'écriture en bois avec ruban scellé à la cire et stylet, musée archéologique, Saintes.

Je comprends les documents

1. Qu'étudient les élèves dans le cours de Xantippe ?

2. Selon quelles méthodes travaillent-ils ? Que signifie « ânonner » (l. 30) ?

3. De quels outils les écoliers romains disposent-ils pour lire et écrire ?

4. Observez le bas-relief : à quoi reconnaît-on le maître ? les élèves ?

5. Décrivez l'objet que les élèves tiennent dans leurs mains. À quoi peut-il servir ?

6. Dans quelle situation se trouve l'élève qui est debout ? Que peut contenir l'objet qu'il porte dans sa main gauche ? Que signifie le geste qu'il fait de la main droite ?

À vous de créer

7. Imaginez un court dialogue entre le maître et l'élève debout à droite du bas-relief.

> **Méthode**
> • Donnez des noms latins au maître et au garçon.
> • Imaginez l'exercice donné par le maître et la réaction de l'élève : il rechigne, il s'empresse…

Cinéma

Objectif
- Découvrir différents aspects de l'école au cinéma, dans la fiction ou les documentaires.

Les représentations de l'école au cinéma

De nombreux réalisateurs mettent en scène l'univers scolaire, aussi bien dans des films de fiction que dans des documentaires.

❶ Les Quatre Cents Coups, film de François Truffaut (1959). Antoine (Jean-Pierre Léaud) et René (Patrick Auffay) jouent au flipper au lieu d'aller à l'école.

❷ Les Quatre Cents Coups. La classe d'Antoine.

Les Quatre Cents Coups (1959)

Dans ce film de fiction français, le réalisateur François Truffaut raconte l'enfance difficile d'Antoine Doinel, un collégien de 12 ans qui fait l'école buissonnière avec son camarade René.

Vocabulaire

- **Cadrage** : choix du cadre de l'image fait avec le viseur de la caméra. Par exemple : gros plan sur le visage, plan moyen montrant le personnage de la tête aux pieds, plan général montrant la totalité du décor.
- **Documentaire** : film montrant des événements réels, sans acteurs, décors ni trucages.
- **Film de fiction** : film mettant en scène une histoire, souvent imaginaire, au moyen d'acteurs et de décors.
- **Photogramme** : photographie extraite d'un film.

Comprendre les œuvres

1. Observez les quatre photogrammes. Quelle différence apparaît au premier coup d'œil ?

2. Observez l'affiche du film *Les Quatre Cents Coups* et la couverture du DVD de la série *Les Chemins de l'école*. À quoi voyez-vous que l'une des deux œuvres raconte une histoire et que l'autre montre la réalité ?

3. Y a-t-il un personnage principal dans le film de Truffaut ? De qui s'agit-il ? Est-ce le cas dans la série ?

4. Décrivez l'attitude de Devi et de ses camarades, puis comparez votre journée en classe à celle de Devi.

Les Chemins de l'école (2015)

Dans cette série documentaire télévisée de trois épisodes de 52 minutes, les réalisateurs Emmanuel Guionet et Yann L'Hénoret suivent des écoliers aux quatre coins du monde : Inde, Mali, Madagascar, Vietnam, Malaisie…

❸ *Les Chemins de l'école*, série d'Emmanuel Guionet et Yann L'Hénoret, 2015, épisode 1. En Inde, Devi, 13 ans, doit marcher une heure tous les matins pour se rendre à l'école la plus proche de chez elle. Sa classe n'est pas mixte : elle ne comporte que des filles.

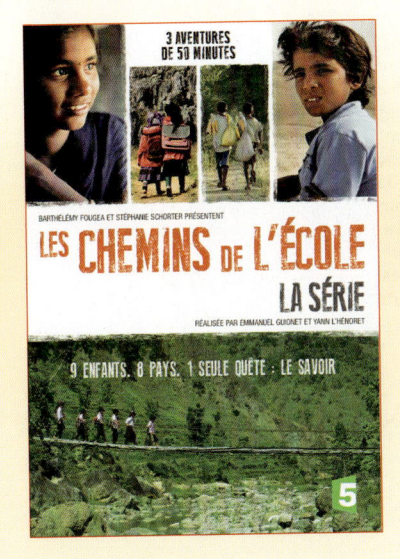

❹ *Les Chemins de l'école*, épisode 2. Francklyn et Olivier habitent une zone isolée à Madagascar : chaque dimanche, ils marchent cinq heures pour se rapprocher de l'école et rejoindre la case où ils vivent dans la semaine, loin de leur famille.

---

5. Comparez vos conditions de vie avec celles de Francklyn et Olivier.

6. Imaginez et décrivez l'image qui symboliserait le mieux votre relation à l'école. Choisissez le moment (trajet, cours, récréation…), une action précise, un cadrage.

7. Donnez d'autres exemples de films documentaires. Vous arrive-t-il d'en regarder ?

8. Cherchez sur Internet des informations sur les films de fiction suivants : *Les Disparus de Saint-Agil* de Christian-Jacque, *La Guerre des boutons* d'Yves Robert, *Le Petit Nicolas* de Laurent Tirard. Quel rôle joue l'école dans ces films ?

Je retiens

- Au cinéma, l'école peut servir simplement de décor ou constituer le thème principal d'un **film de fiction**.
- Elle est aussi le sujet de nombreux **documentaires** car l'univers scolaire varie selon les pays, les modes de vie et la culture des habitants.

Méthode

Lire un article de dictionnaire

classe grammaticale — *genre*

ÉCOLE [ekɔl] **n. f. 1.** Établissement dans lequel est donné un enseignement collectif (général ou spécialisé). *École maternelle, primaire. École de danse, de dessin.* → **cours.** *Les grandes écoles,* appartenant à l'enseignement supérieur. (en France) *L'École normale supérieure. L'École nationale d'administration (E. N. A.).* ♦ spécialt Établissement d'enseignement maternel et primaire. *Maître d'école, professeur des écoles.* → **instituteur.** *Les élèves d'une école.* → **écolier ; scolaire.** – L'ensemble des élèves et des enseignants d'une école. *La fête de l'école.* **2.** Instruction, exercice militaire. *L'école du soldat.* – loc. *Haute école,* équitation savante. **3.** Ce qui est propre à instruire et à former ; source d'enseignement. *Une école de courage.* – loc. **Être à bonne école,** avec des gens capables de former. *À l'école de...,* en recevant l'enseignement qu'apporte... *Il a été à rude école,* les difficultés l'ont instruit. **4.** Groupe ou suite de personnes, d'écrivains, d'artistes qui se réclament d'un maître ou professent les mêmes doctrines. → **mouvement.** *L'école classique, romantique. Écoles de peinture. L'école flamande.* – loc. FAIRE ÉCOLE : avoir des disciples, des adeptes. – *Être de la vieille école,* traditionaliste dans ses principes.
ÉTYM. latin *schola,* du grec « loisir », « activité intellectuelle libre », puis « étude ».

— 1re définition
— exemples
— locution, expression
— étymologie

Dictionnaire Le Robert Junior, 2015.

MÉTHODE GUIDÉE

Étape 1 — Identifier les informations contenues dans l'article

- Identifiez l'article consacré au mot que vous cherchez.
- Repérez à quelle classe grammaticale le mot appartient et quel est son genre.
- Trouvez le nombre de significations du mot.
- Découvrez son étymologie.

1. À quel mot est consacré l'article ci-dessus ?
2. Que signifient les abréviations « n. » et « f. » après le mot ?
3. Combien de numéros l'article comporte-t-il ?
4. De quelle information disposez-vous dans les deux dernières lignes de l'article ?

Étape 2 — Distinguer les différents sens du mot

- Relevez la première signification du mot recherché.
- Relevez les exemples qui illustrent cette signification.
- Repérez les autres définitions de ce mot et demandez-vous laquelle est la plus courante.

5. Quelle définition lisez-vous après le numéro 1 ?
6. À quoi correspondent les expressions en italique ?
7. L'article comporte-t-il d'autres numéros ? Combien ? Où est expliqué le sens le plus fréquent du mot ?

Étape 3 — Repérer les expressions où figure le mot

- Cherchez des expressions comportant ce mot pour vous aider à comprendre son sens.

8. Comprenez-vous l'abréviation « loc. » ? Combien de fois figure-t-elle dans l'article ?
9. Cherchez la locution « Être à bonne école » et lisez l'explication qui suit.

Vocabulaire

Objectif
- Explorer les significations du mot *école* et le vocabulaire associé.

Les mots de l'école

Mobiliser le vocabulaire connu

1 Recopiez ce schéma et complétez-le collectivement avec le plus grand nombre de mots possible.

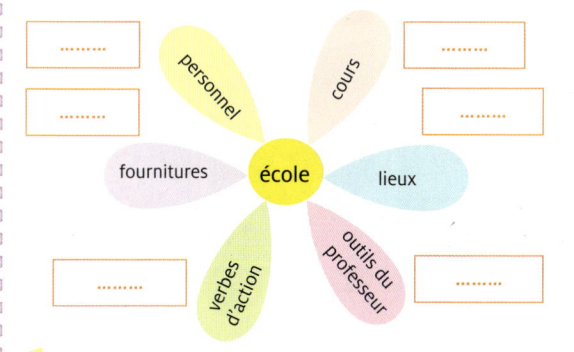

(Schéma en forme de fleur avec *école* au centre et les pétales : personnel, cours, lieux, outils du professeur, verbes d'action, fournitures)

2 Lisez le poème suivant. À la manière de Supervielle, rédigez une strophe pour évoquer une autre matière. Vous commencerez en reprenant le premier vers : « Quarante enfants dans une salle ».

> **Mathématiques**
> Quarante enfants dans une salle,
> Un tableau noir et son triangle,
> Un grand cercle hésitant et sourd
> Son centre bat comme un tambour.
>
> Jules Supervielle, *Gravitations*, Gallimard, 1925.

Utiliser expressions et synonymes

3 Associez les expressions à leur définition.

- Faire l'école buissonnière • • Avoir de bons maîtres
- Intégrer une grande école • • Ne pas aller à l'école
- Manquer l'école • • Vagabonder au lieu d'aller à l'école
- Être à bonne école • • Poursuivre des études dans une école prestigieuse
- L'école de la vie • • Avoir des méthodes anciennes
- Être de la vieille école • • Ce qu'on apprend hors de l'école

4 Cherchez parmi ces synonymes du verbe *apprendre* ceux qui correspondent le mieux à ce qu'un élève fait au collège.
étudier • absorber • découvrir • comprendre • digérer • s'initier • s'instruire • se nourrir

5 Cherchez parmi ces synonymes du verbe *enseigner* celui qui selon vous évoque le mieux le rôle du professeur.
professer • éduquer • expliquer • rabâcher • éveiller • montrer • transmettre • renseigner

Comparons nos langues
« École » vient du latin *schola*. Ce mot se dit *school* en anglais, *escuela* en espagnol, *scuola* en italien. Que remarquez-vous ?

6 Au collège on utilise beaucoup d'abréviations, des mots écourtés dont on ne prononce pas la fin. Reconstituez les mots suivants. En connaissez-vous d'autres ?

- Le prof
- La cafète
- Le self
- La récré

Comprendre les principes de l'école française

7 L'école est **obligatoire**, **gratuite** et **laïque**. Définissez en une phrase les mots *obligatoire*, *gratuite* et cherchez le sens de *laïque*.

8 La devise de la République, « Liberté, Égalité, Fraternité », figure parfois à l'entrée des établissements scolaires français. Que signifie pour vous chacun de ces mots ?

À vous d'écrire !

9 Vous devez rédiger l'article « École » pour un dictionnaire destiné à des élèves de CE2. Simplifiez l'article du *Robert Junior*, p. 28, pour l'adapter aux plus jeunes.

Méthode
Donnez deux définitions et sélectionnez des exemples qui peuvent être compris par vos lecteurs.

S'exprimer à l'oral

Décrire l'école d'hier et de demain 💬

Répartissez-vous en six groupes : deux présenteront l'école du milieu du XXe siècle, deux celle d'aujourd'hui et deux autres, l'école du futur.

Yvan Pommaux, *Avant la télé*, L'École des loisirs, 2002 : une classe dans les années 1950.

ÉTAPE 1 — Mutualiser ses connaissances sur l'école

❶ Groupes 1 et 2
a. Décrivez la classe, la tenue des élèves, celle du maître, les tableaux accrochés aux murs. Que trouvez-vous d'étonnant dans ce dessin ?
b. Faites la liste des objets présents sur les bords. Pourquoi l'illustrateur a-t-il voulu représenter ces objets ?

❷ Groupes 3 et 4
a. Réalisez un document qui montrera l'école d'aujourd'hui à la manière d'Yvan Pommaux : dessin, plan ou assemblage de photographies, frise d'objets et légende.
b. Parmi les objets de la frise, quels sont ceux que vous utilisez encore ? Par quoi les autres sont-ils remplacés ?

❸ Groupes 5 et 6
Réalisez un document (dessin, plan) sur lequel vous représenterez l'école du futur telle que vous l'imaginez. Insistez sur ce qui change par rapport à aujourd'hui.

ÉTAPE 2 — Présenter oralement un document

❹ Présentez votre travail en projetant l'image d'Yvan Pommaux ou le document que vous avez réalisé. Prenez des notes lors des différentes présentations.

> **Méthode**
> Pour prendre des notes, écrivez au brouillon les mots les plus importants.

❺ À partir de vos notes, échangez autour de la question suivante : dans ces différentes classes, qu'est-ce qui vous donnerait le plus envie d'apprendre ?

COMPÉTENCES
- **D1, D3** Parler en prenant en compte son auditoire.
- **D1, D2** Participer à des échanges.
- **D1** Recourir à l'écriture pour réfléchir.

ATELIER

S'exprimer à l'écrit

Rédiger un journal de rentrée

Vous décidez d'écrire votre journal. Racontez vos premières journées de collège en respectant les règles de ce genre d'écrit.

ÉTAPE 1 — Identifier les caractéristiques du journal

1 Lisez le début du journal de Tuffy, un chat. Pourquoi le mot *journal* est-il employé pour ce type d'écrit ?

> **Lundi**
> C'est ça, c'est ça. Allez-y, pendez-moi. J'ai tué un oiseau. C'est que je suis un *chat*, moi. En fait, c'est mon *boulot* de rôder dans le jardin à la recherche de ces petites créatures qui peuvent à peine voleter d'une haie à l'autre. Dites-moi, qu'est-ce que je suis censé faire quand une petite boule de plumes se jette dans ma gueule ?
> Enfin, quand elle se pose entre mes pattes. Elle aurait pu me *blesser*. Bon *d'accord*, je lui ai donné un coup de patte. Est-ce une raison suffisante pour qu'Ellie[1] se mette à sangloter si fort dans mon poil que j'ai bien failli me *noyer* ? Et elle me serrait si fort que j'ai cru *étouffer*.
>
> Anne Fine, *Journal d'un chat assassin*, trad. de V. Haïtse, L'École des loisirs, 1997.
>
> 1. Ellie est la maîtresse de Tuffy.

2 Que raconte-t-on dans un journal ? Pourquoi ou quand éprouve-t-on le besoin d'en écrire un ?

3 Identifiez les caractéristiques de la langue utilisée dans l'extrait du journal de Tuffy. Retrouvez-vous les caractéristiques de l'écriture d'un journal : des phrases courtes, une langue familière, l'usage de points d'interrogation ou d'exclamation pour suggérer les émotions ?

> **Pour bien écrire**
> Soignez la ponctuation. Pensez à employer des points d'exclamation et d'interrogation pour exprimer vos émotions.

ÉTAPE 2 — À votre tour d'écrire un journal

4 Plongez dans vos souvenirs et rédigez, à la première personne, votre première journée au collège, réelle ou imaginaire. Comme Marcel Pagnol (p. 18-19), évoquez ce que vous avez vu et ressenti.

5 Racontez une nouvelle journée au collège en vous inspirant du texte de Susie Morgenstern (p. 22-23). Évoquez les élèves de votre classe, leur attitude, votre relation avec eux. N'hésitez pas à exagérer vos émotions.

6 Racontez une troisième journée au collège. Cette fois, vous évoquez un épisode qui vous a fait rire en vous inspirant de l'extrait du *Petit Nicolas* (p. 20-21).

> **Méthode**
> • N'oubliez pas de noter la date, et éventuellement l'heure et l'endroit où vous écrivez.
> • Vous pouvez commencer ainsi : « Aujourd'hui le grand jour : la rentrée ! »

COMPÉTENCES

- **D1** Identifier un genre et ses enjeux.
- **D1** Produire des écrits variés.
- **D2** Faire évoluer son texte.

1. La rentrée dont vous êtes le héros

SÉQUENCE 2

Le monstre, aux limites de l'humain

Les sorcières,

OBJECTIFS
- Identifier les caractéristiques de la sorcière dans le conte traditionnel.
- Comprendre ses métamorphoses dans la littérature contemporaine.

Repères Les multiples visages de la sorcière	34
Entrer dans la séquence Jacques Charpentreau, « Au marché des sorcières… »	35
Lectures	
1. Jacob et Wilhelm Grimm, « Dame Trude » *Texte intégral* Découvrir la sorcière d'un conte traditionnel Comprendre le sens d'un conte	36
2. Pierre Gripari, « La Sorcière de la rue Mouffetard » *Texte intégral* Découvrir la sorcière d'un conte contemporain Identifier des procédés de détournement	38
3. Roald Dahl, *Sacrées Sorcières* Étudier le portrait d'un personnage effrayant Interpréter les sentiments d'un narrateur personnage	44
Histoire des arts Les sorcières dans les arts	46
Vers d'autres lectures Histoires de sorcières	48
Méthode Améliorer un brouillon	49
Vocabulaire Le pouvoir des sorcières	50
Grammaire Les types de phrases	51
S'exprimer à l'oral ATELIER Jeu de rôles : parler comme une sorcière	52
S'exprimer à l'écrit Détourner un conte de fées	53
Je fais le point Bilan et évaluation Roald Dahl, *Sacrées Sorcières*	54

La Sorcière dans les airs, court-métrage de Max Lang et Jan Lachauer, 2012.

de la peur au rire

▶ *Pourquoi la sorcière apparaît-elle comme une figure monstrueuse ? Comment est-elle représentée dans les contes d'hier et d'aujourd'hui ?*

Repères

Les multiples visages de la sorcière

Les sorcières dans l'histoire

Au Moyen Âge, on croit à l'existence des sorcières. L'Église soupçonne certaines femmes de pactiser avec le diable en échange de pouvoirs magiques. Il suffit qu'il se produise un phénomène étrange dans leur entourage pour qu'on les accuse d'être des sorcières. Elles sont alors condamnées au bûcher. De nombreux procès en sorcellerie ont lieu dans toute l'Europe jusqu'au XVIIe siècle.

La sorcière des contes traditionnels

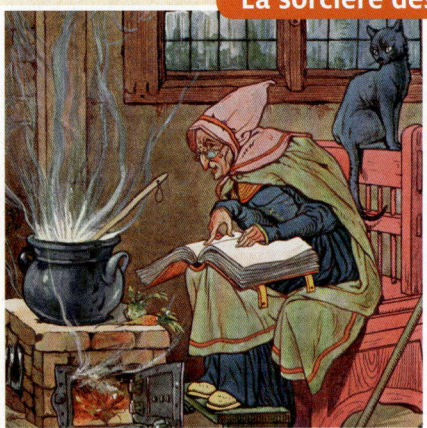

À la même époque, de nombreux contes sont transmis oralement. La sorcière y est présentée comme une vieille femme capable de se transformer et de transformer ses victimes. Au XIXe siècle, Jacob et Wilhelm Grimm transcrivent ces contes en Allemagne et les publient sous le titre *Contes de l'enfance et du foyer*. « Dame Trude », « Blanche-Neige et les Sept Nains » et « Hansel et Gretel » figurent dans ce recueil.

Une sorcière contemporaine

Au XXe siècle, les écrivains détournent les contes traditionnels avec humour. Dans « La Sorcière de la rue Mouffetard », en 1967, Pierre Gripari imagine une sorcière dans un quartier de Paris. En 1983, Roald Dahl raconte la rencontre d'un enfant avec de « vraies » sorcières, si caricaturales qu'elles font rire. Au cinéma également, les sorcières deviennent des personnages comiques.

Jacob Grimm
Écrivain allemand
1785-1863

Wilhelm Grimm
Écrivain allemand
1786-1859

Roald Dahl
Écrivain britannique
1916-1990

Pierre Gripari
Écrivain français
1925-1990

Entrer dans la séquence

Entrez dans le chaudron magique

« Au marché des sorcières... »

Au marché des sorcières,
On vend de tout un peu,
De verts crapauds baveux
Et des nœuds de vipères ;
5 Des chèvres, des aspics[1],
Des onguents[2] mystérieux.
Au marché des sorcières,
On vend de gros chats noirs
À queue blanche, à l'œil bleu,
10 Aux moustaches de feu
Qui s'allument le soir,
Et des chauves-souris
S'agrippant aux cheveux
Chaudrons ! Chauds, les chaudrons !
15 Les plus vieux, les plus laids !
Voyez mes prix !
Qui n'a pas son balai ?

Jacques Charpentreau, En ville,
Maison de la Poésie.

1. **Aspics** : petites vipères. 2. **Onguents** : pommades.

❶ Lisez ce poème. Dressez une liste des mots caractéristiques de l'univers des sorcières.

❷ Quels autres mots vous viennent à l'esprit à propos des sorcières ?

Réalisez l'abécédaire des sorcières

❸ Classez les mots que vous avez réunis dans l'ordre alphabétique.

❹ Formez des groupes. Répartissez-vous les mots et donnez pour chacun une définition. Ensuite, mettez-vous d'accord sur les définitions choisies.

❺ Réalisez votre abécédaire en insérant avant chaque mot une lettrine et une image de votre choix.

Lecture 1

Texte intégral

Dame Trude

Dame Trude est un conte traditionnel allemand retranscrit par les frères Grimm.

Il était une fois une petite fille extrêmement têtue et imprudente qui n'écoutait pas ses parents et qui n'obéissait pas quand ils lui avaient dit quelque chose. Pensez-vous que cela pouvait bien tourner ?

Un jour, la fillette dit à ses parents : « J'ai tellement entendu parler 5 de Dame Trude que je veux une fois aller chez elle : il paraît que c'est fantastique et qu'il y a tant de choses étranges dans sa maison, alors la curiosité me démange. »

Les parents le lui défendirent rigoureusement et lui dirent : « Écoute : Dame Trude est une mauvaise femme qui pratique toutes sortes de 10 choses méchantes et impies[1] ; si tu y vas, tu ne seras plus notre enfant ! »

Objectifs
- Découvrir la sorcière d'un conte traditionnel.
- Comprendre le sens d'un conte.

Compétence
- Mettre en voix un texte après préparation.

REPÈRES

- Le conte traditionnel suit un **schéma en cinq étapes** : une situation initiale, un élément déclencheur qui provoque le début de l'aventure, des actions (les aventures ou péripéties du héros ou de l'héroïne), un élément de résolution qui met fin aux péripéties, et une situation finale, heureuse ou malheureuse.

Lecture de l'image

1. Observez cette illustration. Relevez dans le décor tout ce qui peut symboliser la mort et le malheur.

2. Cette maison pourrait-elle être celle de Dame Trude ?

3. Quelle est l'attitude de la jeune fille ? Vous semble-t-elle effrayée ?

Ivan Bilibine, *Vassilissa dans la forêt*, 1899, lithographie couleur, bibliothèque des Arts décoratifs, Paris.

La fillette se moqua de la défense de ses parents et alla quand même là-bas. Quand elle arriva chez Dame Trude, la vieille lui demanda :
— Pourquoi es-tu si pâle ?
— Oh ! dit-elle en tremblant de tout son corps, c'est que j'ai eu si peur de ce que j'ai vu.
— Et qu'est-ce que tu as vu ? demanda la vieille.
— J'ai vu sur votre seuil un homme noir, dit la fillette.
— C'était un charbonnier², dit la vieille.
— Après, j'ai vu un homme vert, dit la fillette.
— Un chasseur dans son uniforme, dit la vieille.
— Après, j'ai vu un homme tout rouge de sang.
— C'était un boucher, dit la vieille.
— Ah ! Dame Trude, dans mon épouvante, j'ai regardé par la fenêtre chez vous, mais je ne vous ai pas vue : j'ai vu le Diable en personne avec une tête de feu.
— Oho ! dit la vieille, ainsi tu as vu la sorcière dans toute sa splendeur ! Et cela, je l'attendais et je le désirais de toi depuis longtemps : maintenant tu vas me réjouir.

Elle transforma la fillette en une grosse bûche qu'elle jeta au feu, et quand la bûche fut bien prise et en train de flamber, Dame Trude s'assit devant et s'y chauffa délicieusement en disant : « Oh ! le bon feu, comme il flambe bien clair pour une fois ! »

Jacob et Wilhelm Grimm, « Dame Trude », *Contes* [1812], trad. de l'allemand par A. Guerne, Flammarion, 1967.

1. **Impies** : contraires à la religion.
2. **Charbonnier** : homme qui fabrique du charbon de bois ou qui travaille dans une mine de charbon.

Pour bien écrire

« **Écoute** » (l. 8) : les verbes dont l'infinitif se termine en *-er* ne prennent pas de *-s* à la deuxième personne du singulier de l'impératif présent. Conjuguez sur le même modèle le verbe *regarder*.

L'HISTOIRE DES MOTS

« **Étranges** » (l. 6) vient du latin *extraneus* qui signifie « du dehors, extérieur », « qui n'est pas de la famille, du pays ». Quel nom commun formé sur cette racine correspond à cette définition ?

Je découvre le texte

1. MISE EN VOIX Préparez en groupes une première lecture orale du texte. Débattez du ton approprié aux différents personnages.

2. Résumez en groupes le conte en trois lignes puis choisissez avec la classe le résumé qui vous semble le plus juste.

Je comprends le texte

3. Que savons-nous de la petite fille au début du texte ?

4. LANGUE Les parents présentent la sorcière comme « une mauvaise femme qui pratique toutes sortes de choses méchantes et impies » (l. 9-10). Quelle impression se dégage des trois adjectifs qualificatifs ?

5. Que révèlent les premières paroles de la petite fille dans son dialogue avec Dame Trude ?

6. Au début du dialogue, le ton de Dame Trude vous semble-t-il menaçant ?

7. Quels personnages a aperçus la fillette chez Dame Trude ? Lequel trouvez-vous le plus impressionnant ?

8. À quel moment du texte le conteur intervient-il ? Dans quel but ?

J'écris pour interpréter le texte

9. À VOS PLUMES Écrivez un dialogue dans lequel des parents racontent à leurs enfants l'histoire de cette petite fille, pour leur prouver qu'il est important d'être obéissants.

Je retiens

• Dans ce conte, la sorcière est manipulatrice. Elle accueille avec des paroles rassurantes la fillette apeurée.
• Sa véritable nature se révèle lorsqu'elle transforme l'enfant en bûche pour la brûler. Ce **dénouement** a pour but de servir de **leçon** aux enfants désobéissants et curieux.

Lecture 2

Texte intégral

La sorcière de la rue Mouffetard

Objectifs
• Découvrir la sorcière d'un conte contemporain.
• Identifier des procédés de détournement.

Compétence
• Mettre en relation des textes.

REPÈRES
• Sept récits composent le recueil de **Pierre Gripari** (1925-1990), *La Sorcière de la rue Mouffetard et autres contes de la rue Broca*, publié en 1967. Les histoires se déroulent à Paris, à l'époque contemporaine.

1. Buvette : petit local ou comptoir où l'on sert à boire.

Il y avait une fois, dans le quartier des Gobelins, à Paris, une vieille sorcière, affreusement vieille, et laide, mais qui aurait bien voulu passer pour la plus belle fille du monde !

Un beau jour, en lisant le *Journal des sorcières,* elle tomba sur le communiqué suivant :

> MADAME
> Vous qui êtes VIEILLE et LAIDE
> Vous deviendrez JEUNE et JOLIE !
> Et pour cela :
> MANGEZ UNE PETITE FILLE
> à la sauce tomate !

Et plus bas, en petites lettres :
> Attention !
> Le prénom de cette petite fille
> devra obligatoirement commencer
> par la lettre N !

Or il y avait, dans ce même quartier, une petite fille qui s'appelait Nadia. C'était la fille aînée de Papa Saïd (je ne sais pas si vous connaissez) qui tenait l'épicerie-buvette[1] de la rue Broca.

« Il faut que je mange Nadia », se dit la sorcière.

Un beau jour que Nadia était sortie pour aller chez le boulanger, une vieille dame l'arrêta :
– Bonjour, ma petite Nadia !
– Bonjour, Madame !
– Veux-tu me rendre un service ?
– Lequel ?
– Ce serait d'aller chercher pour moi une boîte de sauce tomate chez ton papa. Cela m'éviterait d'y aller, je suis si fatiguée !

Nadia, qui avait bon cœur, accepta tout de suite. Sitôt qu'elle fut partie, la sorcière – car c'était elle – se mit à rire en se frottant les mains :
– Oh ! que je suis maligne ! disait-elle. La petite Nadia va m'apporter elle-même la sauce pour la manger !

Une fois rentrée chez elle avec le pain, Nadia prit sur le rayonnage une boîte de sauce tomate, et elle se disposait à repartir, lorsque son papa l'arrêta :

40 — Et où vas-tu, comme ça ?
— Je vais porter cette boîte de sauce tomate à une vieille dame qui me l'a demandée.
— Reste ici, dit Papa Saïd. Si ta vieille dame a besoin de quelque chose, elle n'a qu'à venir elle-même.

45 Nadia, qui était très obéissante, n'insista pas. Mais le lendemain, en faisant les courses, elle fut, pour la seconde fois, arrêtée par la vieille :
— Eh bien, Nadia ? Et ma sauce tomate ?
— Je m'excuse, dit Nadia, toute rougissante, mais mon
50 papa n'a pas voulu. Il dit que vous veniez vous-même.
— C'est bon, dit la vieille, j'irai.
Le jour même en effet, elle entrait dans l'épicerie :
— Bonjour, monsieur Saïd.
— Bonjour, Madame. Vous désirez ?
55 — Je voudrais Nadia.
— Hein ?
— Oh, pardon ! Je voulais dire : une boîte de sauce tomate.
— Ah, bon ! Une petite ou une grande ?
60 — Une grande, c'est pour Nadia...
— Quoi ?
— Non, non ! Je voulais dire : c'est pour manger des spaghetti...
— Ah, bien ! Justement, j'ai aussi des spaghetti...
65 — Oh, ce n'est pas la peine, j'ai déjà Nadia...
— Comment ?
— Excusez-moi, je voulais dire : les spaghetti, je les ai déjà chez moi...
— En ce cas... voici la boîte.
La vieille prit la boîte, la paya, puis, au lieu de partir, se mit à la soupeser :
70 — Hum ! C'est peut-être un peu lourd... Est-ce que vous ne pourriez pas...
— Quoi ?
— Envoyer Nadia la porter chez moi ?
Mais Papa Saïd se méfiait.
— Non, Madame, nous ne livrons pas à domicile. Quant à Nadia, elle a
75 autre chose à faire. Si cette boîte est trop lourde pour vous, eh bien, tant pis, vous n'avez qu'à la laisser !
— C'est bon, dit la sorcière, je l'emporte. Au revoir, monsieur Saïd !
— Au revoir, Madame !
Et la sorcière s'en fut, avec la boîte de sauce tomate. Une fois rentrée
80 chez elle, elle se dit :
« J'ai une idée : demain matin, je vais aller rue Mouffetard, et je me déguiserai en marchande. Lorsque Nadia viendra faire les courses pour ses parents, je l'attraperai. »

▽ **L'HISTOIRE DES MOTS**

« **Sorcière** » (l. 2) vient du mot latin *sors, sortis* qui signifie « le sort », « le destin ». Connaissez-vous d'autres mots qui appartiennent à la même famille ?

Lecture 2
(suite)

Texte intégral

Pour bien écrire

« **Zut** » (l. 88) appartient à la classe des interjections, mots invariables qui servent à marquer un sentiment ou une émotion. Suivies, en général, d'un point d'exclamation à l'écrit, les interjections sont surtout utilisées à l'oral, dans le langage familier. En voyez-vous d'autres dans le texte ?

---

2. Éventaire : étalage en plein air.

---

85 Le lendemain, elle était rue Mouffetard, déguisée en bouchère, lorsque Nadia vint à passer.
– Bonjour, ma petite fille. Tu veux de la viande ?
– Ah non, Madame, je viens acheter un poulet.
   « Zut ! » pensa la sorcière.
   Le lendemain, elle se déguisait en marchande de volaille.
90 – Bonjour, petite. Tu m'achètes un poulet ?
– Ah non, Madame. Aujourd'hui je veux de la viande.
   « Crotte ! » pensa la sorcière.
   Le troisième jour, déguisée à nouveau, elle vendait à la fois de la viande et de la volaille.
95 – Bonjour, Nadia, bonjour ma petite fille ! Qu'est-ce que tu veux ? Tu vois, aujourd'hui, je vends de tout : du bœuf, du mouton, du poulet, du lapin...
– Oui, mais moi, je veux du poisson !
– Flûte !
   Rentrée chez elle, la sorcière réfléchit, réfléchit, puis elle eut une
100 nouvelle idée :
   « Eh bien, puisque c'est comme ça, demain matin, je deviendrai, à moi toute seule, TOUTES les marchandes de la rue Mouffetard ! »

Et en effet, le jour suivant, toutes les marchandes de la rue Mouffetard (il y en avait exactement 267), c'était elle.
105 Nadia vint, comme à l'ordinaire, s'approcha sans méfiance d'un éventaire[2] de légumes pour acheter, cette fois, des haricots verts, et elle allait payer quand la marchande la saisit par le poignet, l'enleva et hop ! l'enferma dans le tiroir-caisse.
   Mais heureusement Nadia avait un petit frère, qui s'appelait
110 Bachir. Voyant que sa grande sœur ne rentrait pas, Bachir se dit :
   « C'est sûrement la sorcière qui l'a prise, il faut que j'aille la délivrer. »
   Il prit sa guitare à la main, et s'en fut rue Mouffetard. En le voyant arriver, les 267 marchandes (qui étaient la sorcière) se
115 mirent à crier :
– Où vas-tu comme ça, Bachir ?
Bachir ferma les yeux et répondit :
– Je suis un pauvre musicien aveugle et je voudrais chanter une petite chanson pour gagner quelques sous.
120 – Quelle chanson ? demandèrent les marchandes.
– Je veux chanter une chanson qui s'appelle : *Nadia, où es-tu ?*
– Non, pas celle-là ! Chantes-en une autre !
– Mais je n'en sais pas d'autre !
– Alors, chante-la tout bas !
125 – C'est entendu ! Je chanterai tout bas !
   Et Bachir se mit à chanter tout haut :

> *Nadia, où es-tu ?*
> *Nadia, où es-tu ?*
> *Réponds, que je t'entende !*
> *Nadia, où es-tu ?*
> *Nadia, où es-tu ?*
> *Car je ne te vois plus !*

– Moins fort ! Moins fort ! crièrent les 267 marchandes. Tu nous casses les oreilles !

Mais Bachir continuait de chanter :

> *Nadia, où es-tu ?*
> *Nadia, où es-tu ?*

Quand tout à coup une petite voix lui répondit :

> *Bachir, Bachir, délivre-moi*
> *Ou la sorcière me tuera !*

En entendant ces mots, Bachir ouvrit les yeux, et les 267 marchandes sautèrent sur lui en criant :
– C'est un faux aveugle ! C'est un faux aveugle !

Mais Bachir, qui était courageux, brandit sa petite guitare et assomma d'un coup la marchande la plus proche. Elle tomba raide, et les 266 autres tombèrent en même temps qu'elle, assommées elles aussi.

2. Les sorcières, de la peur au rire

Lecture 2 *(suite)*

Texte intégral

Alors Bachir entra dans toutes les boutiques, l'une après l'autre, en chantant :

Nadia, où es-tu ?
Nadia, où es-tu ?

Pour la seconde fois, la petite voix lui répondit :

Bachir, Bachir, délivre-moi
Ou la sorcière me tuera !

Cette fois, il n'y avait plus de doute : la voix venait de chez la marchande de légumes. Bachir sauta dans la boutique par-dessus l'étalage, au moment même où la marchande, sortant de son évanouissement, ouvrait un œil. Et en même temps qu'elle, les 266 autres ouvraient également l'œil. Heureusement, Bachir s'en aperçut et, d'un coup de guitare bien appliqué, il les rendormit pour quelques minutes.

Ensuite, il essaya d'ouvrir le tiroir-caisse, cependant que Nadia continuait à chanter :

Bachir, Bachir, délivre-moi
Ou la sorcière me tuera !

Mais le tiroir était trop dur, cela n'avançait pas. Nadia chantait, et Bachir travaillait, et pendant ce temps les 267 marchandes se réveillaient. Mais cette fois-ci, elles se gardaient bien d'ouvrir les yeux ! Elles restaient les yeux fermés, au contraire, et elles s'approchaient en rampant de la boutique où Bachir travaillait, afin de le cerner.

Comme Bachir, épuisé, ne savait plus que faire, il vit passer un grand marin, tout jeune et très costaud, qui descendait la rue.

– Bonjour, marin. Veux-tu me rendre un service ?
– Lequel ?

– Ce serait de porter ce tiroir-caisse jusque chez nous. Ma sœur est enfermée dedans.
– Et qu'est-ce que j'aurai, comme récompense ?
– Tu auras l'argent, et moi j'aurai ma sœur.
– D'accord !

Bachir souleva le tiroir-caisse, et allait le passer au marin, quand la marchande de légumes, qui s'était approchée tout doucement, l'attrapa par un pied et se mit à glapir :
– Ah brigand, je te tiens !

Bachir perdit l'équilibre, et laissa échapper le tiroir-caisse. Celui-ci, qui était très lourd, tomba en plein sur la tête de la marchande et, de ce coup-là, les 267 marchandes eurent, toutes en même temps, le crâne fracassé, ouvert, avec toute la cervelle qui sortait. Cette fois, la sorcière était morte, et bien morte.

Ce n'est pas tout : sous le choc, le tiroir s'ouvrit, et Nadia en sortit.

Elle embrassa son petit frère, le remercia, et tous deux retournèrent chez leurs parents, pendant que le marin ramassait, dans le sang, l'argent de la sorcière.

Pierre Gripari, *La Sorcière de la rue Mouffetard et autres contes de la rue Broca*, La Table Ronde, 1967.

Je découvre le texte
1. Découpez le récit en dix scènes et donnez un titre à chacune des scènes.
2. MISE EN VOIX Choisissez une des scènes et jouez-la devant la classe.

Je comprends le texte
3. Relevez trois éléments qui montrent que ce conte a pour cadre le monde moderne.
4. Quelles caractéristiques traditionnelles de la sorcière retrouvez-vous dans le personnage de ce texte ?
5. Quelles sont les intentions de la sorcière à l'égard de Nadia ? Comparez-les avec les intentions de Dame Trude.
6. Lignes 53 à 68, qu'a de comique le dialogue entre la sorcière et Papa Saïd ?
7. LANGUE Relevez, dans les derniers paragraphes du texte, le vocabulaire de la violence. Comparez ce dénouement avec celui du conte *Dame Trude*.

J'écris pour interpréter le texte
8. À VOS PLUMES Papa Saïd raconte au boulanger les mésaventures de Nadia. Écrivez le dialogue entre les deux commerçants. Vous utiliserez les indices que vous avez repérés dans le conte pour montrer le point de vue de Papa Saïd sur la sorcière.

Je retiens
• Dans ce **conte moderne**, l'auteur cherche à surprendre et amuser les lecteurs en transformant les modèles du conte traditionnel.
• L'action se situe dans le **monde réel** des lecteurs et ce sont les enfants qui triomphent d'une sorcière maladroite qui a perdu ses pouvoirs.

Lecture 3

Objectifs
• Étudier le portrait d'un personnage effrayant.
• Interpréter les sentiments d'un narrateur personnage.

Compétence
• Produire des écrits variés (suite de texte).

Sacrées sorcières

Le narrateur est le personnage principal de cette histoire. Alors qu'il se trouve en vacances en Angleterre avec sa grand-mère, il se cache pour jouer dans la grande salle de réception de l'hôtel et observe, derrière un paravent, des sorcières réunies en congrès.

Toutes les femmes, ou plutôt toutes les sorcières, se figèrent soudain sur leurs sièges, les yeux hagards[1], hypnotisées. Une autre femme venait d'apparaître sur l'estrade. D'abord, je remarquai la taille de cette créature. Elle était vraiment minuscule, pas plus haute que trois pommes ! Elle
5 semblait très jeune, environ vingt-cinq ou vingt-six ans, et elle était très jolie. Elle portait une longue robe noire, très élégante, qui lui arrivait jusqu'aux pieds, et des gants noirs qui lui remontaient jusqu'aux coudes. Contrairement aux autres, elle n'avait pas de chapeau.

D'après moi, elle ne ressemblait pas du tout à une sorcière, pourtant,
10 elle l'était à coup sûr. Sinon, que fabriquait-elle sur cette estrade ? Et pourquoi diable les autres sorcières la regardaient-elles avec ce mélange d'adoration et de crainte ?

La jeune femme leva lentement les bras jusqu'à son visage. Je vis ses mains gantées défaire quelque chose, derrière les oreilles et soudain...
15 elle attrapa ses joues et son joli visage lui resta entre les mains !

Elle portait un masque !

Elle le posa sur une petite table. Elle était alors de profil. Puis elle se retourna et nous fit face.

Je faillis pousser un cri. Jamais je n'avais vu visage si terrifiant, ni si
20 effrayant ! Le regarder me donnait des frissons de la tête aux pieds. Fané, fripé, ridé, ratatiné. On aurait dit qu'il avait mariné dans du vinaigre.

REPÈRES

• **Roald Dahl** (1916-1990) est l'auteur de grands succès de la littérature jeunesse tels que *Charlie et la chocolaterie* (1964), *La Potion magique de Georges Bouillon* (1981) et *Matilda* (1988).

L'HISTOIRE DES MOTS

« **Hypnotisées** » (l. 2) est construit avec le préfixe *hypno-* qui vient du mot grec *hypnos*, signifiant « sommeil ». Hypnos était le dieu du sommeil dans la mythologie grecque, appelé Somnus par les Romains. Trouvez d'autres mots formés sur ces deux racines.

Pour bien écrire

« **Versicotée** » (l. 25) n'existe pas dans la langue française. Le mot a été inventé par l'auteur à partir du nom *vers*. Il s'agit d'un **néologisme**. Inventez à votre tour un adjectif qualificatif à partir de *verrue*.

Je découvre le texte

1. Dessinez la sorcière en vous appuyant sur les indices du texte. Combien de dessins devez-vous réaliser ? Pourquoi ?

2. MISE EN VOIX Faites une lecture du texte à voix haute. À quels moments du texte votre ton doit-il changer ? Pourquoi ?

Je comprends le texte

3. Relevez, dans la première phrase, les termes qui montrent l'importance du personnage qui entre en scène.

4. Quelle impression se dégage de ce personnage dans les deux premiers paragraphes ?

5. LANGUE Dans les lignes 9 à 16, comment la ponctuation souligne-t-elle l'effet produit par la transformation de la sorcière ? ↘ Employer la ponctuation, p. 310

Affreux, abominable spectacle. Face immonde[2],
putride[3] et décatie[4]. Elle pourrissait de partout,
dans ses narines, autour de la bouche et des joues. Je
voyais la peau pelée, versicotée par les vers, asticotée par
les asticots... Et ses yeux qui balayaient l'assistance... Ils avaient
un regard de serpent !

Parfois, quand quelque chose est trop terrifiant, on se sent fasciné
et l'on ne peut en détacher le regard. J'étais subjugué[5], anéanti, réduit.
L'horreur de ses traits m'hypnotisait.

Je compris aussitôt que cette femme était la Grandissime Sorcière
en personne. Pas étonnant qu'elle porte un masque ! Elle n'aurait jamais
pu se promener dans une foule ni retenir une chambre dans un hôtel.
N'importe qui, en la voyant, se serait enfui en hurlant.

Roald Dahl, Sacrées Sorcières [1984], trad. de l'anglais par M.-R. Farré,
Gallimard Jeunesse, 2007.

1. **Hagards** : épouvantés.
2. **Immonde** : d'une saleté ou d'une laideur qui provoque le dégoût.
3. **Putride** : en décomposition.
4. **Décatie** : fanée à cause de l'âge.
5. **Subjugué** : impressionné au point de perdre ses moyens.

© Quentin Blake, 1983, pour les illustrations.

6. Quels sentiments et quelles sensations physiques le narrateur éprouve-t-il en voyant le vrai visage du personnage ?

7. La phrase « Fané, fripé, ridé, ratatiné » (l. 21) est composée de quatre adjectifs qualificatifs séparés par des virgules. Il s'agit d'une énumération. Relevez dans les lignes suivantes une autre énumération. Quel est l'effet produit ?

8. Relevez les éléments comiques dans le portrait de la sorcière.

J'écris pour interpréter le texte

9. Imaginez en quelques lignes la suite du récit. Votre proposition devra s'appuyer sur les indices que vous venez de repérer dans le texte. Quel pronom personnel emploierez-vous ?

Je retiens

- Dans *Sacrées Sorcières*, le **narrateur** est un garçon de huit ans. C'est à travers son regard que le lecteur découvre la sorcière.
- Le narrateur la décrit de manière **caricaturale** lorsqu'il découvre son vrai visage, jusqu'alors dissimulé sous un masque.

Histoire des arts

Objectifs
- Découvrir des représentations artistiques de la sorcière.
- Comparer ces représentations avec celles de la sorcière en littérature.

Les sorcières

Aux XVIIIe et XIXe siècles, les sorcières constituent une source d'inspiration pour les peintres. Au XXe siècle, les réalisateurs de films et de séries s'emparent du sujet à leur tour.

Des sorcières terrifiantes d'hier…

Le peintre espagnol Francisco de Goya (1746-1828) est célèbre pour ses portraits de la famille royale d'Espagne. Vers la fin de sa vie, sa peinture s'assombrit. Il puise alors son inspiration dans la culture populaire espagnole et ses superstitions, comme dans ce tableau, intitulé *La Conjuration (Les Sorcières)*.

1. Dans le tableau de Goya, combien comptez-vous de sorcières ?

2. Que tiennent-elles dans leurs mains ? Quels oiseaux volent au-dessus d'elles ?

3. Repérez les lignes de force : où se situe l'homme en chemise blanche ? Comment interprétez-vous cette disposition ?

↘ Le vocabulaire de l'image, p. 353

4. Observez les contrastes : comment les zones d'ombre et de lumière s'organisent-elles ? Quel est l'effet produit par la chemise blanche de l'homme ?

5. D'après vous, que font les sorcières ? Quel rôle joue cet homme en chemise blanche ? Commentez sa posture.

❶ Francisco de Goya, *La Conjuration (Les Sorcières)*, 1797-1798, huile sur toile, 43 x 30 cm, Lázaro Galdiano Foundation, Madrid.

dans les arts

... aux sorcières séduisantes d'aujourd'hui

Au cinéma, les sorcières ont de plus en plus souvent le premier rôle. Dans *Maléfique* (2014), le réalisateur Robert Stromberg raconte l'histoire de Maléfique, la sorcière qui jette un sort à Aurore, la jeune princesse du conte de *La Belle au bois dormant*. La sorcière est incarnée par la comédienne Angelina Jolie.
Avec la série américaine *Charmed*, les téléspectateurs peuvent suivre les aventures de trois sœurs qui ont hérité de pouvoirs surnaturels.

2 *Charmed*, série télévisée américaine en 178 épisodes, de Constance M. Burge, 1998-2006.

3 *Maléfique*, film de Robert Stromberg avec Angelina Jolie (Maléfique), 2014.

6. Décrivez les trois sorcières de *Charmed*. Au premier coup d'œil, peut-on imaginer qu'il s'agit de sorcières ?

7. D'après vous, à quelle activité peuvent-elles se livrer dans cette scène ?

8. Décrivez la sorcière de *Maléfique*. Quels éléments de l'image permettent de reconnaître une sorcière ?

9. Son apparence est-elle effrayante ? Justifiez votre réponse.

Bilan

10. Comparez les deux types de représentation du personnage de la sorcière présents dans ces œuvres. Qu'est-ce qui a changé ? Pourquoi ?

Je retiens

- Entre le XVIIIe et le XXe siècle, la croyance en l'existence des sorcières s'amenuise. Cette **évolution** est perceptible dans les arts visuels comme dans la littérature.
- La sorcière vieille, laide et terrifiante des siècles passés fait place à des **sorcières jeunes et belles**, beaucoup moins effrayantes.

Vers d'autres lectures

Objectifs
- Lire un roman de manière autonome.
- Identifier la construction d'un personnage de sorcière dans une œuvre intégrale.

Histoires de sorcières

Anne Ferrier, *La Meneuse de bêtes*, Oskar Jeunesse, 2012

Ysane, abandonnée à sa naissance dans la forêt, a été recueillie par Julienne, une guérisseuse qui l'a trouvée blottie contre un louveteau. Les gens accusent la jeune fille de sorcellerie.

Découvrir un personnage de sorcière

- Analysez la couverture et montrez comment elle illustre la relation entre Ysane et le loup.
- Pourquoi les gens traitent-ils Ysane de sorcière ? Que lui reprochent-ils au fond ? Répondez en vous appuyant sur un passage précis du roman.
- Relevez les éléments qui caractérisent l'époque au cours de laquelle se déroule l'histoire.

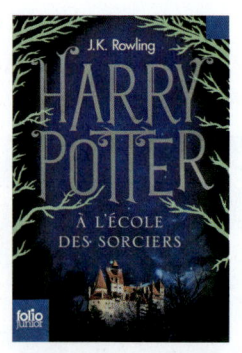

J.K. Rowling, *Harry Potter à l'école des sorciers*, Gallimard Jeunesse, 1998

Le jour de ses onze ans, Harry Potter, un orphelin élevé par un oncle et une tante qui le détestent, est conduit par un géant dans une école de sorcellerie. Il y est inscrit depuis sa naissance et attendu pour la prochaine rentrée.

Caractériser un univers

- Relevez les ressemblances et les différences entre le collège de Poudlard et votre collège.
- Faites une liste de vos mots préférés parmi les mots inventés par l'auteure et expliquez leur formation.
- Quelles sont les caractéristiques du personnage du sorcier dans ce roman ?

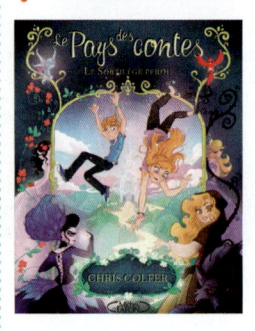

Chris Colfer, *Le Pays des contes*, « Le sortilège perdu », Michel Lafon, 2013

La vie de deux jumeaux, Alex et Conner, bascule le jour où leur grand-mère leur offre un vieux livre de contes. Avec ce grimoire, ils sont transportés dans un univers où contes et réalité s'entremêlent et dans lequel le merveilleux a disparu.

Analyser la transformation des personnages des contes traditionnels

- Repérez dans le livre les personnages des contes traditionnels : que sont-ils devenus ?
- Choisissez pour chacun d'eux un passage qui illustre leur nouvelle situation.

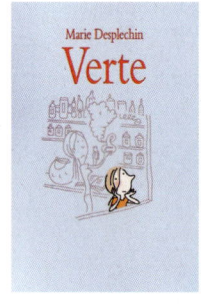

Marie Desplechin, *Verte* [1996], L'École des loisirs, 2015

À onze ans, Verte, fille et petite fille de sorcière, ne montre aucun talent pour la sorcellerie. Elle n'a d'ailleurs aucune envie de devenir sorcière. Sa mère décide de la confier un jour par semaine à sa grand-mère.

Défendre une opinion

- Vous apprenez que vos parents sont des ogres et que, par conséquent, vous aussi. Imaginez votre réaction dans un texte à la première personne.
- Imaginez le discours qu'ils vous tiennent pour vous convaincre d'accepter cette destinée.

À vous de créer

Réaliser un quiz interactif

- Constituez un groupe d'élèves ayant lu le même livre. Mettez-vous d'accord sur les éléments de la sorcellerie dans l'œuvre : personnages, lieux, objets, actions...
- Formulez, à partir de ces éléments, cinq ou six questions à choix multiples (QCM).
- Passez à la réalisation technique du quiz en utilisant le logiciel gratuit Hot Potatoes ou Didapages, puis faites tester votre quiz par d'autres élèves ayant lu ce livre.

Méthode
- Vos questions doivent porter sur des éléments essentiels du récit.
- Veillez à rédiger des phrases interrogatives correctes.

Méthode

Améliorer un brouillon

Voici un brouillon d'élève répondant à la consigne suivante : « À votre tour de jouer avec le personnage de la sorcière en détournant le conte des frères Grimm, *Hansel et Gretel* ».

> Bonjour Mesdames et Messieurs, nous sommes en direct de la célèbre émissions : « Stars de la magie ». Aujourd'hui, nous accueillons Hansel et Gretel… Alors, Hansel et Gretel, pouvez-vous nous parler de la sorcière que vous avez rencontrée ?
> – Elle est super gentille. En plus, elle as une maison en bombecs !
> – Vous y avez goûté ?
> – Évidemment ! Moi j'ai pris trois kilos.
> – Moi, ce que j'ai préféré, c'est le toit en gélatine avec plein de colorant.
> – On raconte qu'elle est cannibale : elle a essayé de vous manger ?
> – Mais non ! La pauvre, elle y vois rien, elle est myope comme une taupe ! D'ailleurs, on vas lui offrir des lunettes.

MÉTHODE GUIDÉE

Étape 1 — Se relire et évaluer son brouillon

- Relisez votre brouillon en vérifiant que vous avez bien respecté la consigne.
- Repérez les parties à améliorer. Pour ne rien oublier, entourez ou barrez les passages qui posent problème.
- Réécrivez les passages dont vous n'êtes pas satisfait(e).

1. Le travail présenté ici répond-il à la consigne ? Quel est le procédé de détournement ?
2. Quels sont les points positifs et négatifs de ce brouillon ?
3. Avez-vous des idées pour améliorer ce texte ?

Étape 2 — Vérifier l'orthographe et la syntaxe

- Vérifiez l'orthographe des mots dont vous n'êtes pas sûr(e).
- Vérifiez la correction grammaticale de vos phrases.
- Barrez les formes incorrectes et notez les formes correctes dans la marge.

4. Y a-t-il des mots dont vous n'êtes pas certain(e) de l'orthographe ? Vérifiez-les à l'aide d'un dictionnaire.
5. Avez-vous accordé les verbes avec leur sujet, les adjectifs avec le nom auquel ils se rapportent ? Consultez les pages Langue de votre manuel.

Étape 3 — Améliorer son brouillon

- Réécrivez votre premier jet en tenant compte de vos observations.
- Recopiez votre deuxième jet au traitement de texte et soumettez-le à un logiciel de correction automatique. Vous pouvez utiliser le correcteur en ligne gratuit Scribens sur le site http://www.scribens.fr/

6. Saisissez le texte corrigé sur ordinateur. Copiez-le et collez-le dans la fenêtre qui s'affiche sur la page du correcteur en ligne Scribens puis cliquez sur « Vérifier ».
7. Cliquez sur les mots qui s'affichent en couleur et lisez le commentaire. Quels types d'erreurs le correcteur en ligne vous permet-il de corriger ?

Vocabulaire

Objectif
• Explorer le vocabulaire de la transformation.

Le pouvoir des sorcières

Connaître le vocabulaire de la magie

1 Complétez chacune de ces phrases à l'aide des mots suivants.

sort • ensorcellement • sorcellerie • sortilège

1. Jeanne d'Arc fut accusée de ....
2. Pétrifiée, elle semblait sous le coup d'un ....
3. La magicienne lança un .... qui transforma le prince en crapaud.
4. Serais-tu victime d'un .... ? Te voilà transformé en lion !

2 Complétez le tableau avec des mots de la même famille. Que remarquez-vous ?

fée	féerie	féerique
magicienne		
enchanteur		

3 À partir des mots suivants et en les associant à des noms d'animaux, dressez une liste d'ingrédients pour concocter une potion magique : bave • corne • poil • crin • plume • griffe • œil • pattes • œuf

4 Associez les noms ci-dessous au bon chapeau, selon qu'ils peuvent s'appliquer aux actions d'une sorcière ou d'une fée. Y en a-t-il qui peuvent s'appliquer aux deux personnages ?
charme • maléfice • merveille • envoûtement • magie • sortilège • incantation • sort • maléfice • ensorcellement • philtre • féerie • mystère • surnaturel • malédiction

5 Faites, en un court paragraphe, le portrait d'une sorcière en choisissant le plus possible de mots parmi ceux proposés dans la liste ci-dessous.
changer • transformer • ensorceler • jeter un sort • enchanter • métamorphoser • chapeau • balai • baguette • chaudron • grimoire • don • potion • philtre • ongles crochus • verrue • araignée • crapaud • serpent • cafard • asticots • vers • hibou • corbeau • rat • chauve-souris • fiole • élixir

Utiliser le vocabulaire de la transformation

6 a. Complétez les mots suivants afin de former des synonymes du verbe « changer ».
tran-----er • méta-----ser

b. Utilisez ces trois verbes en les conjuguant au présent pour compléter les phrases suivantes.
1. Dame Trude .... la fillette en une grosse bûche.
2. La Grandissime Sorcière .... les enfants en souris.
3. Les sorcières anglaises .... les enfants en faisans.

7 Recopiez les verbes suivants qui expriment chacun un type de transformation et soulignez leur radical.
noircir • rapetisser • allonger • enlaidir • durcir • ramollir • obscurcir • jaunir • liquéfier • statufier

8 À partir de chacun des adjectifs suivants, formez un verbe en *-ir* désignant une transformation.
faible • noir • blanc • fort • rouge • maigre • pâle • grand

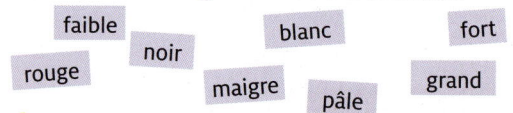

9 Réécrivez le texte ci-dessous en remplaçant le premier mot en gras par son antonyme (mot de sens contraire). Puis, transformez tous les termes en gras afin de raconter sa transformation en éléphant.

> Bruno **rapetissait**, rapetissait, de seconde en seconde... Ses habits disparurent, et des poils **bruns** lui poussèrent sur le corps.
> Soudain, une queue...
> Puis **des moustaches**...
> Puis quatre pattes...
> Cela se passa très vite, en quelques secondes...
> Bruno n'était plus qu'un **souriceau brun** courant sur **la table** !
>
> Roald Dahl, *Sacrées Sorcières* [1984], trad. de l'anglais par M.-R. Farré, Gallimard Jeunesse, 2007.

À vous d'écrire !

10 Réécrivez le texte ci-dessous en inversant la transformation décrite.

> Mais l'élixir avait cessé d'agir. Quand elle revint à la cuisine, elle était redevenue une vieille, très vieille sorcière, au nez crochu, aux dents gâtées et à la peau plus ridée que du papier froissé.
>
> Bernard Friot, *Histoires pressées*, « La sorcière amoureuse », Milan Jeunesse, 1997.

Grammaire

Objectif
- Reconnaître et employer les différents types de phrases.

Les types de phrases

Retenir l'essentiel

Les phrases se classent selon les intentions de celui qui parle.

- La phrase **déclarative** donne une information.
Elle se termine par un point.
- La phrase **interrogative** pose une question.
Elle se termine par un point d'interrogation.
- La phrase **injonctive** exprime un ordre ou un conseil.
Elle se termine par un point ou un point d'exclamation et comporte souvent un verbe à l'impératif.
- La phrase **exclamative** exprime une émotion ou un sentiment.
Elle se termine par un point d'exclamation.

↘ Reconnaître et employer les types de phrases, p. 311

Identifier les types de phrases

1 À quels types de phrases les énoncés suivants appartiennent-ils ?

1. Pourquoi les sorcières anglaises sont-elles les plus méchantes au monde ?
2. Prends la potion et reviens vite !
3. Ce livre n'est pas un conte de fées.
4. Un jour, un cuisinier trouva un bébé crocodile qui nageait dans sa soupe !
5. Est-ce que chaque pays a des sorcières ?

Roald Dahl, *Sacrées Sorcières* [1984],
trad. de l'anglais par M.-R. Farré, Gallimard Jeunesse, 2007.

6. Si vous toussez, restez au lit et prenez un bouillon de chouette trois fois par jour.
7. Si vous avez une rage de dents, accrochez-vous autour du cou une taupe morte.
8. Si votre nez coule, touchez vos oreilles avec vos doigts de pied.

Jacqui et Colin Hawkins, *Les Sorcières* [1981], Gallimard, Albin Michel Jeunesse, 1990.

2 Rédigez deux phrases construites sur le même modèle pour ajouter deux remèdes de sorcière à cette liste.

Transformer des types de phrases

3 Formulez les questions qui correspondent aux réponses suivantes en utilisant le pronom ou l'adverbe donné entre parenthèses.

1. Une sorcière porte des gants. (Que)
2. La Grandissime Sorcière voyage de pays en pays pour donner des consignes. (Pourquoi)
3. La veille du départ, la sorcière tombe malade. (Quand)

4 Transformez ces phrases déclaratives en interrogatives. Faites porter l'interrogation sur le groupe de mots soulignés.

1. Les sorcières habitent <u>de très vieilles maisons</u>.
2. Les sorcières aiment prendre <u>leur bain</u> tous les jours.
3. Les gens ont toujours craint <u>les sorcières</u>.

5 Accordez « quel » comme il convient dans les phrases exclamatives suivantes.

1. (*quel*) choc ! 2. (*quel*) horreur ! 3. (*quel*) idée fabuleuse ! 4. (*quel*) brouhaha ! 5. (*quel*) étrange façon de parler ! 6. (*quel*) vilain petit garçon ! 7. (*quel*) idée fantastique ! 8. (*quel*) vapeur !

6 Dictée préparée

a. Lisez ce texte attentivement puis identifiez les différents types de phrases qui le composent. Par quel signe de ponctuation chaque phrase se termine-t-elle ?
b. Justifiez l'accord de *quel* dans la phrase entre guillemets.
c. Relevez les homophones grammaticaux *a/à* et justifiez leur emploi.

« Quel enfant, oui, quel enfant vais-je passer à la moulinette ? » pense la sorcière à longueur de journée.
Une vraie sorcière éprouve le même plaisir à passer un enfant à la moulinette qu'on a du plaisir à manger des fraises à la crème. Elle estime qu'il faut faire disparaître un enfant par semaine !

Roald Dahl, *Sacrées Sorcières* [1984],
trad. de l'anglais par M.-R. Farré, Gallimard Jeunesse, 2007.

À vous d'écrire !

7 Complétez le test ci-dessous en y ajoutant trois phrases interrogatives.

Votre grand-mère est-elle une sorcière ?
1. Votre grand-mère porte-t-elle de préférence de longues robes noires et de grands chapeaux pointus ?
2. Votre grand-mère fait-elle mijoter des algues, des racines et des herbes dans d'énormes marmites noires posées au coin de son fourneau ?
3. Votre grand-mère peut-elle commander un orage, siffler le vent, appeler la pluie ?

Jacqui et Colin Hawkins,
Les Sorcières [1981],
Albin Michel Jeunesse,
1990.

S'exprimer à l'oral

ATELIER

Jeu de rôles : parler comme une sorcière

C'est le congrès annuel des sorcières : asseyez-vous en cercle. Chacun d'entre vous jouera le rôle d'une sorcière. Les trois étapes devront être préparées en groupes avant la prestation finale.

ÉTAPE 1 — Inventer des chaînes de mots

Vous avez attrapé la maladie de la sorcière de la rue Gissement. Poursuivez le texte suivant en ajoutant chacun une chaîne de mots dans vos phrases. Faites circuler la parole d'un élève à l'autre.

> La sorcière de la rue Gissement perdait la tête. En parlant, elle ne pouvait pas s'empêcher – *chérubin-bain de minuit,* d'ajouter des chaînes de mots aux mots qu'elle prononçait – *séduction-scions du bois-bois un coup-couteau-taupinière.*
>
> Yak Rivais et Michel Laclos, *Les sorcières sont N.R.V.*, L'École des loisirs, 1988.

ÉTAPE 2 — Imiter un procédé

Chacun votre tour, à la manière des sorcières N.R.V., racontez une de vos misères. À chaque fois, le groupe conclura par l'exclamation : « C'est un comble ! »

> Maintenant, elles se racontaient leurs misères : on ne les respectait plus comme avant !
> – C'est un comble ! disait la sorcière de la rue Dépreuve. Le gamin de la poissonnière m'a attaché une sardine fraîche dans le dos, et il m'a demandé ensuite de lui prêter ma canne à pêche !
> – Oh ! s'écriaient les autres sorcières indignées. **C'est un comble !**
>
> Yak Rivais et Michel Laclos, *Les sorcières sont N.R.V.*, L'École des loisirs, 1988.

ÉTAPE 3 — Lire de façon expressive

Le texte suivant est le chant de la Grandissime Sorcière. Lisez-le silencieusement. Puis, chacun votre tour, récitez-en quelques vers de manière expressive. Prévoyez l'enchaînement des prises de parole afin de respecter l'ordre du chant.

Méthode
- Mettez-vous dans la peau du personnage.
- Parlez fort et distinctement.
- Exagérez la prononciation pour obtenir un effet comique.

> En petits morrceaux les loupiots !
> Offrrons-leurr des chocolats trrouqués
> Et des bonbons ensorrcelés !
> Gavons-les de gâteaux glouants,
> Et qu'ils rrentrrent chez eux gaiement !
>
> Ces petits crrétins, le lendemain,
> Vont à l'école, ne se doutant de rrien.
> Oune petite fille crrie : « C'est affrreux !
> Rregardez tous ! J'ai oune queue ! »
> Oun petit garrçon qui courrait dans la rroue :
> « Au secourrs ! Je souis tout poilou ! »
> Et oun autrre (tout le monde rrit) :
> « J'ai des moustaches de sourris ! »
> Un grrand gaillarrd tout'ahourri :
> « Me voilà devenou petit ! »
>
> Roald Dahl, *Sacrées Sorcières* [1984], trad. de l'anglais par M.-R. Farré, Gallimard Jeunesse, 2007.

COMPÉTENCES

- **D1** Lire avec fluidité.
- **D1** Écouter pour comprendre un texte lu.
- **D1, D2** Participer à des échanges.
- **D1** Mobiliser les ressources de la voix pour être entendu et compris.

S'exprimer à l'écrit

Détourner un conte de fées

Jouez avec l'image traditionnelle de la fée en détournant un des contes de Charles Perrault : *Cendrillon* ou *Peau d'Âne*.

ÉTAPE 1 — Lire un conte de Perrault

1 Lisez attentivement le conte de Perrault que vous avez choisi. Par groupes, faites-en un résumé oral puis élaborez le schéma narratif de ce récit.

2 Réalisez une fiche qui récapitule les caractéristiques du personnage de la fée et son rôle dans le récit.

Louis Breton, *Crapauds dansant au sabbat*, 1863, gravure colorisée.

ÉTAPE 2 — Choisir un procédé de détournement

3 D'après les titres et les résumés des cinq contes suivants, retrouvez le procédé employé dans chacun d'entre eux et reliez chaque procédé au résumé qui convient.

Résumés	Procédés
1. *Les Trois Petits Loups et le grand méchant cochon*, Eugène Trivizas — Et si les loups étaient doux comme des agneaux et le cochon vilain comme tout ?	**a.** Transposer un conte dans le monde d'aujourd'hui
2. *Le Loup de la 135ᵉ*, Rébecca Dautremer — À New York, un caïd surnommé le loup de la 135ᵉ avenue s'en prend à un petit garçon qui porte son sac de provisions à son grand-père.	**b.** Changer le caractère du héros
3. *La Vérité sur l'affaire des trois petits cochons*, Jon Scieszka et Lane Smith — Témoignage du loup qui n'a pas du tout la même version de l'histoire.	**c.** Inverser les rôles des personnages
4. *Le Petit Chaperon noir*, Corinne Binois — Le petit chaperon noir est vraiment méchant et malpoli, alors gare au loup !	**d.** Imaginer la version du « méchant »
5. *Boucle d'or et les sept nains*, Véronique Cauchy — À cause d'une erreur d'imprimerie, Boucle d'or et Blanche-Neige se retrouvent dans la mauvaise histoire !	**e.** Mélanger les ingrédients de deux contes

4 Inspirez-vous de ces procédés et choisissez celui que vous utiliserez dans votre propre conte.

5 Imaginez le titre de votre conte. Réalisez une fiche qui récapitulera les caractéristiques de votre nouveau personnage de fée, puis faites le plan de votre récit.

ÉTAPE 3 — Écrire un récit

6 Rédigez votre récit au brouillon.

7 Relisez par binômes vos premiers jets et partagez vos remarques pour en améliorer l'écriture.

8 Procédez à la rédaction définitive.

Méthode
Vous êtes libre de transformer les étapes du récit, mais le lecteur doit pouvoir reconnaître le conte d'origine.

COMPÉTENCES

- **D1** Identifier un genre et ses enjeux.
- **D1, D2** Participer à des échanges.
- **D1** Réécrire à partir de nouvelles consignes.
- **D1** Faire évoluer son texte.

Je fais le point

Les sorcières,

Bilan de la séquence

La sorcière, une figure monstrueuse qui parcourt les contes à travers les siècles

Depuis le Moyen Âge, la sorcière est représentée comme une **vieille femme laide et malfaisante**. Capable de se transformer et de transformer ses victimes, elle **utilise la magie** pour nuire.

Le **personnage traditionnel** de la sorcière est **effrayant**. La fonction de Dame Trude, dans le conte de Grimm, est de terrifier les enfants pour les inciter à être obéissants. Cette image de la sorcière maléfique se retrouve dans le tableau de Goya.

Mais cette représentation a évolué au cours des siècles. Le **personnage contemporain** de la sorcière est souvent teintée de **comique.** Les enfants déjouent facilement les ruses de la sorcière de la rue Mouffetard. Dans *Sacrées Sorcières*, la Grandissime Sorcière est si caricaturale qu'elle prête à rire. La sorcière devient moins dangereuse, elle perd de son pouvoir.

Les auteurs contemporains détournent les contes traditionnels

Ils conservent certains éléments et en modifient d'autres. Pour apprécier leurs récits, il est indispensable de connaître la représentation traditionnelle de la sorcière.

Leurs procédés sont variés : ils déplacent le récit dans le monde moderne, modifient le caractère de la sorcière ou encore inversent les rôles.

Ces auteurs s'amusent aussi avec le langage oral : la Grandissime Sorcière a un défaut de prononciation et les sorcières N.R.V. jouent avec les mots.

Évaluation — 1. Mobiliser les acquis de la séquence

1. Je sais situer les auteurs de la séquence sur une frise chronologique.
Pierre Gripari • Jacob Grimm • Roald Dahl • Wilhelm Grimm

1785-1863	1786-1859	1916-1990	1925-1990

XVIIIe siècle — XIXe siècle — XXe siècle

2. Je sais attribuer à chaque texte son ou ses auteurs.
Contes de l'enfance et du foyer • *Sacrées Sorcières* • *La Sorcière de la rue Mouffetard*
Pierre Gripari • Les frères Grimm • Roald Dahl

3. Je sais citer un conte traditionnel de sorcière : ....

4. Je sais citer un récit moderne de sorcière : ....

5. Je sais nommer plusieurs procédés de détournement d'un conte traditionnel : ....

de la peur au rire

Évaluation — 2. Lire et comprendre un conte moderne

La métamorphose

J'avais l'impression d'avoir avalé de l'eau bouillante ! [...] Je hurlai, mais la main gantée de la Grandissime me referma la bouche.

Ensuite, je sentis ma peau rétrécir. Comment dire ? Du sommet de mon crâne jusqu'au bout de mes orteils, je rétrécissais. Un peu
5   comme si j'étais un ballon qu'on s'amusait à tordre pour le faire éclater !

Ensuite, je sentis ma peau devenir métallique. Comme une automobile à la casse, sous presse. Oui, j'étais pressé !

Après quoi, je sentis une douloureuse sensation de picotement
10 sur ma peau (ou plutôt, sur ce qu'il en restait). C'était comme si de minuscules aiguilles sortaient de mon épiderme. Maintenant, je me rends compte que les poils de souris poussaient !

J'entendis, au loin, la voix de la Grandissime Sorcière hurler :
– Cinq cents doses ! Ce petit cancrrelat pouant a bou cinq
15 cents doses ! Le rréveil a été poulvérrisé ! Nous assistons à oun effet immédiat !

Des applaudissements éclatèrent.

« Je ne suis plus moi-même ! pensai-je. Je suis dans une autre peau ! »
20 Le sol n'était plus qu'à deux centimètres de mon nez !

Deux petites pattes poilues se trouvaient par terre. Je les remuai. C'étaient les miennes !

À ce moment-là, je compris que je n'étais plus un petit garçon mais un souriceau !

Roald Dahl, *Sacrées Sorcières* [1984],
trad. de l'anglais par M.-R. Farré, Gallimard Jeunesse, 2007.

6. En quoi le narrateur se transforme-t-il ?

7. À quel moment réalise-t-il qu'il a subi une transformation ?

8. Relevez les étapes de sa métamorphose.

9. Quelles différentes sensations éprouve-t-il ?

10. Relevez les comparaisons qui lui permettent de décrire ces sensations nouvelles.
Quel ton ces comparaisons donnent-elles au récit ?

11. Quel est le type de phrase dominant dans les dernières lignes du texte ? Quel sentiment est ainsi mis en évidence ?

Évaluation — 3. Écrire un récit de métamorphose

12. Dans un texte d'une dizaine de lignes, écrit à la première personne, racontez votre propre métamorphose en limace. Comme dans le texte de Roald Dahl, vous établirez les étapes de cette transformation. Veillez à décrire vos sensations en employant des comparaisons.

COMPÉTENCES ÉVALUÉES

D1, D5 Lire
– Comprendre un texte littéraire et l'interpréter.
– Contrôler sa compréhension, être un lecteur autonome.

D1 Écrire
– Écrire à la main de manière fluide et efficace.
– Produire des écrits variés.
– Réécrire à partir de nouvelles consignes.
– Recourir à l'écriture pour réfléchir et pour apprendre.

SÉQUENCE 3

Le monstre, aux limites de l'humain

La Belle et la

OBJECTIFS
- Étudier la figure du monstre en littérature.
- Lire un conte et étudier son adaptation au cinéma.

Parcours d'une œuvre Madame Leprince de Beaumont, *La Belle et la Bête*

Repères Un conte universel	58
Entrer dans la séquence	59
Lectures	
1. Il y avait une fois…	60
Étudier le début d'un conte	
Se représenter les personnages	
2. Un monstre terrifiant	62
Découvrir un lieu caractéristique du conte de fées : le château	
Relever des indices du merveilleux	
3. Une Bête sans esprit	64
S'interroger sur la figure du monstre	
Étudier un dialogue du conte	
4. La fin de l'enchantement	66
Comprendre l'évolution d'un personnage	
Interpréter le dénouement	
Lecture intégrale Lire *La Belle et la Bête*, de Madame Leprince de Beaumont	68
Méthode Lire un photogramme	69
Cinéma Les visages de la Bête au cinéma	70
Vocabulaire Le monde des monstres et du merveilleux	72
S'exprimer à l'oral ATELIER	
Commenter une illustration de conte	73
S'exprimer à l'écrit	
Faire le portrait d'un loup-garou	74
Je fais le point Bilan et évaluation	75

La Belle et la Bête, film de Christophe Gans avec Léa Seydoux (la Belle) et Vincent Cassel (la Bête), 2014.

Bête

▶ Quel est le rôle du monstre dans le conte de fées ?
En quoi la Bête est-elle un monstre merveilleux ?

Repères

Un conte universel

Les contes proviennent de légendes et de mythes très anciens que les hommes se sont transmis de bouche à oreille pendant des siècles. *La Belle et la Bête* est un **conte type** : on en retrouve des variantes dans le monde entier. La version la plus ancienne serait *Amour et Psyché*, écrit au IIe siècle par le poète latin Apulée. En 1740, Mme de Villeneuve en écrit la première version moderne. Mais le conte devient vraiment célèbre avec la version que publie Mme Leprince de Beaumont, en 1757, dans *Le Magasin des enfants*, recueil éducatif pour la jeunesse. À cette époque, l'Europe se passionne pour les contes de fées, depuis la parution des *Histoires ou contes du temps passé* de **Charles Perrault**.

Jeanne Marie Leprince de Beaumont (1711-1780)

Mme Leprince de Beaumont était gouvernante de jeunes filles nobles. Elle fait partie des femmes auteurs de contes de fées, tout comme Mme d'Aulnoy, auteur de *L'Oiseau bleu*. Son adaptation de *La Belle et la Bête* l'a rendue célèbre.

1600 — **1700** (LOUIS XIV — LOUIS XV) — **1800** — **1900** — **2000**

- **1697** : *Histoires ou contes du temps passé*, de Charles Perrault. *L'oiseau bleu* de Mme Aulnoy.
- **1757** : *La Belle et la Bête*, de Mme Leprince de Beaumont.
- **1812** : *Contes de l'enfance et du foyer*, de Jacob et Wilhelm Grimm.
- **1843** : *Le Vilain Petit Canard*, de Hans Christian Andersen.
- **1946** : *La Belle et la Bête*, film de Jean Cocteau.
- **2014** : *La Belle et la Bête*, film de C. Gans.

Entrer dans la séquence

Découvrez les visages de la Bête

Doc 1

Doc 2

Doc 3

Doc 4

❶ Voici quatre illustrations de *La Belle et la Bête* réalisées aux XIXe et XXe siècles. Quels animaux ont été choisis pour figurer le monstre ?

a. Dans quelle situation la Belle et la Bête sont-elles représentées ? Quels sentiments semble éprouver chacun des personnages pour l'autre ?

b. À votre avis, laquelle de ces représentations est la plus effrayante ? la plus attendrissante ? la plus drôle ?

c. Pouvez-vous dater la période historique représentée en observant le décor et les vêtements des personnages ?

d. Quelle gamme de couleurs vous semble la mieux adaptée pour représenter un monstre ?

❷ À votre tour, proposez votre version de la Bête sous forme de dessin, de peinture ou de collage. Réunissez l'ensemble de vos productions pour constituer un *Album de la Bête*.

3. *La Belle et la Bête*

Lecture 1

Objectifs
• Étudier le début d'un conte.
• Se représenter les personnages.

Compétence
• Comprendre un texte littéraire et l'interpréter.

Parcours d'une œuvre

Il y avait une fois...

Voici les premières lignes du conte La Belle et la Bête.

Il y avait une fois un marchand qui était extrêmement riche. Il avait six enfants, trois garçons et trois filles, et, comme ce marchand était un homme d'esprit[1], il n'épargna rien pour l'éducation de ses enfants, et leur donna toutes sortes de maîtres.

5 Ses filles étaient très belles, mais la cadette[2] surtout se faisait admirer, et on ne l'appelait, quand elle était petite, que la Belle enfant ; en sorte que le nom lui en resta, ce qui donna beaucoup de jalousie à ses sœurs. Cette cadette, qui était plus belle que ses sœurs, était aussi meilleure qu'elles. Les deux aînées avaient beaucoup d'orgueil[3], parce qu'elles
10 étaient riches : elles faisaient les dames, et ne voulaient pas recevoir les visites des autres filles de marchands ; il leur fallait des gens de qualité[4] pour leur compagnie. Elles allaient tous les jours au bal, à la comédie, à la promenade, et se moquaient de leur cadette, qui employait la plus grande partie de son temps à lire de bons livres.

15 Comme on savait que ces filles étaient fort riches, plusieurs gros marchands les demandèrent en mariage ; mais les deux aînées répondirent qu'elles ne se marieraient jamais, à moins qu'elles ne trouvassent un duc, ou tout au moins un comte. La Belle (car je vous ai dit que c'était le nom de la plus jeune), la Belle, dis-je,
20 remercia bien honnêtement[5] ceux qui voulaient l'épouser ; mais elle leur dit qu'elle était trop jeune, et qu'elle souhaitait tenir de compagnie à son père pendant plusieurs années.

Tout d'un coup, le marchand perdit son
25 bien[6], et il ne lui resta qu'une maison de campagne, bien loin de la ville. Il dit en pleurant à ses enfants qu'il fallait aller demeurer dans cette maison, et qu'en travaillant comme des paysans ils y pourraient vivre. Ses deux
30 filles aînées répondirent qu'elles ne voulaient pas quitter la ville, et qu'elles avaient plusieurs amants[7] qui seraient trop heureux de les épouser, quoiqu'elles n'eussent plus de fortune. Les

REPÈRES
• Les livres de Jeanne Marie Leprince de Beaumont sont des **ouvrages éducatifs** destinés aux jeunes filles. Ils mêlent contes, leçons de géographie et de sciences, et conseils moraux.

Julie Ricossé, illustrations pour *La Belle et la Bête*
de Madame Leprince de Beaumont,
Gallimard Jeunesse, 2007.

bonnes demoiselles se trompaient ; leurs amants ne voulurent plus les regarder quand elles furent pauvres. Comme personne ne les aimait, à cause de leur fierté, on disait : « Elles ne méritent pas qu'on les plaigne ; nous sommes bien aises[8] de voir leur orgueil abaissé ; qu'elles aillent faire les dames en gardant les moutons. »

Mais, en même temps, tout le monde disait : « Pour la Belle, nous sommes bien fâchés de son malheur ; c'est une si bonne fille ! elle parlait aux pauvres gens avec tant de bonté[9] ! elle était si douce, si honnête ! »

Il y eut même plusieurs gentilshommes[10] qui voulurent l'épouser, quoiqu'elle n'eût plus un sou ; mais elle leur dit qu'elle ne pouvait se résoudre à abandonner son pauvre père dans son malheur et qu'elle le suivrait à la campagne pour le consoler et l'aider à travailler.

Madame Leprince de Beaumont, *La Belle et la Bête*, 1757.

---

1. **Homme d'esprit** : homme intelligent, éduqué. 2. **Cadette** : enfant la plus jeune.
3. **Orgueil** : fierté. 4. **Gens de qualité** : gens issus de la noblesse.
5. **Honnêtement** : poliment. 6. **Bien** : fortune.
7. **Amants** : amoureux. 8. **Aises** : satisfaits. 9. **Bonté** : bienveillance.
10. **Gentilshommes** : hommes d'origine noble.

Je découvre le texte

1. Qui sont les personnages du conte ? Pourquoi la plus jeune des filles est-elle nommée « Belle » ?

2. Quel événement va transformer leur vie ?

3. Quels sont les deux lieux mentionnés dans cet extrait ?

Je comprends le texte

4. Faites les portraits de la Belle, puis de ses sœurs. Précisez l'apparence physique de chacune, ses occupations, ses qualités et ses défauts.

5. À votre avis, quel personnage va jouer le rôle principal dans la suite du conte ? Justifiez votre réponse.

6. LANGUE Relevez les pronoms personnels qui désignent ceux qui parlent de la Belle et de ses sœurs (l. 36-48). Sait-on précisément qui s'exprime ici ?

↘ Identifier les pronoms personnels, p. 294

7. Relevez les indices de la présence du conteur dans le texte : sont-ils nombreux ? À quoi servent-ils selon vous ?

J'enregistre une lecture orale

8. MISE EN VOIX Faites une lecture expressive de la seconde partie du texte, à partir de la ligne 24.

a. Identifiez les personnages dont le narrateur reprend les propos et adoptez un ton différent pour chacun. Par exemple, les gens plaignent la Belle.

b. Enregistrez-vous pour améliorer votre prestation.

Je retiens

- Dans les contes de fées, la formule type « Il était une fois » ou « Il y avait une fois » fait pénétrer le lecteur dans un **univers merveilleux**.
- L'histoire se déroule dans un **passé lointain** et dans des **lieux imprécis**. Les personnages eux-mêmes sont peu décrits : un surnom ou une caractéristique suffisent souvent à les désigner.

Lecture 2

Parcours d'une œuvre

Un monstre terrifiant

Objectifs
• Découvrir un lieu caractéristique du conte de fées : le château.
• Relever des indices du merveilleux.

Compétence
• Présenter un point de vue et en débattre.

Parti pour essayer de récupérer un peu de sa fortune, le père de la Belle lui a promis de lui rapporter une rose. Sur le chemin du retour, pris dans une tempête, il se perd dans la forêt. Il aperçoit soudain, au loin, une lumière.

Il marcha de ce côté-là, et vit que cette lumière sortait d'un grand palais qui était tout illuminé.

Le marchand remercia Dieu du secours[1] qu'il lui envoyait, et se hâta d'arriver à ce château ; mais il fut bien surpris de ne trouver personne dans les cours. Son cheval, qui le suivait, voyant une grande écurie ouverte, entra dedans, et ayant trouvé du foin et de l'avoine[2], le pauvre animal, qui mourait de faim, se jeta dessus avec beaucoup d'avidité[3].

Le marchand l'attacha dans l'écurie, et marcha vers la maison, où il ne trouva personne ; mais, étant entré dans une grande salle, il y trouva un bon feu, et une table chargée de viande[4], où il n'y avait qu'un couvert. Comme la pluie et la neige l'avaient mouillé jusqu'aux os, il s'approcha du feu pour se sécher, et disait en lui-même : « Le maître de la maison ou ses domestiques me pardonneront la liberté que j'ai prise, et sans doute ils viendront bientôt. »

Ne voyant personne, il dîne puis se couche. Le lendemain, il trouve un petit déjeuner servi pour lui.

Le bonhomme, après avoir pris son chocolat, sortit pour aller chercher son cheval, et, comme il passait sous un berceau[5] de roses, il se souvint que la Belle lui en avait demandé une et cueillit une branche où il y en avait plusieurs. En même temps, il entendit un grand bruit, et vit venir à lui une bête si horrible, qu'il fut tout près de s'évanouir. « Vous êtes bien ingrat[6] ! lui dit la bête d'une voix terrible ; je vous ai sauvé la vie en vous recevant dans mon château, et, pour ma peine, vous me volez mes roses, que j'aime mieux que toutes choses au monde ! il faut mourir pour réparer cette faute ; je ne vous donne qu'un quart d'heure pour demander pardon à Dieu. »

Le marchand se jeta à genoux, et dit à la bête, en joignant les mains : « Monseigneur, pardonnez-moi, je ne croyais pas vous offenser en cueillant une rose pour une de mes filles qui m'en avait demandé.

— Je ne m'appelle point monseigneur, répondit le <u>monstre</u>, mais la Bête. Je n'aime pas les compliments, moi, je veux qu'on dise ce que l'on pense : ainsi, ne croyez pas me toucher par vos flatteries. Mais vous m'avez dit que vous aviez des filles ; je veux bien vous pardonner, à condition qu'une de vos filles vienne volontairement pour mourir à votre place. Ne me raisonnez pas, partez ; et, si vos filles refusent de mourir pour vous, jurez que vous reviendrez dans trois mois. »

REPÈRES

• **Le conte merveilleux** fait intervenir dans le récit des personnages imaginaires, des éléments et des événements magiques, qu'on ne rencontre pas dans la réalité. Le plaisir que procure le conte réside dans cet univers surprenant et dépaysant.

35   Le bonhomme n'avait pas dessein⁷ de sacrifier une de ses filles à ce vilain monstre ; mais il pensa : « Au moins, j'aurai le plaisir de les embrasser encore une fois. » Il jura donc de revenir, et la Bête lui dit qu'il
40 pouvait partir quand il voudrait. « Mais, ajouta-t-elle, je ne veux pas que tu t'en ailles les mains vides. Retourne dans la chambre où tu as couché : tu
45 y trouveras un grand coffre vide ; tu peux y mettre tout ce qu'il te plaira, je le ferai porter chez toi. »

    En même temps la Bête
50 se retira ; et le bonhomme dit en lui-même : « S'il faut que je meure, j'aurai la consolation de laisser du pain à mes pauvres enfants. »

Madame Leprince de Beaumont, La Belle et la Bête, 1757.

---

1. Secours : aide. **2. Avoine** : céréale dont les grains alimentent le bétail. **3. Avidité** : ici, appétit. **4. Viande** : ici, nourriture. **5. Berceau** : ici, voûte de feuillage. **6. Ingrat** : peu reconnaissant. **7. Dessein** : projet.

▽ **L'HISTOIRE DES MOTS**

« **Monstre** » (l. 28) vient du latin *monstrum*, qui désigne un fait incroyable ou une créature prodigieuse. Pourriez-vous citer quelques monstres célèbres ?

Je découvre le texte 💬

1. Quelles sont les particularités du palais dans lequel pénètre le père de la Belle ?

2. Qu'y a-t-il d'étonnant dans ce lieu ?

3. De quelle faute le marchand est-il accusé ?

4. Que propose la Bête au père pour que celui-ci rachète sa faute ?

Je comprends le texte

5. `LANGUE` « Partez ; et, si vos filles refusent de mourir pour vous, jurez… » (l. 33-34). À quel mode et à quel temps sont conjugués les verbes *partir* et *jurer* ? Que révèle cet emploi sur le caractère de la Bête ?

6. Quels défauts la Bête dit-elle détester ?

7. Comment le père réagit-il à la demande du monstre ? Vous attendiez-vous à cette réaction ?

8. Quelle qualité la Bête montre-t-elle à la fin de l'extrait ? En quoi cela peut-il vous étonner ?

9. Relevez les éléments qui composent le portrait physique et moral du monstre. Trouvez-vous l'illustration de cette page fidèle à ce portrait ?

Je débats pour interpréter le texte 💬

10. Débattez en classe de la question suivante : « Les accusations de la Bête contre le père sont-elles justifiées ? » Notez les différents arguments et résumez le point de vue de la classe dans un tableau récapitulatif.

Je retiens

• Dans le conte de fées, le **château** est un lieu symbolique. Des princes ou des princesses y habitent, mais il peut être aussi le repaire de monstres ou de créatures maléfiques. Ici, le château est à l'image de la Bête, à la fois **attirant** (les lumières, le feu, le repas servi) et **inquiétant** (il est désert).

Lecture 3

Objectifs
- S'interroger sur la figure du monstre.
- Étudier un dialogue du conte.

Compétence
- Mettre en jeu un texte.

Une Bête sans esprit

Pour sauver son père, la Belle l'a accompagné chez la Bête. Après le départ du marchand, loin de la menacer, la Bête laisse la jeune fille découvrir l'appartement superbe préparé pour elle.

Le soir, comme elle allait se mettre à table, elle entendit le bruit que faisait la Bête, et ne put s'empêcher de frémir. « La Belle, lui dit ce monstre, voulez-vous bien que je vous voie souper ?

— Vous êtes le maître, répondit la Belle en tremblant.

— Non, répondit la Bête, il n'y a ici de maîtresse que vous. Vous n'avez qu'à me dire de m'en aller, si je vous ennuie ; je sortirai tout de suite. Dites-moi, n'est-ce pas que vous me trouvez bien laid ?

— Cela est vrai, dit la Belle, car je ne sais pas mentir ; mais je crois que vous êtes fort bon.

— Vous avez raison, dit le monstre ; mais, outre que[1] je suis laid, je n'ai point d'esprit[2] : je crois bien que je ne suis qu'une bête.

— On n'est pas bête, reprit la Belle, quand on croit n'avoir point d'esprit : un sot n'a jamais su cela.

— Mangez donc, la Belle, lui dit le monstre, et tâchez de ne vous point ennuyer dans votre maison ; car tout ceci est à vous, et j'aurais du chagrin si vous n'étiez pas contente.

— Vous avez bien de la bonté, dit la Belle. Je vous avoue que je suis bien contente de votre cœur[3] ; quand j'y pense, vous ne me paraissez plus si laid.

— Oh ! dame, oui, répondit la Bête, j'ai le cœur bon mais je suis un monstre.

— Il y a bien des hommes qui sont plus monstres que vous, dit la Belle, et je vous aime mieux avec votre figure que ceux qui, avec la figure d'hommes, cachent un cœur faux, corrompu[4], ingrat.

— Si j'avais de l'esprit, dit la Bête, je vous ferais un grand compliment pour vous remercier ; mais je suis stupide, et tout ce que je puis vous dire c'est que je vous suis bien obligé[5]. »

La Belle soupa de bon appétit. Elle n'avait presque plus peur du monstre ; mais elle manqua mourir de frayeur, lorsqu'il lui dit :

« La Belle, voulez-vous être ma femme ? »

Elle fut quelque temps sans répondre ; elle avait peur d'exciter la colère du monstre en le refusant ; elle lui dit pourtant en tremblant : « Non, la Bête. »

Dans le moment ce pauvre monstre voulut soupirer, et il fit un sifflement si épouvantable, que tout le palais en retentit ; mais la Belle fut bientôt rassurée, car la Bête, lui ayant dit tristement : « Adieu donc, la Belle », sortit de la chambre, en se retournant de temps en temps pour la regarder encore. La Belle, se voyant seule, sentit une grande compassion pour cette pauvre Bête : « Hélas ! disait-elle, c'est bien dommage qu'elle soit si laide, elle est si bonne ! »

Madame Leprince de Beaumont,
La Belle et la Bête, 1757.

Je découvre le texte

1. Qu'est-ce qui annonce l'arrivée de la Bête ? Quel sentiment éprouve la Belle à ce moment ?

2. Quel est le ton de la Bête lorsqu'elle s'adresse à la Belle ?

3. Qu'est-ce qui indique que la jeune fille est courageuse ?

Je comprends le texte

4. Quels sont les défauts et les qualités de la Bête ? Que lui manque-t-il ?

5. Que veut dire la Belle avec cette phrase : « On n'est pas bête […] quand on croit n'avoir point d'esprit » (l. 17-18) ?

6. LANGUE « Si j'avais de l'esprit, […] je vous ferais un grand compliment pour vous remercier » (l. 35-36). À quel temps et à quel mode le verbe *faire* est-il conjugué ? Qu'exprime la Bête dans cette phrase ?

7. « Il y a des hommes qui sont plus monstres que vous » (l. 30-31). De quelle monstruosité la Belle parle-t-elle ici ?

Je mets en jeu le texte

8. Réécrivez le dialogue entre la Belle et la Bête sous forme de répliques de théâtre. Par groupes de deux, réfléchissez au ton adapté à chaque personnage. Jouez la scène devant la classe. Puis, recueillez les réactions de vos camarades pour améliorer votre prestation. Vous filmerez votre performance.

Méthode
Notez sur votre texte le ton et les gestes des comédiens avec des didascalies.

↳ Le vocabulaire du théâtre, p. 351

L'HISTOIRE DES MOTS

« **Esprit** » (l. 15) vient du latin *spiritus* et signifie au XVIIIe siècle les idées et sentiments propres aux êtres humains, mais aussi l'intelligence et le sens de la repartie. Connaissez-vous d'autres mots formés sur cette racine latine ?

Je retiens

- Dans ce conte, la Bête, bien que repoussante, se montre sensible et généreuse. Consciente de sa laideur, elle agit avec humilité.
- Ces qualités nuancent la **figure du monstre** : sous l'apparence de l'animal apparaît un être humain, qui touche le cœur de la Belle.

---

1. **Outre que** : en plus du fait que.
2. **Esprit** : intelligence.
3. **Cœur** : bon cœur, générosité.
4. **Corrompu** : détourné du bien.
5. **Bien obligé** : reconnaissant.

3. *La Belle et la Bête*

Lecture 4

Parcours d'une œuvre

La fin de l'enchantement

Objectifs
• Comprendre l'évolution d'un personnage.
• Interpréter le dénouement.

Compétence
• Contrôler sa compréhension et adopter un comportement de lecteur autonome.

La Bête a autorisé la Belle à rendre visite à son père et ce séjour se prolonge plus longtemps que prévu. Mais la Belle voit en rêve la Bête proche de la mort et rentre alors au palais. Elle y attend neuf heures, heure où la Bête paraît d'habitude.

Elle s'habilla magnifiquement pour lui plaire et s'ennuya à mourir toute la journée, en attendant neuf heures du soir ; mais l'horloge eut beau sonner, la Bête ne parut point. La Belle, alors, craignit d'avoir causé sa mort. Elle courut tout le palais en jetant de grands cris ; elle était au 5 désespoir. Après avoir cherché partout, elle se souvint de son rêve, et courut dans le jardin vers le canal où elle l'avait vue en dormant.

Elle trouva la pauvre Bête étendue sans connaissance, et elle crut qu'elle était morte. Elle se jeta sur son corps, sans avoir horreur de sa figure ; et sentant que son cœur battait encore, elle prit de l'eau dans le 10 canal, et lui en jeta sur la tête.

La Bête ouvrit les yeux et dit à la Belle : « Vous avez oublié votre promesse : le chagrin de vous avoir perdue m'a fait résoudre à me laisser mourir de faim ; mais je meurs content, puisque j'ai le plaisir de vous revoir encore une fois.

15 – Non, ma chère Bête, vous ne mourrez point, lui dit la Belle ; vous vivrez pour devenir mon époux ; dès ce moment, je vous donne ma main, et je jure que je ne serai qu'à vous. Hélas ! je croyais n'avoir que de l'amitié pour vous, mais la douleur que je sens me fait voir que je ne pourrais vivre sans vous voir. »

20 À peine la Belle eut-elle prononcé ces paroles qu'elle vit le château brillant de lumières : les feux d'artifice, la musique, tout lui annonçait une fête ; mais toutes ces beautés n'arrêtèrent point sa vue ; elle se retourna vers sa chère Bête, dont le danger la faisait frémir. Quelle fut sa surprise !

25 La Bête avait disparu, elle ne vit à ses pieds qu'un prince plus beau que l'Amour, qui la remerciait d'avoir fini son enchantement[1].

Quoique ce prince méritât son attention, elle ne put s'empêcher de lui demander où était la Bête.

30 « Vous la voyez à vos pieds, lui dit le prince. Une méchante fée m'avait condamné à rester sous cette figure jusqu'à

REPÈRES

• Comme les fables, les contes s'intéressent à la **morale** et donnent des **leçons de vie** à travers les aventures des personnages. Le dénouement délivre cette leçon finale.

L'HISTOIRE DES MOTS

« **Malice** » (l. 53) vient du latin *malitia* qui signifie nature mauvaise, méchanceté. Aujourd'hui le mot a pris un sens différent : expliquez-le en vous aidant d'un dictionnaire si nécessaire.

ce qu'une belle fille consentît à m'épouser, et elle m'avait défendu de faire paraître mon esprit. Ainsi il n'y avait que vous dans le monde assez bonne pour vous laisser toucher à la bonté de mon caractère ; et, en vous offrant ma couronne, je ne puis que m'acquitter des obligations que je vous ai. »

La Belle, agréablement surprise, donna la main à ce beau prince pour le relever. Ils allèrent ensemble au château, et la Belle manqua mourir de joie en trouvant, dans la grande salle, son père et toute sa famille, que la belle dame qui lui était apparue en songe avait transportés au château. « Belle, lui dit cette dame, qui était une grande fée, venez recevoir la récompense de votre bon choix : vous avez préféré la vertu[2] à la beauté et à l'esprit, vous méritez de trouver toutes ces qualités réunies en une même personne. Vous allez devenir une grande reine : j'espère que le trône ne détruira pas vos vertus. Pour vous, mesdemoiselles, dit la fée aux deux sœurs de la Belle, je connais votre cœur et toute la malice[3] qu'il renferme. Devenez deux statues ; mais conservez toute votre raison sous la pierre qui vous enveloppera. »

Madame Leprince de Beaumont, *La Belle et la Bête*, 1757.

1. **Enchantement** : sortilège. 2. **Vertu** : qualité morale. 3. **Malice** : ici, malveillance, méchanceté.

Je découvre le texte

1. Découpez le texte en quatre épisodes et donnez un titre à chacun d'eux.

Je comprends le texte

2. À quels détails comprend-on, dès le premier paragraphe, que la Belle ne craint plus la Bête ?

3. LANGUE À quel temps est conjugué le verbe *mourir* (l. 15) ? Que montre l'emploi de ce temps à ce moment du récit ?

4. Qu'est-ce qui provoque la transformation de la Bête en prince ?

5. Relevez tous les événements merveilleux qui se produisent dans ce passage. Quel est celui qui rend la Belle la plus heureuse ?

6. Expliquez l'intervention de la fée dans le dénouement. Les trois sœurs reçoivent-elles le même traitement ?

J'écris pour interpréter le texte

7. À VOS PLUMES Dans une autre version de ce conte, la Bête meurt après avoir dit : « J'ai le plaisir de vous revoir encore une fois ». Imaginez cet autre dénouement.

Je retiens

- Généralement, le **dénouement** d'un conte de fées est **heureux** car il récompense le personnage vertueux, tandis que les méchants sont punis.
- Dans le conte de Mme Leprince de Beaumont, la Belle a su écouter son cœur : c'est ce qui a mis fin au sortilège qui maintenait la Bête dans un corps de monstre. Ses sœurs sont punies pour leur égoïsme.

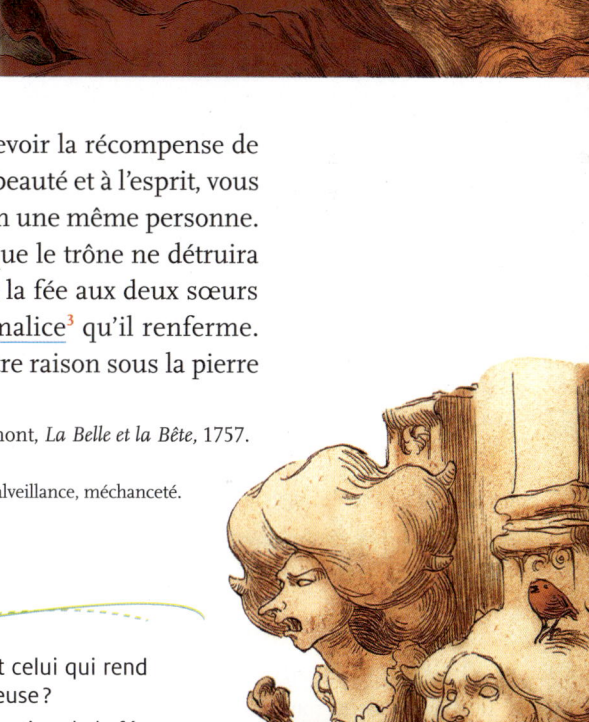

Lecture intégrale

Lire *La Belle et la Bête*, de Madame Leprince de Beaumont

I. Un conte merveilleux

1. Quelles sont les étapes majeures de ce conte ? Dans un tableau, vous noterez la situation initiale, l'événement déclencheur, les différentes péripéties et le dénouement.
2. Quelle est la fonction des objets suivants : le miroir ? la bague ?
3. Repérez dans le texte les moments où les personnages se déplacent par magie. De quels lieux partent-ils ? Où arrivent-ils ?
4. Quels sont les personnages qui subissent des métamorphoses ? Quelles en sont les raisons ?
5. Relevez les passages où la fée entre en scène : à quoi servent ses interventions dans le conte ?

II. Les personnages

6. Le père – Quel métier exerce-t-il ? Qu'est-ce qui semble le plus important pour le père dans toute l'histoire ?
7. Les sœurs – Citez leur principal défaut moral.
8. La Belle – Citez ses qualités morales.
9. La Bête – Qu'est-ce qui fait d'elle un « monstre » ? Quelles sont ses qualités ?
10. Quelle opposition concernant les personnages principaux le titre du conte suggère-t-il ?

III. La portée morale du conte

11. De quoi la Belle est-elle récompensée ?
12. De quoi ses sœurs sont-elles punies ?
13. « Il y a bien des hommes qui sont plus monstres que vous, dit la Belle, et je vous aime mieux avec votre figure, que ceux qui, avec la figure d'hommes, cachent un cœur faux, corrompu, ingrat. » Reformulez cette phrase de la Belle sous la forme d'une morale.

Bilan

Caractériser les personnages du conte

a. Dans cette liste d'adjectifs qualificatifs, repérez ceux qui peuvent qualifier les différents personnages du conte.
travailleur • patient • compatissant • riche • puissant • horrible • gourmand • sournois • gentil • bienveillant • courageux • bavard • amoureux • ridicule • moqueur • honnête • colérique • laid • bon • beau • sot • amoureux • monstrueux • doux • égoïste • prétentieux

b. À l'aide des mêmes adjectifs, réalisez une marguerite pour chaque personnage, en commençant par la Belle et la Bête. Pensez à accorder les adjectifs en genre pour les personnages féminins.

La Belle

Méthode

Lire un photogramme

La Belle et la Bête, film de Jean Cocteau avec Josette Day (la Belle) et Jean Marais (la Bête), 1946.

MÉTHODE GUIDÉE

Étape 1 — Lire l'image

- Identifiez le type de plan choisi.
- Étudiez la disposition des personnages dans le plan.
- Identifiez les sources de lumière.
- Décrivez les couleurs ou les nuances du noir et du blanc.
- Étudiez les contrastes ou les harmonies de couleurs.

1. De quel type de plan s'agit-il ici : un gros plan, un plan d'ensemble ou un plan général ?
2. Où sont situées la Belle et la Bête ? Que voit-on au tout premier plan ?
3. Qu'est-ce qui éclaire la scène ?
4. Que met en valeur cette lumière ?
5. Quelle couleur domine dans cette image ? Avec quoi contraste-t-elle ?

Étape 2 — Replacer l'image dans le déroulement du film et de l'action

- Identifiez la scène représentée.
- Décrivez les costumes et les éléments de décor, et expliquez leur lien avec l'histoire.
- Décrivez précisément l'action représentée.
- Analysez l'expression des personnages.

6. À quel moment du conte la Belle se retrouve-t-elle à table ?
7. Décrivez le costume de la Belle. Que met-il en valeur ? et celui de la Bête ?
8. Qu'indique le geste de la Bête ?
9. Quelle expression lisez-vous dans le regard de la Belle ?

Étape 3 — Interpréter l'image

- Commentez le choix des interprètes, des costumes et du maquillage par le réalisateur.
- Analysez le décor.
- Identifiez les indices des univers réels et imaginaires.
- Étudiez l'ambiance qui se dégage de la scène.

10. L'actrice qui joue la Belle ressemble-t-elle à l'image que vous vous faites du personnage ?
11. Imaginiez-vous la Bête ainsi ?
12. Qu'est-ce qui, dans le décor et les costumes, renvoie au monde réel ? au monde imaginaire ?
13. Comment ce photogramme retranscrit-il l'univers du conte et les sentiments des personnages ?

Cinéma

Objectif
- Confronter le conte à deux adaptations cinématographiques.

Les visages de la Bête

Le conte La Belle et la Bête *a inspiré de nombreux films. Les réalisateurs ont dû s'interroger sur la manière de représenter la Bête et l'atmosphère particulière du conte merveilleux.*

La magie du noir et blanc

En 1946, le poète Jean Cocteau met en scène le conte dans un film en noir et blanc. Jean Marais y incarne la Bête, à l'aide d'un masque qui nécessitait trois heures de maquillage. Le réalisateur a représenté la métamorphose finale en combinant, grâce à des variations de lumière, l'image de Jean Marais sans maquillage, d'un côté d'une vitre, et celle d'un assistant maquillé en Bête de l'autre côté.

Fiche signalétique du film
Réalisateur : Jean Cocteau
Date de sortie : 1946
Musique : Georges Auric
La Belle : Josette Day
La Bête : Jean Marais

La Belle et la Bête, film de Jean Cocteau avec Josette Day (la Belle) et Jean Marais (la Bête), 1946.

1. Décrivez la métamorphose de l'acteur. Quelle partie du visage reste inchangée ? Qu'est-ce qui met en valeur cet élément et que symbolise-t-il ?

2. Comparez les affiches des deux films : qui y occupe le premier plan et l'arrière-plan ? Quel rôle tient la Belle dans chacun des films ?

3. Pourquoi, selon vous, avoir choisi une affiche en couleur pour le film en noir et blanc de Cocteau ? Quelles couleurs dominent dans cette affiche ? et dans l'affiche du film de Christophe Gans ?

au cinéma

Le charme de la couleur

En 2014, Christophe Gans réalise une version couleur de *La Belle et la Bête*. Les effets spéciaux permettent de souligner les éléments merveilleux du conte. Dans son film, Christophe Gans en introduit un qui ne figure pas dans le conte d'origine : des géants qui aident la Bête et la soutiennent contre des ennemis.

Fiche signalétique du film
Réalisateur : Christophe Gans
Date de sortie : 2014
Musique : Pierre Adenot
La Belle : Léa Seydoux
La Bête : Vincent Cassel

4. Décrivez la Bête dans le film de Christophe Gans. Comparez-la à celle du film de Jean Cocteau. Quelle représentation vous semble la plus fidèle au texte du conte ?

5. Analysez le photogramme ❻ en suivant la méthode proposée p. 69. À votre avis, pourquoi le réalisateur a-t-il choisi de représenter la métamorphose de la Bête dans l'eau ?

6. Quel est l'élément merveilleux dans le photogramme ❼ ?

Bilan

7. En quoi le choix du noir et blanc peut-il créer des ambiances adaptées au conte merveilleux ?

8. Lequel de ces deux films vous semble le plus fidèle au conte ? Lequel préférez-vous ? Justifiez vos réponses.

9. 🖱 Réalisez un court film en noir et blanc à l'aide d'une tablette, d'un téléphone ou d'une caméra numérique. Jouez avec la lumière, le cadre ou le décor pour représenter une ambiance poétique ou inquiétante.

La Belle et la Bête, film de Christophe Gans avec Léa Seydoux (la Belle) et Vincent Cassel (la Bête), 2014.

Je retiens

- Pour représenter la Bête et l'univers magique du conte de fées au cinéma, les cinéastes utilisent le **décor**, la **lumière** et de nombreux **trucages** : masque, maquillage, effets spéciaux.

Vocabulaire

Objectif
• Explorer le champ lexical du monstre.

Le monde des monstres et du merveilleux

Définir le monstre

1 Associez chaque adjectif qualificatif de la liste 1 à son synonyme dans la liste 2.
1. irascible, barbare, agressif, cruel, intraitable
2. sauvage, implacable, sanguinaire, colérique, bagarreur

2 Le monstre se caractérise souvent par son animalité, sa violence et sa laideur. Classez les adjectifs qualificatifs suivants selon le trait du monstre qu'ils soulignent. Attention, certains mots peuvent appartenir à plusieurs catégories.
bestial • brutal • féroce • cruel • laid • brusque • hideux • abominable • grossier • violent • difforme • coléreux • inhumain • méchant • repoussant • sauvage

ANIMALITÉ — VIOLENCE — LAIDEUR

3 Classez les adjectifs qualificatifs suivants dans un tableau à deux colonnes pour identifier les deux types de réaction que provoquent les monstres. Nommez ces deux catégories.
effrayant • fascinant • effroyable • prodigieux • épouvantable • terrible • mystérieux • terrifiant • sensationnel • formidable • ignoble

4 Employez chacune des expressions suivantes dans une phrase.
Exhiber un monstre. • Passer pour un monstre. • Produire un monstre. • Être un monstre d'ingratitude.

Connaître des noms de monstres célèbres

5 Cherchez la définition des monstres suivants.
un loup-garou • un vampire • un dragon • un troll • un ogre

6 Reliez chacun des personnages suivants au genre dont il est issu.
Quasimodo • • cinéma
Barbe-Bleue • • roman
Hulk • • légende
Godzilla • • conte
King Kong • • bande dessinée
Frankenstein •
Dracula •
Les Gremlins •

Méthode
Faites une recherche au CDI ou sur Internet pour les personnages que vous ne connaissez pas.

Définir le merveilleux

7 En vous aidant des lettres cachées dans le coffre, complétez ces synonymes de l'adjectif *merveilleux*.
EX__AO__INAIRE • FAN___TIQUE • _A_IQUE • __ERIQUE • PRODIGI___

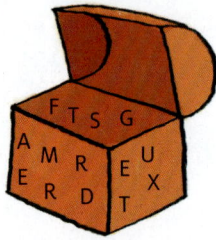

(Lettres : F T S G A M R E U E R D E T X)

8 Rendez à chaque personnage de conte son objet magique. Si nécessaire, faites une recherche sur les personnages dont vous ne connaissez pas l'histoire.
Aladin • • lampe
Cendrillon • • miroir
La Belle au bois dormant • • citrouille
Blanche-Neige • • bottes de sept lieues
Raiponce • • chevelure
Le Petit Poucet • • quenouille

9 Recherchez dans un dictionnaire la définition du mot *merveilleux* et reformulez-la avec vos propres mots en illustrant chaque sens d'un exemple.

À vous d'écrire !

10 Une vilaine taupe géante vous raconte qu'elle est une jeune fille ou un jeune homme victime d'un sortilège. Imaginez son histoire et rédigez son récit à la première personne du singulier. Insistez sur l'inconfort que lui occasionne ce sortilège.

ATELIER
Commenter une illustration de conte

S'exprimer à l'oral

ÉTAPE 1 — Analyser l'image

1 Quelles sont vos premières impressions à la vue de cette illustration de Walter Crane ? La trouvez-vous effrayante, émouvante, ridicule, belle ?

2 À quel moment de l'histoire situez-vous cette scène ?

3 Que représentent les éléments du décor ? À quel passage du conte font-ils référence ?

4 Qu'éprouve la Belle, selon vous ? Relevez tous les indices (gestes, position, expression) qui justifient votre réponse.

5 Imaginez une diagonale qui traverse l'image de gauche à droite, du bas vers le haut. Que remarquez-vous ?

Walter Crane, *La Belle et la Bête*, 1874.

ÉTAPE 2 — Décrire le monstre

6 Décrivez précisément le monstre. À quel animal peut-on le comparer ?

7 L'aspect physique de la Bête vous semble-t-il effrayant ?

8 Trouvez-vous cette représentation fidèle à l'esprit du conte ?

Méthode
Comparez cette image aux autres représentations de la Bête dans la séquence, pour identifier ce qu'elle a de particulier.

ÉTAPE 3 — Débattre à l'oral

9 À votre avis, quel est le rôle des monstres dans les récits merveilleux : nous faire peur ? nous prévenir des dangers de la vie ? nous interroger sur ce que l'on ressent quand on est différent des autres ? Échangez vos idées en classe. Justifiez vos réponses à partir des impressions ressenties lors de vos lectures.

COMPÉTENCES

D1, D3	Interagir de façon constructive avec d'autres élèves.
D1, D3	Parler en prenant en compte son auditoire.
D1, D3	Mobiliser des stratégies argumentatives.

3. *La Belle et la Bête*

S'exprimer à l'écrit

Faire le portrait d'un loup-garou

ÉTAPE 1 — Se documenter

1 Faites des recherches : qu'est-ce qu'un loup-garou ? À quoi le reconnaît-on ? Pourquoi le craint-on ?

2 Quels éléments caractéristiques du loup doit-on retrouver dans le portrait d'un loup-garou ?

ÉTAPE 2 — Rédiger une description au brouillon

3 Choisissez les principales caractéristiques du loup-garou que vous allez décrire.

4 Présentez votre description en commençant par l'aspect général (taille, attitude), terminez par les détails (yeux, gueule).

Méthode
Inspirez-vous de l'illustration ci-contre pour décrire l'animal : son museau, ses oreilles, ses yeux, son pelage.

5 Recherchez des adjectifs qualificatifs et des verbes pour caractériser sa taille, son hurlement, ses mouvements, son attitude et son regard, afin de rendre votre portrait effrayant.
↳ Le monde des monstres et du merveilleux, p. 72

6 Rédigez le brouillon de votre description à l'imparfait.

Charles Le Brun et Louis Morel d'Arleux, gravures du *Traité de physiognomonie*, 1806.

ÉTAPE 3 — Insérer la description dans un récit

7 Racontez la rencontre du père de la Belle avec votre monstre et imaginez comment il peut échapper au loup-garou. Commencez votre récit à la suite du texte suivant en y insérant votre description. Vous montrerez que le monstre est féroce et agressif. Vous utiliserez des verbes de mouvement (*bondir, foncer, esquiver, faire demi-tour*).

> Il [le père de la Belle] se perdit. Il neigeait horriblement ; le vent était si grand, qu'il le jeta deux fois en bas de son cheval, et la nuit étant venue il pensa qu'il mourrait de faim, ou de froid, ou qu'il serait mangé des loups, qu'il entendait hurler autour de lui. Tout d'un coup...
>
> Madame Leprince de Beaumont, *La Belle et la Bête*, 1757.

Pour bien écrire
Votre récit devra comporter des verbes au passé simple (actions) et à l'imparfait (descriptions).

COMPÉTENCES
- **D1** Écrire à la main de manière fluide et efficace.
- **D1** Produire des écrits variés.
- **D1** Recourir à l'écriture pour réfléchir et pour apprendre.

Un conte pour apprendre à voir l'essentiel

Je fais le point

Bilan de la séquence

La Belle et la Bête, un conte respectant le schéma narratif classique

- La **situation initiale** (un père et ses filles).
- Un **événement déclencheur** (le père cueille la rose).
- Les **épreuves et actions du héros** (le sacrifice de la Belle et sa rencontre avec la Bête).
- Un **élément de résolution** (la Belle éprouve de l'amour pour la Bête).
- La **situation finale** (la Bête retrouve son apparence humaine, la Belle épouse la Bête).

Un conte qui porte les marques du merveilleux

- Des **personnages extraordinaires** : un monstre, une fée.
- Des **lieux grandioses** ou inattendus : le palais de la Bête est magnifique, opulent et désert.
- Des **objets magiques** : le miroir, la bague.
- Des **transformations ou métamorphoses** : la Bête redevient un beau prince, les sœurs sont transformées en statues.

Un conte qui met en scène la figure du monstre

- La Bête est d'abord présentée comme un **monstre effrayant** et repoussant pour son entourage.
- Les **qualités morales** de la Bête font ensuite de la créature merveilleuse un personnage moins inquiétant.
- Enfin, le monstre laisse la place à un **beau jeune homme** : sa personnalité remarquable devient ainsi visible de tous.

Évaluation — Mobiliser les acquis de la séquence

1. Je connais le nom de l'auteure du conte *La Belle et la Bête* et l'époque où elle a vécu : ....

2. Je connais la formule d'ouverture d'un conte : ....

3. Je peux citer les personnages du conte *La Belle et la Bête* : ....

4. Je peux citer deux objets magiques présents dans le conte : ....

5. Je sais définir ce qu'est un récit « merveilleux » : ....

6. Je connais plusieurs monstres célèbres et leurs attributs : ....

7. Je peux expliquer la morale de l'histoire : ....

COMPÉTENCES ÉVALUÉES

D1 Lire
– Comprendre un texte littéraire et l'interpréter.
– Identifier et mémoriser les informations importantes d'un texte lu.
– Identifier un genre et ses enjeux.

D1 Écrire
– Produire des écrits variés.

SÉQUENCE 4

Le monstre, aux limites de l'humain

Ulysse mis

OBJECTIFS
- Comprendre la figure du monstre dans l'Antiquité et saisir le sens des émotions fortes qu'elle suscite.
- Étudier l'influence des mythes antiques dans nos représentations.
- Découvrir un récit fondateur : *L'Odyssée* d'Homère.

Parcours d'une œuvre — Homère, *L'Odyssée*

Repères *L'Odyssée* : le récit du voyage d'Ulysse	78
Entrer dans la séquence	79
Homère, *L'Odyssée*	

Lectures

1. **Ulysse et le Cyclope** — 80
Identifier le caractère monstrueux du Cyclope
Découvrir les limites de la force et le pouvoir de la ruse

2. **La déesse Circé** — 84
Découvrir un personnage monstrueux et séduisant
Comparer deux textes traitant du même sujet

3. **Ulysse et les Sirènes** — 86
Découvrir le mythe d'Ulysse et des Sirènes
S'interroger sur l'attitude du héros face à un monstre tentateur

4. **Charybde et Scylla** — 88
Identifier dans les monstres une personnification de dangers naturels
Exprimer des émotions fortes et s'interroger sur leur sens

Histoire des arts Portraits du cyclope Polyphème — 90

L'Antiquité et nous « Muse, chante-moi ce héros... » — 92
Invocations à la Muse de *L'Iliade* et de *L'Énéide*

Méthode Utiliser un pad d'écriture collaborative en ligne — 93

Vocabulaire Les racines grecques — 94

Grammaire L'impératif présent — 95

S'exprimer à l'oral Conter un nouvel épisode de *L'Odyssée* — 96

S'exprimer à l'écrit ATELIER
Écrire à plusieurs une nouvelle aventure d'Ulysse — 97

Je fais le point Bilan et évaluation — 98
Homère, *L'Odyssée*

John William Waterhouse, *Ulysse et les Sirènes*, 1891, huile sur toile, 100 × 201,7 cm, National Gallery of Victoria, Melbourne.

à l'épreuve

▶ *Comment les monstres de L'Odyssée d'Homère incarnent-ils les peurs de l'être humain ?*

Repères

L'Odyssée : *le récit du voyage d'Ulysse*

L'Odyssée est une **épopée**, un **long poème** (plus de 12 000 vers) divisé en 24 chants. Il était chanté ou récité par les aèdes accompagnés de musique jouée à la lyre. Il raconte le retour du roi Ulysse dans son île d'Ithaque après la guerre de Troie : maudit par le dieu des mers Poséidon, Ulysse erre en mer pendant dix ans et doit affronter des créatures effrayantes.

Homère (VIIIᵉ siècle av. J.-C.)

Ce poète aveugle aurait exercé le métier d'aède, poète qui chantait ou récitait les histoires des dieux et des héros. On le considère comme l'auteur de *L'Iliade* et de *L'Odyssée*, mais on ne sait pas si Homère a vraiment existé ou s'il s'agit d'un personnage légendaire.

❶ Île des Cyclopes
Ulysse fait face au cyclope Polyphème, un géant qui est le fils de Poséidon. ↘ p. 80

LE MONDE tel qu'il était connu au temps d'Homère

Pays des Lestrygons
Ogygie
Phéacie
Pays des Cicones
Entrée des Enfers
Ithaque
Troie
GRÈCE
ASIE MINEURE
Éolie
Mer Égée
Mer Méditerranée
Pays des Lotophages
Fleuve Océan

❷ Île de Circé
Maudit par le Cyclope, Ulysse se perd en mer. Il finit par aborder l'île de Circé, une déesse magicienne. ↘ p. 84

❸ Île des Sirènes
Après avoir échappé à Circé, Ulysse passe auprès de l'île des Sirènes, créatures dont le chant envoûtant provoque le naufrage des marins. ↘ p. 86

❹ Détroit de Charybde et Scylla
Afin de rentrer chez lui, le héros doit passer entre des rochers qui abritent deux monstres : Charybde avale l'eau de la mer et Scylla dévore les marins. ↘ p. 88

Entrer dans la séquence

Découvrez un héros grec

Invocation à la Muse

Voici le tout début de L'Odyssée *en grec ancien et traduit en français. Écoutez le passage dans la langue d'origine sur le site suivant :*
https://www.youtube.com/watch?v=4YrjwRt3_pg

Ἄνδρα μοι ἔννεπε, Μοῦσα, πολύτροπον, ὃς μάλα πολλὰ
πλάγχθη, ἐπεὶ Τροίης ἱερὸν πτολίεθρον ἔπερσε·
πολλῶν δ᾽ ἀνθρώπων ἴδεν ἄστεα καὶ νόον ἔγνω,
πολλὰ δ᾽ ὅ γ᾽ ἐν πόντῳ πάθεν ἄλγεα ὃν κατὰ θυμόν,
ἀρνύμενος ἥν τε ψυχὴν καὶ νόστον ἑταίρων.

Homère, *L'Odyssée*, chant I, v. 1-5, VIIIe siècle av. J.-C.

Conte-moi, Muse, l'homme aux mille tours[1] qui erra[2] longtemps sans répit après avoir pillé[3] la citadelle[4] sacrée de Troie. Il vit des milliers d'hommes, visita leurs cités et connut leur esprit. Il endura mille souffrances sur la mer en luttant pour sa survie et le retour de ses compagnons.

Homère, *L'Odyssée*, trad. du grec ancien par H. Tronc, Gallimard, « Folioplus classiques », 2004.

---
1. **Tours** : ruses. 2. **Erra** : voyagea sans trouver son chemin.
3. **Pillé** : renversé. 4. **Citadelle** : forteresse.

❶ Relevez le nom de la ville citée : où est-elle située ?

❷ Faites une recherche sur la guerre de Troie : quels peuples cette guerre a-t-elle opposés ? Qui a triomphé ?

❸ Relevez le groupe nominal qui caractérise Ulysse. Quelle qualité souligne-t-il ?

↘ Pour découvrir la langue grecque, rendez-vous page 94.

Partez à l'aventure avec Ulysse

❹ Qu'est-ce qu'une odyssée ? Pour répondre, aidez-vous des images pages 76-78.

❺ Pourquoi l'odyssée d'Ulysse peut-elle être dangereuse ? Imaginez et écrivez sur une petite feuille une aventure qui aurait pu lui arriver. Pliez votre feuille et déposez-la dans une boîte avec celle de vos camarades. Puis lisez quelques histoires tirées au sort.

Lecture 1

Objectifs
- Identifier le caractère monstrueux du Cyclope.
- Découvrir les limites de la force et le pouvoir de la ruse.

Compétence
- Comprendre un texte littéraire et l'interpréter.

L'HISTOIRE DES MOTS

« **Cyclope** » (l. 24). En grec, le mot *kyklos* désigne ce qui a la forme d'un cercle, comme l'œil du Cyclope, ou le tourbillon d'un cyclone. Quels autres mots sont formés avec la racine « cycle/cyclo » ?

Illustrations de Grégoire Vallancien pour *Ulysse prisonnier du cyclope*, Hatier, 2012.

Ulysse et le Cyclope

Après avoir débarqué sur une île mystérieuse, Ulysse et ses compagnons entrent sans le savoir dans la grotte qui sert de repaire au cyclope Polyphème, un géant à l'œil unique. Le Cyclope arrive, ferme l'entrée de la grotte avec une pierre énorme, puis aperçoit les voyageurs.

« Qui êtes-vous ? leur cria-t-il. Et d'où venez-vous ? Faites-vous du commerce ? ou êtes-vous des pirates, qui errez à l'aventure ? »

En entendant ces mots prononcés d'une voix terrible, leur cœur fut brisé d'épouvante.

5   Ulysse cependant lui répondit avec assez de fermeté. Il lui dit qu'ils étaient des guerriers qui s'étaient égarés à leur retour de Troie.

« Nous voici maintenant à tes genoux, 10 dit-il. Souviens-toi, noble seigneur, que Zeus[1] lui-même accompagne les étrangers qui le révèrent[2]. »

Mais le géant au cœur sans pitié répondit : « Tu es bien naïf si tu crois qu'ici nous 15 nous soucions des dieux. Nous sommes plus forts qu'eux. »

Là-dessus, il étendit les bras et saisit deux des hommes. Il leur brisa la tête contre terre, puis découpa leurs membres 20 et en fit son souper.

À la vue de ces actes monstrueux, les autres pleuraient et levaient les mains vers Zeus. Mais ils ne savaient que faire.

Quand le Cyclope eut achevé son repas 25 de chair humaine et bu, par-dessus, du lait pur, il s'étendit pour dormir au milieu de ses brebis. Alors Ulysse pensa à plonger son épée aiguë[3] dans la poitrine du monstre. Mais une autre idée le retint. Comment lui et ses compagnons pourraient-ils s'échapper, avec ce grand rocher qui barrait la porte ?

30 Lorsque parut l'Aurore, le géant alluma son feu et se mit à traire ses brebis. Puis il saisit encore deux hommes pour son déjeuner. Quand il eut mangé, il retira la pierre, fit sortir ses brebis, et replaça la 35 pierre sans aucune difficulté.

Puis il emmena ses grasses brebis vers la montagne. Ulysse restait là, méditant son malheur et songeant à sa vengeance.

Or voici le projet qui parut le meilleur à Ulysse. Le Cyclope avait laissé dans l'antre un bois d'olivier encore vert dont il entendait[4] se servir comme massue. Il était aussi grand que le mât d'un navire à vingt bancs de rameurs. Mais Ulysse en coupa un morceau long d'une aune[5] qu'il fit polir à ses compagnons. Il en tailla une extrémité et la durcit au feu. Puis il cacha ce pieu sous la litière.

« Tirons maintenant au sort, dit Ulysse à ses hommes, pour savoir qui m'aidera à enfoncer le pieu dans l'œil du Cyclope, quand il sera bien endormi. »

Quatre hommes furent bientôt choisis, et c'étaient les meilleurs. Cela faisait cinq avec Ulysse.

Le soir, le Cyclope revint. Il fit rentrer tout son troupeau, béliers et brebis. Il referma la porte avec la grosse pierre et il se mit à traire.

Puis il prit encore pour son souper deux compagnons d'Ulysse.

Alors Ulysse s'approcha de lui, tenant dans ses mains une jatte[6] de vin noir.

« Bois ce vin, lui dit-il, après la chair humaine que tu viens de manger. »

Le Cyclope prit la jatte et la vida. Puis il en demanda une seconde fois, promettant en retour un beau présent[7].

Ulysse lui versa une deuxième, puis une troisième rasade. Ce vin épais, que les Grecs buvaient mélangé à beaucoup d'eau, le Cyclope l'avalait à grandes gorgées. Il lui monta bientôt à la tête.

« Quel est ton nom ? » demanda-t-il à Ulysse.

« Personne », lui répondit Ulysse.

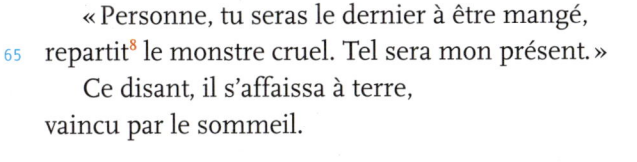

« Personne, tu seras le dernier à être mangé, repartit[8] le monstre cruel. Tel sera mon présent. »

Ce disant, il s'affaissa à terre, vaincu par le sommeil.

Pour bien écrire

« Antre » (l. 41) et **« entre »**. Ulysse entre (du verbe *entrer*) dans l'antre de Polyphème (la grotte qui lui sert de repaire). Les deux mots se prononcent de la même manière mais s'écrivent différemment : ce sont des homophones. Quels autres homophones contiennent le son « an » ?

---

1. **Zeus** : roi des dieux dans la mythologie grecque.
2. **Révèrent** : traitent avec un grand respect.
3. **Aiguë** : pointue. 4. **Entendait** : voulait.
5. **Aune** : ancienne mesure de longueur (1,18 m).
6. **Jatte** : récipient. 7. **Présent** : cadeau.
8. **Répartit** : répondit.

Lecture 1
(suite)

Ulysse saisit le pieu et déposa sa pointe dans le feu. Quand le pieu fut près de flamber, Ulysse et ses compagnons l'enfoncèrent en le faisant tourner dans l'œil du géant. L'œil brûlé fumait et grésillait.

Le Cyclope poussa un gémissement terrible, et la roche retentit alentour. Affolé de douleur, il arracha le pieu. Il le jeta loin de lui, en appelant ses voisins qui avaient leurs cavernes entre les pics battus des vents.

Les autres Cyclopes, entendant son cri, accoururent de tous côtés.

« Qu'y a-t-il ? lui crièrent-ils du dehors. Est-ce toi que l'on tue par ruse ou par force ? »

« Qui me tue, amis ? Personne, et c'est par ruse. »

« Si personne ne te tue, lui répondirent ses voisins, c'est sans doute quelque mal que t'envoient les dieux. Prie donc Poséidon, notre père. » Et ils s'en allèrent.

Ulysse riait tout bas de voir comment l'habile invention de son nom les avait trompés. Cependant, le Cyclope, gémissant de douleur, avait retiré la pierre de la porte. Il s'assit à l'entrée de la caverne, les deux bras étendus pour prendre quiconque essaierait de sortir avec les moutons.

Ulysse, de son côté, faisait toutes sortes de projets, et voici celui qui lui parut le meilleur. Il lia les béliers trois par trois, et attacha un homme sous la bête du milieu. Pour lui-même, il choisit le plus gros bélier du troupeau. Il se blottit sous son ventre velu[9], s'accrochant des deux mains à sa merveilleuse toison.

Pour bien écrire

« Cet » (l. 106). Devant un mot masculin commençant par une voyelle, on utilise *cet* à la place de *ce*. On écrit *cette* uniquement devant un nom féminin.
Complétez la phrase suivante avec *cet* ou *cette* : Il a saisi... épée pour affronter... étrange monstre.

95 Dès que parut l'Aurore, le troupeau sortit pour aller au pâturage. Le Cyclope tâtait l'échine[10] de toutes ses bêtes. Mais il ne s'aperçut pas que des hommes étaient attachés
100 sous le ventre des béliers.

Quand le grand bélier sortit, le dernier de tous, le géant lui dit, après l'avoir tâté : « Doux bélier, toi qui es toujours le premier, tu es le
105 dernier aujourd'hui. Regrettes-tu l'œil de ton maître ? cet œil qu'un scélérat[11] a crevé, après avoir noyé mes esprits dans le vin. Ah ! si tu pouvais parler et me dire où il est, ce Personne, comme je lui
110 briserais la tête contre terre ! »

Enfin, il laissa sortir le grand bélier. Arrivé à quelque distance de l'antre, Ulysse se détacha de dessous le bélier. Puis, il détacha ses compagnons.

Alors, poussant vivement les moutons devant eux, ils regagnèrent
115 le navire.

Jane Werner Watson d'après Homère,
L'Iliade et l'Odyssée, Les Deux Coqs d'or, 1956.

---

9. **Velu** : poilu. 10. **Échine** : dos. 11. **Scélérat** : criminel.

Je découvre le texte

1. **LECTURE DE L'IMAGE** Le Cyclope, dans l'Antiquité, est un géant qui possède un seul œil. En 2001, les studios Pixar s'inspirent de cette particularité pour créer Bob dans le film d'animation *Monstres et Cie* (voir image à droite de cette page). Quelles sont les différences avec le Cyclope ?

2. Quel personnage de contes mange de la chair humaine, comme le Cyclope ? Pour répondre, vous pouvez vous reporter au texte du *Petit Poucet*, p. 170.

Je comprends le texte

3. Dans les deux premiers paragraphes, relevez les expressions qui indiquent que le Cyclope inspire la peur.

4. À quoi voit-on que le Cyclope est extrêmement fort ?

5. **LANGUE** Dans les lignes 24-36, relevez les deux groupes nominaux qui désignent le Cyclope. Qu'est-ce qui le distingue d'un être humain ?

↘ Éviter les répétitions : les reprises nominales et pronominales, p. 298

6. Pourquoi Ulysse décide-t-il de ne pas tuer le Cyclope ?

7. Relevez et expliquez les différentes ruses qu'emploie Ulysse dans cet épisode.

J'écris pour interpréter le texte

8. Donnez trois adjectifs pour caractériser le Cyclope et expliquez votre choix.

9. **À VOS PLUMES** De retour chez lui, Ulysse décrit le Cyclope à sa femme Pénélope. Rédigez ses paroles.

Bob dans *Monstres et Cie*, film d'animation de Pete Docter, 2001.

Je retiens

• Le Cyclope est monstrueux d'abord par son apparence ; il possède un **œil unique** et une **taille démesurée**. Sa **cruauté** et son **cannibalisme** (fait de manger des hommes) inspirent la terreur.

• Ulysse ne peut pas employer la force et **invente plusieurs ruses** pour lui échapper.

4. Ulysse mis à l'épreuve

Lecture 2

Objectifs
- Découvrir un personnage monstrueux et séduisant.
- Comparer deux textes traitant du même sujet.

Compétence
- Mettre en relation textes et images.

REPÈRES
- **Virgile** (70 – 19 av. J.-C.), poète latin, a écrit *L'Énéide*. Cette épopée célèbre le héros troyen Énée, ancêtre mythique des Romains.

Pour bien écrire

« **Nouveaux** » (l. 5). Les noms et adjectifs en *-eu*, *-au* ou *-eau* prennent un *-x* au pluriel. Réécrivez cette phrase en remplaçant *un* par *des* : Un oiseau joue à un beau jeu près d'un feu.

La déesse Circé

Texte 1

Au cours de leur voyage, Ulysse et ses compagnons abordent l'île de la déesse Circé, fille d'Hélios, le Soleil. Le héros envoie en éclaireurs une partie de ses hommes.

Ils arrivèrent ainsi à l'île de Circé, déesse aux belles boucles, douée de voix humaine. [...] Ils trouvèrent la maison de Circé dans un val, au milieu d'une clairière. Des loups et des lions rôdaient tout autour de la maison : c'étaient des hommes que la déesse avait ensorcelés. Ils ne se
5 jetèrent pas sur les <u>nouveaux</u> venus, mais les caressèrent comme des chiens qui accueillent leur maître.

Les hommes s'arrêtèrent au seuil de la maison. Ils entendaient Circé qui, à l'intérieur, chantait de sa belle voix en tissant au métier[1] une toile merveilleuse, digne d'une déesse.

10 Alors Polithès[2], le sage meneur de guerriers, leur dit : « Mes amis, il y a là-dedans quelqu'un qui tisse en chantant. Que ce soit une femme ou une déesse, appelons-la sans tarder. »

Tous se mirent donc à appeler à la fois. Circé vint aussitôt ouvrir la porte brillante et les invita à entrer. Seul Euryloque[2] resta, car il avait
15 flairé un piège.

Elle leur offrit des sièges confortables, puis leur prépara un mélange de fromage, de farine et de miel délayés dans[3] du vin. Mais elle y ajouta de funestes drogues[4], pour leur faire oublier leur patrie. Quand ils eurent pris ce breuvage[5], elle les frappa de sa baguette, et à l'instant ils
20 se trouvèrent changés en porcs.

Jane Werner Watson d'après Homère, *L'Iliade et l'Odyssée*, Les Deux Coqs d'or, 1956.

---

1. **Métier** : machine servant à tisser. 2. **Polithès et Euryloque** sont des compagnons d'Ulysse. 3. **Délayés dans** : mélangés à. 4. **Funestes drogues** : poisons. 5. **Breuvage** : boisson.

Texte 2

Près de huit cents ans après l'écriture de L'Odyssée, *le poète latin Virgile évoque à son tour les charmes de Circé. Après la chute de Troie, Énée s'enfuit et navigue en direction de l'Italie. Il passe à côté de l'île de Circé.*

Bientôt les bateaux rasent les rives de l'île de Circé, la magicienne. Comme chaque nuit, dans son vaste palais qu'éclaire un feu de cèdre parfumé, la redoutable fille du Soleil s'active à son métier à tisser. On entend en passant des rugissements de lions irrités, des grognements
5 de sangliers et d'ours effrayants, des hurlements horribles de loups. C'étaient des hommes autrefois, mais la cruelle déesse les a transformés en bêtes fauves par le pouvoir de ses potions magiques.

Michel Laporte d'après Virgile, *12 Récits de l'Énéide*, Flammarion Jeunesse, 2010.

Edmund Dulac, *Circé*, illustration de *La Toison d'or et autres récits de la Grèce antique*, 1911.

Wright Barker, *Circé*, 1889 ou 1900, huile sur toile, 138 x 188 cm, Cartwright Hall Art Gallery, Bradford.

Je découvre les textes par les images

1. LECTURE DE L'IMAGE Observez les images. Quelles impressions chacune d'elles vous donne-t-elle de Circé ?

2. Quelle image vous semble le mieux correspondre aux textes ? Pourquoi ?

Je comprends les textes

3. Quels types d'animaux entourent la demeure de Circé ? Relevez leurs noms dans le texte.

4. Comment les animaux se comportent-ils dans les deux textes ? Expliquez quelle atmosphère cela crée dans chacun d'eux.

5. Quelles sont les deux activités que pratique Circé quand elle est seule ? Qu'en pensez-vous ?

6. LANGUE Relevez les groupes nominaux qui caractérisent Circé dans les deux textes. Sur quels aspects insistent-ils ? ↘ *Éviter les répétitions : les reprises nominales et pronominales*, p. 298

7. Dans un tableau à deux colonnes, distinguez ce qui rend Circé attirante et ce qui la rend effrayante.

J'écris pour interpréter les textes

8. Quel texte préférez-vous ? Expliquez votre choix en étant le plus précis possible.

9. À VOS PLUMES Euryloque raconte à Ulysse la transformation de ses compagnons en porcs. Rédigez son récit en quelques lignes en décrivant les étapes de la transformation.

> **Méthode**
> - Utilisez des adjectifs qualificatifs et groupes nominaux pour enrichir votre description.
> - Employez le passé composé.

Je retiens

- La **magicienne** Circé est un être maléfique qui utilise son pouvoir pour **changer les hommes en bêtes**, les privant ainsi de liberté.
- Circé attire les hommes par **sa beauté** et **son chant harmonieux**, mais uniquement pour les piéger. Cette **figure de séductrice** incarne les dangers de la tentation.

4. Ulysse mis à l'épreuve

Lecture 3

Objectifs
• Découvrir le mythe d'Ulysse et des Sirènes.
• S'interroger sur l'attitude du héros face à un monstre tentateur.

Compétence
• Mettre en voix un texte.

Ulysse et les Sirènes

Séduite par Ulysse, Circé rend forme humaine à ses compagnons et les laisse repartir, après leur avoir donné des conseils pour le reste du voyage. Ulysse approche de l'île des Sirènes.

Quand leur navire eut quitté le fleuve Océan[1] et gagné la haute mer, une douce brise[2] augmenta leur allure. Ils n'atteignirent que trop tôt le premier des dangers contre lesquels on les avait mis en garde : c'était l'île des Sirènes, dont les chants ensorcelaient les hommes. Elles étaient
5 assises près du rivage, entourées des ossements des hommes que leurs chants avaient attirés à la mort. Le vent tomba et il y eut un calme absolu.

Les hommes roulèrent la voile, la mirent dans la cale, et ils frappèrent de leurs rames la mer écumante. Mais Ulysse pétrit un gros morceau de cire, jusqu'à ce qu'il devînt tiède et mou. Il boucha les oreilles de ses
10 hommes et leur ordonna de l'attacher au mât.

Quand le navire arriva à portée de voix de la terre, les Sirènes l'aperçurent. Elles lancèrent par-dessus les vagues les notes de leur chant harmonieux.

> Viens, grand Ulysse,
> 15 Héros au faîte[3] de ta gloire,
> Arrête, immobilise ton vaisseau[4]
> Et écoute notre histoire douce comme le miel.
> Tourne cette noire proue[5] vers le rivage ;
> Goûte aux doux délices
> 20 De jours et de nuits remplis de magie
> Qui ne sont destinés qu'aux héros.
> Nous connaissons ton noble passé,
> Nous connaissons ce que réserve l'avenir.
> Arrête-toi un moment avec nous, et repars ensuite,
> 25 Un homme content, un homme plus sage.

Pour bien écrire

« **Leurs chants** » (l. 5-6). *Leur* suivi d'un nom (déterminant) s'accorde toujours en nombre avec le nom, tandis que *leur* suivi d'un verbe (pronom) est invariable. Remplissez les blancs dans la phrase avec le mot *leur*, accordé si nécessaire : Ulysse ... avait demandé de ne pas lâcher ... rames.

Ulysse et les Sirènes, Vᵉ siècle av. J.-C., vase à figures rouges, 35,2 cm, British Museum, Londres.

Lecture de l'image

1. Cette représentation vous semble-t-elle vouloir imiter la réalité ? Justifiez votre réponse.

2. Quelle est l'attitude de chacune des Sirènes ? Qu'est-ce qui vous permet de le deviner ?

3. Sur Internet, effectuez une recherche d'images sur la céramique dans l'Antiquité grecque. Que remarquez-vous dans le choix des couleurs pour représenter les personnages et l'arrière-plan ?

Leur voix avait tant de charme qu'Ulysse fut pris d'un grand désir d'en entendre davantage. Avec des cris et des froncements de sourcils,
30 il demanda à ses hommes de le détacher ; mais ils ne pouvaient entendre ses cris, pas plus qu'ils n'entendaient le chant, et ils firent exprès de ne pas prêter attention à ses froncements de
35 sourcils. Au contraire, ils tirèrent plus fort sur leurs rames pour faire avancer le navire.

Quand ils furent en sécurité, hors de portée de voix, les hommes enlevèrent
40 la cire de leurs oreilles et détachèrent Ulysse du mât.

Jane Werner Watson d'après Homère,
L'Iliade et l'Odyssée, Les Deux Coqs d'or, 1956.

1. **Océan** : dans la mythologie grecque, fleuve qui encercle le monde et en marque la limite. ↘ Carte, p. 78
2. **Brise** : vent léger. 3. **Faîte** : sommet.
4. **Vaisseau** : bateau.
5. **Proue** : partie avant du bateau.

Edmund Dulac, *Les Sirènes*, illustration de *La Toison d'or et autres récits de la Grèce antique*, 1911.

Je découvre le texte

1. LECTURE DE L'IMAGE Décrivez les Sirènes qui figurent sur les images. Pourquoi sont-elles étonnantes ?

2. MISE EN VOIX Par groupes, expliquez le vocabulaire difficile des lignes 14-25 en vous aidant d'un dictionnaire. Formez ensuite un chœur : lisez le passage ensemble, d'une seule voix, comme si vous étiez les Sirènes qui tentent de séduire Ulysse.

Je comprends le texte

3. Les Sirènes de *L'Odyssée* sont-elles bienveillantes ? Justifiez votre réponse en citant le texte.

4. Comment réussissent-elles à ensorceler les hommes ? Relevez les passages qui le montrent.

5. Relisez le chant des Sirènes (l. 14-25), puis remettez les phrases suivantes dans l'ordre du texte. Justifiez vos réponses.
• Les Sirènes promettent à Ulysse de le rendre plus sage.
• Les Sirènes flattent Ulysse.
• Elles se disent capables de prédire l'avenir.
• Elles affirment que leur chant est beau.

6. LANGUE À quel mode sont conjugués les verbes des lignes 14-19 et 24-25 ? Expliquez son emploi.

7. Quelle ruse Ulysse emploie-t-il pour éviter que ses hommes ne soient attirés par les Sirènes ?

8. Pour quelle raison Ulysse s'attache-t-il au mât du bateau ?

J'écris pour interpréter le texte

9. À la place d'Ulysse, laquelle de ces ruses auriez-vous choisie : être attaché au mât ou avoir les oreilles bouchées ? Pourquoi ?

10. Les Sirènes sont-elles des monstres ? Justifiez votre avis dans un court paragraphe.

Je retiens

• Dans la mythologie grecque, les sirènes sont des **créatures mi-femmes mi-oiseaux** attirant les hommes par leurs chants. Elles dévorent ensuite leurs victimes.
• Ulysse tient à entendre **ces chants merveilleux** malgré le danger, ce qui le pousse à élaborer de nouvelles ruses.

4. Ulysse mis à l'épreuve   87

Lecture 4

Objectifs
- Identifier dans les monstres une personnification de dangers naturels.
- Exprimer des émotions fortes et s'interroger sur leur sens.

Compétence
- Mettre en relation un texte et des connaissances culturelles.

REPÈRES
- Les monstres ne sont pas uniquement le fruit de l'imagination des hommes. Les Grecs et les Romains considéraient que Charybde et Scylla correspondaient au **détroit de Messine**, entre l'Italie et la Sicile, un passage très dangereux pour les navigateurs.

L'HISTOIRE DES MOTS

« Scylla » (l. 1) et « Charybde » (l. 17) ont inspiré l'expression « tomber de Charybde en Scylla » : elle signifie qu'on a échappé à un danger mais qu'on se retrouve face à un autre, encore plus grand.

Scylla, Vᵉ siècle, relief en terre cuite, British Museum, Londres.

Charybde et Scylla

Après avoir prévenu Ulysse qu'il rencontrerait les Sirènes, Circé lui décrit deux monstres vivant dans des rochers entre lesquels son bateau devra passer. Il va devoir choisir lequel affronter.

– C'est là que vit Scylla, aux rugissements terribles. Sa voix n'est guère plus forte que celle d'une jeune lionne qui vient de naître mais c'est un monstre funeste[1], je te l'assure. Personne ne pourrait se réjouir de la voir, pas même un dieu qui la rencontrerait. Elle a douze jambes qui s'agitent et six cous interminables. Chaque cou est surmonté d'une tête horrible pourvue de trois rangées de dents, serrées et très nombreuses, pleines des ombres de la mort. Elle est plongée jusqu'à la taille dans la caverne creuse mais ses têtes jaillissent hors du terrible gouffre et fouillent les abords du récif pour pêcher les dauphins, les chiens de mer ou toute autre créature encore plus grande qu'elle peut attraper, parmi celles que nourrit Amphitrite[2] qui gronde. Aucun marin ne peut se vanter d'avoir échappé à Scylla sans pertes car chacune de ses têtes arrache un homme aux navires à la proue bleu marine et le fait disparaître aussitôt. L'autre rocher est moins haut, tu verras, bien qu'ils soient côte à côte, et tu pourrais l'atteindre d'une flèche. À son sommet pousse un grand figuier, aux feuilles vigoureuses. En dessous, la divine Charybde engloutit les flots noirs. Trois fois par jour elle recrache l'eau et trois fois par jour elle l'engloutit. C'est terrible ! Puisses-tu ne pas te trouver là quand elle l'engloutira car même le dieu qui fait trembler la terre[3] ne pourra te tirer du désastre. Il vaut mieux serrer Scylla de près – la longer[4] et la dépasser – car il est préférable de perdre six compagnons que de les perdre tous à la fois.

Ainsi parla-t-elle et je lui répondis :

– Oui, oui, mais dis-moi la vérité maintenant, déesse : ne puis-je éviter la mortelle Charybde et repousser Scylla quand elle me ravira[5] mes compagnons ?

Je dis ces mots et la sublime déesse me répondit aussitôt :

– Malheureux ! Les actions guerrières et les fatigues du combat occupent donc encore ta pensée ! Ne céderas-tu jamais, même aux dieux immortels ? Scylla n'est pas une mortelle : c'est une calamité[6] immortelle, redoutable, sauvage et cruelle : aucune possibilité d'attaque, aucune de défense. La meilleure stratégie est la fuite ! Car si tu ralentis pour t'armer près de la falaise, je crains qu'elle ne jaillisse une seconde fois avec ses six têtes et n'emporte à nouveau autant d'hommes.

Homère, *L'Odyssée*, trad. du grec ancien par H. Tronc, Gallimard, « Folioplus classiques », 2004.

---

1. Funeste : qui apporte le malheur. **2. Amphitrite** : déesse de la mer. **3.** Il s'agit du dieu Poséidon. **4. La longer** : passer à côté d'elle. **5. Me ravira** : m'enlèvera. **6. Calamité** : danger.

Yvan Pommaux, illustration d'*Ulysse aux mille ruses*, L'École des loisirs, 2011.

Je découvre le texte

1. Cherchez la définition du mot *détroit*, puis repérez le détroit de Messine sur une carte. Pourquoi un détroit peut-il être dangereux pour la navigation ?

2. Dessinez, à partir des éléments du texte, une carte sur laquelle vous placerez les rochers de Charybde et de Scylla. Vous indiquerez ensuite le trajet que doit prendre le bateau d'Ulysse sur les conseils de Circé.

Je comprends le texte

3. Quel danger chacun des monstres fait-il courir à Ulysse ? Justifiez votre réponse en citant le texte.

4. LANGUE Relevez les adjectifs qualificatifs dans la description de Scylla (l. 1-11). Que révèlent-ils sur ce monstre ?

5. D'après la magicienne, Ulysse peut-il vaincre Scylla ? Justifiez votre réponse.

6. Selon Circé, quel est le défaut d'Ulysse ?

J'écris pour interpréter le texte

7. Lequel des deux monstres vous semble le plus terrifiant ? Pourquoi ?

8. A VOS PLUMES Un compagnon d'Ulysse décrit les sentiments qu'il a éprouvés en apercevant Scylla. Rédigez son discours.

Je retiens

- Les monstres Charybde et Scylla sont des **personnifications des dangers de la mer** : ils représentent les tourbillons et les rochers, auxquels sont attribuées des caractéristiques humaines et animales.
- Il s'agit de **divinités cruelles** et supérieures aux hommes : Ulysse ne peut les combattre.

Histoire des arts

Objectif
- Analyser différentes représentations du Cyclope.

Portraits du cyclope Polyphème

Depuis Homère, le cyclope Polyphème est une source d'inspiration pour les écrivains, mais aussi pour les artistes. Au fil des siècles, les représentations du géant privilégient différents aspects du mythe.

Polyphème, mangeur d'hommes

Cette œuvre est une céramique grecque antique. Pour réaliser des peintures sur céramique, le potier gravait ses dessins sur l'objet façonné à l'aide d'une pointe, puis il les recouvrait d'une couche d'argile sombre avant de mettre la poterie au four, ce qui en fixait la couleur.

1. Trois étapes de l'épisode sont représentées simultanément sur cette coupe. Identifiez-les et justifiez votre réponse.

2. Recherchez qui est le père de Polyphème. Comment est-il symbolisé sur cette coupe ?

❶ *Ulysse et ses compagnons aveuglant le Cyclope*, VIᵉ siècle av. J.-C, coupe à figures noires, 21,4 cm de diamètre, BnF, Paris.

❷ Arnold Böcklin, *Ulysse et Polyphème*, 1896, tempera, 39,1 x 143,2 cm.

La brutalité de Polyphème

Les mythes n'ont pas inspiré que les artistes de l'Antiquité. Fasciné par la culture gréco-romaine, Arnold Böcklin, peintre suisse du XIXᵉ siècle, a réalisé plusieurs tableaux qui illustrent des épisodes de *L'Odyssée*.

3. Dans ce tableau, comment le peintre rend-il Polyphème impressionnant et comment représente-t-il son caractère sauvage ?

Polyphème amoureux

Odilon Redon est un peintre français du début du XXᵉ siècle. Il appartient à un courant artistique appelé le symbolisme : son but n'est pas de reproduire fidèlement la réalité, mais de stimuler l'imaginaire du spectateur.

4. Sur ce tableau, trouvez-vous Polyphème monstrueux ? Expliquez votre impression.

5. Sur le site de l'encyclopédie Universalis (http://universalis.fr), recherchez l'article sur Polyphème. Qui est la jeune femme représentée dans le tableau ? Résumez cet épisode du mythe avec vos propres mots.

❸ Odilon Redon, *Le Cyclope*, vers 1914, huile sur toile, 64 x 51 cm, Rijksmuseum Kröller-Müller, Otterlo.

Vocabulaire

- **Céramique** : art du potier, qui façonne et décore des objets en terre cuite. Le mot *céramique* sert à la fois à désigner la matière (terre cuite, faïence, porcelaine) des objets et les objets eux-mêmes.
- **Représentation synthétique** : fait de représenter plusieurs moments d'une histoire sur une même image.

Je retiens

- Polyphème est représenté par tous les artistes avec **un œil unique** et **une taille immense**. Les peintres ont cependant insisté sur différents aspects du monstre : **sa cruauté, sa force** ou, même, **sa sensibilité amoureuse**.
- **L'apparence impressionnante** du Cyclope inspire la crainte, mais ce sont surtout **ses actes**, comme dévorer les compagnons d'Ulysse, qui le rendent monstrueux.

4. Ulysse mis à l'épreuve

L'Antiquité et nous

Objectif
- Découvrir les Muses de l'Antiquité.

« Muse, chante-moi ce héros... »

Comme L'Odyssée (voir p. 79), les autres épopées de l'Antiquité gréco-romaine commencent par une invocation à la Muse. Voici le début de deux épopées : L'Iliade *d'Homère et* L'Énéide *du poète latin Virgile.*

Qui sont-ils ?

- **Achille** : fils du roi Pélée, le meilleur des guerriers grecs pendant la guerre de Troie.
- **Énée** : héros troyen détesté par Junon, qui survécut à la guerre de Troie et fonda la lignée des rois de Rome.
- **Junon** (Héra en grec) : déesse romaine, femme du roi des dieux, Jupiter.

Texte 1

Chante, ô Muse, la colère d'Achille, fils de Pélée, colère funeste[1], qui causa tant de malheurs aux Grecs[2], qui précipita dans les enfers les âmes courageuses de tant de héros, et rendit leurs corps la proie des chiens et des vautours.

Homère, *L'Iliade* [VIIIe siècle av. J.-C.], chant I, v. 1-5, trad. du grec ancien par J.-B. Dugas-Montbel.

1. **Funeste** : qui apporte la mort. 2. Furieux contre le chef des Grecs, Agamemnon, Achille s'arrêta de combattre pendant dix jours, ce qui causa la mort de nombreux Grecs.

Texte 2

Muse ! Rappelle-moi, à présent, pourquoi la reine des dieux a soumis ce héros pourtant réputé pour sa piété[3] à mille tourments et à mille dangers. Naît-il autant de haine au cœur des immortels ?

Michel Laporte, *12 récits de L'Énéide*, d'après Virgile, *L'Énéide*, chant I, v. 8-11, Flammarion Jeunesse, 2010.

3. **Piété** : respect des dieux.

Je comprends les documents

1. Qu'est-ce qu'une Muse dans la mythologie grecque ? Pour répondre, vous pouvez vous aider d'un dictionnaire.
2. Il existe neuf Muses, chacune représentant un art ou un savoir. Sur Internet, recherchez leurs noms et la spécialité de chacune d'elles.
3. Pourquoi les poètes s'adressent-ils à la Muse dans ces textes ?
4. À quel objet reconnaît-on la Muse Calliope dans le tableau d'Eustache Le Sueur ? Proposez un adjectif pour caractériser son attitude, en observant l'expression de son visage.

À vous de créer

5. Réalisez un diaporama consacré aux neuf Muses. Dans chaque diapositive, présentez une Muse (nom, image) et décrivez sa spécialité en quelques lignes.

Eustache Le Sueur, *Calliope*, 1652-1655, huile sur panneau, 116 × 64 cm, musée du Louvre, Paris.

Méthode

Utiliser un pad d'écriture collaborative en ligne

Cet outil numérique permet d'écrire à plusieurs sans mélanger vos versions : vous pouvez l'utiliser pour vos travaux de groupe.

MÉTHODE GUIDÉE

Étape 1 — Créer un « pad »

- Rendez-vous sur : https://etherpad.fr/, nommez votre pad, puis cliquez sur OK.
- Cliquez sur le carré en haut à droite (**1**), entrez votre nom dans le cadre (**2**), puis choisissez une couleur en cliquant sur (**3**).
- Sélectionnez le texte déjà présent avec la souris pour qu'il apparaisse bleuté, puis cliquez sur la touche « suppr » du clavier pour le supprimer.
- Vous pouvez maintenant commencer à écrire en cliquant sur la première ligne. Le texte s'affichera automatiquement dans la couleur associée à votre prénom.

Étape 2 — Partager la page

- Cliquez sur le carré entouré en vert sur l'image ci-contre : un lien apparaît.
- Invitez les membres de votre groupe à se connecter au pad et à écrire avec vous.
- Chacun entre alors son nom, choisit sa couleur, et les modifications apparaissent en même temps pour tous.
- Il est possible d'écrire en même temps, mais il vaut mieux le faire chacun son tour.

Étape 3 — Échanger des idées

- Pour éviter d'avoir à modifier plusieurs fois le texte, utilisez le *chat* en bas à droite pour communiquer, poser des questions et échanger vos idées.

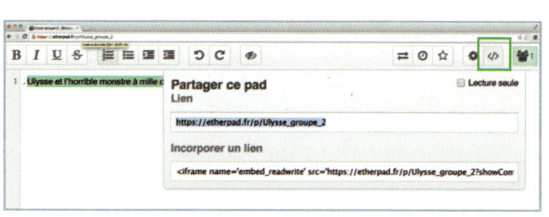

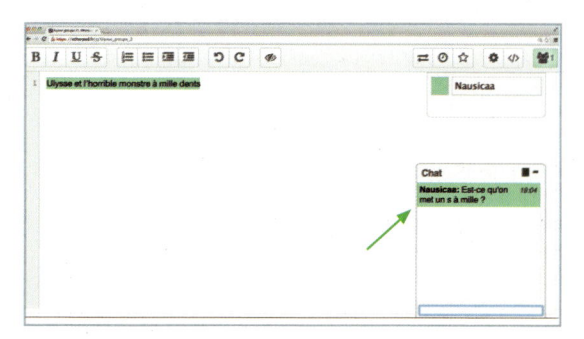

4. Ulysse mis à l'épreuve

Vocabulaire

Objectif
• Enrichir son vocabulaire grâce aux racines grecques.

Les racines grecques

Découvrir le grec ancien

1 Transcrivez dans notre alphabet ces mots extraits du début de *L'Odyssée* (voir p. 79), en vous aidant du tableau des lettres grecques : Ἄνδρα • Μοῦσα • ἀνθρώπων • πολύ • ψυχὴν

Minuscule	Majuscule	Nom	Prononciation
α	A	alpha	a
β	B	béta	b
γ	Γ	gamma	g
δ	Δ	delta	d
ε	E	épsilon	é
ζ	Z	dzêta	dz
η	H	èta	è
θ	Θ	thêta	th
ι	I	iota	i
κ	K	kappa	k
λ	Λ	lambda	l
μ	M	mu	m
ν	N	nu	n
ξ	Ξ	xi	x
ο	O	omicron	o (court)
π	Π	pi	p
ϱ	P	rho	r
σ ou ς	Σ	sigma	s
τ	T	tau	t
υ	Y	upsilon	u
φ	Φ	phi	f
χ	X	khi	kh
ψ	Ψ	psi	ps
ω	Ω	oméga	o (long)

2 Recopiez le tableau ci-dessous, puis placez chacun des mots suivants dans la case qui lui correspond. Cherchez ensuite la définition de chaque mot.
androgyne • polythéiste • psychologue • musique • anthropophage • psychose • musée • polygone

ἄνδρα, ἀνθρώπων	Μοῦσα	πολύ	ψυχὴν

3 En vous aidant de l'exercice précédent, reliez les mots grecs à leur sens.

ἄνδρα, ἀνθρώπων •   • beaucoup
Μοῦσα •   • l'âme, l'esprit
πολύ •   • la Muse
ψυχὴν •   • l'homme

4 Cherchez d'autres mots construits à partir des racines grecques ci-dessus. *Exemple : psychologue.*

Composer des mots à partir des racines grecques

5 Avec votre voisin, formez le plus de mots possible avec les préfixes grecs ci-dessous, puis comparez vos résultats avec ceux des autres groupes.
ἀντί (*anti*) : contre • περί (*péri*) : autour de • παρά (*para*) : auprès de/contre • πρό (*pro*) : devant/à la place de • σύν (*syn*) : avec

6 Devinez le sens des mots français suivants à l'aide de leurs racines grecques. Puis, vérifiez-le dans le dictionnaire.
1. nostalgie   νόστος (*nostos*) : le retour
2. périple   περίπλοος (*périploos*) : navigation autour
3. polémique   πόλεμος (*polémos*) : le combat
4. mélancolie   μέλαν (*mélan*) : noir, triste

7 Le mot grec φαγία (*phagia*) indique l'action de manger, de consommer. Il a donné le suffixe *-phage*. Placez les lettres majuscules dans le bon ordre pour former le mot se terminant par *-phage* et correspondant aux définitions suivantes :
1. Cercueil antique à l'intérieur duquel la peau se décomposait : A C O R S
2. Qui consomme beaucoup de temps : H O O N C R
3. Partie du corps qui transporte ce que l'on mange : S E O O

À vous d'écrire !

8 Imaginez qu'Ulysse voyage dans l'espace pour rentrer chez lui. Inventez une aventure en utilisant des mots appris grâce à cette page.

Grammaire

Objectif
• Savoir conjuguer et employer l'impératif.

L'impératif présent

Retenir l'essentiel

• L'impératif est un **mode verbal** qui sert à exprimer un **ordre**, un **conseil**, une **défense** ou une **prière**.

• Il ne se conjugue qu'à trois personnes (2ᵉ du singulier et du pluriel, 1ʳᵉ du pluriel), sans pronoms personnels.

ranger → range, rangeons, rangez

finir → finis, finissons, finissez

• On ne met **pas de -s** à la 2ᵉ personne du singulier pour les **verbes en -er**, sauf pour faire une liaison (*laves-en, vas-y*).

↳ Savoir conjuguer et employer l'impératif présent, p. 332

Conjuguer l'impératif

1 Conjuguez les verbes suivants à l'impératif présent.
1. fermer • dormir • courir • danser • vendre
2. manger • venir • faire • être • prendre

2 Complétez les phrases suivantes en conjuguant les verbes à l'impératif présent à la 2ᵉ personne du singulier.

(*Ne pas oublier*) de prendre des vivres pour ce long voyage. (*Y aller*), (*s'aventurer*) sur les mers. (*Écouter*) les conseils des anciens et (*en donner*) à tes hommes.

Reconnaître les emplois de l'impératif

3 a. Dans le texte suivant, relevez les cinq verbes conjugués à l'impératif.
b. Pour chacun, indiquez s'il exprime un ordre, une défense, un conseil ou une prière.

Ulysse rencontre la princesse Nausicaa et ses servantes.

Aie pitié, reine ! C'est vers toi la première que je suis venu après avoir enduré toutes ces souffrances. Je ne connais personne d'autre parmi les hommes qui occupent cette cité et cette terre. Indique-moi le chemin de la ville et donne-moi un lambeau de tissu quelconque dont je puisse me couvrir. [...] Servantes, restez où vous êtes, ne vous approchez pas, afin que je puisse, tout seul, rincer le sel qui couvre mes épaules.

Homère, *L'Odyssée*, trad. du grec ancien par H. Tronc, Gallimard, « Folioplus classiques », 2004.

Manipuler l'impératif

4 RÉÉCRITURE Réécrivez ce texte en remplaçant les expressions en gras par des verbes à l'impératif présent.

Compagnons, **vous ne devez pas vous décourager**. **Vous ferez** ce qui vous semble le plus juste et **affronterez** les dangers avec courage. Encore maintenant, **vous êtes** une fierté pour le peuple grec. **Il faut que vous vous souveniez** des valeurs que nous défendons tous.

5 Dictée préparée
a. Relevez les quatre verbes conjugués à l'impératif présent.
b. À quelle personne sont-ils conjugués ?
c. Justifiez leurs accords.
d. Relisez bien le texte en faisant attention aux mots qui vous semblent difficiles, puis écrivez-le sous la dictée d'un camarade ou de votre professeur.

La déesse Calypso s'adresse à Ulysse.

Malheureux Ulysse, cesse de te lamenter ici plus longtemps et de laisser ta vie s'écouler car je consens désormais à¹ te laisser partir. Va donc couper de longues planches et, avec des outils de bronze, bâtis-toi un large radeau et couvre-le d'un pont pour qu'il te porte sur la mer embrumée.

Homère, *L'Odyssée*, trad. du grec ancien par H. Tronc, Gallimard, « Folioplus classiques », 2004.

1. **Je consens désormais à** : maintenant, je suis d'accord pour.

À vous d'écrire !

6 Ulysse embarque pour de nouvelles aventures : le navire s'apprête à quitter le port. En utilisant les verbes suivants à l'impératif, imaginez les ordres et les conseils qu'il donne à ses hommes pour le départ.
hisser • réunir • prendre • charger • veiller à • se souvenir • faire • dire

4. Ulysse mis à l'épreuve

S'exprimer à l'oral

Conter un nouvel épisode de *L'Odyssée*

Passionné(e) par *L'Odyssée*, vous racontez devant une assemblée une histoire mettant en scène Ulysse.

ÉTAPE 1 — Préparer la prise de parole

1 Par groupes de deux ou trois élèves, remplissez les bulles de la planche ci-contre en imaginant une histoire inspirée de *L'Odyssée*.

2 Choisissez la manière dont vous voulez raconter votre histoire : comme un présentateur de radio ; comme un reporter journaliste de journal télévisé ; comme un commentateur sportif ; de manière drôle ; de manière dramatique ; à la manière d'un conte...

3 Avant de commencer votre récit, répondez à ces questions :
– Quel est l'objectif de votre prise de parole ?
– Quel effet voulez-vous créer sur le public ?
– Quel ton de voix adopter ?
– Faut-il parler vite ou lentement ?
– Que faut-il éviter ?

ÉTAPE 2 — Jouer le rôle de conteur

4 Sans montrer votre histoire au reste des élèves, racontez-la maintenant à voix haute à la classe.

> **Méthode**
> Demandez à ce que la planche soit projetée au tableau, cela vous aidera.

Béatrice Bottet et Émilie Harel, *La Mythologie en BD, tome 2. Les aventures d'Ulysse – Le retour à Ithaque*, Casterman, 2015.

6 À la fin de chaque présentation, échangez vos remarques avec vos camarades. L'objectif est de permettre à chacun de s'améliorer. Les remarques formulées doivent servir à tous.

ÉTAPE 3 — Jouer le rôle d'auditeur

5 À votre tour, écoutez l'histoire de vos camarades, puis recopiez et remplissez le tableau ci-dessous.

Quel était l'objectif de la prise de parole ?	
Quel(s) effet(s) le conteur a-t-il voulu créer ?	
Quelle a été l'intonation adoptée ?	
Quel débit a été choisi ?	
Était-ce exagéré ou pas ? Sur quoi a-t-il insisté ?	
Quelle est la situation d'énonciation choisie ?	
Pensez-vous avoir peu, moyennement ou bien compris l'histoire racontée ?	
Points forts	
Points à améliorer	

> **Méthode**
> Il est possible de faire l'exercice en s'enregistrant auparavant, et en faisant écouter les enregistrements en classe.

COMPÉTENCES

- **D1, D2** Écouter pour comprendre un message oral, un propos, un discours, un texte lu.
- **D1, D3** Parler en prenant en compte son auditoire.
- **D1, D2** Participer à des échanges dans des situations diversifiées.
- **D1, D2** Adopter une attitude critique par rapport au langage produit.

ATELIER

Écrire à plusieurs une nouvelle aventure d'Ulysse

S'exprimer à l'écrit

L'Odyssée d'Homère a nourri l'imaginaire des poètes au fil des siècles. À votre tour, ajoutez votre épisode au mythe d'Ulysse.

ÉTAPE 1 — Créer des épisodes

1 Répartissez-vous par groupes de trois ou quatre élèves. Pour commencer, imaginez le titre d'une aventure d'Ulysse. Inscrivez-le sur votre feuille, passez-la à votre voisin de droite et prenez celle de votre voisin de gauche. Sur la feuille que vous avez reçue, inscrivez la première phrase de l'aventure, puis passez cette feuille à droite. Chacun écrit une phrase à tour de rôle.

> **Méthode**
> - Attention à bien respecter la cohérence de l'histoire quand vous écrivez une nouvelle phrase.
> - Pensez à relire les phrases des autres depuis le début.

2 Continuez ainsi jusqu'à obtenir toutes les informations suivantes :
– rencontre d'Ulysse avec le danger ;
– description précise du danger ;
– réaction des compagnons d'Ulysse ;
– ruse qu'imagine Ulysse ;
– moment où Ulysse affronte le danger ;
– dénouement.

3 Quand vous avez terminé, chacun lit aux autres l'histoire qu'il a devant lui. Débattez et choisissez celle que vous préférez.

Friedrich Preller, *Ulysse et Leucothéa*, 1863, huile sur toile, 61 x 100 cm, détail, Museum den Bildenden Kuenste, Leipzig.

5 Saisissez votre texte, puis introduisez, chacun à tour de rôle, les modifications nécessaires, dans une couleur différente. Discutez-en entre vous à chaque étape. S'il n'y a pas assez d'élèves dans le groupe, il est possible qu'un élève se charge de deux rôles.

> **Méthode**
> Vous pouvez utiliser un outil collaboratif, comme Framapad ou Etherpad, ou travailler sur un même document.
> ↘ Utiliser un pad d'écriture collaborative en ligne, p. 93

ÉTAPE 2 — Améliorer son texte grâce aux outils numériques

4 Attribuez un rôle à chaque membre du groupe :
– chef copiste (celui qui saisit l'épisode créé) ;
– chef inventeur (celui qui enrichit le texte de mots précis : adjectifs, adverbes, verbes d'action, etc.) ;
– chef écrivain (celui qui améliore l'ensemble : emploi d'un vocabulaire plus varié, reformulation de certains passages, vérification de la cohérence de l'épisode) ;
– chef correcteur (celui qui corrige l'orthographe, la ponctuation, la syntaxe).

COMPÉTENCES

D1	Produire des écrits variés.
D1	Réécrire à partir de nouvelles consignes ou faire évoluer son texte.
D1	Prendre en compte les normes de l'écrit pour formuler, transcrire et réviser.
D1, D2	Acquérir la structure, le sens et l'orthographe des mots.
D1, D2	Maîtriser la forme des mots en lien avec la syntaxe.

4. Ulysse mis à l'épreuve

Je fais le point

Ulysse mis

Bilan de la séquence

L'Odyssée, le récit du voyage d'Ulysse

L'*Odyssée* est une **épopée : un long poème sur les exploits d'un héros**. Homère aurait écrit cette œuvre en grec au VIIIe siècle av. J.-C.

Célèbre pour sa **ruse** et son **intelligence**, le roi grec **Ulysse** est le personnage principal de *L'Odyssée*. Maudit par le dieu des mers, il **erre pendant dix ans** avant de rentrer chez lui.

Ulysse affronte le **Cyclope**, géant à l'œil unique, **Circé la magicienne**, les **Sirènes** tentatrices, puis **Charybde et Scylla**, les monstres des récifs.

Le nom commun *odyssée* désigne de nos jours un **long voyage semé d'embûches**.

Le combat contre les créatures monstrueuses

D'apparence repoussante ou attirante, les monstres sont tous dotés de **capacités surnaturelles**. Le Cyclope a une force surhumaine, Circé des pouvoirs magiques, les Sirènes une voix envoûtante.

Les monstres, surhumains ou divins, **ne peuvent être vaincus par la force**. Ulysse fait alors appel à sa principale qualité : **la ruse**.

Des symboles de nos peurs

Les créatures de *L'Odyssée* représentent les peurs des hommes.

Le Cyclope incarne la peur de **mourir dévoré**.

Les Sirènes et Circé représentent la **tentation**, qui fait perdre aux hommes leur liberté.

Charybde et Scylla personnifient les **dangers de la mer**.

Évaluation — 1. Mobiliser les acquis de la séquence

1. Je sais résumer en une ligne le sujet de *L'Odyssée* : ....
2. Je sais nommer la principale qualité d'Ulysse : ....
3. Je sais citer les quatre épreuves successives qu'Ulysse a affrontées :
a. ....
b. ....
c. ....
d. ....
4. Je sais citer trois ruses employées par Ulysse : ....

à l'épreuve

Évaluation — 2. Lire et comprendre un texte court

L'adieu à Calypso

Après la mort de tous ses compagnons, Ulysse échoue sur l'île de la déesse Calypso. Amoureuse du héros, celle-ci le retient pendant sept ans. Elle finit par le laisser partir et lui adresse ces derniers mots.

— Noble fils de Laërte, Ulysse aux mille stratagèmes[1], tu souhaites donc t'en aller sur-le-champ et regagner ta demeure sur ton île bien-aimée ? Eh bien, bon voyage, malgré tout ! Si tu savais combien de malheurs le sort te fera endurer avant que tu
5 n'atteignes ta patrie, tu resterais ici avec moi, tu habiterais cette demeure et tu deviendrais immortel, quel que soit ton désir de revoir ton épouse à laquelle tu penses à chaque instant de chaque jour. Pourtant, je pense ne lui être inférieure ni par la prestance[2] ni par la beauté. Comment une mortelle pourrait-elle rivaliser
10 avec une déesse ?

Ulysse aux mille ruses lui répondit ceci :

— Auguste[3] déesse, ne t'irrite pas contre moi à ce propos. Tout cela je le sais aussi bien que toi : la sage Pénélope est moins éblouissante à regarder que toi, tant pour la beauté que pour la
15 stature[4]. Elle n'est qu'une mortelle ; toi tu es immortelle et tu ne vieillis pas. Malgré cela, je souhaite et je désire à chaque instant rentrer chez moi et voir le jour de mon retour. Si jamais l'un des dieux veut à nouveau m'anéantir sur la mer sombre comme le vin, je l'endurerai, car j'ai dans la poitrine un cœur capable de
20 supporter les épreuves.

Homère, *L'Odyssée*, trad. du grec ancien par H. Tronc, Gallimard, « Folioplus classiques », 2004.

---
1. **Stratagèmes** : ruses. 2. **Prestance** : élégance, charme.
3. **Auguste** : noble. 4. **Stature** : taille, forme du corps.

5. Qui est Pénélope ?

6. Calypso est-elle un monstre ? Justifiez votre réponse en citant le texte.

7. Que propose-t-elle à Ulysse pour le retenir auprès d'elle ?

8. Selon Calypso, qu'est-ce qui attend Ulysse s'il part de son île ?

9. Ulysse est-il décidé à rentrer chez lui ? Répondez en vous appuyant sur des éléments précis du texte.

Évaluation — 3. Écrire

10. Ulysse explique à Calypso ce qu'il ressent à l'idée de reprendre la mer.
Vous rédigerez son discours en vous appuyant sur le texte : Ulysse expliquera ses craintes, sa solitude, son désir de revoir son pays.

COMPÉTENCES ÉVALUÉES

D1 Lire
– Comprendre un texte littéraire et l'interpréter.
– Contrôler sa compréhension.

D1 Écrire
– Recourir à l'écriture pour réfléchir et pour apprendre.
– Produire des écrits variés.

SÉQUENCE 5

Le monstre, aux limites de l'humain
Les héros face

OBJECTIFS
- Découvrir des combats entre héros et monstres dans la mythologie grecque.
- Exprimer ses émotions devant des figures effrayantes ou admirables.
- Étudier l'influence des mythes dans la culture contemporaine.

Repères Héros et monstres mythiques	102
Entrer dans la séquence	103
Lectures	
1. Pseudo-Apollodore, *Bibliothèque* : Héraclès et l'hydre de Lerne Découvrir l'un des travaux d'Héraclès Comprendre comment le monstre représente une épreuve pour le héros	104
2. *Le Robert Junior* : Thésée et le Minotaure Découvrir un monstre hybride Comprendre qu'un mythe se décline en différentes versions	106
3. Émile Genest, *Contes et légendes mythologiques* : Persée et Méduse Repérer la construction du héros dans le combat avec le monstre	108
4. Marie-Thérèse Davidson, *Œdipe le maudit* : Œdipe et la Sphinx Découvrir le mythe d'Œdipe Découvrir un autre type d'affrontement entre un monstre et un héros	110
Cinéma Monstres et héros mythiques au cinéma	112
L'Antiquité et nous Les expressions tirées des mythes grecs Brigitte Heller, *Petites Histoires des expressions de la mythologie*	114
Méthode Préparer et présenter un diaporama	115
Vocabulaire L'affrontement entre héros et monstres	116
Grammaire Les emplois du présent	117
S'exprimer à l'oral Lire des récits à voix haute	118
S'exprimer à l'écrit ATELIER Réaliser un recueil de récits sur un monstre	119
Je fais le point Bilan et évaluation Pseudo-Apollodore, *Bibliothèque*	120

Piero di Cosimo, *Persée délivrant Andromède*, 1515, huile sur bois, 70 × 123 cm, galerie des Offices, Florence.

aux monstres

> ▶ Comment, dans les mythes grecs, l'affrontement avec les monstres permet-il de révéler les qualités du héros ?

Repères

Héros et monstres mythiques

Des monstres malfaisants

Les monstres terrifiants abondent dans la mythologie grecque. Ce sont souvent des êtres hybrides, composés de parties d'animaux ou d'êtres humains comme les Sirènes de *L'Odyssée*, mi-femmes mi-oiseaux. Ils peuvent être envoyés par les dieux, notamment quand ceux-ci veulent punir des hommes trop orgueilleux.

Des combats impressionnants

Les combats contre les monstres constituent une épreuve importante pour les héros. Héraclès, Persée, Thésée et Œdipe prouvent ainsi leur courage et affirment leur qualité de héros en les affrontant.

Des héros exceptionnels

Dans les mythes antiques, un héros est un personnage qui, grâce à son courage hors du commun, réalise des exploits et combat des créatures monstrueuses et malveillantes. Il peut obtenir l'aide de divinités et accomplit souvent des actions bénéfiques pour sa cité.

L'héritage des monstres

Les monstres de la mythologie continuent à inspirer les artistes contemporains. Des romans, des bandes dessinées, des films proposent aujourd'hui une image actualisée de la Méduse, de la Chimère et autres créatures mythiques.

ANTIQUITÉ → **XXIᵉ SIÈCLE**

Iᵉʳ ou IIᵉ siècle
La *Bibliothèque* de Pseudo-Apollodore

1926
Contes et légendes mythologiques d'Émile Genest

2003
Œdipe le maudit de Marie-Thérèse Davidson

102

Entrer dans la séquence

Reconnaissez les monstres

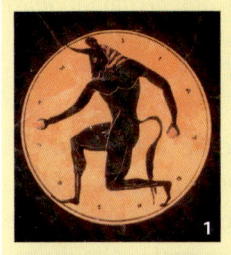

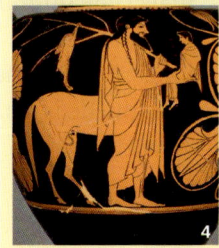

1 Associez chaque image au nom de la créature qui lui correspond.

Sphinx • Centaure • Chimère • Hydre de Lerne • Minotaure • Gorgone

2 De quels animaux ces monstres sont-ils composés ?

3 En vous aidant d'un dictionnaire ou d'Internet, retrouvez dans la liste suivante les héros qui les ont combattus. Quel est l'intrus ?

Thésée • Œdipe • Bellérophon • Héraclès • Persée • Achille

Créez votre monstre

4 À votre tour, imaginez un monstre : recherchez trois ou quatre images d'animaux dont vous pouvez reprendre les éléments.

5 Découpez les parties du corps qui vous paraissent les plus effrayantes chez chaque animal. Réalisez ensuite un collage qui représente votre monstre.

6 Inventez une petite histoire sur la naissance de votre monstre.

Lecture 1

Objectifs
- Découvrir l'un des travaux d'Héraclès.
- Comprendre comment le monstre représente une épreuve pour le héros.

Compétence
- Comprendre un texte narratif et l'interpréter.

REPÈRES
- Le mot « **mythe** » vient du grec *mythos*, qui signifie « récit ». Il désigne une **histoire** mettant en scène des **créatures surhumaines** (dieux, héros, monstres), qui explique les **fondements du monde** et les rapports entre les hommes.

L'HISTOIRE DES MOTS

« **Hydre** » (l. 1) est formé sur la racine grecque *hydr-* qui renvoie à l'eau. Ainsi, *hydravion* désigne un avion qui peut se poser sur l'eau et un matériau *hydrofuge* protège de l'eau. Complétez la phrase suivante avec un mot de la même famille : « Quand il fait très chaud, il faut penser à bien s'h.......... . »

Héraclès et l'hydre de Lerne

Le demi-dieu Héraclès (Hercule en latin), fils de Zeus, doit accomplir douze épreuves, sur l'ordre du roi Eurysthée. On appelle ces épreuves les douze travaux d'Héraclès.

Son deuxième travail fut de tuer l'hydre de Lerne[1]. Ce monstre vivait dans les marais de Lerne, mais souvent il s'aventurait dans la plaine et ravageait[2] le bétail et la campagne. Il avait un corps énorme hérissé de neuf têtes : huit d'entre elles étaient mortelles, mais celle du milieu
5 était immortelle.

Héraclès monta sur le char guidé par Iolaos[3] ; il arriva à Lerne, il arrêta les chevaux, et trouva l'hydre sur une colline non loin de la source Amymoné, où elle avait sa tanière. Alors Héraclès décocha des flèches enflammées à l'intérieur, contraignant[4] l'hydre à sortir : à peine fut-
10 elle dehors qu'il lui sauta dessus et l'immobilisa. Mais aussitôt elle s'entortilla autour d'une de ses jambes et l'enserra. Héraclès commença alors à fracasser ses têtes avec sa massue ; sans résultat, parce que pour chaque tête tranchée deux nouvelles surgissaient. Et, venant à l'aide de l'hydre, arriva un crabe d'une grandeur épouvantable[5], qui mordit le
15 pied d'Héraclès.

Après l'avoir tué, le héros lui aussi demanda l'aide d'Iolaos ; ce dernier mit le feu à un buisson et, à l'aide de tisons ardents[6], il empêchait les neuf têtes de repousser, en brûlant la chair à la base des têtes coupées. De cette façon Héraclès réussit à vaincre les neuf têtes, et à trancher
20 également celle qui était immortelle.

Puis il l'enterra et plaça dessus une lourde pierre, non loin de la route qui de Lerne mène à Éléonte[7]. Quant au corps de l'hydre, il en fit des morceaux et il trempa ses flèches dans le sang de la bête.

Mais Eurysthée dit ensuite qu'on ne pouvait pas prendre en compte
25 cet exploit, parce qu'il avait tué l'hydre avec l'aide d'Iolaos, et non tout seul.

Pseudo-Apollodore, *Bibliothèque* [Ier ou IIe siècle ap. J.-C.], trad. du grec ancien par U. Bratelli, 2001.

---

1. **Lerne** : village de Grèce.
2. **Ravageait** : dévastait.
3. **Iolaos** : neveu d'Héraclès.
4. **Contraignant** : forçant.
5. **Épouvantable** : très effrayante.
6. **Tisons ardents** : morceaux de bois enflammés.
7. **Éléonte** : ville de Grèce.

Pour bien écrire

« **Mortelles** » (l. 4) et « **immortelle** » (l. 5).
Pour former l'antonyme d'un mot, on peut utiliser le préfixe privatif *in-*. Attention, ce préfixe devient *il-* devant un *-l*, *im-* devant *-m*, *-b* et *-p*, et *ir-* devant un *-r*.
Quels sont les antonymes de *légal*, *poli*, *efficace* et *responsable* ?

Franz von Stuck, *Hercule et l'hydre*, 1915, huile sur toile, Museum Villa Stuck, Munich.

Je découvre le texte

1. LECTURE DE L'IMAGE Quelle caractéristique de l'hydre vous effraie le plus dans l'image ci-dessus ? Dans le texte, quelle est sa caractéristique la plus impressionnante ?

2. Sur Internet, cherchez quels sont les douze travaux d'Héraclès.

Je comprends le texte

3. En vous appuyant sur les mots du texte, décrivez l'hydre et le crabe.

4. De quelles qualités fait preuve Héraclès dans le deuxième paragraphe ? Justifiez votre réponse.

5. LANGUE Quel est le temps employé pour décrire le combat ? Justifiez son emploi. ↘ Employer le passé simple et l'imparfait dans un récit au passé, p. 323

6. Comment le héros arrive-t-il à empêcher les têtes de l'hydre de repousser ?

7. Selon vous, pourquoi le héros place-t-il « une lourde pierre » (l. 21) sur l'une des têtes ?

Je mets en jeu le mythe d'Héraclès

8. Eurysthée accuse Héraclès de ne pas être un vrai héros et celui-ci se défend. Mettez en scène leur dialogue.
a. Trouvez, avec votre voisin, deux arguments qu'Héraclès pourrait avancer pour sa défense.
b. Imaginez au brouillon les répliques d'Eurysthée et d'Héraclès, puis répartissez-vous les rôles et jouez la dispute devant la classe.

Méthode
Aidez-vous du texte et du résumé qui le précède.

Je retiens

• L'hydre de Lerne est une **créature extraordinaire** (qui sort de l'ordinaire) : un gigantesque serpent des eaux pourvu de plusieurs têtes. Celles-ci repoussent quand on les coupe.
• La vaincre est **une tâche qui paraît impossible**. En tuant le monstre, Héraclès prouve qu'il possède des qualités exceptionnelles.

5. Les héros face aux monstres

Lecture 2

Thésée et le Minotaure

Objectifs
- Découvrir un monstre hybride.
- Comprendre qu'un mythe se décline en différentes versions.

Compétence
- Comprendre un texte documentaire et l'interpréter.

THÉSÉE ♦ Héros de la mythologie grecque, fils d'**Égée**. S'étant porté volontaire pour affronter le **Minotaure**, il est enfermé dans le Labyrinthe. Il parvient à tuer le monstre et à sortir en suivant le fil de la pelote remise par **Ariane**. En quittant la Crète, il emmène Ariane, qu'il abandonne à Naxos. Le croyant mort, son père se suicide et Thésée devient roi d'Athènes. [...]

ÉGÉE ♦ Roi légendaire d'Athènes dans la mythologie grecque. [...] Meurtrier d'Androgée, le fils de Minos. Ce dernier exige des Athéniens quatorze jeunes de la cité pour les donner au Minotaure. Thésée se porte volontaire et réussit à tuer le **Minotaure**. Égée lui avait demandé de hisser des voiles blanches à la place des noires s'il rentrait vivant de cette mission. Thésée oublie de changer les voiles et son père, croyant que le monstre a dévoré son fils, se jette dans la mer, qui prend alors son nom.

REPÈRES

- Les mythes grecs et romains trouvent leur origine dans la **tradition orale** (contes, chants). Ils ont été transcrits à partir de sources variées au fil du temps. Il existe donc souvent **plusieurs versions** d'un même mythe.

L'HISTOIRE DES MOTS

Le fil d'Ariane
Aujourd'hui, un fil d'Ariane désigne une voie à suivre pour se repérer dans un contexte difficile. Trouvez d'autres expressions contenant le mot *fil*.

MINOTAURE n. m. ♦ Monstre de la mythologie grecque. Fils de **Pasiphaé** et du taureau envoyé par Poséidon, il a un corps d'homme et une tête de taureau. **Minos** l'enferme dans le Labyrinthe, construit par **Dédale**, et lui sacrifie sept jeunes garçons et sept jeunes filles chaque année ou tous les trois ou neuf ans. **Thésée**, venu à Cnossos parmi ces jeunes gens, le tue avec l'aide d'**Ariane**.

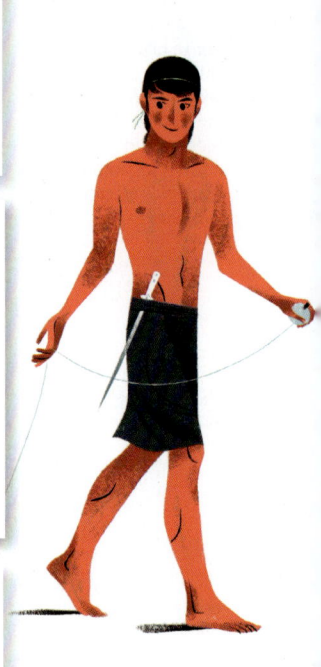

Illustration d'Annette Marnat pour *Le Fil d'Ariane et le Minotaure*, Belin, 2016.

MINOS ♦ Roi légendaire de Cnossos, dans la mythologie grecque. C'est le fils de Zeus et d'Europe, l'époux de Pasiphaé, le père d'**Ariane** et de **Phèdre**. Il aurait civilisé les Crétois (la civilisation crétoise est également appelée *civilisation minoenne*). Pour prouver à son frère que les dieux l'ont choisi comme roi, Minos demande à Poséidon de faire sortir un taureau de la mer. Mais Minos oublie de lui sacrifier l'animal, comme il le lui avait promis, et Poséidon, pour le punir, rend **Pasiphaé** amoureuse du taureau qu'il rend furieux. **Héraclès** capture la bête qui dévaste l'île, tandis que Pasiphaé donne naissance au **Minotaure** que Minos fait enfermer dans le Labyrinthe. Après sa mort, Minos devient l'un des trois juges des Enfers.

ARIANE ♦ Princesse légendaire de Crète dans la mythologie grecque. C'est la fille de Minos et de Pasiphaé, et la sœur de Phèdre. Elle aide **Thésée** à sortir du Labyrinthe en lui donnant un fil à dérouler pour qu'il retrouve son chemin. Ils s'enfuient ensemble, mais Thésée l'abandonne sur l'île de Naxos. Elle est recueillie par **Dionysos**, qui l'épouse. [...]

Articles « Ariane », « Égée », « Minos », « Minotaure », « Thésée » du *Robert Junior*, 2015.

Edmund Dulac, *Thésée tue le Minotaure*, illustration pour *La Toison d'or et autres récits de la Grèce antique*, 1911.

Je découvre le texte

1. Par petits groupes, résumez la légende du Minotaure en vous aidant des informations données dans chaque article.

2. Faites l'arbre généalogique de la famille de Minos. Qu'est-ce qui vous surprend ?

Je comprends le texte

3. De quel genre d'ouvrage ces textes sont-ils extraits ?

4. LANGUE À quel temps sont écrits les textes ? Expliquez son emploi. ↘ Les emplois du présent, p. 117

5. Pour quelle raison Thésée doit-il tuer le Minotaure ?

6. Pourquoi le monstre est-il appelé le « Minotaure » ? Qu'est-ce qui le caractérise ?

7. Quel rôle Ariane joue-t-elle dans l'histoire ?

8. Pour quelle raison l'article sur le Minotaure précise-t-il : « chaque année ou tous les trois ou neuf ans » ? Lisez bien les Repères page 106 pour répondre.

9. La mer Égée existe-t-elle ? Où se situe-t-elle ? Expliquez pourquoi Égée s'est jeté dans la mer.

J'écris pour interpréter le texte

10. Selon vous, Thésée est-il un vrai héros ? Répondez en quelques lignes.

11. À VOS PLUMES Écrivez une autre version du mythe : Ariane ne vient pas en aide à Thésée et le héros doit sortir seul du labyrinthe.

Je retiens

- Thésée affronte le **Minotaure, être mi-homme mi-taureau,** pour sauver les jeunes gens de sa cité. Il accepte ainsi de risquer sa vie, ce qui prouve sa **générosité.**

- Les mythes sont issus de la **tradition orale** : plusieurs versions de l'histoire de Thésée nous sont parvenues.

Lecture 3

Persée et Méduse

Chassés de leur pays, Danaé et son fils Persée sont recueillis par le roi Polydectès. Pour se débarrasser du héros, Polydectès lui ordonne de lui rapporter la tête de Méduse.

La tâche était rude, Persée, déjà prudent, se fit équiper confortablement par les divinités secourables aux héros. Minerve[1] lui donna son bouclier et son miroir. Pluton[1] le coiffa d'un casque qui rend invisible et Mercure[1] lui confia ailes et talonnières[2]. Le fils de Danaé n'a plus qu'à
5 se rendre aux confins du monde occidental où résident les dangereuses Gorgones qu'il s'agit de découvrir. Dans cette direction, il est nécessaire de traverser d'abord une vaste région désertique jalousement surveillée et gardée par trois vieilles filles, Péphédro, Enyo et Dino. Ce sont les Grées[3], dotées, dès leur naissance, d'une singulière anatomie[4]. Elles ne
10 possèdent, à elles trois, qu'un seul œil et qu'une seule dent, qu'elles se passent tour à tour, au mieux des intérêts de leur vigilance. Nul autre qu'elles ne connaît la retraite des farouches[5] Gorgones, et notamment de la plus redoutable, de Méduse. Comment atteindre ces volages[6] Grées, toujours en mouvement ? Comment leur arracher le secret de l'itiné-
15 raire à suivre ? Le rusé Mercure va, cette fois encore, venir à l'aide de l'audacieux Persée. Le messager des dieux guette le va-et-vient des trois vierges aux cheveux blancs, observe leur manège, et, quand l'œil unique et la dent solitaire changent de propriétaire, il les happe au passage et les confie à Persée. [...] Elles ne peuvent pas pleurer, puisqu'elles n'ont plus
20 même un œil pour verser des larmes. Elles ne se lamentent pas moins en poussant des cris affreux et réclament cet œil et cette dent, sans lesquels la vie leur est insoutenable. Les voilà prêtes à toutes les concessions[7]. Donnant, donnant. Persée leur restitue œil et dent ; la route lui est ouverte en échange. Il arrive à la caverne où reposent les trois Gorgones ; il n'a pas de peine à reconnaître Méduse, la plus grande, la plus laide. On ne voit pas ses yeux, puisqu'elle dort. Mais sa bouche ouverte, – si on peut l'appeler bouche –, laisse passer des crocs longs et poin-

---

Objectif
• Repérer la construction du héros dans le combat avec le monstre.

Compétence
• Mettre en relation des textes et des images.

REPÈRES

• Méduse est l'une des **Gorgones**. Ces trois sœurs possèdent une chevelure faite de serpents, des dents de sangliers et des ailes d'or. Elles changent en pierre ceux qui les regardent.

L'HISTOIRE DES MOTS

« **Pétrifié** » (l. 35). *Pétrifier*, du latin *petra*, « pierre », signifie « changer en pierre » et, au sens figuré, « immobiliser, stupéfier quelqu'un sous le coup d'une émotion violente ». Quel synonyme du verbe *pétrifier* fait allusion au nom de Méduse ?

Le Caravage, *Méduse*, 1596-1598, huile sur toile montée sur bouclier en bois de peuplier, 60 cm de diamètre, galerie des Offices, Florence.

Je découvre le texte

1. LECTURE DE L'IMAGE Décrivez le tableau du Caravage. Quel passage précis du texte représente-t-il ?

2. Quels sont les monstres de ce texte ? Que ressentez-vous en découvrant chacun d'eux ?

Je comprends le texte

3. En quoi consiste la mission de Persée ? Qui lui confie cette mission ? Est-il aidé ?

4. Citez les trois objets magiques confiés au héros.

5. Quelles sont les différentes étapes de la quête de Persée ?

tus d'un fort mauvais augure[8]. Sa chevelure se compose d'un amas de serpents entrelacés qui, pour le moment, sommeillent sur son front hideux. Persée ne se laisse pas intimider. Il avance à reculons, se servant du miroir pour se diriger et ne pas subir le regard de Méduse, si par hasard elle s'éveillait ; autrement, il serait pétrifié. Il n'ignore pas, en effet, que les yeux de la Gorgone possèdent le dangereux privilège de convertir[9] en rocher tout être vivant qui aurait l'audace de soutenir sa vue. L'intrépide héros brandit un glaive invincible, et, d'un seul coup, décapite le monstre qu'il était venu chercher de si loin. Des flots de sang qui s'écoulent s'échappe un cheval aux ailes puissantes, Pégase. Persée met dans un sac la tête de Méduse, enfourche Pégase et s'enfuit dans les airs pour échapper aux deux autres sœurs brusquement réveillées et prêtes à la vengeance.

Émile Genest,
Contes et légendes mythologiques, 1929.

---

1. **Minerve, Pluton et Mercure** sont les noms romains donnés aux dieux grecs Athéna (déesse de la guerre), Hadès (dieu des Enfers) et Hermès (dieu des voyageurs).
2. **Talonnières** : ailes fixées aux talons.
3. **Grées** : « vieilles femmes », en grec.
4. **Singulière anatomie** : corps bizarrement formé.
5. **Farouches** : sauvages.
6. **Volages** : instables.
7. **Concessions** : compromis.
8. **D'un fort mauvais augure** : inquiétants.
9. **Convertir** : transformer.

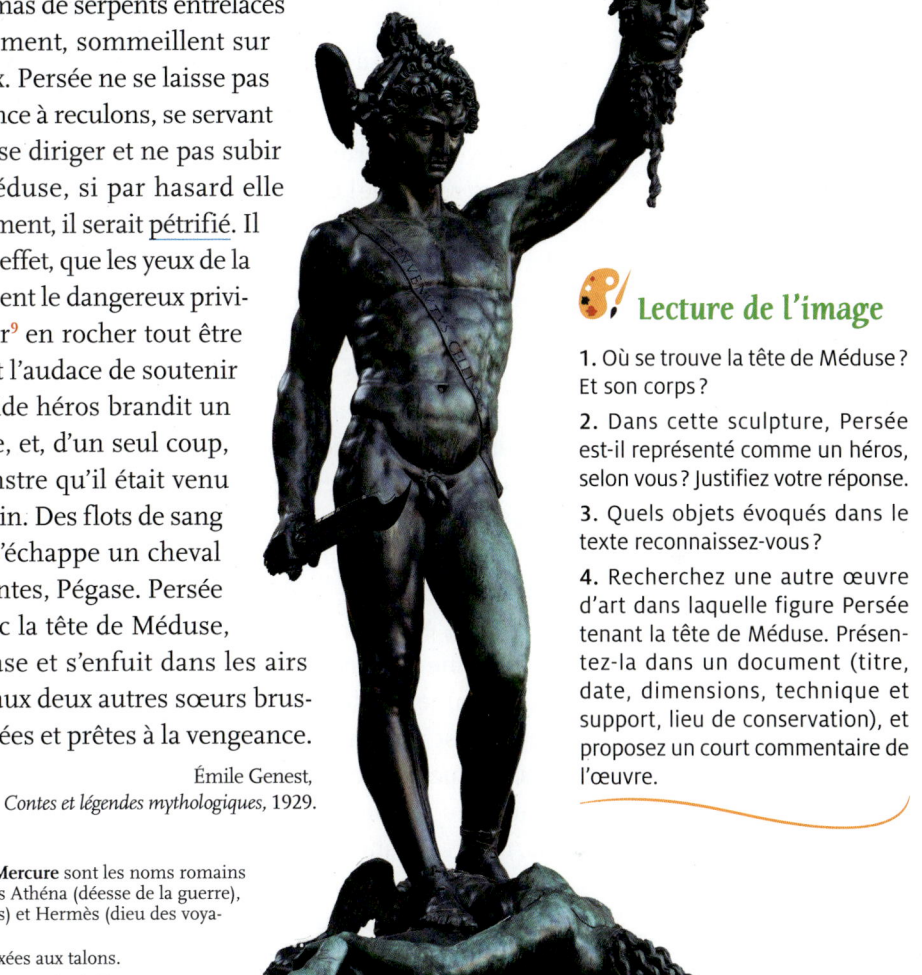

Benvenuto Cellini, *Persée tenant la tête de Méduse*, 1545-1554, sculpture en bronze, 5,19 m, piazza della Signoria, Florence.

Lecture de l'image

1. Où se trouve la tête de Méduse ? Et son corps ?
2. Dans cette sculpture, Persée est-il représenté comme un héros, selon vous ? Justifiez votre réponse.
3. Quels objets évoqués dans le texte reconnaissez-vous ?
4. Recherchez une autre œuvre d'art dans laquelle figure Persée tenant la tête de Méduse. Présentez-la dans un document (titre, date, dimensions, technique et support, lieu de conservation), et proposez un court commentaire de l'œuvre.

---

6. Relevez dans la description de Méduse le champ lexical du monstre. En quoi Méduse s'oppose-t-elle aux Grées ?
7. Comment Persée arrive-t-il à voir Méduse sans la regarder directement ?
8. **LANGUE** Quels adjectifs qualificatifs caractérisent Persée ? Quelle image donnent-ils du personnage ?

J'écris pour interpréter le texte

9. Quelles qualités font de Persée un héros ?
10. **À VOS PLUMES** Autrefois, Méduse était très belle. La déesse Athéna l'a punie de l'avoir offensée en transformant ses cheveux en serpents. Imaginez cet épisode.

Je retiens

- Persée parvient à vaincre **Méduse, un monstre féminin à cheveux de serpents**, en faisant preuve de courage mais aussi de **ruse**.
- Au cours de sa quête, le héros reçoit l'**aide des dieux** et des **objets magiques** qui le rendent plus fort à chaque combat.

Lecture 4

Objectifs
- Découvrir le mythe d'Œdipe.
- Découvrir un autre type d'affrontement entre un monstre et un héros.

Compétence
- Mettre en relation le texte avec des connaissances culturelles.

REPÈRES

- Le **mythe d'Œdipe** est raconté dans plusieurs textes de l'Antiquité, dont la pièce de théâtre *Œdipe roi* de l'auteur grec Sophocle (495-406 av. J.-C.) est le plus célèbre.
- La romancière **Marie-Thérèse Davidson** (née en 1948) a réécrit cette légende pour la jeunesse en 2003.

Pour bien écrire

Le verbe **« impressionné »** (l. 5) est dérivé du nom *impression*. Les mots dérivés des noms en *-on* prennent généralement deux *-n*. Cherchez les verbes formés à partir des noms suivants : *son*, *raison*, *passion*.

Œdipe et la Sphinx

Un oracle apprend à Œdipe que son destin est de tuer son père et d'épouser sa mère. Il fuit sa cité, Corinthe, et arrive à l'entrée de la ville de Thèbes.

Arrivé à la porte de la ville, il n'est pas au bout de ses surprises : toujours personne ! Une vraie ville fantôme ! [...] Il avance un peu, quand il voit à terre un cadavre, celui d'un jeune homme. Pas beaucoup plus vieux que lui. Et pas beau à voir : lacéré, déchiqueté[1], comme s'il avait
5   été surpris par une énorme bête sauvage. Impressionné, Œdipe examine les alentours, et aperçoit un second cadavre, un peu plus loin. Il gît près de la muraille, dans le même état que le premier. Que faire ? [...] Œdipe a juste le temps d'entrevoir dans l'ombre le visage enfantin, crispé par l'effroi, d'une toute jeune fille, quand un bruit fracassant lui fait lever
10 la tête. Il entend à peine la jeune fille refermer la porte en sanglotant. Assis maintenant face à lui, devant la muraille, un monstre venu du ciel replie tranquillement ses ailes immenses, en fixant Œdipe avec un sourire ironique[2].

– Salut, étranger ! Je t'attendais avec impatience.

15 Le jeune homme considère avec stupeur l'étrange animal – si l'on peut nommer ainsi l'être qui lui fait face.

Ce n'est pas un oiseau, malgré ses ailes. On dirait plutôt un lion gigantesque, si ce n'est que sa crinière encadre un délicat visage de jeune femme, au sourire méchant. Ses ailes sont sagement repliées sur son
20 dos, mais ses pattes, puissantes comme des colonnes, se terminent par des griffes redoutables... sans doute responsables des terribles blessures infligées aux jeunes morts qui gisent tout près. [...]

– Allons, étranger, je m'ennuie ! Tu joues avec moi ? [...]

– À quoi joue-t-on ? Indique-moi les règles !

– [...] Aux énigmes. La règle est simple : c'est moi qui propose l'énigme, c'est toi qui réponds. Si tu ne trouves pas la bonne réponse...

Œdipe et le Sphinx, Vᵉ siècle av. J.-C., coupe attique à figures rouges, musée du Vatican, Rome.

Je découvre le texte

1. 🔊 Recherchez le mythe d'Œdipe sur l'encyclopédie en ligne Vikidia (https://fr.vikidia.org). Quel est le destin d'Œdipe ? Résumez les étapes de la légende.

2. Repérez les trois étapes du texte et donnez-leur un titre.

3. À partir de la description de la Sphinx (l. 17-22), essayez de la dessiner.

Je comprends le texte

4. Qu'éprouve Œdipe en arrivant à Thèbes ? Pourquoi ? À quoi ce décor vous fait-il penser ?

– Eh bien ?

– Tu ne devines pas ? Je te tue. [...] Écoute bien : il existe un animal qui le matin marche à quatre pattes, à midi sur deux pattes, et sur trois pattes le soir. Quel est-il ?

Œdipe baisse la tête. [...]

– Alors, tu ne trouves pas ?

Le sourire de la Sphinx s'est accentué, découvrant des crocs acérés. Œdipe se décide :

– L'homme ! Cet animal, c'est l'homme : le matin, au début de sa vie, quand il n'est qu'un bébé, il se déplace à quatre pattes ; le midi, dans la plénitude de son âge[3], il se tient debout sur ses deux pieds ; enfin, au soir de sa vie, quand il est vieux, il a besoin d'une canne pour marcher, c'est sa troisième jambe.

Œdipe n'a pas fini de parler que le sourire de la Sphinx se mue en un horrible rictus[4], tandis qu'elle pousse un rugissement à glacer le sang. Sous les yeux incrédules du jeune homme, elle déploie ses ailes, s'élève dans les airs et se précipite la tête la première de l'autre côté de la muraille, pour se fracasser quelques mètres plus bas sur les rochers. [...] Les habitants les plus proches entourent Œdipe, le touchent, l'embrassent. [...] Il ne sait s'il doit rire ou pleurer, heureux et fier d'avoir résolu l'énigme meurtrière, mais plein de pitié pour les victimes de la Sphinx qui jonchent les rues, mortes.

Marie-Thérèse Davidson, *Œdipe le maudit*, Nathan, « Histoires noires de la mythologie », 2003.

Gustave Moreau, *Œdipe et le Sphinx*, 1864, huile sur toile, 206,4 x 104,8 cm, Metropolitan Museum of Art, New York.

1. **Lacéré, déchiqueté** : déchiré en petits morceaux. 2. **Ironique** : ici, moqueur.
3. **Dans la plénitude de son âge** : au milieu de sa vie. 4. **Rictus** : sourire grimaçant.

---

5. LANGUE Quel mot sert à coordonner les propositions dans la phrase suivante : « Ses ailes [...] tout près » (l. 19-22) ? En quoi ce monstre est-il surprenant ? ➤ *Distinguer la phrase simple de la phrase complexe*, p. 313

6. Avec quelle arme Œdipe affronte-t-il le monstre ? Sort-il vainqueur de cet affrontement ?

J'écris pour interpréter le texte

7. Qu'est-ce que la Sphinx a d'effrayant dans son apparence ? dans ses paroles ? dans ses actes ?

8. À VOS PLUMES Comme la Sphinx, jouez aux énigmes : imaginez une devinette dont la réponse serait un personnage de la mythologie. Écrivez-la, puis posez-la à vos camarades de classe.

Je retiens

• Le combat d'Œdipe et de la Sphinx prend la forme d'une **énigme à résoudre**. Ce n'est pas la force mais l'**intelligence** qui permet à Œdipe de vaincre le monstre.

• Grâce à cette victoire, Œdipe devient un **bienfaiteur** car il libère le peuple de Thèbes.

Cinéma

Monstres et héros mythiques

Objectif
• Observer la représentation des héros et des monstres mythiques dans le cinéma actuel.

Les héros et les monstres de la mythologie grecque inspirent de nombreux réalisateurs, qui choisissent d'adapter fidèlement le mythe ou d'en proposer une interprétation moderne.

Des adaptations en tous genres

La légende d'Héraclès, plus connu sous son nom latin d'Hercule, a été adaptée par les studios Disney en 1997. En 2014, s'inspirant de comics consacrés à Hercule, Brett Ratner réalise un film qui insiste sur l'aspect guerrier du héros.

1. Quels sont les points communs et les différences dans ces représentations du héros ? En vous appuyant sur les légendes des images, pouvez-vous expliquer ces différences ?

2. *Hercule* de Brett Ratner est un péplum. Qu'est-ce qu'un péplum ? Effectuez une recherche et indiquez les titres de deux autres films de ce genre, dont vous préciserez brièvement le sujet.

3. Observez l'image d'Hercule et de l'hydre. Comment appelle-t-on le type de plan utilisé ? Quel effet produit-il ?

❶ Hercule face à l'hydre dans *Hercule*, film d'animation de John Musker et Ron Clements, 1997.

❷ *Hercule*, film d'animation de John Musker et Ron Clements, 1997.

❸ *Hercule*, péplum américain de Brett Ratner d'après les comics de Steve Moore et Admira Wijaya avec Dwayne Johnson (Hercule), 2014.

u cinéma

La mythologie revisitée

Créé en 2005 par l'écrivain Rick Riordan et porté à l'écran par Chris Columbus en 2010, l'adolescent Percy Jackson est le fils de Poséidon et d'une femme du XXIe siècle. Accusé d'avoir volé la foudre de Zeus, il part à la recherche du véritable voleur.

4. Quels détails de l'affiche font penser au dieu de la mer, Poséidon ? Lesquels font penser au dieu de la foudre, Zeus ?

5. Observez les couleurs de l'affiche, en particulier celles de l'arrière-plan. Qu'indiquent-elles sur le film ?

6. Comment le personnage se détache-t-il sur l'affiche ? Quelle impression cela donne-t-il du héros ?

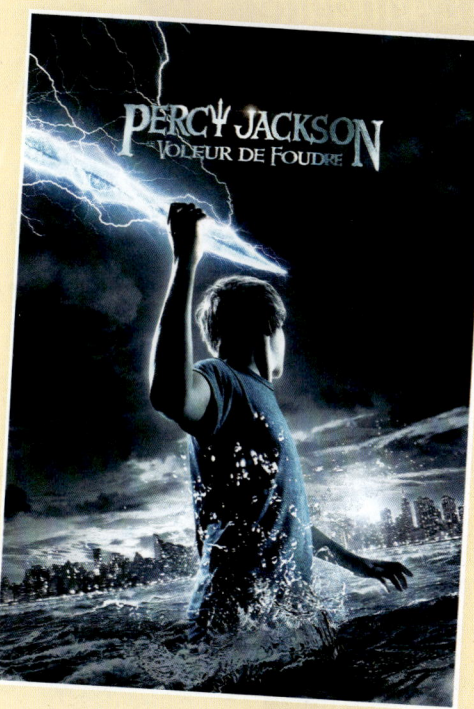

❹ *Percy Jackson : le voleur de foudre,* **film de Chris Columbus, affiche française, 2010.**

❺ *Percy Jackson : le voleur de foudre,* **film de Chris Columbus avec Uma Thurman (Méduse) et Logan Lerman (Percy Jackson), 2010.**

Vocabulaire

- **Comics** : bandes dessinées américaines.
- **Contre-plongée** : plan où la caméra est placée en dessous des personnages pour les faire paraître plus grands.
- **Film d'animation (ou dessin animé)** : film réalisé uniquement avec des dessins ou des images de synthèse.
- **Péplum** : film à grand spectacle dont l'intrigue se déroule dans l'Antiquité grecque ou romaine.
- **Plan** : manière de cadrer une image dans un film.

7. Observez Méduse. Selon vous, est-elle un véritable monstre ? Justifiez votre réponse.

Bilan

8. Comparez les images 1 et 5. Quel monstre paraît le plus inquiétant ? Justifiez votre réponse.

9. Comment les cinéastes rendent-ils les monstres effrayants ? Répondez en citant des procédés (taille, couleur, lumière) utilisés dans les images.

Je retiens

- Les combats de la mythologie grecque sont adaptés à l'écran et peuvent être **transposés** à l'époque actuelle. Les cinéastes soulignent la force des héros avec des jeux de lumière.
- La **peur** qu'inspirent les monstres est rendue par des couleurs sombres et au moyen de la contre-plongée.

L'Antiquité et nous

Objectif
- Comprendre l'influence des mythes antiques dans notre culture.

Qui sont-ils ?
- **Bellérophon** : prince et héros grec.
- **Échidna** : monstre mi-femme mi-serpent.
- **Typhon** : monstre à cinquante têtes.

Les expressions tirées des mythes grecs

Les monstres et les héros de la mythologie grecque sont toujours présents dans notre langage. Voici un exemple de créature mythique dont le nom est devenu une expression courante.

Poursuivre une chimère

À la fois lion, chèvre, dragon, la Chimère était un monstre, née de l'union de Typhon et Échidna. Elle vomissait des flammes, dévorait les humains. C'est Bellérophon, monté sur le cheval ailé Pégase, qui réussit à la tuer en enfonçant dans sa gueule un épieu garni de plomb
5 qui fondit dans les flammes et l'étouffa. Le mot « chimère » est devenu un nom qui signifie une illusion, une création imaginaire. « Poursuivre une chimère » signifie donc avoir une idée ou un projet irréalisable, sorti tout droit de son imagination.

Brigitte Heller, *Petites Histoires des expressions de la mythologie*, Flammarion, 2013.

Chimère d'Arezzo blessée par Bellérophon, 400-350 av. J.-C., sculpture de bronze, 78,5 x 129 cm, musée archéologique de Florence.

Je comprends les documents

1. Combien d'animaux composent la Chimère ? Comparez la description dans le texte et l'image.

2. Reformulez avec vos propres mots le sens du mot *chimère* aujourd'hui. Pouvez-vous donner des exemples de « chimères » ?

3. En vous aidant d'un dictionnaire de mythologie ou d'Internet, reliez les expressions suivantes à leur définition.

un supplice de Tantale • • une tâche colossale

un travail de titan • • un gardien vigilant et sévère

une harpie • • une femme agressive et méchante

le tonneau des Danaïdes • • le fait de ne pas pouvoir assouvir un désir alors qu'il est à portée de main

un cerbère • • un travail inutile et perpétuel

À vous de créer

4. À VOS PLUMES Racontez, en quelques lignes, une petite histoire tirée de la vie quotidienne qui pourrait illustrer l'une des expressions ci-dessus.

Méthode

Préparer et présenter un diaporama

L'HYDRE DE LERNE

I. L'apparence du monstre

- monstre des eaux
- géant
- neuf têtes qui repoussent quand on les coupe

Héraclès contre l'hydre de Lerne, 1808-1810, lithographie d'après un vase grec du Ve siècle.

MÉTHODE GUIDÉE

Étape 1 — Préparer le diaporama

- Faites des recherches, au CDI, à la bibliothèque ou sur Internet et notez les informations essentielles. Attention à bien choisir vos sites Internet : certains peuvent contenir des erreurs.
- Organisez vos notes : regroupez-les en deux ou trois parties.
- Notez sur une feuille les titres de vos parties et un résumé de ce que vous allez dire. N'écrivez pas de phrases entières.

1. Pour préparer un diaporama sur un monstre antique, choisissez un monstre de la mythologie grecque. Quelle est son apparence ?
2. Quel héros l'a affronté ? Cherchez son nom et son histoire.
3. Comment le héros l'a-t-il vaincu ?

Étape 2 — Réaliser le diaporama

- Réalisez une ou deux diapositives pour chacune des parties notées sur votre feuille.
- Donnez à chaque diapositive un titre et inscrivez-y les mots importants.
- Illustrez-la d'une image.
- Pour éviter de recommencer la mise en page à chaque nouvelle diapositive, copiez-collez la première diapositive et changez juste le texte et l'image.

4. Quel texte figurera sur vos diapositives ? Que direz-vous à l'oral ?
5. Quelles diapositives correspondent à votre texte ? Indiquez-les précisément sur votre feuille de notes.
6. Quelles images pouvez-vous trouver du monstre, du héros qui l'a affronté, de leur combat ?

Étape 3 — Présenter le diaporama

- Gardez à portée de main votre feuille de notes.
- Ne lisez pas votre feuille ou votre diaporama. Regardez la classe le plus possible, comme si vous lui racontiez une histoire.
- Parlez de façon claire, ni trop lente, ni trop rapide.

7. Entraînez-vous à l'oral, devant des amis ou vos parents, ou filmez-vous. Quels éléments pouvez-vous améliorer ?
8. Recommencez en tenant compte des remarques recueillies. Qu'avez-vous réussi à améliorer ?

5. Les héros face aux monstres

S'exprimer à l'oral

Lire des récits à voix haute

Dans l'Antiquité, les récits sur les monstres et les héros étaient lus ou récités en public par des aèdes. À votre tour, jouez le rôle de l'aède en lisant devant la classe une histoire de héros.

ÉTAPE 1 — Écouter un texte et définir une lecture réussie

1 Aimez-vous qu'on vous lise une histoire à voix haute ? Pourquoi ?

2 Selon vous, quels sont les critères qui permettent de dire qu'une lecture à voix haute est réussie ?

3 Rendez-vous sur le site suivant, qui propose en accès libre un livre audio sur la mythologie et écoutez les chapitres en cliquant sur l'un des liens. Choisissez un passage que vous aimez et écoutez-le plusieurs fois, en vous concentrant le plus possible sur la manière dont il est lu.
http://www.litteratureaudio.com/livre-audio-gratuit-mp3/lame-fleury-jules-raymond-%E2%80%93-la-mythologie-racontee-aux-enfants-quatrieme-partie.html

4 Qu'aimez-vous dans la manière dont ce passage est lu ? Certains éléments vous déplaisent-ils ? Pour quelles raisons ? Recopiez et complétez le tableau suivant.

Une lecture agréable, c'est…	Une lecture agréable, ce n'est pas…

5 Comparez votre tableau avec celui d'un camarade. Quelles remarques jugez-vous intéressantes ?

> 1. Mais voici qu'arrivent de l'île de Ténédos, glissant côte à côte sur les flots, deux serpents – je frémis d'horreur en le racontant ! : ils s'enroulent en spirales immenses, ils gagnent le rivage, la tête dressée au-dessus des vagues, avec leurs crêtes énormes rouge sang.
>
> Virgile, *L'Énéide*, trad. et adapt. du latin par A. Collognat, Éditions Pocket Jeunesse, « Pocket Jeunesse Classiques », 2009.

> 2. La mer se met à bouillonner : dans un fracas épouvantable, un monstre surgit des vagues et s'avance vers le rocher ; sa taille est gigantesque et son corps couvert d'écailles semble couvrir toute la surface de l'eau. Andromède pousse un cri ; son père et sa mère courent vers elle, mais ils savent qu'ils sont trop faibles pour la secourir.
>
> Annie Collognat, *20 métamorphoses d'Ovide*, Livre de poche jeunesse, 2014.

8 Partagez vos impressions. Qu'est-ce qui était réussi dans votre lecture ? À quoi devez-vous faire attention ?

ÉTAPE 2 — S'entraîner sur un passage court

6 Lisez silencieusement les passages suivants, puis cherchez dans un dictionnaire la définition des mots que vous ne connaissez pas.

7 Entraînez-vous à lire à voix haute les deux passages.

> **Méthode**
> • Imaginez que vous racontez l'histoire à un enfant.
> • Prenez votre temps et laissez des silences s'installer.

ÉTAPE 3 — Enregistrer une lecture longue

9 Choisissez l'un des textes de la séquence et enregistrez votre lecture avec votre téléphone ou le logiciel Audacity.

10 À l'aide des tableaux réalisés dans la première partie, évaluez la lecture de vos camarades. Afin que chacun s'améliore, inversez les rôles de lecteur et d'auditeur.

COMPÉTENCES

D1	Lire avec fluidité.
D1	Écouter pour comprendre un texte lu.
D1, D2	Adopter une attitude critique par rapport au langage produit.

ATELIER

Réaliser un recueil de récits sur un monstre

S'exprimer à l'écrit

Au fil de la séquence, vous avez croisé des monstres et les héros qui les affrontaient ; cette fois, c'est vous qui croisez le chemin d'une de ces créatures.

ÉTAPE 1 — Rédiger la description d'un monstre

1 Répartissez-vous en trois groupes. Décrivez le monstre que vous rencontrez en respectant les étapes ci-dessous.

a. Imaginez ensemble votre monstre, puis remplissez le tableau suivant avec des adjectifs qualificatifs ou des compléments du nom. Vous pouvez vous aider de la description de la Sphinx (p. 110-111).

Parties du corps	Tête	Pattes/ bras et jambes	Ventre	Queue	Ailes	Autres (préciser) : ....
Couleur						
Forme						
Taille						

Méthode
- Cherchez des termes précis.
- Certaines cases peuvent rester vides. Cependant, donnez le maximum de détails caractéristiques.

b. À partir de votre tableau, rédigez votre description du monstre. Organisez-la afin qu'elle soit compréhensible par vos lecteurs. Vous pouvez, par exemple, décrire dans une première phrase la taille et la silhouette du monstre, puis détailler chaque partie de son corps.

Odilon Redon, *Pégase et l'hydre*, 1905, huile sur carton, 47 x 63 cm, Rijksmuseum Kröller-Müller, Otterlo.

ÉTAPE 2 — Produire des récits variés sur le thème du monstre

2 Avec l'aide des camarades de votre groupe, rédigez un récit dans lequel vous insérerez votre description de monstre.

Groupe 1 : rédiger le récit d'un exploit
Face à ce monstre, vous accomplissez une action héroïque. Insérez votre description du monstre, puis racontez votre exploit en utilisant le vocabulaire du héros, p. 116.

Groupe 2 : rédiger une enquête journalistique
Plusieurs habitants de votre région ont cru voir voler un monstre au-dessus de la ville. Vous êtes apprenti journaliste et devez écrire un article sur ce fait divers. Racontez l'anecdote en insérant votre description du monstre. Évoquez la réaction des habitants. Donnez un titre à votre article et illustrez-le d'une image.

Groupe 3 : raconter une étrange adoption
Vous avez trouvé un monstre dans votre jardin. Loin d'être impressionné(e), vous décidez de le cacher. Imaginez ce qui a pu vous inciter à recueillir le monstre, puis racontez en insérant votre description de la créature. Si vous rédigez un court dialogue, respectez la ponctuation.

3 En classe entière, regroupez vos trois récits dans un recueil unique, que vous illustrerez d'images du monstre (dessins, montages photographiques).

COMPÉTENCES
- **D1** Recourir à l'écriture pour réfléchir et pour apprendre.
- **D1** Produire des écrits variés.

5. Les héros face aux monstres

Je fais le point

Les héros face

Bilan de la séquence

Les monstres et les héros dans les mythes grecs

- Les mythes (du grec *mythos*, « récit ») sont des **récits légendaires qui proposent une explication de l'origine du monde**, des phénomènes naturels ou de certains aspects de la vie humaine, comme la naissance ou la mort.

- Transmis par plusieurs sources, **ces mythes se déclinent en plusieurs versions.**

- Ces récits mettent en scène des **êtres hors du commun** : héros protecteurs ou monstres malfaisants.

Le monstre, un ennemi à la mesure du héros

- Le monstre **déchaîne les peurs** : il effraie par son aspect épouvantable, il tue les hommes, il ravage des villes entières. Sa **force** extraordinaire (hydre, Minotaure), ses **pouvoirs magiques** (Méduse), son **intelligence** parfois (Sphinx) en font un adversaire redoutable.

- Seul un héros peut vaincre ces créatures. En les combattant, les héros démontrent leurs qualités : **courage, force, générosité, intelligence**. Ils prouvent ainsi qu'ils sont **des êtres exceptionnels**.

La postérité des monstres de la mythologie grecque

- Au fil des siècles, l'**art** a exploité les mythes grecs en représentant les combats contre les monstres et la victoire des héros.

- Le **cinéma contemporain** adapte des récits mythologiques comme celui d'Héraclès ou propose des versions modernisées comme celle de Percy Jackson.

- Un certain nombre d'**expressions de la langue française**, comme « poursuivre une chimère » ou « se comporter comme un cerbère », ont pour origine cette riche tradition mythologique.

Évaluation — 1. Mobiliser les acquis de la séquence

1. Je sais nommer les qualités du héros antique : ....
2. Je sais donner la définition d'un mythe : ....
3. Je sais quels exploits ont accompli :
Thésée : ....
Héraclès : ....
Persée : ....
Œdipe : ....
4. Je suis capable de nommer au moins quatre monstres de l'Antiquité et de les décrire en une phrase.
....

120

aux monstres

Évaluation — 2. Lire et comprendre un texte court

Persée et Andromède

Le héros vient de vaincre Méduse.

Persée mit la tête de la Gorgone dans le sac et prit la route du retour ; les autres Gorgones s'éveillèrent et le poursuivirent, mais elles ne réussirent pas à le voir, grâce à l'action magique du casque[1] qui le rendait invisible. Persée arriva en Éthiopie[2], où régnait Céphée, et il découvrit qu'Andromède, la fille du roi, avait été exposée pour devenir la proie d'un monstre marin. Car Cassiopée, l'épouse de Céphée, avait osé défier les Néréides[3] dans un concours de beauté, en se vantant d'être plus belle qu'elles toutes. Les Néréides s'étaient offensées[4], et Poséidon se mit en colère : il envoya une inondation pour dévaster tout le territoire, et aussi un monstre marin. Ammon[5] avait alors donné sa réponse : la seule façon de faire cesser ce fléau était de livrer Andromède, la fille de Cassiopée, en pâture[6] au monstre. Céphée, sous la pression de ses sujets éthiopiens, obéit : il enchaîna la jeune fille à un rocher. Quand Persée l'aperçut, il tomba immédiatement amoureux d'elle, et il promit à Céphée de tuer le monstre et de sauver Andromède, à condition de l'avoir pour épouse. L'accord fut scellé par un serment. Persée attaqua le monstre marin d'en haut, le tua et libéra la jeune fille.

Pseudo-Apollodore, *Bibliothèque* [Ier ou IIe siècle ap. J.-C.], trad. du grec ancien par U. Bratelli, 2001.

---
1. Il s'agit du casque que lui a prêté le dieu Hadès. 2. Pour les Grecs anciens, l'Éthiopie désigne un pays mythique situé à l'extrême sud du monde.
3. **Néréides** : divinités marines. 4. **Offensées** : vexées, fâchées.
5. **Ammon** : dieu égyptien, dont les prêtres rendaient des oracles.
6. **Livrer [...] en pâture** : sacrifier.

5. Que savez-vous de Persée ?

6. Au début de ce récit, comment échappe-t-il aux Gorgones ?

7. Qui est Andromède ? Dans quelle situation se trouve-t-elle dans cet extrait ? Quelle en est la raison ?

8. Pourquoi Persée intervient-il ?

9. Reformulez les deux exploits accomplis par Persée dans cet extrait.

Évaluation — 3. Écrire

10. De tous les héros que vous avez rencontrés au fil de cette séquence, quel est celui que vous préférez ? Justifiez votre choix en cinq ou six lignes.

11. Vous disposez du casque qui rend invisible et vous souhaitez rendre le monde meilleur ; imaginez en une dizaine de lignes votre action.

COMPÉTENCES ÉVALUÉES

D1, D5 Lire
- Comprendre un texte littéraire et l'interpréter.
- Contrôler sa compréhension, être un lecteur autonome.

D1 Écrire
- Recourir à l'écriture pour réfléchir et pour apprendre.
- Produire des écrits variés.

SÉQUENCE 6

Récits d'aventures

Les Aventures

OBJECTIFS
- Découvrir un jeune héros d'une autre époque et d'un autre pays.
- Comprendre comment Tom devient le héros de sa propre aventure.

Parcours d'une œuvre   Mark Twain, *Les Aventures de Tom Sawyer*

Repères Un roman d'aventures sur les rives du Mississippi	124
Entrer dans la séquence Jouer aux Indiens (chapitre XVI)	125

Lectures

1. Le sens des affaires (chapitre II) — 126
Découvrir le personnage principal du roman

2. Drame dans un cimetière (chapitre IX) — 128
Étudier une scène d'action
Comprendre l'implicite de certaines actions

3. Tom au tribunal (chapitre XXIII) — 130
Comprendre les interactions entre les personnages

4. Dans la maison abandonnée (chapitre XXVI) — 132
Identifier le motif des témoins cachés
Comprendre comment le jeu des enfants devient réalité

5. Découverte du trésor (chapitre XXXIII) — 134
Analyser un cadre propice au mystère

Lecture intégrale — 136
Lire *Les Aventures de Tom Sawyer*, de Mark Twain

Vocabulaire Les mots de l'aventure — 137

S'exprimer à l'oral Jouer une scène du roman — 138

S'exprimer à l'écrit ATELIER — 138
Imaginer et rédiger un récit d'aventures

Je fais le point Bilan et évaluation — 139

Chargement de coton sur un navire sur le fleuve Mississippi, fin XIXe siècle.

de Tom Sawyer

▶ Comment les récits d'aventures apprennent-ils à entrer dans la vie ?

Repères

**Mark Twain
(1835-1910)**

Mark Twain naît dans le Missouri, au sud des États-Unis. À dix-huit ans, il devient pilote de bateau à vapeur sur le fleuve Mississippi. Quand éclate la guerre de Sécession, il refuse de se battre pour le maintien de l'esclavage. Chercheur d'or, puis journaliste, il devient célèbre en publiant son roman *Les Aventures de Tom Sawyer* en 1876, puis sa suite, *Les Aventures de Huckleberry Finn*.

Tom Sawyer, film de Hermine Huntgeburth avec Louis Hofmann (Tom) et Leon Seidel (Huck), 2011.

Un roman d'aventures sur les rives du Mississippi

- *Les Aventures de Tom Sawyer* nous transportent à la fin du XIXᵉ siècle aux États-Unis, dans une petite ville sur les rives du Mississippi où Tom Sawyer est élevé par sa tante Polly après la mort de ses parents. C'est un **garçon malicieux**, toujours prêt à inventer des ruses pour s'amuser plutôt que d'obéir aux adultes.
- Tom et ses amis, Huck Finn et Joe Harper, mènent une **vie insouciante** faite de jeux, de baignades et de pêche, jusqu'à ce qu'ils se retrouvent face à de vrais assassins et à un véritable trésor.

Entrer dans la séquence

Découvrez les jeux de Tom et de sa bande

Jouer aux Indiens

[Tom] en profita pour les intéresser à un nouveau plan : cesser pour un instant d'être des pirates et, pour changer, devenir des Indiens. Cette idée leur plut : en un instant ils se déshabillèrent et se tracèrent avec de la boue des zébrures sur tout le corps. S'étant ainsi promus au rang de chefs, ils se précipitèrent à travers bois pour effectuer l'attaque d'un campement anglais.

Puis, jouant le rôle de tribus ennemies, ils se ruèrent les uns contre les autres avec des cris de guerre épouvantables, s'entre-tuèrent et se scalpèrent mutuellement des centaines de fois. Cette journée de carnage leur laissa un excellent souvenir.

Mark Twain, *Les Aventures de Tom Sawyer* [1876], chap. XVI, trad. de l'anglais par F. de Gaïl, Mercure de France, 1969.

❶ À quoi les garçons jouent-ils dans cet extrait ? En vous appuyant sur les indices du texte, écrivez la règle de ce jeu.

❷ Quel rôle Tom joue-t-il dans son groupe d'amis ?

❸ Dans le texte de Mark Twain, remplacez « pirates » par « Indiens » et « Indiens » par « pirates », puis modifiez la suite du texte afin qu'il décrive le nouveau jeu.

Inventez une nouvelle aventure de Tom

❹ Imaginez à partir de l'image de cette page une aventure de Tom et de ses amis.

Lecture 1

Parcours d'une œuvre

Objectif
• Découvrir le personnage principal du roman.

Compétence
• Mettre en jeu un texte.

Le sens des affaires

Pour punir Tom, sa tante Polly l'a chargé de repeindre une palissade. Le garçon cherche un moyen d'échapper à cette corvée.

Ben s'approcha de lui. À le voir grignoter sa pomme, Tom sentit l'eau lui venir à la bouche ; mais, imperturbable, il continua.

– Dis donc, vieux ! tu travailles ?

Tom se retourna brusquement.

5 – Ah ! c'est toi ! Je ne t'avais pas vu.

– Oui. Nous allons nous baigner. Tu ne viens pas ? Non, tu aimes mieux travailler, je vois ça !

Tom dévisagea l'autre un instant et dit :

– Qu'est-ce que tu appelles travailler ?

10 – Ce n'est pas du travail, ça ?

Tom donna un coup de pinceau et négligemment répondit :

– P't'êt' ben qu'oui, p't'êt' ben qu'non. Tel que c'est, ça me va.

– Tu ne vas pas me faire croire que tu aimes ça !

Nouveaux coups de pinceau.

15 – Que j'aime ça ? Pourquoi pas ? On n'a pas tous les jours la chance de badigeonner une clôture.

La question se présentait sous un nouvel aspect. Ben cessa de mordiller sa pomme. Tom promenait son pinceau de gauche à droite et de droite à gauche, se reculait pour juger de l'effet, ajoutait une touche ici ou là,
20 se reculait à nouveau. Ben suivit des yeux chacun de ses mouvements, il s'intéressait, il se passionnait. Il finit par dire :

– Dis donc, Tom, laisse-moi badigeonner un peu, moi aussi.

Tom hésita ; Tom était sur le point de consentir, mais au dernier moment il se reprit :

25 – N... non, je ne peux pas faire ça, Ben. Vois-tu, tante Polly a des idées très arrêtées à propos de cette clôture. Surtout de ce côté-ci, sur la rue. Si c'était du côté jardin je ne dirais pas non, et ça lui serait égal, à elle aussi. Mais elle est très exigeante ; il faut que ça soit bien fait. Il n'y en a peut-être pas un d'entre nous sur mille..., un sur deux mille, qui
30 ferait ça comme il faut.

– Allons, allons, laisse-moi essayer rien qu'un tout petit peu. Si j'étais à ta place, je te laisserais faire, Tom.

– Ben, moi, je voudrais bien, foi d'Indien ; mais tante Polly... Enfin voilà : Jim a demandé à le faire : elle n'a pas voulu. Sid a demandé à le
35 faire : elle n'a pas voulu. Tu vois où j'en suis ? Si tu te mets à badigeonner la clôture, suppose qu'il arrive quelque chose : je serais dans de jolis draps !

REPÈRES

• **Mark Twain** s'est inspiré de sa propre enfance pour écrire *Les Aventures de Tom Sawyer*. Son héros, orphelin, vit avec sa tante dans une petite ville, inspirée de celle où a grandi l'écrivain.

L'HISTOIRE DES MOTS

« **Pauvre comme Job** » (l. 60) signifie « très pauvre ». Job est un personnage de la Bible qui continua de croire en Dieu après que Satan, pour le mettre à l'épreuve, lui eut pris toutes ses richesses. Cherchez le sens et l'origine de l'expression « riche comme Crésus ».

---

1. L'ex-*Grand Missouri* : façon ironique de nommer Ben, qui mimait, en arrivant près de Tom, les bruits d'un bateau appelé *Grand Missouri*.
2. Le massacre d'autres innocents : référence au massacre des Innocents, dans la Bible. Après la naissance de Jésus, Hérode fit tuer tous les enfants de moins de deux ans dans la région de Bethléem.

– Sois tranquille, je saurai m'y prendre. Laisse-moi essayer. Tiens, je te donnerai la moitié de ma pomme.

– Eh bien, voilà… Après tout, non, Ben. J'ai peur que…

– Je te donnerai tout ce qui reste de ma pomme !

Tom abandonna son pinceau comme à contre-cœur. Il était ravi du succès de sa manœuvre. Et tandis que l'ex-*Grand Missouri*[1] peinait et transpirait au soleil, l'artiste en retraite, assis à l'ombre sur un tonneau, les jambes ballantes, grignotait sa pomme tout en méditant le massacre d'autres innocents[2]. Les victimes ne manquaient pas. Tour à tour elles se présentaient, d'abord dans l'intention de se divertir, puis elles restaient pour badigeonner. Avant que Ben en eût assez, Tom avait négocié sa succession en faveur de Billy Fisher, moyennant un cerf-volant en bon état de réparation. Après Billy Fisher, Johnny Miller se fit adjuger la place moyennant un rat mort et la ficelle qui servait à le traîner ; et ainsi de suite, les uns après les autres. Au milieu de l'après-midi, Tom, qui le matin était pauvre comme Job, regorgeait de richesses.

Mark Twain, *Les Aventures de Tom Sawyer* [1876], chap. II, « Le sens des affaires », trad. de l'anglais par F. de Gaïl, Mercure de France, 1969.

Worth Brehm, *Tom Sawyer peignant en blanc une palissade*, 1910, illustration.

Je découvre le texte
1. En quoi consiste la ruse de Tom ?
2. Identifiez les camarades qui tombent dans son piège.
3. Qu'a obtenu Tom à la fin de l'extrait ?

Je comprends le texte
4. Quelle est l'attitude de Ben au début de la scène ?
5. Quel sentiment éprouve-t-il à partir de la ligne 17 ?
6. Pourquoi Tom n'accepte-t-il pas tout de suite la proposition de Ben ? Quels arguments invoque-t-il ?
7. **LANGUE** Tom emploie le mot *draps* au sens figuré (l. 37). Donnez le sens propre du mot puis expliquez la phrase de Tom en la remplaçant par une phrase synonyme.
↳ Maîtriser le champ sémantique, p. 288
8. Pourquoi peut-on dire que Tom a « le sens des affaires » ?

Je mets en jeu le texte
9. Effectuez une lecture à voix haute de la première scène entre Tom et Ben (l. 1-43). Mettez-vous d'accord sur le ton des deux personnages pour rendre compte du retournement de situation.

• Les deux scènes suivantes sont simplement résumées par l'auteur. Rédigez-en les dialogues.

• **MISE EN VOIX** Répétez les scènes avant la représentation finale.

Je retiens
• Cette scène permet au lecteur de mieux connaître Tom, le **personnage principal** du roman.
• Le dialogue montre quelles relations il entretient avec les enfants de son âge et renseigne le lecteur sur plusieurs aspects de son caractère : l'**ingéniosité**, la **ténacité** et le **sens des affaires**.

Lecture 2

Parcours d'une œuvre

Drame dans un cimetière

Il est minuit. Tom et Huck viennent d'arriver au cimetière pour enterrer un chat, quand ils assistent à une étrange scène. Joe l'Indien et l'ivrogne Muff Potter arrivent en compagnie du jeune docteur Robinson. Les deux premiers déterrent le cadavre de M. Williams, qui vient de mourir. Joe l'Indien menace alors le docteur.

Il menaçait le docteur, lui mettant son poing dans la figure. Le docteur riposta d'un crochet qui mit le drôle par terre. Potter lâcha le couteau[1] et s'écria :

— Eh là ! ne touchez pas au copain !

5 Il empoigna le docteur à bras-le-corps ; les deux hommes engagèrent sur l'herbe une lutte farouche, martelant le sol de leurs talons. Joe l'Indien s'était relevé, ses yeux flamboyaient de colère. Il ramassa le couteau de Potter et, tournant comme une bête fauve autour des deux combattants, guetta l'occasion d'intervenir. Tout à coup le docteur se dégagea,
10 s'empara d'une pièce de bois provenant de la tombe de Williams et en porta à Potter un coup qui l'étendit sur le sol. Alors Joe l'Indien bondit, plongea le couteau jusqu'à la garde dans la poitrine du jeune homme, qui chancela et s'écroula sur Potter en le couvrant de sang. À ce moment la lune disparut derrière les nuages et cacha ce spectacle aux yeux des
15 gamins qui, épouvantés, s'enfuirent dans l'obscurité de toute la vitesse de leurs jambes.

Quand la lune reparut, l'Indien regardait les deux corps étendus à ses pieds. Le docteur murmura quelques syllabes inarticulées ; son corps fut agité d'un frisson et il rendit le dernier soupir.

20 — Notre compte est réglé, murmura le métis[2] ; le diable t'emporte.

Il vida les poches du cadavre, plaça le poignard fatal dans la main droite de Potter, puis alla s'asseoir sur le cercueil ouvert. Trois, quatre, cinq minutes s'écoulèrent. Potter commença à remuer, puis à gémir. Sa main se referma sur le poignard ; il le leva en l'air, le regarda d'un œil
25 terne et, avec un tremblement, le laissa retomber. Puis il se dressa sur son séant[3], repoussa le cadavre et, d'un air hébété, regarda autour de lui. Son regard rencontra celui de Joe l'Indien.

— Qu'est-ce que cela veut dire ? demanda-t-il.

— Sale affaire, répondit Joe sans s'émouvoir. Qu'est-ce qui t'a pris ?
30 — Moi ? Ce n'est pas moi qui ai fait cela !

— Ne nie pas, ça ne sert à rien.

Potter se mit à frissonner et devint blanc comme un linge.

— Je croyais pourtant bien que je n'étais plus saoul. Je n'aurais pas dû boire cette nuit. Mais j'ai encore la tête lourde, pire que quand
35 nous sommes partis. Je… je n'y suis plus du tout… Je ne peux pas me

---

Objectifs
- Étudier une scène d'action.
- Comprendre l'implicite de certaines actions.

Compétence
- Produire des écrits variés (suite de texte).

Pour bien écrire

« Menaçait » (l. 1), « se dégagea » (l. 9) : pour maintenir leur prononciation, devant la lettre -a, les verbes en -cer prennent une cédille et les verbes en -ger prennent un -e après le -g à l'imparfait et au passé simple. Trouvez d'autres exemples de cette règle dans le texte.

L'HISTOIRE DES MOTS

« Spectacle » (l. 14) vient du latin *spectare* qui signifie « regarder », « observer », « contempler ». Connaissez-vous d'autres mots formés sur cette racine latine ?

---

1. Potter vient d'utiliser son couteau à cran d'arrêt pour couper la corde qui a servi à ficeler le cadavre.
2. **Métis** : personne née de parents d'ethnies différentes ; ici, Joe l'Indien.
3. **Séant** : partie du corps sur laquelle on s'assoit.
4. **Asséné un coup** : donné un coup violent.

128

rappeler ce qui est arrivé. Dis-moi, Joe, vrai de vrai, mon vieux, est-ce que c'est moi qui ai fait ça ? Joe, je n'ai jamais voulu le faire..., je le jure sur l'honneur. Dis-moi comment ça s'est passé... C'est affreux ! Un homme si jeune et si plein d'avenir...

– Eh bien voilà. Vous vous battiez tous les deux ; il a pris ce bout de bois et il t'en a asséné un coup[4] qui t'a flanqué par terre. Tu t'es relevé en titubant, comme tu as pu ; tu as attrapé ton couteau, tu le lui as enfoncé dans le corps juste au moment où il te frappait une seconde fois, et sous le choc tu es resté sans connaissance jusqu'à maintenant.

– Oh ! je ne savais pas ce que je faisais. Que je meure si je ne dis pas la vérité ! Tout ça, c'est la faute au whisky et à l'état dans lequel j'étais. Jamais de ma vie jusqu'à maintenant je ne me suis servi d'une arme.

Mark Twain, *Les Aventures de Tom Sawyer* [1876], chap. IX, « Drame dans un cimetière », trad. de l'anglais par F. de Gaïl, Mercure de France, 1969.

Les Aventures de Tom Sawyer, film de Norman Taurog, avec Tommy Kelly (Tom Sawyer) et Jackie Moran (Huckleberry Finn), 1938.

Je découvre le texte

1. Reconstituez la scène du crime : dessinez le plan de la scène avant, pendant et après le meurtre en situant précisément les personnages et l'arme employée.

Je comprends le texte

2. Comparez le récit du meurtre par le narrateur à celui que Joe l'Indien fait à Potter. Quelle différence pouvez-vous observer ?

3. LANGUE Dans le récit du narrateur (l. 9-13), les verbes d'action sont conjugués au passé simple : « Tout à coup le docteur se dégagea ». À quel temps les verbes d'action sont-ils conjugués dans le récit de Joe l'Indien ? Pourquoi ?

4. Quelle précaution Joe l'Indien a-t-il prise pour que Potter soit convaincu par son récit ?

5. Pourquoi Potter croit-il si facilement ce que lui raconte Joe l'Indien ?

J'écris pour interpréter le texte

6. À VOS PLUMES Imaginez, en quelques lignes, le dialogue entre Tom et Huck, immédiatement après la scène. Vous devrez montrer ce que ressentent les deux garçons et imaginer ce qu'ils décident de faire.

Je retiens

• Lire un roman d'aventures, c'est **anticiper**, **construire des hypothèses** à partir des indices que donne l'auteur. Dans ce passage, le narrateur ne rend pas compte explicitement des intentions de Joe l'Indien : c'est au lecteur de les imaginer. Le roman d'aventures produit ainsi un **effet d'attente**.

Lecture 3

Parcours d'une œuvre

Tom au tribunal

Objectif
• Comprendre les interactions entre les personnages.

Compétence
• Mettre en œuvre une démarche de compréhension.

Muff Potter a été arrêté pour le meurtre du docteur. C'est le jour de son procès : Joe l'Indien ayant témoigné contre lui, tout le monde s'attend à ce que Potter soit condamné à être pendu.

— Que l'on fasse comparaître[1] Thomas Sawyer !

Une surprise intriguée se lut sur tous les visages sans excepter celui de Potter. Tous les regards se dirigèrent avec curiosité vers Tom Sawyer qui venait de se lever et gagnait la barre[2]. L'enfant ne paraissait pas à son aise, en réalité il était effaré[3]. Après qu'il eut prêté serment[4], le juge lui demanda :

— Thomas Sawyer, où étiez-vous le 17 juin vers minuit ?

Tom jeta un regard sur le visage impassible de Joe l'Indien, et la parole lui manqua. L'assistance écoutait fiévreusement, mais les mots ne venaient pas. Quelques instants après, cependant, l'enfant se ressaisit et réussit à parler à voix assez haute pour qu'une partie de l'audience l'entendît :

— Dans le cimetière.

— Un peu plus haut, s'il vous plaît. N'ayez pas peur. Où étiez-vous ?

— Dans le cimetière, Monsieur le Président.

Un sourire de mépris passa sur les lèvres de Joe l'Indien.

— Étiez-vous près de la tombe de Horse Williams ?

— Oui, Monsieur le Président.

— Parlez un peu plus fort. À quelle distance étiez-vous ?

— À peu près à la même distance que celle qui me sépare de vous.

— Étiez-vous caché ?

— J'étais caché, Monsieur le Président.

— Où cela ?

— Derrière les ormes[5] qui se trouvent à côté de la tombe.

Illustration de Christel Épié, 2010.

Joe l'Indien eut un tressaillement presque imperceptible.

— Y avait-il quelqu'un avec vous ?

— Oui, Monsieur le Président. J'étais avec...

Je découvre le texte

1. Qui est accusé ? De quoi ?
2. Le témoignage de Tom confirme-t-il la culpabilité de l'accusé ?

Je comprends le texte

3. Identifiez chacun des mots qui constituent le groupe nominal « une surprise intriguée » (l. 2). Quel effet produit l'association des deux derniers mots ?
4. **LANGUE** Quels sont les deux types de phrases utilisés par le juge ? Justifiez leur emploi.

↳ Reconnaître les types de phrases, p. 311

40 – Attendez. Ne dites pas le nom de votre compagnon, nous le convoquerons en temps utile. Portiez-vous quelque chose avec vous ?

Tom hésita.

– Parlez, mon petit ; n'ayez pas peur. Il faut avoir le 45 respect de la vérité. Que portiez-vous avec vous ?

– C'était... c'était un... chat mort.

Il y eut dans la salle une manifestation d'hilarité[6] à laquelle le président mit fin.

– Nous montrerons le squelette de ce chat. Maintenant, 50 mon petit, racontez ce qui s'est passé. Racontez-le à votre manière, sans rien omettre, et n'ayez pas peur.

Tom commença, en bredouillant d'abord un peu ; au fur et à mesure qu'il s'échauffait les mots lui vinrent de plus en plus facilement. Au bout d'un instant on 55 n'entendait plus dans la salle que le son de sa voix. Tous les regards étaient fixés sur lui ; chacun retenait son haleine et, sans tenir compte de l'heure, écoutait, bouche bée, la sinistre et passionnante histoire. L'émotion fut à son comble lorsque Tom déclara :

60 – ... Et quand, d'un coup de la pièce de bois, le docteur a renversé Potter, Joe l'Indien a bondi : le couteau en main, et...

Coup de théâtre ! rapide comme l'éclair, le métis, bousculant tous ceux qui se trouvaient sur son passage, venait de sauter par la fenêtre et avait disparu.

Mark Twain, *Les Aventures de Tom Sawyer* [1876], chap. XXIII, « Le tribunal », trad. de l'anglais par F. de Gaïl, Mercure de France, 1969.

---

1. **Comparaître** : paraître devant un juge. 2. **Barre** : dans un tribunal, endroit où sont appelés les témoins et où les avocats prononcent leurs plaidoiries. 3. **Effaré** : figé par la peur et la surprise. 4. **Prêté serment** : promis solennellement devant le juge de dire la vérité. 5. **Ormes** : arbres. 6. **Hilarité** : explosion de rires.

Tom et Huck, film de Peter Hewitt avec Jonathan Taylor Thomas (Tom Sawyer), 1995.

Pour bien écrire

« **Ressaisit** » (l. 15) : Le -s placé entre deux voyelles se prononce « z ». Pour obtenir le son « s » on double la lettre -s. Relevez d'autres mots du texte qui illustrent cette règle.

L'HISTOIRE DES MOTS

« **Audience** » (l. 17) vient du verbe latin *audire* qui signifie « entendre » et « écouter ». Connaissez-vous d'autres mots français construits à partir de ce verbe latin ?

5. Relevez les expressions qui décrivent l'attitude de Tom tout au long de la scène. Que constatez-vous ?

6. Quel effet les paroles de Tom ont-elles sur le public ? Et sur Joe l'Indien ? Justifiez votre réponse par des mots du texte.

J'écris pour interpréter le texte

7. À VOS PLUMES Tom Sawyer hésite à comparaître au tribunal, car il craint que Joe l'Indien ne s'attaque à lui. Il se confie à son ami Huck. Rédigez leur dialogue en une dizaine de lignes.

Je retiens

• Dans cette scène de tribunal règne une **véritable tension**. Le témoignage de Tom est décisif. Le narrateur précise l'effet que ses paroles exercent sur les différents protagonistes. La fuite du véritable coupable constitue le **coup de théâtre final**.

Lecture 4

Parcours d'une œuvre

Dans la maison abandonnée

Objectifs
- Identifier le motif des témoins cachés.
- Comprendre comment le jeu des enfants devient réalité.

Compétence
- Produire des écrits variés (dialogue).

Joe l'Indien, en fuite, reste introuvable. Tom joue avec Huck à la chasse au trésor dans une maison abandonnée, quand ils aperçoivent Joe l'Indien et un complice venus déterrer une caisse. Ils se cachent pour les observer.

En cet instant Tom et Huck oublièrent toutes leurs terreurs, tous leurs ennuis. C'est avec un regard de convoitise[1] qu'ils suivaient chaque mouvement des deux hommes. La réalité dépassait leur espoir. Six cents dollars ! de quoi les enrichir, eux et une demi-douzaine de camarades !

[...] Les deux hommes examinèrent la poignée de pièces de monnaie que Joe avait retirée : c'était de l'or. La jubilation des enfants ne connut plus de bornes.

Le camarade de Joe dit :

– Il ne nous faudra pas longtemps pour savoir à quoi nous en tenir. Il y a une vieille pioche, là, dans les herbes, de l'autre côté de la cheminée ; je l'ai vue tout à l'heure.

Il alla vers le coin et rapporta la pelle et la pioche des enfants. Joe l'Indien prit la pioche, l'examina attentivement, hocha la tête, marmonna quelque chose et se mit au travail. Bientôt la caisse fut déterrée. Elle n'était pas très grande mais elle était cerclée de fer et avait dû être très solide avant que le travail du temps l'ait détériorée[2]. Muets de joie les deux hommes contemplaient le trésor.

– Sais-tu qu'il y en a là-dedans pour des milliers de dollars ? fit Joe l'Indien.

– On a toujours dit que Murzel et sa bande avaient rôdé par ici pendant tout un été, observa l'autre.

– Je sais, dit Joe l'Indien ; c'est peut-être d'eux que ça vient.

– Maintenant tu n'auras plus besoin de faire l'autre coup.

– Tu ne me connais pas, répliqua le métis en fronçant les sourcils ; – ou alors tu ne sais pas tout. Ce n'est pas tant un cambriolage qu'une vengeance ! ajouta-t-il avec une lueur sinistre dans le regard ; – et pour ça, j'ai besoin de toi. Nous partirons pour le Texas après. Retourne voir ta femme et tes gosses, et attends de mes nouvelles.

– Comme tu voudras. Qu'est-ce que nous allons faire de tout ça ? On le remet en terre ?

– Oui. (Joie délirante au premier étage.) Non, par le grand Sachem[3], non ! (Profonde consternation au premier étage.) J'ai failli oublier. Il y avait de la terre fraîche sur cette pioche. (Terreur folle au premier étage.) Qui a pu apporter ici une pelle et une pioche ? Pourquoi y a-t-il de la terre fraîche là-dessus ? Qui a apporté des outils ici ? Où sont ces gens ? As-tu entendu quelqu'un ? As-tu vu quelqu'un ? Enterrer le magot[4] ici pour qu'on vienne et qu'on voie la

---

Pour bien écrire

« Une demi-douzaine » (l. 4) : lorsqu'il se rattache à un nom pour former un nom composé, le mot *demi* est toujours invariable et il est lié au nom qui le suit par un trait d'union. Formez un autre nom composé avec *demi*.

L'HISTOIRE DES MOTS

« Jubilation » (l. 6) vient du mot latin *jubilatio* qui signifie « cris », « chant joyeux ». Relevez, dans le texte, des expressions qui expriment la jubilation des personnages.

---

1. **Convoitise** : désir extrême.
2. **L'ait détériorée** : l'ait endommagée, abîmée.
3. **Le grand Sachem** : ancien faisant partie du conseil de la tribu et assurant des fonctions de chef chez les Amérindiens.
4. **Magot** : réserve d'argent (terme familier).

Tom Sawyer & Huckleberry Finn, film de Jo Kastner avec Joel Courtney (Tom) et Jake T. Austin (Huck), 2014.

terre fraîchement remuée ? Pas de ça ! Nous allons l'emporter dans ma cachette.

40 – Évidemment ! Dire que je n'ai pas pensé à ça plus tôt ! Tu veux dire au n° 1 ?

– Non, au n° 2, sous la croix. L'autre est trop facile à repérer.

– Nous pouvons y aller ; il commence à faire noir.

Mark Twain, *Les Aventures de Tom Sawyer* [1876], chap. XXVI, « Dans la maison hantée », trad. de l'anglais par F. de Gaïl, Mercure de France, 1969.

Je découvre le texte

1. MISE EN VOIX Préparez, par groupes de cinq, une lecture orale du texte. Trois élèves se répartiront les voix du narrateur, de Joe l'Indien et de son complice, deux autres devront mimer les réactions de Tom et de Huck.

2. Joe et son complice savent-ils qu'ils sont observés ? Justifiez votre réponse. Repérez l'endroit du texte où les enfants risquent d'être découverts.

Je comprends le texte

3. Montrez que le jeu des enfants devient réalité.

4. LANGUE Quel type de phrases les bandits emploient-ils à la fin du texte ? Quel sentiment cela traduit-il ?
↘ Reconnaître les types de phrases, p. 311

5. Relevez les mots qui décrivent les réactions des deux bandits et celles des enfants. Que constatez-vous ?

6. Pourquoi Joe l'Indien et son complice décident-ils de ne pas enterrer le coffre dans la maison ? Quelle conséquence cette décision a-t-elle pour les enfants ?

J'écris pour interpréter le texte

7. Imaginez trois courts dialogues entre Tom et Huck, correspondant à chacune des indications données entre parenthèses dans le texte aux lignes 31, 32 et 33-34.

8. À VOS PLUMES Imaginez le dialogue entre Tom et Huck à la suite de la scène. Quels sentiments éprouvent-ils ? Quel plan d'action décident-ils de mettre en place ?

Je retiens

• Le motif du **témoin caché** est fréquent dans les récits d'aventures. Un personnage voit la scène sans être vu et entend des paroles qui ne lui sont pas destinées. Il craint d'être découvert, ce qui **tient le lecteur en haleine**.
• Ce type de scène fait progresser l'**action**, car les personnages (ici Joe et son complice) révèlent leurs projets.

Lecture 5

Parcours d'une œuvre

Découverte du trésor

Objectif
• Analyser un cadre propice au mystère.

Compétence
• Interpréter un texte à partir de la mise en relation d'indices.

Tom et Huck partent à la recherche du trésor de Joe l'Indien, dans la grotte où le cadavre de ce dernier vient d'être découvert.

— Maintenant, Huck, je vais te montrer quelque chose.
Il leva la chandelle.
— Regarde dans le coin aussi loin que tu peux. Vois-tu là, sur ce rocher, quelque chose tracé à la suie ?
5 — Tom... c'est une croix !
[...]
Tom passa le premier. Comme il descendait, ses talons s'imprimèrent dans l'argile du sol. Huck suivit. Dans la petite salle où se trouvait le rocher, débouchaient quatre galeries. L'examen des trois premières ne 10 donna rien. Dans la quatrième, la plus près du rocher, ils découvrirent une sorte de petit réduit dans lequel il y avait une paillasse, des couvertures, une paire de bretelles, des couennes[1] de lard et quelques os de volaille. Mais pas de coffre. Les gamins fouillèrent l'endroit à diverses reprises mais en vain. Tom dit :
15 — Il a dit : sous la croix. On ne peut pas être plus sous la croix qu'ici. Ça ne peut pas être sous le rocher puisque le rocher s'enfonce en terre. Alors ?
Malgré de nouvelles recherches, ils ne trouvèrent rien. Découragés ils s'assirent. Huck donnait sa langue au chat. Tom réfléchit. Tout à 20 coup il se leva :
— Attends voir. De ce côté-ci il y a des empreintes de pas et des taches de chandelles ; des autres côtés il n'y en a pas. Qu'est-ce que ça veut dire ? Je te parie que l'argent est sous ce rocher. Je vais creuser dans la glaise.
— Ce n'est pas une mauvaise idée, dit Huck ragaillardi[2].
25 Tom sortit son véritable « Barlow[3] » et creusa. À quelque dix centimètres de profondeur la lame entra dans un morceau de bois.
— Non, mais... tu entends ?
Huck se mit à creuser à son tour. Ils découvrirent quelques planches masquant une excavation[4] naturelle qui passait sous le roc. Tom y 30 descendit. En tenant sa chandelle à bout de bras il ne pouvait pas voir le fond du trou. Voulant en avoir le cœur net, il se mit à quatre pattes ; le boyau[5] descendait en pente douce, tournant à droite, puis à gauche. Huck le suivit. Après un coude brusque, Tom s'écria :
— Qu'est-ce que tu dis de ça, Huck ?
35 C'était bel et bien un coffre. À côté il y avait un petit baril de poudre, vide ; deux fusils dans leurs étuis de cuir, deux ou trois paires de vieux mocassins, une ceinture et quelques autres objets d'équipement détrempés par l'eau de suintement.

> **L'HISTOIRE DES MOTS**
>
> « **Mocassins** » (l. 37) vient de *makisin*, mot appartenant à l'algonquin, dialecte canadien, et qui désigne les chaussures montantes et fourrées portées par les Amérindiens. Savez-vous de quelles langues viennent les mots *basket* et *escarpin* ?

1. **Couennes** : peaux de porc.
2. **Ragaillardi** : retrouvant de l'énergie.
3. **Barlow** : canif à deux lames.
4. **Excavation** : creux dans le sol.
5. **Boyau** : galerie étroite.

Tom Sawyer et Huckleberry Finn, XXᵉ siècle, lithographie en couleur.

Le coffre n'était pas fermé.
40 – Enfin on le tient ! dit Huck plongeant les mains dans le tas de pièces ternies par l'humidité. Dis donc nous voilà riches, mon vieux !

Mark Twain, *Les Aventures de Tom Sawyer* [1876], chap. XXXIII, « Au but », trad. de l'anglais par F. de Gaïl, Mercure de France, 1969.

Je découvre le texte

1. Réalisez un plan de la grotte, accompagné de légendes, après avoir relevé les mots ou expressions qui la décrivent.

2. Représentez sur le plan obtenu l'itinéraire suivi par Tom et Huck.

Je comprends le texte

3. Notez les indications spatiales et temporelles qui montrent la progression des deux garçons dans la grotte.

4. LANGUE Dans le premier paragraphe, relevez les verbes de mouvement. À quel temps sont-ils conjugués ? Justifiez l'emploi de ce temps.

5. Relevez dans le texte trois expressions qui montrent que c'est Tom qui guide la recherche.

6. Pourquoi les deux garçons éprouvent-ils du découragement ? Comment Tom parvient-il à trouver une solution ?

J'écris pour interpréter le texte

7. À VOS PLUMES La bougie des enfants s'éteint. Imaginez leur dialogue. Vous insisterez sur leurs émotions et leurs sentiments.

Je retiens

- Les romans d'aventures situent certaines actions dans des **lieux propices au mystère**, à l'angoisse ou au danger. C'est le cas de la grotte, lieu isolé et plongé dans l'obscurité.
- C'est une **description en mouvement** qui en est faite, liée à la progression des deux garçons.

Lecture intégrale

Lire *Les Aventures de Tom Sawyer*, de Mark Twain

I. Les aventures de Tom

Sur la piste de Joe l'Indien

1. Proposez un résumé de l'aventure qui a mis Tom et Huck aux prises avec Joe l'Indien. Vous partirez des cinq extraits étudiés et vous compléterez les étapes qui vous manquent en lisant les chapitres X, XI, XXIV, XXVII, XXVIII, XXXIII et XXXIV.

2. Relevez les détails qui montrent que cette aventure entraîne les enfants dans des histoires d'adultes.

3. À partir de la présentation qu'en fait l'auteur au chapitre VI, décrivez le personnage de Huck. Quels changements l'aventure va-t-elle amener dans la vie de ce personnage ?

Perdus dans la grotte

4. Du chapitre XXIX au chapitre XXXII, nous pouvons suivre l'aventure de Tom et Becky dans la grotte. Imaginez quatre vignettes de bande dessinée à partir des titres des chapitres : « Le pique-nique », « Disparus », « Dans la grotte », « Les voilà ! ».

5. Après avoir lu les quatre chapitres, comparez vos vignettes et choisissez celles qui reflètent le mieux les grandes étapes de l'aventure. Répartissez-vous le travail pour créer, à partir de ces vignettes et des indices du texte, une page de bande dessinée qui racontera l'aventure.

6. Lisez les chapitres III, IV, VI, VII, XVIII et XX et retracez les étapes du « roman d'amour » entre Tom et Becky.

II. Le personnage de Tom

Un garçon espiègle

7. Relevez, dans le roman, des passages qui montrent que Tom n'est pas un garçon obéissant.

8. Lisez les chapitres V, XII et XXI, repérez les farces de Tom et préparez une lecture à voix haute de votre farce préférée.

9. Sur quel aspect de la personnalité de Tom l'illustration de la couverture du roman ci-contre insiste-t-elle ? Relevez, dans le roman, des passages qui vont dans le même sens.

Un enfant du XIXe siècle

10. Au chapitre I, qui est Jim, le personnage auquel Tom raconte ce qu'il a fait au lieu d'aller à l'école ? Quel est son statut ? Quel aspect de l'histoire des États-Unis représente-t-il ?

11. Quels sont les vêtements que porte Tom habituellement ? En quelle occasion met-il des chaussures ?

12. Au chapitre IV, que désigne « l'école du dimanche » ? Quelle est la place de la religion dans la vie de l'entourage de Tom ?

Bilan

Créer un diaporama

Faites une recherche sur Internet et au CDI sur la vie au XIXe siècle dans le sud des États-Unis. Réunissez des images sur l'esclavage, la guerre de Sécession, le fleuve Mississippi, les bateaux à aube et la ville où a grandi Mark Twain : Hannibal, dans le Missouri. Présentez votre travail à la classe sous forme de diaporama.

À vos carnets

Choisissez les paroles de Tom et de Huck qui vous plaisent particulièrement dans le roman et recopiez-les dans un carnet. Vous expliquerez ce qui vous séduit dans ces citations : leur fantaisie ? leur effronterie ?

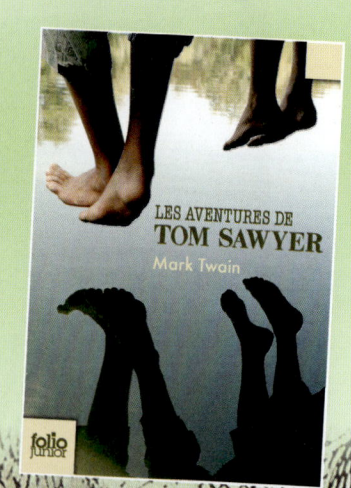

Vocabulaire

Objectif : Explorer le vocabulaire de l'aventure.

Les mots de l'aventure

Caractériser une aventure

1 Trouvez quatre mots appartenant à la famille du mot *aventure*.

> **Comparons nos langues**
> *Aventure* vient du latin *advenire*, qui signifie « arriver ». En anglais, il se traduit par *adventure*. Le titre anglais du roman est *The Adventures of Tom Sawyer*.

2 Parmi les adjectifs qualificatifs suivants, indiquez ceux qui pourraient qualifier une aventure.

hasardeuse • périlleuse • risquée • ordinaire • banale • excitante • incroyable • inattendue • prévisible • surprenante • quotidienne • ennuyeuse • sinistre • fatale • passionnante

3 Parmi les mots suivants, lesquels pourraient désigner le voyage du héros d'un roman d'aventures ?

croisière • excursion • promenade • pérégrination • balade • exploration • périple • conquête • mésaventure • errance • péripéties

Décrire une scène d'action

4 Donnez le nom commun correspondant à chacun des adjectifs suivants.

courageux • brave • audacieux • téméraire • hardi • intrépide • vaillant • fougueux • impétueux

5 Retrouvez et reliez les synonymes parmi les mots suivants.

céder • • bondir
fuir • • se ruer
défier • • foncer
tituber • • provoquer
se jeter • • décamper
se précipiter • • capituler
sauter • • chanceler

6 Tom et Huck jouent aux pirates. L'un est le chef des pirates et l'autre le capitaine du navire abordé. Racontez la première partie de la lutte en employant cinq des verbes suivants.

attraper • affronter • dompter • braver • saisir • combattre • pousser • empoigner • menacer • lutter • plonger • bousculer • renverser • résister

7 L'un des deux adversaires finit par avoir le dessus. Racontez la fin du combat en employant cinq des verbes suivants.

hésiter • faiblir • plier • gémir • blêmir • céder • trembler • disparaître • s'écrouler • défaillir

8 Reconstituez des expressions en reliant les termes qui vont ensemble dans chaque colonne.

chercher • • à toutes jambes
prendre • • son souffle
asséner • • comme un fauve
livrer • • à son cou
prendre ses jambes • • bataille
bondir • • un coup
retenir • • à partie
saisir • • querelle
s'enfuir • • à bras-le-corps

Exprimer les émotions des personnages

9 À quelle famille de sentiments appartiennent les mots suivants ?

PEUR   EXCITATION   SURPRISE   JOIE

terreur • convoitise • consternation • fiévreux • hilare • intrigué • effaré • tressaillir • s'échauffer • jubiler • frissonner • ébahi • abasourdi • énervé • enthousiaste • gaieté • allégresse • épouvante • effroi • panique

À vous d'écrire !

10 Au chapitre XXXI, Tom et son amie Becky sont perdus dans une grotte dont ils ne retrouvent plus la sortie. Rédigez un paragraphe décrivant la scène en insistant sur les sentiments des deux enfants.

11 Imaginez et rédigez le dialogue de Tom et de Becky dans la grotte en employant au moins cinq des verbes de parole suivants.

s'exclamer • répliquer • marmonner • demander • déclarer • affirmer • répondre • s'écrier • chuchoter • bredouiller • gémir

S'exprimer...

...à l'oral

Jouer une scène du roman

1 Lisez l'extrait suivant des *Aventures de Tom Sawyer*.

> En hâte [Tom] se dirigea vers la grand-place du village où deux armées de gamins s'étaient donné rendez-vous pour se livrer bataille. Tom était général de l'une des deux armées ; Joe Harper, son meilleur ami, commandait l'autre. Les deux grands chefs ne daignaient pas combattre en personne ; tranquillement assis l'un près de l'autre sur une éminence[1], ils laissaient cela à leurs subordonnés et dirigeaient les opérations au moyen d'ordres transmis par leurs aides de camp. Le combat fut long et acharné ; l'armée de Tom remporta une grande victoire. On compta les morts, on échangea les prisonniers, on convint du jour de la prochaine bataille ; les deux armées formèrent les rangs et se séparèrent, et Tom rentra chez sa tante.
>
> Mark Twain, *Les Aventures de Tom Sawyer* [1876], chap. III, « Mars et Vénus », trad. de l'anglais par F. de Gaïl, Mercure de France, 1969.

1. **Éminence** : butte, élévation du terrain.

2 À quel genre d'aventure les enfants jouent-ils dans cette scène ?

3 Repérez dans le texte les éléments du monde réel et les éléments de l'aventure imaginée par les enfants.

4 Par groupes de deux, improvisez le dialogue entre les deux « généraux » à l'issue de la bataille.

Edward Windsor Kemble, *La bande de Tom Sawyer*, illustration des *Aventures d'Huckleberry Finn* de Mark Twain, fin du XIXe siècle.

...à l'écrit

Imaginer et rédiger un récit d'aventures

5 À vous maintenant de raconter une scène de jeu qui se transforme en aventure réelle, à la manière de Mark Twain. Pour commencer, mettez-vous d'accord sur les noms et les caractères des personnages.

6 Convenez d'un plan de récit comprenant les parties suivantes :
– Présentation d'un groupe de collégiens.
– Ces collégiens jouent à l'aventure.
– Le jeu devient réalité.
– Vos héros doivent faire face à de vrais dangers.
– L'aventure se termine bien.

7 Rédigez par groupes les différentes parties du récit.

8 Relisez mutuellement vos brouillons pour les améliorer.

9 Utilisez un logiciel de traitement de texte pour saisir la version finale de votre récit en vous aidant du logiciel Scribens. Les récits pourront être réunis dans un recueil collectif.

COMPÉTENCES

D1, D2 Comprendre un texte littéraire et le mettre en jeu.
D1, D2 Produire des écrits variés en groupes.

Un récit d'aventures pour faire naître un héros

Je fais le point

Bilan de la séquence

Tom Sawyer : un jeune garçon espiègle

- Tom vit **au XIXe siècle** dans une petite ville des bords du Mississippi. Orphelin, il est élevé par une tante sévère.
- Malicieux et désobéissant, il fait à son entourage toutes sortes de **farces** qui amusent le lecteur.
- Il a lu de nombreux récits d'aventures et entraîne sa bande de camarades dans des **jeux** qui s'en inspirent (pirates, Indiens, chasse au trésor).

Un personnage de récit d'aventures

- D'abord **héros pour jouer**, Tom rencontre de vrais bandits et découvre un trésor : ses aventures imaginaires deviennent **réelles**.
- De nombreuses **péripéties** surgissent au cours du récit, et Tom est confronté au **danger** et au **crime**.
- Le récit multiplie les **effets d'attente** et les **coups de théâtre**. Le lecteur est ainsi tenu en haleine.

Un enfant qui devient un héros

- Au fil du roman, Tom révèle ses **qualités** : le sens de l'honneur et le courage quand il témoigne contre Joe l'Indien, la ténacité et l'esprit d'initiative lorsqu'il parvient à sortir de la grotte avec Becky.
- Enfant plongé dans ses jeux au début du récit, Tom témoigne à un procès et s'enrichit grâce à la découverte d'un trésor. Il entre ainsi dans la **société des adultes**.

Évaluation — Mobiliser les acquis de la séquence

1. Je connais l'auteur des *Aventures de Tom Sawyer* et le siècle où il a vécu : ....

2. Je sais citer trois jeux, puis trois aventures réelles de Tom : ....

3. Je sais montrer l'intelligence de Tom en citant une situation où il a fait preuve d'astuce : ....

4. Je peux présenter les caractéristiques essentielles du récit d'aventures et en donner deux exemples tirés des *Aventures de Tom Sawyer* : ....

COMPÉTENCES ÉVALUÉES

D1 Lire
– Identifier et mémoriser les informations importantes d'un texte lu.
– Identifier un genre et ses enjeux.

D1 Écrire
– Écrire pour formuler des impressions de lecture.

SÉQUENCE 7

Récits d'aventures

Redoutables

OBJECTIFS
- Identifier les éléments caractéristiques d'un genre.
- Étudier la figure du pirate en littérature.

Repères Les pirates, de la réalité au roman — 142

Entrer dans la séquence
Robert Louis Stevenson, *L'Île au trésor* — 143

Lectures

1. Robert Louis Stevenson, *L'Île au trésor* — 144
Comprendre l'importance du hasard à l'origine de l'aventure

2. John Meade Falkner, *Moonfleet* — 146
Comprendre comment le récit capte l'attention du lecteur

3. James Matthew Barrie, *Peter Pan* — 148
Analyser le portrait d'un pirate légendaire

4. Pierre Mac Orlan, *Les Clients du Bon Chien Jaune* — 150
Étudier une scène d'abordage

Histoire des arts Le *Hollandais-Volant* à travers les arts — 152

L'Antiquité et nous Piraterie en Méditerranée — 154
Ovide, *Les Métamorphoses*

Méthode Réussir un exposé — 155
Gilles Lapouge, *Les Pirates*

Vocabulaire L'aventure et la piraterie — 156

Grammaire Les formes du pluriel — 157

S'exprimer à l'oral ATELIER
Réaliser une interview imaginaire — 158

S'exprimer à l'écrit
Écrire le journal de bord d'un pirate — 159

Je fais le point Bilan et évaluation — 160
Pierre Mac Orlan, *Les Clients du Bon Chien Jaune*

James Edwin McConnell, *Long John Silver et son perroquet*, gouache sur papier, XXe siècle.

pirates

▶ En quoi les romans de pirates sont-ils aussi des récits d'aventures ? Comment tiennent-ils le lecteur en haleine ?

Repères

Les pirates, de la réalité au roman

Les pirates à travers l'histoire

La piraterie existait déjà dans l'Antiquité. C'est au XVIIe siècle qu'elle connaît son âge d'or, avec le développement de nouvelles routes commerciales entre l'Europe et les Antilles. Certains pirates deviennent célèbres, comme Bartholomew Roberts, Henry Morgan, Edward Teach, surnommé Barbe-Noire, et parmi eux quelques femmes telles que Anne Bonny. De nos jours, les pirates sévissent toujours, en mer mais aussi sur les routes, dans les airs et même sur Internet.

Une figure d'aventurier

Tantôt cruel, tantôt sympathique, le pirate incarne l'idée d'aventure et de liberté. Il traverse les mers et les océans, pille les navires marchands et rejette les lois des États. Certains amassent des fortunes colossales qu'ils dissimulent dans des cachettes sûres. Il faut cependant distinguer les pirates qui agissent pour leur propre compte et ceux autorisés par leur souverain à piller des vaisseaux ennemis. Ces derniers sont nommés corsaires.

Capitaine Edward Teach dit Barbe-Noire, XVIIIe siècle, gravure.

Le pirate dans le roman

Avec *L'Île au trésor* (1883), Stevenson lance la mode des romans de piraterie au XIXe siècle. Ce roman d'aventures suit le périple du jeune Jim Hawkins, à la recherche d'un fabuleux trésor. L'intrigue et les personnages, en particulier celui de Long John Silver, auront une grande influence sur l'image qu'on se fait du pirate.

Robert Louis Stevenson
Écrivain écossais
1850-1894

John Meade Falkner
Écrivain anglais
1858-1932

James Matthew Barrie
Écrivain écossais
1860-1937

Pierre Mac Orlan
Écrivain français
1882-1970

Entrer dans la séquence

Hissez le pavillon noir

Le *Jolly Roger*

Après une longue traversée, le navire sur lequel a voyagé le jeune Jim Hawkins, l'Hispaniola, est tombé entre les mains de pirates. Réfugiés sur une île, les rescapés doivent maintenant penser à survivre et à résister à l'ennemi.

L'*Hispaniola* se trouvait toujours à l'ancre au même endroit, mais, effectivement, c'était bien le *Jolly Roger* (le pavillon noir des pirates) qui flottait au pic de brigantine[1]. Au moment
5 même où je regardais la goélette[2], il y eut un autre éclair rouge suivi d'une autre détonation qui éveilla tous les échos de l'île, et un nouveau boulet siffla dans les airs.

Robert Louis Stevenson, *L'Île au trésor* [1883], chap. XIX, trad. de l'anglais par J. Papy, Gallimard, 1974.

1. **Pic de brigantine** : haut du mât.
2. **Goélette** : voilier à deux mâts. Il s'agit de l'*Hispaniola*.

❶ Lisez ce texte. Quel danger plane sur le narrateur ?

❷ Qu'est-ce que le *Jolly Roger* ? De quels éléments est-il constitué ?

❸ Observez les quatre pavillons ci-contre. En quoi diffèrent-ils ?

Partez à l'abordage

❹ Imaginez-vous dans la peau d'un pirate. Quel genre de pirate seriez-vous : aventurier, corsaire au service d'un gouvernement, pirate informatique ? Quelles seraient vos motivations ?

❺ Avant de vous lancer dans l'aventure, imaginez puis dessinez le *Jolly Roger* qui correspond à votre personnalité. Pour cela, vous pouvez vous inspirer de ceux reproduits sur cette page.

7. Redoutables pirates

Lecture 1

Objectif
- Comprendre l'importance du hasard dans le début de l'aventure.

Compétence
- Mettre en relation des informations pour interpréter un texte.

REPÈRES

- *L'Île au trésor*, de **Robert Louis Stevenson** (1850-1894), est le plus célèbre roman de piraterie du XIXe siècle. Son influence continue de nourrir l'imaginaire de nombreux auteurs et cinéastes.

L'HISTOIRE DES MOTS

« île » (l. 2) vient du latin *insula*. Cherchez le mot, formé à partir de cette racine latine, qui qualifie une personne vivant sur une île.

Un témoin en danger

Jim Hawkins embarque sur l'Hispaniola en direction d'une mystérieuse île au trésor. À bord, il fait la rencontre du cuisinier Long John Silver. Le roman prend la forme d'un récit à la 1re personne, raconté par le jeune garçon.

Pendant la nuit, ou, au plus tard, le lendemain matin, nous serions en vue de l'Île au Trésor. Nous avions le cap S.-S.-O.[1], une bonne brise par le travers[2], et une mer calme. L'*Hispaniola* roulait régulièrement et plongeait parfois dans les flots son beaupré[3] qui soulevait une gerbe d'embruns[4]. Toutes les voiles portaient[5], les plus basses comme les plus hautes ; nous étions tous pleins d'entrain[6] car nous arrivions au terme de la première partie de notre aventure.

Or, juste après le coucher du soleil, alors que, mon travail terminé, je me dirigeais vers ma couchette, il me prit fantaisie de manger une pomme. Je montai en courant sur le pont. Les matelots de quart[7] étaient tous à l'avant, guettant l'apparition de l'île. L'homme à la barre observait les ralingues[8] du côté du vent en sifflant doucement : on n'entendait aucun autre bruit, sauf le chuintement des flots contre l'étrave[9] et les flancs du navire.

Après être entré tout entier dans le tonneau, je m'aperçus qu'il n'y avait presque plus de pommes. Je m'assis tout au fond, et là, sous l'effet de la rumeur de la mer et

Je découvre le texte

1. **MISE EN VOIX** Lisez ce texte à voix haute. Choisissez un paragraphe et résumez-le. Expliquez votre choix.

Je comprends le texte

2. À bord de quel navire l'action se déroule-t-elle ? Relevez les expressions qui désignent les différentes parties du bateau.

3. Retracez le parcours du narrateur jusqu'à son arrivée dans le tonneau. Les personnages qu'il croise successivement remarquent-ils sa présence ? Pourquoi ?

Pour bien écrire

« De manger » (l. 9).
Le verbe situé après une préposition est toujours à l'infinitif.
Trouvez d'autres exemples de ce type dans le dernier paragraphe du texte. Attention, un pronom peut s'intercaler entre la préposition et le verbe à l'infinitif.

---

du bercement du navire, ou bien je m'étais
20 endormi ou bien j'allais céder au sommeil
lorsqu'un homme s'affala bruyamment
tout près de moi. Le tonneau fut ébranlé
au moment où il y appuya ses épaules. Je
me préparais à me lever d'un bond quand
25 l'homme se mit à parler. Je reconnus aussitôt la voix de Silver, et, dès que j'eus entendu
une douzaine de mots, je perdis toute envie
de me montrer. Je restai là, tremblant, l'oreille
au guet, au paroxysme de[10] la peur et de la
30 curiosité, car ces douze mots avaient suffi à
me faire comprendre que la vie de tous les
honnêtes gens du bord dépendait de moi seul.

Robert Louis Stevenson, *L'Île au trésor* [1883], chapitre x,
trad. de l'anglais par J. Papy, Gallimard, 1974.

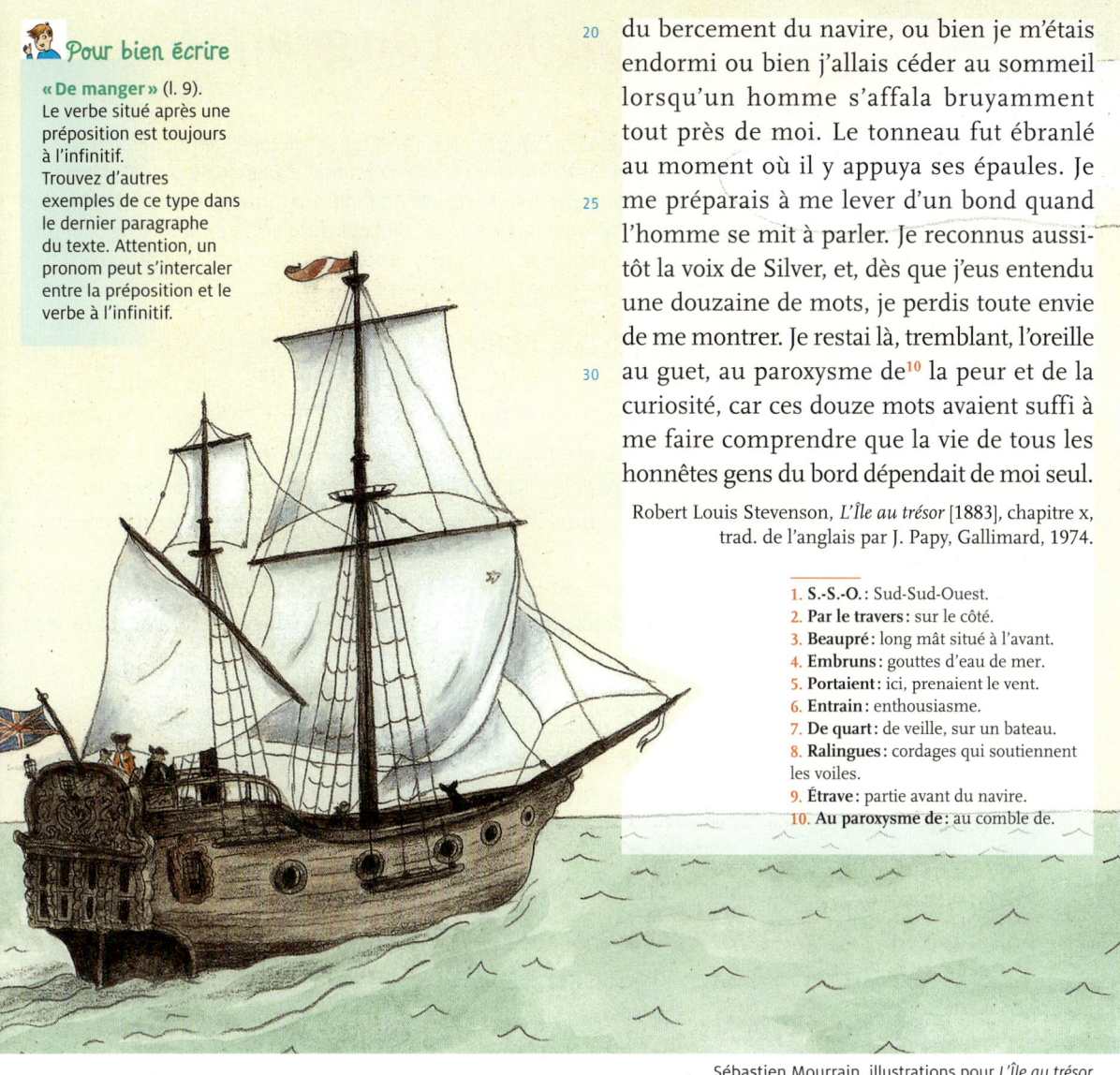

1. **S.-S.-O.** : Sud-Sud-Ouest.
2. **Par le travers** : sur le côté.
3. **Beaupré** : long mât situé à l'avant.
4. **Embruns** : gouttes d'eau de mer.
5. **Portaient** : ici, prenaient le vent.
6. **Entrain** : enthousiasme.
7. **De quart** : de veille, sur un bateau.
8. **Ralingues** : cordages qui soutiennent les voiles.
9. **Étrave** : partie avant du navire.
10. **Au paroxysme de** : au comble de.

Sébastien Mourrain, illustrations pour *L'Île au trésor* de Robert Louis Stevenson, éditions Milan, 2011.

---

4. **LANGUE** Justifiez la terminaison des participes passés *entré* (l. 16) et *endormi* (l. 21). Rappelez-en la règle d'accord. ↘ Maîtriser les accords du participe passé, p. 338

5. Pour quelle raison le narrateur se retrouve-t-il dans une position dangereuse ? Cette raison vous apparaît-elle extraordinaire pour un aventurier ?

6. Retrouvez, dans le premier paragraphe, le mot qui définit le genre de roman auquel le texte appartient.

J'écris pour interpréter le texte

7. **À VOS PLUMES** À votre avis, pour quelle raison Silver rencontre-t-il des matelots en secret ? Imaginez maintenant les douze mots entendus par le jeune Jim Hawkins.

Je retiens

- Le **hasard** tient souvent un rôle décisif dans les **romans d'aventures.** L'envie de satisfaire sa gourmandise amène Jim Hawkins à découvrir, accidentellement, le projet de complot qui menace les membres de l'équipage.

- C'est une scène clé du roman, qui exploite le motif du **témoin caché.**

Lecture 2

Objectif
- Comprendre comment le récit capte l'attention du lecteur.

Compétence
- Interpréter un texte à partir d'indices implicites.

REPÈRES

- Dans *Moonfleet*, **John Meade Falkner** imagine l'aventure d'un garçon parti à la recherche du trésor de **Barbe-Noire**. Ce pirate anglais (vers 1680-1718) à l'apparence effrayante est devenu après sa mort une véritable légende. Il a beaucoup inspiré la littérature et le cinéma.

Pour bien écrire

« Margelle » (l. 9). La lettre -*e* ne prend pas d'accent quand elle se trouve devant une consonne double (« margelle »), une consonne finale (« geôlier »), deux consonnes différentes (« affectueux ») ou un -x (« exhorter »). Trouvez d'autres exemples tirés du texte.

Au bord du gouffre

Le jeune John Trenchard quitte Moonfleet, en Angleterre, pour chercher le mystérieux trésor de Barbe-Noire, en compagnie d'Elzevir Block. Les deux aventuriers découvrent qu'il se trouve au fond d'un puits de l'île de Wight, sur un domaine reconverti en prison. L'un des gardiens leur montre le chemin et aide John à descendre dans le puits. Après avoir récupéré un précieux diamant, le garçon remonte lentement vers la surface...

En approchant de l'orifice du puits, j'entendis le geôlier[1] exhorter[2] l'âne à trotter plus vite dans la roue, afin que le seau remontât plus rapidement, mais, au moment où ma tête allait atteindre le niveau du sol, il serra brusquement le frein et m'immobilisa. Je fus heureux de
5 revoir la lumière et le visage d'Elzevir qui me regardait affectueusement, mais vexé d'être ainsi bloqué quand je m'attendais à reprendre pied sur la terre ferme.

Le geôlier m'avait arrêté par cupidité[3], pour s'approprier plus vite le joyau. Il se pencha aussitôt sur la petite margelle[4] et tendit la main vers
10 moi en criant :

– Où est le trésor ? Où est-il ? Donne-moi le trésor !

Je tenais le diamant entre le pouce et l'index de la main droite, et je l'agitai pour le montrer à Elzevir. En allongeant le bras, j'aurais pu le déposer dans la main du geôlier, et je m'apprêtais à le faire lorsque
15 je croisai son regard pour la seconde fois de la journée : ce que j'y vis m'arrêta. Quelque chose, dans l'expression de cet homme, me rappela une certaine soirée d'automne, dans le salon de ma tante, où je lisais un livre intitulé *Les Mille et Une Nuits*. Et je me souvins du conte de
20 *La Lampe merveilleuse*, dans lequel le méchant oncle

Pirate, XXe siècle, lithographie.

d'Aladin, embusqué au sommet de l'escalier par lequel le jeune garçon remonte de la caverne souterraine, refuse de le laisser sortir s'il ne lui remet pas d'abord le trésor. Mais Aladin refuse de se séparer de sa lampe avant d'être en sécurité au-dehors, parce qu'il devine que, s'il le faisait, son oncle l'enfermerait dans la caverne et l'y laisserait périr. La lueur qui brillait dans l'œil du geôlier m'incitait à refuser de lui remettre le joyau avant d'avoir atteint le sol, car je le soupçonnais avec terreur d'avoir l'intention, aussitôt que je le lui aurais donné, de me laisser tomber au fond du puits et de m'y noyer.

Aussi, quand il tendit la main en disant : « Donne-moi le trésor », je répondis :

– Alors, remontez-moi. Je ne peux pas vous le montrer dans le seau.

– Non, petit, riposta-t-il sournoisement, il vaut mieux que tu me le passes tout de suite, c'est plus prudent. Comme ça, tu auras les deux mains libres pour sortir du puits. Ces dalles sont humides et gluantes. Tu pourrais glisser et, si tu n'as pas de main pour te retenir, tu risquerais de tomber dans le trou.

John Meade Falkner, *Moonfleet* [1898], trad. de l'anglais par N. Chassériau, Gallimard, « Folio Junior », 1990.

1. **Geôlier** : gardien de prison. 2. **Exhorter** : ordonner.
3. **Cupidité** : amour de l'argent. 4. **Margelle** : bord du puits.

Les Contrebandiers de Moonfleet, film de Fritz Lang, 1955.

L'HISTOIRE DES MOTS

« **Terreur** » (l. 31) est un nom emprunté au latin *terror*, qui désigne une peur atroce. Dans quels autres mots retrouve-t-on cette racine latine ?

Je découvre le texte
1. Quels sont les personnages de cet extrait ? Nommez-les en vous appuyant sur le texte.

Je comprends le texte
2. Dans quelle situation se trouve le narrateur ? Quel danger le menace ?
3. Peut-on deviner ce que va faire le geôlier ? En quoi cela a-t-il de l'intérêt pour le lecteur ?
4. De quel trésor est-il question dans ce texte ? Qui le détient ?
5. Quels tons adopte tour à tour le geôlier ? Pourquoi ?
6. Pourquoi le narrateur compare-t-il sa situation à celle d'Aladin ?
7. LANGUE À quel mode sont conjugués les verbes *pourrais* et *risquerais* (l. 40) ? Précisez son emploi. Quelle intention du geôlier cet emploi cache-t-il ?

J'écris pour interpréter le texte
8. À VOS PLUMES Imaginez la ruse que pourrait employer le narrateur pour sortir sain et sauf du puits.

Méthode
Appuyez-vous sur le texte : rappelez-vous que le jeune garçon n'est pas venu seul.

Je retiens
- Après avoir déjoué des pièges et résolu une énigme, le héros découvre enfin le trésor du pirate. Mais le lecteur est **tenu en haleine** jusqu'au bout, car ce trésor est caché dans un **lieu inaccessible**.
- De plus, il attise toutes les convoitises, ce qui permet d'ultimes **rebondissements**.

Lecture 3

Un pirate sanguinaire

Objectif
• Analyser le portrait d'un pirate légendaire.

Compétence
• Identifier un genre et ses enjeux.

Peter Pan est l'histoire d'un enfant qui ne veut pas grandir et qui vit au Pays imaginaire. Ses aventures sont rythmées par ses affrontements avec le terrible capitaine Crochet, qui ne lui a jamais pardonné de lui avoir coupé la main. Le capitaine apparaît ici au milieu de son sinistre et sanguinaire équipage.

Au milieu d'eux, le plus noir et le plus gros joyau de ce sombre écrin[1], voici enfin Jacques Crochet, le seul homme, dit-on, qu'ait jamais craint le Cuistot-des-Mers. Il se prélasse, allongé dans un vulgaire chariot tiré et poussé par ses hommes qu'il aiguillonne de temps à autre avec son
5 terrible harpon[2]. Ce redoutable individu traite ses comparses[3] comme des chiens, et comme des chiens, ils lui obéissent. Il a le teint de bistre[4] d'un cadavre enfumé, et frise ses cheveux en longues boucles qui, de loin, ressemblent à des chandelles noires et donnent un air sinistre à sa noble physionomie. Ses yeux sont teintés d'un bleu de myosotis[5] et
10 de profonde mélancolie, sauf quand il vous plonge son crochet dans le corps et que s'allument au fond de ses prunelles deux horribles lueurs rouges.

D'allure racée, un air de grand seigneur est resté collé à sa personne, air dont il ne se départit[6] jamais, même pour vous crocheter la panse[7]
15 de sa griffe. Et je me suis laissé dire que ses talents de conteur sont fort prisés. D'autant plus courtois que ses intentions sont sinistres (ce qui est une preuve authentique de savoir-vivre), il soigne sa diction lors même qu'il profère des jurons[8]. Bref, la distinction de ses manières témoigne à l'évidence qu'il n'est pas sorti du
20 même tonneau que le reste de l'équipage.

REPÈRES

• *Peter Pan* est un roman de l'écrivain écossais **James Matthew Barrie**, paru en 1911 et devenu un classique de la littérature jeunesse. Contrairement à l'image transmise par les adaptations du roman au cinéma, le personnage original privilégie ses intérêts et ne tient pas forcément ses promesses.

L'HISTOIRE DES MOTS

« **Mélancolie** » (l. 10) vient du grec *melan* qui signifie « noir » et désigne une forme de tristesse (voir l'expression « avoir des idées noires »). Dans quel adjectif le retrouve-t-on ?

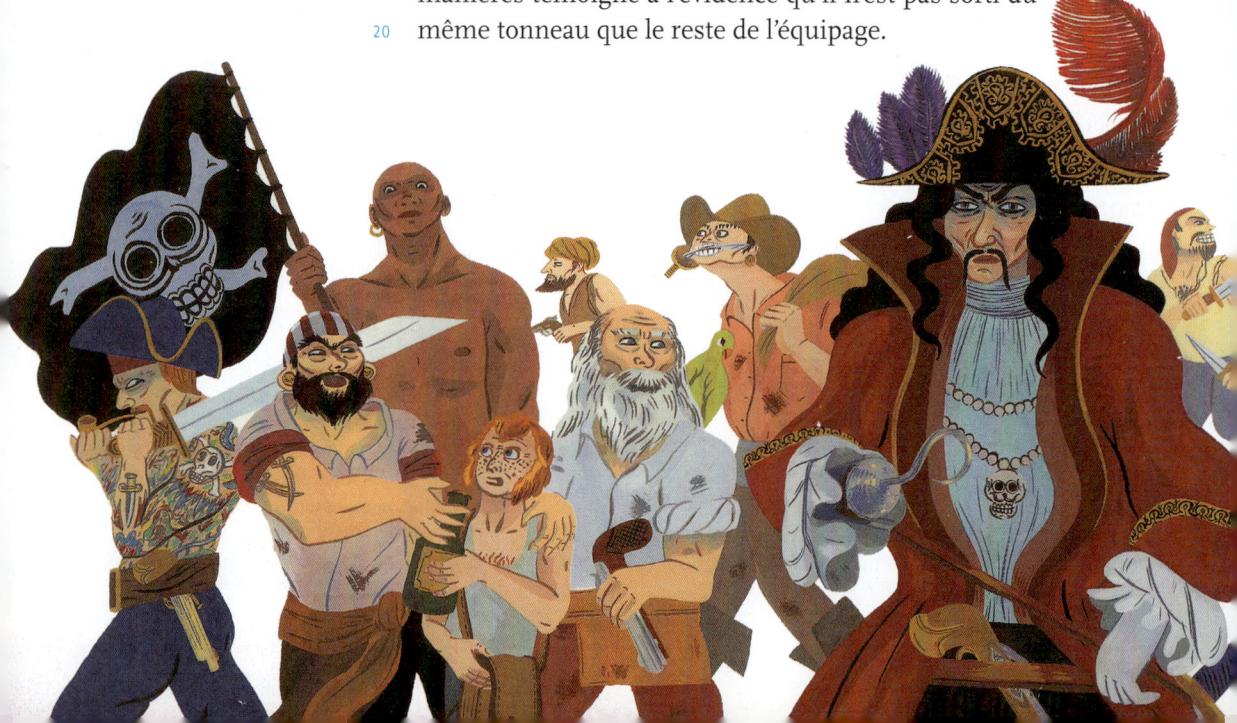

D'un courage indomptable, la seule chose qui l'effarouche est la vue de son propre sang, qui est épais et d'une couleur insolite. Dans sa façon de se vêtir, il singe⁹ la mode du temps de Charles II¹⁰, quelqu'un ayant fait remarquer, alors qu'il débutait dans la carrière, qu'il ressemblait étrangement aux infortunés Stuarts¹¹. À la bouche, il a un ingénieux fume-cigare de sa fabrication, qui lui permet de fumer deux cigares à la fois. Mais, sans conteste, la partie la plus rébarbative¹² de sa personne, c'est son crochet de fer.

James Matthew Barrie, *Peter Pan* [1911], trad. de l'anglais par Y. Métral, Librio, 2003.

Illustrations d'Alexandra Huard, 2015.

1. **Écrin** : ici, l'ensemble des pirates présents.
2. **Harpon** : lance munie d'une pointe de métal. 3. **Comparses** : complices.
4. **Bistre** : couleur tirant sur le brun. 5. **Myosotis** : fleur bleue. 6. **Départit** : sépare.
7. **Panse** : ventre. 8. **Jurons** : insultes. 9. **Singe** : imite.
10. **Charles II** (1630-1685) : roi d'Angleterre, d'Irlande et d'Écosse appartenant à la famille Stuart.
11. **Stuarts** : célèbre famille qui a régné sur l'Angleterre jusqu'au début du XVIIIᵉ siècle.
12. **Rébarbative** : ennuyeuse.

Pour bien écrire

« **Ingénieux** » (l. 35). Même employés au singulier, les adjectifs qualificatifs qui se terminent en *-eux* s'orthographient toujours avec un -x. Comment les écririez-vous au féminin ?

Je découvre le texte

1. Lisez le texte. Quelle impression se dégage du portrait de Jacques Crochet ? Trouvez deux adjectifs qualificatifs de sens contraires qui peuvent le caractériser.

Je comprends le texte

2. Relevez dans le texte les particularités physiques et morales du capitaine Crochet.

3. Dans un tableau à deux colonnes, classez d'un côté les détails qui donnent à ce personnage des allures de grand seigneur et de l'autre ceux qui dépeignent sa cruauté.

4. Expliquez, d'après le texte, pourquoi il éprouve de la peur à la vue de son propre sang.

5. LANGUE Qu'expriment les termes « le plus » (l. 1) ? À quelle classe grammaticale appartient le mot dont ils modifient le sens ? Sur quel personnage attirent-ils l'attention du lecteur ?

J'écris pour interpréter le texte

6. À VOS PLUMES Réécrivez le début du texte, de « Ce redoutable individu » (l. 5) à « profonde mélancolie » (l. 10) de façon à rendre le portrait de Jacques Crochet sympathique et agréable.

Méthode
Repérez les mots qui soulignent la cruauté du pirate, puis remplacez-les par des antonymes ou des termes mélioratifs.

Je retiens

• Le **portrait** consiste à **décrire physiquement et/ou moralement** un personnage. Le pirate du roman d'aventures apparaît souvent comme un personnage d'une cruauté sans limites et fasciné par le mal.
• Dans ce portrait, le **raffinement** vestimentaire et la manière de s'exprimer de Crochet contrastent avec sa **cruauté**.

Lecture 4

Objectif
• Étudier une scène d'abordage.

Compétence
• Mettre en relation le texte avec des connaissances culturelles.

À l'abordage !

Louis-Marie vit chez son oncle, propriétaire de l'auberge du Bon Chien Jaune et complice d'une bande de pirates. Le jeune garçon intègre l'équipage du Hollandais-Volant. Très rapidement, il se rend compte de la violence qui règne dans ce milieu.

À ma profonde stupéfaction[1], je vis les hommes du *Hollandais-Volant* se dévêtir. Puis ils passèrent une sorte de maillot noir où des bandes d'étoffe blanche dessinaient les os des bras, du thorax, du bassin et des jambes. Ils mirent sur leur visage un masque de cuir qui simulait en
5 noir et blanc la face d'une tête de mort. Ainsi déguisés ils ressemblaient à des squelettes harnachés en guerre[2], car ils avaient passé leurs baudriers et leurs ceinturons et tenaient au poing leur mousquet[3]. Leur aspect était véritablement étrange et terrifiant.

Je fis comme eux. Et bientôt, je fus tel un mort effroyable accroché
10 dans les haubans[4], le coutelas entre les dents et la grenade incendiaire à la main.

Quand tout le monde fut placé à son poste, les canonniers derrière leurs pièces, la mèche à la main, le navire était comme un arbre fantastique garni de squelettes accrochés dans ses vergues[5], dans ses haubans,
15 et à l'avant, devant le détail de bout-dehors[6], qui représentait une tête de mort décharnée.

REPÈRES

• Dans ce roman de **Pierre Mac Orlan**, *Les Clients du Bon Chien Jaune*, des pirates font passer leur navire pour le *Hollandais-Volant*, un bateau fantôme légendaire.

↘ *Histoire des arts*, p. 152-153

Frederick Judd Waugh, *Les Boucaniers*, XIXᵉ-XXᵉ siècle.

Virmoutiers⁷, qui savait tout faire, monta un orgue sur le pont. Et il se mit à jouer la messe des trépassés⁸. Les sons de l'instrument portaient loin sur la mer, à cette heure calme. Le crépuscule de la nuit commençait à effacer tous les détails à bord.

Le navire chassé, qui était un brick de commerce⁹, nous aperçut et tenta de prendre de l'avance en virant de bord pour serrer le vent au plus près.

Toute la voilure blanche du *Hollandais-Volant* était déployée ; des torches jetaient de hautes flammes qui se tordaient au vent. Ainsi paré le *Hollandais-Volant* ressemblait à un immense catafalque¹⁰.

Nous gagnâmes de vitesse l'infortuné marchand¹¹. En élongeant¹² son bordage¹³ par bâbord¹⁴, nous vîmes l'équipage qui s'était jeté à genoux et levait les bras au ciel. La musique lugubre de Virmoutiers fit le reste. Avant que les mariniers blêmes de frayeur eussent esquissé un simulacre de défense, nous bondîmes à l'abordage, comme des diables, ou plutôt comme des morts à l'assaut des vivants. On ne tira pas un coup de canon. La prise était bonne. L'équipage fut jeté à la mer et je restai secoué d'horreur devant ce forfait perpétré de sang-froid.

Pierre Mac Orlan, *Les Clients du Bon Chien Jaune* [1926], Gallimard Jeunesse, « Folio Junior », 1997.

---

1. **Stupéfaction** : surprise. 2. **Harnachés en guerre** : prêts à combattre. 3. **Mousquet** : arme à feu portative. 4. **Haubans** : cordages d'un navire. 5. **Vergues** : pièces d'un navire qui soutiennent les voiles. 6. **Bout-dehors** : avant d'un bateau. 7. **Virmoutiers** : ancien bagnard et homme d'équipage. 8. **Trépassés** : morts. 9. **Brick de commerce** : navire marchand. 10. **Catafalque** : estrade où l'on dépose un cercueil. 11. **Marchand** : navire marchand. 12. **Élongeant** : longeant. 13. **Bordage** : partie extérieure de la coque. 14. **Bâbord** : gauche d'un navire.

Pour bien écrire

« Tout le monde » (l. 12). Ce groupe nominal est toujours suivi d'un verbe conjugué au singulier (*exemple : tout le monde fut placé à son poste*). Retrouvez dans le texte un nom qui, même au singulier, désigne plusieurs personnes.

L'HISTOIRE DES MOTS

« Crépuscule » (l. 19) vient du latin *creper* qui signifie « obscur ». Quel adjectif a-t-on formé à partir de ce nom ?

Je découvre le texte

1. Cherchez des informations à propos du *Hollandais-Volant* sur Internet. Utilisez des mots-clés supplémentaires pour trouver plus d'informations (littérature, musique, cinéma…).

Je comprends le texte

2. En quoi les pirates se déguisent-ils ? Quel sentiment cherchent-ils ainsi à provoquer chez leurs adversaires ?

3. Relevez dans le texte trois comparaisons qui soulignent l'aspect surnaturel de la scène.

4. Sur lesquels des cinq sens les pirates jouent-ils, pour impressionner leurs victimes ? Justifiez votre réponse par des mots du texte.

5. Quels détails, dans le dernier paragraphe, soulignent la cruauté des pirates ? Est-il nécessaire pour eux de tirer le canon ? Pourquoi, selon vous ?

6. Dans quel état d'esprit se trouve le narrateur après l'attaque ?

7. LANGUE Observez les pronoms personnels qui désignent successivement le narrateur. Qu'exprime le retour du « je » à la fin du texte ? ↘ Identifier les pronoms personnels, p. 294

J'écris pour interpréter le texte

8. À VOS PLUMES Un survivant du navire marchand raconte l'attaque du *Hollandais-Volant*. Rapportez ses premières paroles.

Méthode
Pensez à utiliser le champ lexical de la cruauté (souffrir, féroce, brutal…).

Je retiens

• La **scène d'abordage** est un moment attendu des romans de pirates. Dans cet extrait, la scène est brièvement racontée. La violence de l'assaut est seulement suggérée.
• Le **héros** du roman d'aventures, souvent **un enfant ou un adolescent**, se trouve généralement plongé dans un monde violent dont il ne partage pas les valeurs.

Histoire des arts

Objectif
- Comprendre la transformation d'une légende populaire en objet artistique.

Le *Hollandais-Volant*

Cette légende du XVIIIe siècle évoque un navire hollandais dont le capitaine, poussé par le diable, s'entêta à traverser une terrible tempête. Le bateau sombra avec son équipage, et Dieu le condamna à errer éternellement sur les mers. Depuis, le thème du Hollandais-Volant a inspiré de nombreux artistes.

Le goût du mystère

Le thème du vaisseau fantôme captive les amateurs de mystère, qu'ils soient peintres, musiciens ou poètes. En 1843, Richard Wagner (1813-1883) s'inspire de la légende pour créer son quatrième opéra, *Der Fliegende Holländer* (« Le Hollandais-Volant »), appelé en français *Le Vaisseau fantôme*. À chaque apparition du capitaine maudit, retentit un leitmotiv violent et sombre. À la fin du XIXe siècle, Victor Hugo, dans *La Légende des siècles*, évoque la malédiction qui frappe le *Hollandais-Volant*.

❶ Louis Michel Eilshemius, *The Flying Dutchman*, 1908, huile sur panneau, 58,9 x 64,9 cm, Whitney Museum of American Art, New York.

> C'est le hollandais ! la barque
> Que le doigt flamboyant[1] marque !
>   L'esquif[2] puni !
> C'est la voile scélérate[3] !
> C'est le sinistre pirate
>   De l'infini !
>
> Victor Hugo, « Les paysans au bord de la mer », *La Légende des siècles*, 1883.

1. **Doigt flamboyant** : ici, la main du pouvoir divin.
2. **Esquif** : embarcation légère.
3. **Scélérate** : criminelle, coupable.

❷ Le leitmotiv musical du Hollandais, dans l'opéra de Wagner.

❸ Les vers de Victor Hugo.

1. Situez le *Hollandais-Volant* dans le tableau d'Eilshemius. Quels indices vous ont permis de répondre ?

2. 🔊 Écoutez sur www.youtube.com le leitmotiv du Hollandais dans l'ouverture de l'opéra de Wagner et exprimez vos impressions.

3. Lisez l'extrait de *La Légende des siècles*. Relevez les adjectifs qualificatifs employés. Quel aspect du *Hollandais-Volant* révèlent-ils ?

Vocabulaire
- **Leitmotiv** : procédé qui consiste à associer chaque personnage à une séquence ou phrase musicale.
- **Opéra** : œuvre dramatique mise en musique. Elle est composée d'airs et de chœurs accompagnés par l'orchestre.

travers les arts

Un personnage inquiétant

Au cinéma, Gore Verbinski adapte le personnage du *Hollandais-Volant* pour lui donner le visage de Davy Jones, capitaine d'un navire maudit par la déesse Calypso et peuplé d'inquiétudes créatures marines. L'inquiétant capitaine croise à deux reprises la route du pirate imaginaire Jack Sparrow (Johnny Depp) dans la série de films *Pirates des Caraïbes*.

❹ Affiche de *Pirates des Caraïbes : la malédiction du Black Pearl*, film de Gore Verbinski, 2003.

❺ *Pirates des Caraïbes : le secret du coffre maudit*, film de Gore Verbinski avec Bill Nighy (Davy Jones), 2006.

4. En quoi l'affiche de *Pirates des Caraïbes : la malédiction du Black Pearl* évoque-t-elle la légende du *Hollandais-Volant* ?

5. Que sont devenus le capitaine du vaisseau fantôme et son équipage dans *Pirates des Caraïbes : le secret du coffre maudit* ? Comment expliquez-vous cette transformation ?

`Bilan`

6. Identifiez et nommez les différents genres artistiques représentés dans les documents 1 à 5.

Je retiens

- Depuis le XVIIIe siècle, la légende du *Hollandais-Volant* perpétue la représentation du **vaisseau fantôme** dans les arts.
- Elle est à l'origine de **nombreuses créations artistiques** dans des domaines aussi divers que la peinture, la musique, la littérature ou le cinéma.

L'Antiquité et nous

Objectif
- Découvrir la piraterie antique.

Qui est-il ?

- **Bacchus**
Fils de Jupiter, il est considéré comme le dieu de la fête. On le reconnaît aux feuilles de vigne qui couronnent sa tête et au thyrse, le bâton entouré de lierre et de rameaux de vigne qu'il tient à la main.

Dionysos, détail d'une amphore grecque, vers 490 av. J.-C.

Piraterie en Méditerranée

Durant l'Antiquité, les pirates sillonnaient déjà la mer Méditerranée et pillaient les navires marchands qui, par malheur, croisaient leur chemin... Le poète latin Ovide raconte ici la colère du dieu Bacchus contre les pirates tyrrhéniens[1] qui ont essayé de le capturer pour le vendre.

Le vaisseau s'arrête, immobile au milieu des flots, comme s'il était à sec dans une rade[2]. Les marins, surpris, continuent à battre la mer de leurs rames ; ils détendent les voiles et s'efforcent, par ce double secours, de mettre en mouvement le navire. Le lierre serpente autour des avirons,
5 les embarrasse de ses nœuds flexibles, et marque la voile de ses lourds corymbes[3]. Bacchus lui-même, le front couronné de raisins, agite un javelot que des pampres[4] enlacent. Couchés autour de lui, simulacres[5] effrayants, apparaissent les tigres, des lynx et des panthères au pelage tacheté. Les marins, soit frayeur ou vertige, s'élancent dans les flots.

Ovide, *Les Métamorphoses* [Ier siècle ap. J.-C.], livre III, trad. du latin par L. Puget, T. Guiard, Chevriau et Fouquier, Librairie Générale Française, Le Livre de Poche, « Classiques », 2010.

1. **Tyrrhéniens** : italiens.
2. **Rade** : endroit où les bateaux jettent l'ancre. 3. **Corymbes** : ensembles de fleurs.
4. **Pampres** : branches de vigne. 5. **Simulacres** : ici, apparitions.

Je comprends les documents

1. Quelle comparaison Ovide utilise-t-il pour souligner l'immobilité du navire ?

2. Comment Bacchus marque-t-il sa présence sur le bateau ?

3. Pris de colère, Bacchus métamorphose les pirates, qui se sont jetés à la mer. En vous appuyant sur l'illustration de droite, devinez en quoi les pirates vont être transformés.

4. Le mot *mer* vient du latin *mare*. Retrouvez d'autres mots de la langue française issus de cette même racine.

À vous de créer

5. Racontez, en quelques phrases, la métamorphose des pirates.

Dionysos chassant les pirates de la mer Tyrrhénienne, IIIe siècle, mosaïque, musée national du Bardo, Tunis.

Méthode

Réussir un exposé

Réalisez un exposé sur la piraterie à partir des documents suivants.

Plus curieux encore est le costume de l'horrible Edward Teach, dit Black Beard (début du XVIIIe siècle). Il portait une barbe sombre qui lui montait jusqu'aux yeux et lui recouvrait même la poitrine. Et cette barbe était finement travaillée. Il l'organisait en petites tresses qu'il
5 accrochait autour de ses oreilles mais c'est au combat que son dandysme[1] s'exaspérait. Là, il se harnachait d'une écharpe qu'il passait sur ses épaules et qui contenait trois paires de pistolets. À son chapeau, il fixait deux mèches allumées qui flottaient autour de son visage. On comprend que
10 pour les témoins « on ne saurait se former l'idée d'une furie[2] des Enfers plus terrible que sa figure ».

Gilles Lapouge, *Les Pirates*, éditions Phébus, 1988.

Portrait du pirate Edward Teach, dit Barbe-Noire, XIXe siècle, gravure.

1. **Dandysme** : manières élégantes.
2. **Furie** : divinité mythologique des Enfers.

MÉTHODE GUIDÉE

Étape 1 — Se documenter et cadrer son sujet

- Définissez l'angle de votre exposé.
- Cherchez des informations en multipliant les sources : ouvrages thématiques, encyclopédies, magazines, sites Internet.

1. Dans un exposé sur la piraterie, quels points vous semble-t-il important d'aborder ? Choisissez un angle précis, par exemple : l'âge d'or de la piraterie, les pirates célèbres, les femmes pirates.
2. Identifiez les documents ci-dessus. De quels genres d'œuvres s'agit-il ?

Étape 2 — Sélectionner les informations utiles

- Relisez les documents que vous avez réunis en notant les informations importantes.
- Triez ces informations par thèmes et élaborez le plan de votre exposé.
- Sélectionnez les textes et les images que vous souhaitez utiliser.

3. Quel est le véritable nom de Barbe-Noire ? À quelle époque a-t-il vécu ?
4. Ces informations sont-elles suffisantes pour faire un exposé ?
5. Quels éléments du texte allez-vous retenir pour votre exposé ? Quels points souhaitez-vous compléter ?

Étape 3 — Partager ses découvertes

- Choisissez la forme que vous allez donner à votre exposé afin de le rendre vivant et original.
- Présentez votre travail de manière organisée : une introduction, un développement et une conclusion.
- Entraînez-vous à voix haute et parlez distinctement lors de votre présentation.

6. Préférez-vous présenter votre exposé sous la forme d'une affiche, d'un diaporama, d'une interview ?
7. Comment allez-vous introduire votre sujet ? Par une anecdote ? un portrait ? un chiffre frappant ?
8. Quelle image pouvez-vous associer à chaque partie ?

Vocabulaire

Objectif
- Enrichir son vocabulaire de l'aventure et de la piraterie.

L'aventure et la piraterie

Explorer le vocabulaire de l'aventure

1 Au voleur ! Des lettres ont été volées dans ces synonymes du mot *aventure* puis retrouvées dans ce sac. Replacez-les correctement.
1. O_YSS_E
2. FOR_UN_
3. ÉQU_P_E
4. _XP_D_T_ _N
5. _É_IL
6. HAS_R_
7. É_REU_E

2 En vous appuyant sur la famille du mot *aventure*, associez chaque mot à sa définition. Puis employez-le dans une phrase de votre choix. Aidez-vous d'un dictionnaire si nécessaire.

s'engager dans une aventure • • aventurine
celui qui tente l'aventure • • s'aventurer
qui relève de l'imprévisible
et du hasard • • aventurier
pierre précieuse de couleur verte • • aventureux

Comparons nos langues
Le mot *trésor* vient du latin *thesaurus*, qui signifie « trésor ». Il se dit *treasure* en anglais et *tesoro* en espagnol et en italien. Lequel de ces mots vous semble le plus proche de la racine latine ?

Exprimer le courage

3 Le mot *courage* vient de *cœur*. Donnez un verbe et un adjectif formés autour de ce radical.

4 Regroupez en deux ensembles les synonymes suivants.
frayeur • audace • panique • courage • vaillance • effroi • bravoure • épouvante • témérité • terreur

5 Complétez ces expressions traitant du courage.
1. avoir du cœur au........
2. ne pas avoir froid aux........
3. prendre son courage à........
4. avoir mangé du........

Découvrir le vocabulaire de la piraterie

6 Formez des verbes à partir des noms suivants.
brigand • écumeur • pirate • boucanier • escroc • voleur

7 Associez ces mots aux numéros correspondants.
bâbord • tribord • proue • poupe • cordage • mât • haubans

8 Pouvez-vous retrouver ces mots dissimulés dans cette grille au trésor ? Les lettres en trop formeront le nom d'un terrible pirate de la littérature.

abordage • tribord • grog • sabord • ancre • sabre • boulet • proue • cordage • mousquet • poudre • mât • beaupré • bâbord • voile • poupe • corsaires • canon • barre

E	R	D	U	O	P	R	O	U	E
M	A	T	T	E	L	U	O	B	L
A	N	C	R	E	S	D	N	I	I
S	E	R	I	A	S	R	O	C	O
L	S	A	B	R	E	O	N	O	V
S	A	B	O	R	D	B	A	R	P
V	E	G	R	O	G	A	C	D	O
E	G	A	D	R	O	B	A	A	U
R	B	E	A	U	P	R	E	G	P
M	O	U	S	Q	U	E	T	E	E

À vous d'écrire !

9 Faites le portrait d'un pirate sanguinaire du XVIIIe siècle. Utilisez le vocabulaire vu dans la séquence et inspirez-vous des différents portraits étudiés.

Grammaire

Objectif
• Connaître le pluriel des verbes, des noms et des adjectifs.

Les formes du pluriel

> **Retenir l'essentiel**
> • Le **verbe** s'accorde avec son sujet.
> • Il existe plusieurs **règles de formation du pluriel** des noms et des adjectifs.
>
> ↘ Maîtriser les accords, p. 334-337

Accorder le sujet et le verbe

1 Complétez ces phrases à l'aide d'un sujet de votre choix.
1. ...... sommes liés pour la vie.
2. ...... sont devenues des pirates.
3. ...... êtes arrivés à temps.
4. ...... est considérée comme une légende de la piraterie.

2 Recopiez ces phrases en accordant les verbes au présent de l'indicatif.

1. L'équipage (*se mettre*) au travail. 2. À bord, les passagers du navire (*se préparer*) au combat. 3. Tout le monde (*s'interroger*) sur la raison de sa présence. 4. La foule (*se rassembler*) sur la place publique. 5. Aucun homme ne (*pouvoir*) survivre dans ces conditions. 6. Les marins (*renoncer*) à la piraterie.

Accorder les noms et les adjectifs

3 Mettez ces noms au pluriel en écrivant en rouge les changements effectués. Puis classez-les en quatre ensembles.

océan • croix • fabliau • navire • général • bataille • eau • palais • bateau • pavillon • prix • souris • nez • aveu • canal • drapeau • pieu

4 Mettez ces adjectifs qualificatifs au pluriel. Puis classez-les en quatre ensembles.

courageux • terrifiant • médiéval • incroyable • beau • valeureux • spectral • lourd • agressif • sombre • nocturne • ténébreux • autre

5 Mettez ces groupes nominaux au pluriel. Attention, chaque mot doit être modifié.

mon meilleur matelot • le pavillon noir • cet étrange cuisinier • son ennemi mortel • la voile blanche • un canon bruyant • ton légendaire trésor • l'impitoyable corsaire • l'interminable voyage

6 Relevez les noms et les adjectifs qualificatifs de ce texte. Précisez s'ils sont accordés au singulier ou au pluriel.

> C'était un grand et vigoureux gaillard à la peau de couleur noisette ; sa queue[1] enduite de goudron retombait sur le col de son habit bleu couvert de taches ; ses mains rugueuses, couturées de cicatrices, avaient des ongles noirs et cassés ; la balafre en travers de sa joue était d'un blanc livide et sale.
>
> Robert Louis Stevenson, *L'Île au trésor* [1883], trad. de l'anglais par J. Papy, Gallimard, 1974.

1. **Queue** : ici, queue de cheval.

7 **Dictée préparée**
a. Lisez attentivement ce texte.
b. Justifiez l'accord des verbes conjugués.
c. Expliquez les terminaisons des adjectifs qualificatifs et des participes passés employés comme adjectifs.
d. Réécrivez le texte sous la dictée de votre professeur ou d'un camarade.

> Le coffre de matelot était maculé de sang. Plusieurs vêtements accrochés le long du mur parmi les toiles d'araignées portaient d'anciennes taches sombres dont je n'eus aucun mal à reconnaître l'origine. Ces vêtements gardaient les traces sinistres de l'attentat qui leur avait donné un autre maître. En poursuivant mes recherches, j'aperçus au fond d'une grande caisse étrangement peinte (je ne savais pas à cette époque que c'était un cercueil chinois), deux ou trois douzaines de masques incompréhensibles, burlesques et blafards, qui représentaient chacun la face d'une tête de mort.
>
> Pierre Mac Orlan, *Les Clients du Bon Chien Jaune* [1926], Gallimard Jeunesse, « Folio Junior », 1997.

À vous d'écrire !

8 Vous êtes témoin de l'arrestation, par la marine anglaise, de l'équipage d'un bateau pirate qui écumait les côtes normandes. Décrivez les membres de cet équipage en veillant à utiliser des groupes nominaux au pluriel.

7. Redoutables pirates

S'exprimer à l'oral

ATELIER
Réaliser une interview imaginaire

Un jeune mousse a survécu à l'abordage du navire marchand sur lequel il naviguait. Des journalistes réalisent son interview après qu'il a été repêché.

ÉTAPE 1 — Définir le cadre de l'interview

1 Formez des groupes de quatre élèves et répartissez-vous les rôles suivants : le mousse, trois journalistes.

2 Donnez une identité au rescapé : son nom, sa famille, ses caractéristiques physiques, son pays d'origine.

3 Créez un scénario pour définir les circonstances de sa tragique mésaventure : le nom du navire sur lequel il naviguait, ses tâches, ce que transportait le bateau, les circonstances de l'abordage, comment il y a survécu, etc.

ÉTAPE 2 — Préparer les questions et les réponses de l'interview

4 Définissez les thèmes à aborder dans l'interview, puis notez au brouillon les questions et les enchaînements entre les questions.

5 Préparez le contenu des réponses au brouillon : les faits, les détails effrayants, les émotions à faire ressentir.
↳ L'aventure et la piraterie, p. 156

> **Méthode**
> Pour formuler vos questions, utilisez des formes interrogatives commençant par *qui, que, quand, où, pourquoi, comment*. Dans les réponses, exprimez les émotions ressenties par le mousse : la peur, l'espoir, le soulagement…

Howard Pyle, illustration de *Légendes de la mer des peuples du Nord*, 1902, Delaware Art Museum, Wilmington.

ÉTAPE 3 — Enregistrer l'interview

6 Exercez-vous : répétez l'interview en échangeant les rôles. Variez le ton pour exprimer la curiosité et la surprise des journalistes. Exagérez le récit du mousse lorsqu'il décrit les pirates.

7 Enregistrez-vous, puis réécoutez l'interview pour relever ce qui peut être amélioré.

8 Jouez l'interview devant la classe.

COMPÉTENCES

D1	Recourir à l'écriture pour réfléchir et pour apprendre.
D1, D3	Participer à des échanges dans des situations diversifiées.
D1, D3	Parler en prenant en compte son auditoire.
D1, D2	Adopter une attitude critique par rapport au langage produit.

S'exprimer à l'écrit

Écrire le journal de bord d'un pirate

Vous êtes un pirate célèbre du XVIIe ou du XVIIIe siècle.
Vous tenez votre journal de bord lors d'une expédition en mer.

ÉTAPE 1 — Déterminer le cadre du journal

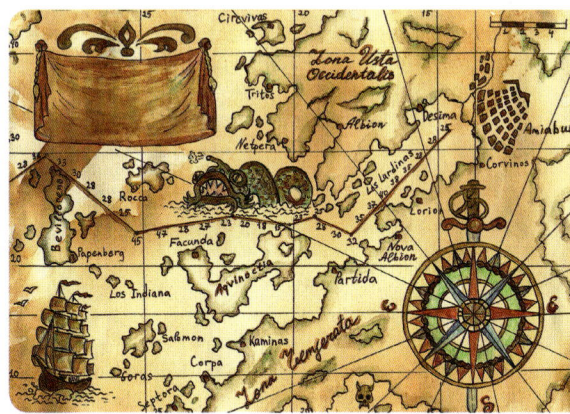

1 Avant de vous lancer dans l'écriture, définissez au brouillon quel pirate vous êtes : quels sont votre nom, votre pays d'origine, votre caractère ? Comment s'appelle votre navire ? Où naviguez-vous ? Pour trouver l'inspiration, vous pouvez faire des recherches sur un pirate célèbre. Il peut s'agir d'une femme, comme Anne Bonny ou Mary Read.

ÉTAPE 2 — Décrire le voyage et l'atmosphère à bord

2 Commencez votre journal le jour où vous prenez la mer. Décrivez les membres de l'équipage et l'atmosphère à bord.

> **Méthode**
> Donnez une date à chaque nouveau paragraphe. Pensez aux détails de la vie quotidienne à bord : repas, sommeil, vêtements, rôle de chacun sur le navire.

3 Décrivez le voyage en mer. La mer est-elle calme, agitée ? Quel temps fait-il ? Êtes-vous impatient(e) de passer à l'action ? Utilisez le vocabulaire ci-dessous.
voiles • proue • cabine • tonneau • mât • pont • longue-vue • vent • embruns

> **Pour bien écrire**
> Au passé composé, faites attention à ne pas confondre participe passé (finissant par -*é*) et infinitif (finissant par -*er*). Pour reconnaître l'infinitif, remplacez mentalement le verbe que vous utilisez par « prendre », selon l'exemple suivant : Nous avons commenc**é** (*pris*) à navigu**er** (*prendre*).

ÉTAPE 3 — Raconter une scène d'action

4 Un navire marchand croise votre route et vous décidez de passer à l'abordage. Le soir, vous consignez ces événements dans votre journal de bord. Dans un premier paragraphe, décrivez votre réaction et celle de l'équipage à la vue du navire.

5 Rédigez un court paragraphe sur l'abordage en utilisant des verbes d'action et le vocabulaire suivant.
vigie • goélette • Jolly Roger • mousquet • coutelas • boulet • bâbord • sabre • bataille

6 Concluez par un paragraphe racontant le partage du butin.

> **Méthode**
> Relisez l'extrait des *Clients du Bon Chien Jaune* et appuyez-vous sur le vocabulaire des activités précédentes.

COMPÉTENCES
- D1 Écrire à la main de manière fluide et efficace.
- D1 Produire des écrits variés.
- D1 Acquérir le sens et l'orthographe des mots.

Je fais le point — Redoutables

Bilan de la séquence

Un genre né au XIXᵉ siècle

- L'**âge d'or** de la piraterie débute dans la seconde moitié du XVIIᵉ siècle. Le **roman de piraterie,** lui, se développe surtout au XIXᵉ siècle avec Robert Louis Stevenson, l'auteur de *L'Île au trésor*.
- Les auteurs s'inspirent de **légendes fabuleuses** parfois mêlées de surnaturel, comme celle du *Hollandais-Volant*.
- Le narrateur, souvent un **jeune garçon**, n'approuve pas la violence du monde de la piraterie.

Des aventures clairement identifiées

- Dans ces romans, l'**aventure** est **tournée vers un but précis** : le pillage ou la découverte d'un trésor (*Moonfleet*).
- La **scène d'abordage** est un motif essentiel du récit de piraterie.
- L'histoire s'enrichit sans cesse de **péripéties** et de **rebondissements** qui captivent le lecteur.

La figure du pirate d'hier à aujourd'hui

- De nos jours, le monde de la piraterie continue d'alimenter l'**imaginaire des artistes**.
- Les pirates d'autrefois apparaissent dans l'imaginaire collectif comme des **personnages cruels** (tel le capitaine Crochet).
- Le pirate d'aujourd'hui n'est plus considéré comme un héros sanguinaire. Débarrassé de sa cruauté d'origine, il est désormais **un héros séduisant**, incarnant l'aventure.

Évaluation — 1. Mobiliser les acquis de la séquence

1. Je sais associer chaque nom de personnage au roman qui convient :
Long John Silver • Barbe-Noire • Jacques Crochet • Le *Hollandais-Volant*
Peter Pan • *L'Île au trésor* • *Moonfleet* • *Les Clients du Bon Chien Jaune*

2. Je sais situer les écrivains dans le temps et les placer sur une frise chronologique.
James Matthew Barrie • Robert Louis Stevenson • Pierre Mac Orlan • John Meade Falkner

| 1850-1894 | 1858-1932 | 1860-1937 | 1882-1970 |

XIXᵉ siècle → XXᵉ siècle

3. Je sais nommer une scène traditionnelle des romans de piraterie : ....
4. Je connais l'un des traits de caractère dominants des pirates : ....

Évaluation — 2. Lire et comprendre un récit

Une rencontre en mer

Nous vîmes venir à nous un bâtiment qui naviguait à pleine voilure. Le soleil levant inondait la mer d'un flot d'or qui nous obligeait à cligner des yeux quand on la regardait.

Mathieu Miles, déjà revêtu de son somptueux costume de squelette, paraissait préoccupé. Sa figure blafarde était plus livide que de coutume, ce qui faisait mieux ressortir les lèvres rosées de sa terrible cicatrice.

« Hâtez-vous, fils de Satan ! et commencez le feu à mon ordre. La journée sera chaude. »

Nous nous dépêchâmes d'endosser nos livrées[1] de guerre et nous prîmes nos places, attendant l'abordage. Le navire qui arborait pavillon français ne cherchait pas à éviter le combat. Bien au contraire, il manœuvrait pour nous prendre de flanc, afin de nous lâcher une bordée de ses canons qu'un reflet de soleil révélait. Son artillerie devait être égale à la nôtre. Nous aurions pu commencer à tirer, mais Mathieu Miles voulait l'approcher au plus près pour que ses gens puissent apercevoir nos figures et par ainsi profiter de leur désarroi.

Pierre Mac Orlan, *Les Clients du Bon Chien Jaune* [1926], Gallimard Jeunesse, « Folio Junior », 1997.

1. **Livrées** : costumes dédiés au service.

---

5. De quel genre de « bâtiment » (l. 1) est-il question dans ce texte ? Relevez deux mots qui justifient votre réponse.

6. À quel moment de la journée l'extrait se situe-t-il ? Quelle expression le révèle ?

7. Précisez ce que sont les « livrées de guerre » (l. 11-12).

8. Qu'attendent les pirates avant de passer à l'attaque ? Quel sentiment cherchent-ils à provoquer chez leurs adversaires ? Relevez l'expression qui vous l'indique.

9. À quelle scène peut-on s'attendre ensuite ?

Évaluation — 3. Écrire

10. Une fois à bord du navire français, les pirates constatent que leurs adversaires ont disparu. Une brume épaisse se forme. Une voix jaillit du vide et lance une malédiction sur les membres du *Hollandais-Volant*. Racontez cette scène du point de vue d'un des pirates.
Votre texte doit être écrit à la première personne et au passé.

COMPÉTENCES ÉVALUÉES

D1, D5 Lire
– Comprendre un texte littéraire et l'interpréter.

D1 Écrire
– Écrire de manière fluide et efficace.
– Recourir à l'écriture pour réfléchir et apprendre.

SÉQUENCE 8

Résister au plus fort : ruses, mensonges et masques

Le Petit Poucet

OBJECTIFS
- Comprendre l'importance de la réflexion pour surmonter les épreuves et grandir.
- Étudier la transposition du conte au théâtre.

Parcours d'une œuvre — Laurent Gutmann, *Le Petit Poucet ou Du bienfait des balades en forêt dans l'éducation des enfants*

Repères *Le Petit Poucet*, une pièce de théâtre inspirée d'un conte de Perrault — 164

Entrer dans la séquence — 165
Charles Perrault, *Le Petit Poucet* ; Laurent Gutmann, *Le Petit Poucet* (scène 1)

Lectures

1. Des parents démunis (scène 2) — 166
Comprendre ce qui déclenche l'action

2. Seul dans la forêt (scène 11) — 168
Étudier un monologue
Analyser l'expression de la peur

3. Les ruses du Petit Poucet (scènes 14 et 18) — 170
Identifier les ruses du Petit Poucet
Découvrir le rôle des didascalies

4. Un retour héroïque (scène 20) — 172
Interpréter le dénouement de la pièce
Comprendre la morale d'une histoire

Histoire des arts
Du conte au théâtre, la représentation de l'ogre — 174

Lecture intégrale Lire *Le Petit Poucet*, de Laurent Gutmann — 176

Vocabulaire L'expression de la peur — 177

S'exprimer à l'oral Jouer l'ogre dans la forêt — 178

S'exprimer à l'écrit Écrire une scène de théâtre — 178

Je fais le point Bilan et évaluation — 179

Le Petit Poucet, mise en scène de Laurent Gutmann, avec Jade Collin (la mère), David Gouhier (le père) et Jean-Luc Orofino (Petit Poucet), théâtre des Cinq Diamants, Paris, 2012.

au théâtre

▶ *Comment les épreuves vécues par le Petit Poucet aident-elles les enfants à grandir ?*

Repères

Laurent Gutmann (né en 1967)

Metteur en scène et auteur de théâtre français, il adapte *Le Petit Poucet* en 2012.

« *Le voyage du Petit Poucet est celui d'une vie. Le voyage qui permet de quitter ses parents en tant qu'enfant et de les retrouver parce qu'on est devenu un adulte.* »
Laurent Gutmann

Le Petit Poucet, *une pièce de théâtre* inspirée d'un conte de Perrault

Au XVIIe siècle, les écrivains s'emparent des contes populaires pour inventer le **conte merveilleux** ou **conte de fées** : le héros est souvent un enfant qui surmonte des épreuves grâce à des objets magiques ou à une fée. *Le Petit Poucet* de Charles Perrault est l'un des plus célèbres. Il fait partie des contes recueillis et publiés par Charles Perrault en 1697, sous le titre *Contes de ma mère l'Oye*. Au XXIe siècle, Laurent Gutmann réécrit le conte de Perrault pour l'adapter au théâtre. Dans sa mise en scène, le rôle du Petit Poucet est joué par un adulte de petite taille.

Les personnages de la pièce

| Le père | La mère | Petit Poucet | L'ogre | L'ogresse |

Indiquez les couples de person
Que constatez-vous ?

Entrer dans la séquence

Redécouvrez le début du *Petit Poucet*

Le conte de Perrault

Il était une fois un Bûcheron et une Bûcheronne qui avaient sept enfants tous Garçons. L'aîné n'avait que dix ans, et le plus jeune n'en avait que sept. On s'étonnera que le Bûcheron ait eu tant d'enfants en si peu de temps ; mais c'est que sa femme
5 allait vite en besogne[1], et n'en faisait pas moins que deux à la fois. Ils étaient fort pauvres, et leurs sept enfants les incommodaient beaucoup, parce qu'aucun d'eux ne pouvait encore gagner sa vie.

Charles Perrault, « Le Petit Poucet », *Contes de ma mère l'Oye*, 1697.

1. **Besogne** : travail.

La pièce de théâtre : scène 1

LE PÈRE. – Bonjour.
LA MÈRE. – Bonjour. *(Ils mangent une pizza en silence.)* Ça ne vous dérange pas si on mange ?
LE PÈRE. – On a faim, c'est l'heure.
5 *(Temps.)*
LA MÈRE. – On pourrait peut-être leur dire qui on est, ce qu'on fait là.
LE PÈRE. – Qui on est ?
LA MÈRE. – Oui. Qui tu es pour moi et qui je suis pour toi, par
10 exemple.
LE PÈRE. – Eh bien, tu es ma femme.
LA MÈRE *(au public)*. – Oui, c'est mon mari.
LE PÈRE. – C'est ça.
LA MÈRE. – Et là nous sommes chez nous. Nous habitons une
15 petite maison dans la forêt.
LE PÈRE. – Une maison très simple, on n'a pas besoin de beaucoup pour être heureux.
(Ils mangent en silence.)

Laurent Gutmann, *Le Petit Poucet, ou Du bienfait des balades en forêt dans l'éducation des enfants*, scène 1, Lansman Éditeur, 2013.

---

❶ Quelle remarque pouvez-vous faire sur les années de parution des textes ?

❷ Qui parle dans chaque texte et à qui ? Quel est le genre du second texte ?

❸ Par quelle expression débute le conte de Charles Perrault ? Pourquoi Laurent Gutmann n'a-t-il pas repris ces termes ?

❹ Quels personnages sont présents dans les deux extraits ? Quels personnages n'apparaissent pas dans le second texte et pourquoi ?

Lecture 1

Parcours d'une œuvre

Objectif
• Comprendre ce qui déclenche l'action.

Compétence
• Comprendre un texte littéraire et l'interpréter.

Des parents démunis

Dans la scène 1, après s'être présentés au public, le père et la mère ont présenté leur fils, Petit Poucet : c'est un enfant qui ne grandit pas malgré les années, qui ne parle jamais et qui a toujours faim. Les parents sont pauvres et ne savent comment faire pour réduire leurs dépenses. Alors que le Petit Poucet est endormi sur la table, le père envisage d'abord de partir, pour supprimer « une bouche à nourrir ».

Scène 2

LA MÈRE. – Ce serait une solution, c'est sûr, on serait plus à l'aise comme ça.

LE PÈRE. – Mais non, pas du tout : si je vous laisse tous les deux seuls, qui va travailler toute la journée pour ramener l'argent grâce auquel
5 vous allez vous acheter à manger ?

LA MÈRE. – Ah oui, je n'y avais pas pensé.

LE PÈRE. – Imaginons maintenant qu'on supprime ta bouche – c'est encore une image. Je resterais seul à la maison avec notre Petit Poucet et nous mangerions chaque jour ta part en plus des nôtres.

10 LA MÈRE. – Et moi je mangerais quoi ?

LE PÈRE. – Ce n'est pas le problème.

LA MÈRE. – Ah bon ?

LE PÈRE. – Il s'agit de savoir si cette solution est satisfaisante pour la majorité d'entre nous.

15 LA MÈRE. – D'accord.

LE PÈRE. – Dis-moi, est-ce que tu penses qu'un enfant qui a perdu sa mère peut être parfaitement heureux ?

LA MÈRE. – Ah non.

20 LE PÈRE. – Donc cette solution n'est pas bonne non plus. *(Silence.)* Je n'en vois plus qu'une.

LA MÈRE. – Ah oui ?

LE PÈRE. – Oui.

(Temps.)

25 LA MÈRE. – Supprimer la bouche du Petit Poucet ?

LE PÈRE. – C'est toi qui l'as dit.

LA MÈRE. – Ça veut dire ?....

LE PÈRE. – Ça veut dire le laisser partir, qu'il quitte cette maison et que nous nous partagions chaque
30 jour toi et moi ce qu'il ne mangera plus.

LA MÈRE. – Plus de Petit Poucet ?

LE PÈRE. – Si, mais loin, ailleurs.

LA MÈRE. – Quand même, abandonner notre enfant...

Pour bien écrire

« Resterais » (l. 8) : les marques de personne et de temps de ce verbe conjugué au conditionnel présent sont *-rais*. Quelles en auraient été les marques de personne et de temps au futur ?

H. M. Brock, *Le Petit Poucet*, XIXᵉ-XXᵉ siècles, bibliothèque des Arts décoratifs, Paris.

Lecture de l'image

Le comédien qui joue le Petit Poucet est de petite taille et plus âgé que les parents. Pourquoi le metteur en scène, qui est aussi l'auteur de la pièce, a-t-il fait ce choix ?

Le Petit Poucet, mise en scène de Laurent Gutmann, avec David Gouhier (le père) et Jean-Luc Orofino (Petit Poucet), théâtre des Cinq Diamants, Paris, 2012.

---

35   Le père. – Tout de suite les grands mots.
      La mère. – Je n'en vois pas d'autres.
      Le père. – Ça serait pour son bien.
      La mère. – L'abandonner tout seul sans défense…
      Le père. – Lui offrir la chance d'un nouveau départ. *(Il commence à couper*
40   *en petits morceaux les restes de la pizza. À la mère)* Tu m'aides ?

Laurent Gutmann, Le Petit Poucet ou Du bienfait des balades en forêt
dans l'éducation des enfants, scène 2, Lansman Éditeur, 2013.

L'HISTOIRE DES MOTS

« Bienfait » est construit avec les mots *bien* et *fait*. Un bienfait est un service rendu à quelqu'un. Cherchez un antonyme (mot de sens contraire) de ce mot, formé de la même manière.

Je découvre le texte

1. MISE EN VOIX Mettez-vous par deux et faites une lecture à voix haute du texte. Tenez compte de la ponctuation expressive (points d'interrogation et points de suspension).

2. À votre avis, lignes 35 et 39, le père coupe-t-il la parole à la mère ?

Je comprends le texte

3. Repérez les mots qui ont un rapport avec la faim.

4. L'amour est-il la préoccupation des parents ?

5. Quels sont le rôle du père et celui de la mère dans cet échange ?

6. Retrouvez les trois propositions successives pour réduire les dépenses familiales. Qui les suggère ?

7. Quel argument le père donne-t-il pour justifier le départ du Petit Poucet ? Que signifie l'expression « nouveau départ » (l. 39) ?

8. Pourquoi la mère n'est-elle pas d'accord ?

J'écris pour interpréter le texte

9. Dans un tableau à deux colonnes, une pour le père, une pour la mère, écrivez les remarques de chacun concernant le choix de faire partir le Petit Poucet. Soulignez les mots de sens contraire.

10. À VOS PLUMES Pourquoi l'auteur a-t-il choisi la pizza comme nourriture des parents ? En quoi est-ce amusant ?

Je retiens

- Dans cette **adaptation** comme dans la version de Charles Perrault, c'est la pauvreté qui déclenche l'action : les parents décident de sacrifier leur enfant.
- Cependant Laurent Gutmann introduit des indices de **modernité** et présente le départ du Petit Poucet comme une chance pour l'enfant.

8. Le Petit Poucet au théâtre

Lecture 2

Parcours d'une œuvre

Seul dans la forêt

Objectifs
- Étudier un monologue.
- Analyser l'expression de la peur.

Compétence
- Comprendre les spécificités du genre théâtral.

Les parents tentent d'abandonner leur enfant une première fois dans la forêt, mais celui-ci retrouve le chemin de la maison grâce aux cailloux blancs semés sur sa route. Ils l'abandonnent à nouveau dans les bois. Cette fois, le Petit Poucet a jeté sur son chemin des mini-pizzas.

Scène 11

PETIT POUCET. – Ils sont bizarres, mes parents : ça fait deux fois qu'on joue à cache-cache, deux fois qu'ils disparaissent, on dirait que ça les amuse, à leur âge c'est un peu étrange. S'ils veulent m'abandonner dans la forêt, pourquoi ne le font-ils pas, simplement ? Pourquoi leur faut-il
5 cette mise en scène ridicule ? *(Des oiseaux arrivent.)* Salut les oiseaux, vous en voulez un bout ? Oui, c'est encore moi, on commence à se connaître. *(La nuit commence à tomber.)* Je ne vois pas mes mini-pizzas sur le chemin ; évidemment les cailloux, c'était plus gros. C'est bizarre, je suis sûr d'en avoir laissé une ici ; et là ; et là. Il faut que je reparte de
10 mon point d'arrivée. Là. Non là. Ça devient inquiétant. Non, désolé les oiseaux, je n'ai plus rien à vous offrir, vous êtes trop gourmands, vous n'avez qu'à manger des cailloux, ça vous coupera l'appétit. Mais dites donc, ce n'est pas vous qui avez mangé mes mini-pizzas par terre ? Mais si, c'est vous, ce n'est plus drôle du tout ! *(On entend les loups.)* Maman !
15 Papa ! Papa ! Maman ! S'il vous plaît, revenez, j'ai peur ! *(Encore les loups.)* Je suis trop petit pour mourir dévoré par les loups. Je suis arrivé par là. Non, par là. Elle est nulle, cette forêt, elle est pareille dans tous les sens. *(On entend les loups de plus belle, le Petit Poucet se couche sur le sol.)* Non les loups, je suis petit, il faut me laisser, je vais dormir, je vais rêver, vous ne
20 pouvez pas me manger, je suis dans mon lit, je suis dans ma chambre, dans ma maison. Ça y est, je rêve, vous pouvez partir, je suis hors d'atteinte. *(Il se recroqueville, soudain on voit une lumière dans la nuit.)* Ma maison ! Maman ! Papa ! Ça sent bon, ça sent la maison.
25 Il y a quelqu'un ?

Laurent Gutmann, *Le Petit Poucet ou Du bienfait des balades en forêt dans l'éducation des enfants*, scène 11, Lansman Éditeur, 2013.

REPÈRES

- **La forêt** est un lieu clé des contes : c'est un lieu effrayant parce qu'il est peuplé de bêtes sauvages comme les loups.
- Ainsi, dans **Le Petit Chaperon rouge**, un autre conte de Charles Perrault, le loup rôde dans la forêt.

Pour bien écrire

L'adjectif « **ridicule** » (l. 5) prend un -*e* même au masculin. Connaissez-vous d'autres adjectifs qualificatifs dans le même cas ?

Le Petit Poucet et ses frères perdus dans la forêt, XIXe siècle, gravure anonyme.

Le Petit Poucet, mise en scène de Laurent Gutmann, avec Jean-Luc Orofino (Petit Poucet), théâtre des Cinq Diamants, Paris, 2012.

Je découvre le texte

1. Après avoir relu la première phrase de cet extrait, montrez que le Petit Poucet n'a pas compris les intentions de ses parents.

2. À quel moment le Petit Poucet commence-t-il à s'inquiéter ? Citez l'expression employée.

3. À qui le Petit Poucet s'adresse-t-il dans cet extrait ? Attend-il des réponses ?

Je comprends le texte

4. Lignes 5 à 7, relevez la phrase qui montre que le Petit Poucet a de l'humour.

5. Qu'est-ce qui accentue l'angoisse du Petit Poucet ? Appuyez-vous sur les indications scéniques.

6. LANGUE Observez la construction de la phrase du Petit Poucet commençant par « Non les loups… » (l. 18-19). Comment expliquez-vous les répétitions ? ➔ La phrase complexe, p. 313

7. Pourquoi le Petit Poucet essaie-t-il de se plonger dans le rêve ?

Je mets en jeu le texte

8. Jouez le monologue en utilisant votre corps (posture, expression du visage) pour exprimer la peur du Petit Poucet. Cette peur augmente par degrés.
Degré 0 : le Petit Poucet s'amuse, il parle aux oiseaux ; degré 1 : il se rend compte que les morceaux de pizza qu'il a semés ne sont plus là ; degré 2 : il appelle au secours.
Continuez avec les degrés 3 et 4. Et enfin, retournement de situation : le Petit Poucet voit une maison.

L'HISTOIRE DES MOTS

Le mot « maison » (l. 21) vient du latin *manere*, qui signifie « rester ». On retrouve cette racine latine dans « manoir ». La maison est donc le lieu où l'on reste, où l'on revient. Cherchez deux mots formés sur cette racine.

Je retiens

- Au théâtre, le **monologue** désigne un texte dit par un personnage seul sur scène, qui s'adresse à lui-même et au public, en exprimant ses **sentiments**. Le mot « monologue » vient du grec *monos* (« un seul ») et *logos* (« discours »).
- Dans cet extrait, le Petit Poucet exprime dans un monologue la **peur** qu'il ressent, seul dans la forêt.

Lecture 3

Parcours d'une œuvre

Les ruses du Petit Poucet

Objectifs
- Identifier les ruses du Petit Poucet.
- Découvrir le rôle des didascalies.

Compétence
- Justifier une interprétation.

La maison que le Petit Poucet a vue dans la forêt est celle de l'ogre. L'ogresse, attendrie par l'enfant, réussit à le soustraire à l'ogre, qui doit attendre le lendemain pour le manger. Elle conduit le Petit Poucet à l'étage, où il passe la nuit dans la chambre de leur fille. Elle lui donne une caille rôtie à manger.

Scène 14

PETIT POUCET. – Être mangé par un loup ou être mangé par un ogre, je ne sais pas ce que je préfère. À croire qu'on ne peut échapper à sa nature : certains sont nés pour manger et d'autres pour être mangés. *(À la caille.)* N'est-ce pas, ma caille ? Rêve ou réalité, peu importe, toi
5 et moi nous n'avons pas le beau rôle dans cette histoire. *(La petite fille ronfle.)* Qu'est-ce qu'elle a de plus que moi, celle-là, avec sa tête affreuse, et ses dents de vampire ? On lui a mis une couronne d'or sur la tête pour dormir, comme c'est mignon, comme c'est crétin, une couronne pour dormir, pourquoi pas une robe de princesse pour aller aux toilettes ?
10 *(Il met la couronne sur sa propre tête.)* Moi aussi j'ai une tête de roi si je veux, à quoi ça tient d'être du bon côté de l'histoire…

REPÈRES

- Les indications en italique et entre parenthèses dans le texte de la pièce sont des **didascalies**. L'auteur les a rédigées pour le metteur en scène et les comédiens, afin de préciser les sentiments, les gestes et les déplacements des personnages, mais aussi les lieux et le décor.

Pour bien écrire

« À croire » (l. 2, p. 170) : ne confondez pas la préposition *à* et *a*, 3ᵉ personne du singulier du verbe *avoir* au présent de l'indicatif. Relevez cette forme du verbe *avoir* dans le texte.

Le Petit Poucet, mise en scène de Laurent Gutmann, avec Jean-Luc Orofino (Petit Poucet), théâtre des Cinq Diamants, Paris, 2012.

Scène 18

L'ogre entre dans la chambre plongée dans le noir, pour tuer le Petit Poucet. Trompé par la couronne, il met à mort sa fille. Le Petit Poucet s'enfuit, pourchassé par l'ogre chaussé de ses bottes de sept lieues. Le garçon s'enfuit dans la forêt, où il se recroqueville pour ressembler à une pierre.

Petit Poucet *(toujours recroquevillé en pierre).* – N'es-tu pas fatigué de marcher dans la forêt ?

L'ogre. – Pardon ?

Petit Poucet. – Ne ferais-tu pas mieux de te reposer quelques instants ?

5 L'ogre. – On me parle, là ?

Petit Poucet. – Le garçon que tu cherches a des petites jambes, il n'a pas pu aller bien loin.

L'ogre. – J'entends une pierre qui me parle ; je crois que le chagrin[1] est en train de me rendre fou.

10 *(Il se met à sangloter et s'assied par terre. Il déchausse ses bottes de sept lieues et s'appuie sur le Petit Poucet qu'il continue à prendre pour une pierre. Il s'endort.)*

Petit Poucet. – Il dort ? *(Le Petit Poucet cherche à se dégager. Il découvre les bottes de sept lieues.)* Alors c'est ça, les bottes de sept lieues[2] ? Je ne
15 voyais pas ça comme ça.

L'ogre *(il rêve).* – Ma petite fille…

Petit Poucet. – Dors, mon grand, ta vie est plus douce les yeux fermés.
(Le Petit Poucet sort, emportant avec lui les bottes.)

Laurent Gutmann, Le Petit Poucet ou Du bienfait des balades en forêt dans l'éducation des enfants, scènes 14 et 18, Lansman Éditeur, 2013.

---

1. **Chagrin** : celui d'avoir tué sa fille en croyant tuer le Petit Poucet.
2. **Bottes de sept lieues** : bottes magiques de l'ogre dans le conte du *Petit Poucet*. Elles s'adaptent aux pieds de ceux qui les chaussent et leur permettent de parcourir sept lieues, c'est-à-dire environ 30 km, en une seule enjambée.

Je découvre le texte

1. LECTURE DE L'IMAGE Décrivez ce que vous voyez sur la photographie du spectacle ci-contre. Que porte le Petit Poucet sur la tête ? Le personnage vous semble-t-il serein ou inquiet ?

2. Imaginez ce que pense le Petit Poucet, sachant que la fille de l'ogre dort dans un des lits.

Je comprends le texte

3. Expliquez les ruses du Petit Poucet dans chacune des deux scènes. Montrez les ressemblances entre les deux situations.

4. Dans la scène 18, comment le Petit Poucet met-il à profit sa petite taille ?

5. D'après vous, quel est le rôle de la caille dans le premier texte ?

6. Dans la scène 14, quelle est la phrase comique ? Quel est son rôle ?

7. Dans la scène 18, à quoi sert la didascalie des lignes 10 à 12 ?

8. Par quel jeu de mots le Petit Poucet montre-t-il qu'il est supérieur à l'ogre ?

9. Que pense-t-il des bottes de sept lieues ?

J'écris pour interpréter le texte

10. Expliquez en quelques phrases comment, dans les deux scènes, le Petit Poucet a fait pour renverser la situation et triompher de l'ogre.

L'HISTOIRE DES MOTS

« **Crétin** » (l. 8, p. 170), au XVIIIe siècle, désignait une personne atteinte d'un retard de développement physique et mental. Puis ce mot est entré dans le langage familier pour qualifier une personne agissant de manière stupide. Cherchez des synonymes de ce mot.

Je retiens

• Comme dans le conte de Perrault, le Petit Poucet de la pièce de Laurent Gutmann traverse les **épreuves** et les dangers en utilisant la **ruse**, l'intelligence et le courage.

• L'auteur lui fait également manier le langage avec **humour**.

Lecture 4

Parcours d'une œuvre

Un retour héroïque

Objectifs
• Interpréter le dénouement de la pièce.
• Comprendre la morale d'une histoire.

Compétence
• Mettre en relation des textes.

Grâce aux bottes de sept lieues, le Petit Poucet grandit d'un seul coup. Il retourne chez l'ogresse et lui fait croire que l'ogre est prisonnier de brigands qui exigent une rançon. Son plan réussit : elle lui remet une mallette pleine d'or et d'argent. Pendant ce temps, ses parents découvrent que leur nouvelle vie n'est pas si heureuse : ils souffrent de l'absence de leur enfant qu'ils croient mort. On frappe alors à leur porte.

Scène 20

La mère. – Petit Poucet ?

Petit Poucet. – Oui, c'est comme ça qu'on m'appelait. Autrefois.

Le père *(Temps)*. – Tu parles maintenant ?

Petit Poucet. – Maintenant comme avant.

5 La mère. – Non, personne avant n'avait entendu le son de ta voix.

Petit Poucet. – Vous seuls ne l'entendiez pas.

La mère. – Pourquoi étais-tu parti ? Nous étions très inquiets. Qu'as-tu fait pendant tout ce temps ?

Petit Poucet. – Rien, ou presque. Je me suis un peu baladé, j'ai fait deux
10 ou trois rencontres, rien d'extraordinaire, rien qui mérite d'être raconté.

Le père. – Tu es grand, ça fait bizarre, il faut qu'on s'habitue.

La mère. – Petit Poucet. Petit Poucet. Je crois qu'on va te trouver un autre nom.

Petit Poucet. – Tenez, je vous ai ramené des souvenirs de ma balade
15 en forêt, oh pas grand-chose, quelques babioles, juste de quoi bien finir cette histoire, comme doivent finir les contes de fées.

(Il donne à son père une mallette qu'il portait à la main.)

Le père. – Merci. *(Il ouvre la mallette, des milliers de pièces d'or s'en échappent.)* Attends. C'est gentil, mais ton cadeau, ton argent, ce n'est
20 pas ça l'important.

La mère. – Non ?

Le père. – Non.

La mère. – Oui. Non. *(Temps.)* Le vrai cadeau, c'est toi ; de retour à nos côtés.

25 Le père. – Oui.

La mère. – Ça nous est égal que tu sois grand ou petit.

Le père. – Notre amour pour toi a toujours été immense.

30 La mère. – C'est beau ce qu'on dit là, ça m'étonne de nous.

L'HISTOIRE DES MOTS

« **Babioles** » (l. 15) vient de l'italien *babbola* (au pluriel *babbole*) qui signifie « bêtise », « enfantillage ». Ce mot a désigné également des jouets d'enfant ; on l'utilise aujourd'hui pour des objets de peu d'importance. Inventez une phrase avec ce mot.

Pour bien écrire

« **Doivent** » (l. 16) s'accorde avec son sujet, « les contes de fées », placé après le verbe. Le sujet est inversé. Construisez une phrase avec un sujet inversé.

Le Petit Poucet et ses frères rentrent chez leurs parents, XIXe siècle, gravure anonyme.

Le père. – Comme quoi… *(Ils embrassent le Petit Poucet.)* Mon fils.

35 La mère. – Tu nous as manqué.

Petit Poucet *(souriant).* – Ça fait bizarre, les baisers, faut s'habituer.

(On entend Money[1], de ABBA ; le
40 *Petit Poucet et ses parents dansent de concert.)*

Le père *(lorsque la chanson s'achève).* – Et ton argent, tu sais ce qu'on va en faire ? Eh bien, on
45 va le garder !

Tous les trois. – Non mais !

Laurent Gutmann, *Le Petit Poucet ou Du bienfait des balades en forêt dans l'éducation des enfants*, scène 20, Lansman Éditeur, 2013.

1. *Money* : chanson du groupe ABBA créée en 1976 et qui critique le pouvoir de l'argent.

Le Petit Poucet, mise en scène de Laurent Gutmann, avec Jade Collinet (la mère), David Gouhier (le père) et Jean-Luc Orofino (Petit Poucet), théâtre des Cinq Diamants, Paris, 2012.

Je découvre le texte

1. Relisez le début de la pièce (▶ Lecture 1, p. 166). Qu'est-ce qui a changé pour les parents et pour l'enfant ?

2. Quelle phrase trouvez-vous la plus belle dans ce texte ? Pourquoi ?

Je comprends le texte

3. En quoi cette fin répond-elle au problème de la situation initiale ?

4. De quoi les parents sont-ils le plus heureux ? de la mallette ou du retour de leur fils ? Justifiez votre réponse par un passage du texte.

5. Que signifie le titre de la chanson qu'ils écoutent ? En quoi s'agit-il d'un clin d'œil ?

6. Pourquoi le Petit Poucet ne veut-il pas raconter ses aventures ?

7. En quoi a-t-il changé ? Quelle est la réaction de ses parents ?

8. Qu'ont découvert ses parents ?

J'écris pour interpréter le texte

9. Les personnages sont étonnés à la fin de la pièce. Qu'ont-ils appris ?

10. À VOS PLUMES Écrivez la morale de la pièce en quelques vers à la manière de Perrault.

La morale du conte de Perrault
On ne s'afflige point d'avoir beau-
 [coup d'enfants,
Quand ils sont tous beaux, bien faits et
 [bien grands,
Et d'un extérieur qui brille ;
Mais si l'un d'eux est faible ou ne dit
 [mot,
On le méprise, on le raille, on le pille ;
Quelquefois cependant c'est ce petit
 [marmot
Qui fera le bonheur de toute la famille.

Charles Perrault, « Le Petit Poucet », *Contes de ma mère l'Oye*, 1697.

REPÈRES

- Dans les contes, le récit est au service d'une **morale**, qui, située à la fin de l'histoire, résume la leçon à en tirer. Ainsi les actions des personnages et la manière dont ils surmontent les obstacles illustrent **les qualités humaines** qui seront mises en valeur dans la morale.

Je retiens

- À la fin de la pièce de Laurent Gutmann, le Petit Poucet **a grandi**, et ses parents eux aussi ont évolué : ils ont souffert de l'absence de leur enfant et ont appris à exprimer l'amour qu'ils ressentent pour lui.

8. Le Petit Poucet au théâtre

Histoire des arts

Objectif
- Analyser la figure de l'ogre et sa mise en scène au théâtre.

Du conte au théâtre

L'ogre est un personnage central du conte du *Petit Poucet*. Ce géant cruel ne pense qu'à manger, de préférence de petits enfants.
Au XIXe siècle, l'illustrateur Gustave Doré lui a donné un visage.
Les mises en scène contemporaines en montrent d'autres aspects.

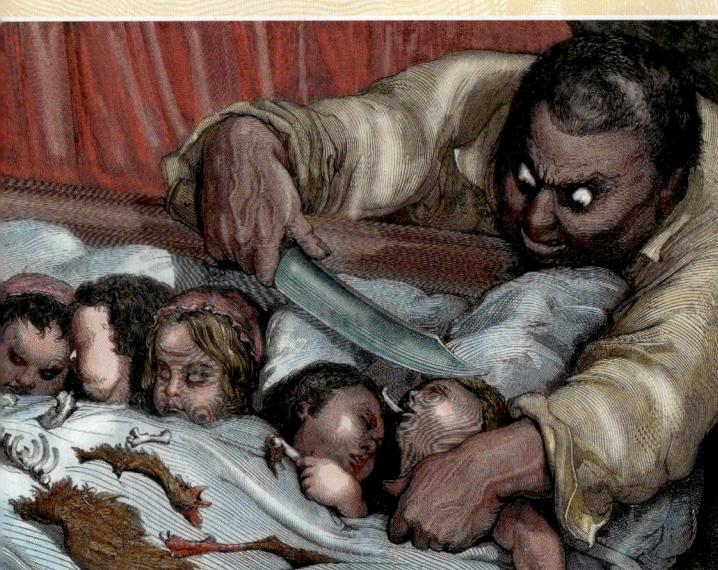

Gustave Doré : l'ogre égorgeant ses filles

Dans cette gravure, Gustave Doré montre l'ogre s'apprêtant à égorger ses filles. Le Petit Poucet leur ayant ôté leurs couronnes, l'ogre s'est trompé de lit.

1. Comment la cruauté de l'ogre est-elle rendue dans la gravure de Gustave Doré ? Observez l'expression de son visage et ses mouvements.
2. Que tient-il dans la main ?

❶ Gustave Doré, illustration du *Petit Poucet* de Charles Perrault, 1867, gravure colorisée.

Gianni Bissaca : l'ogre dévoreur

Dans cette mise en scène de Gianni Bissaca, le comédien Claudio Casadio joue tous les personnages du conte. Il passe de l'un à l'autre à l'aide d'accessoires : il porte un bonnet pour jouer Poucet, et rabat sa capuche quand il joue l'ogre. Il tient alors également devant lui un crâne de vache à la mâchoire pendante.

3. Observez la photo de la mise en scène de Gianni Bissaca. Comment, par la lumière, l'objet et le jeu du comédien, l'horreur du personnage de l'ogre est-elle montrée ?
4. Comparez l'expression du visage et l'objet. Imaginez les sons qui pourraient sortir de la bouche du comédien.

❷ *Le Petit Poucet* de Marcello Chiarenza, mise en scène de Gianni Bissaca, compagnie Teatro stabile d'innovazione, Italie, 2008.

a représentation de l'ogre

Laurent Gutmann : un ogre respectable ?

Laurent Gutmann fait dire à l'ogresse qui présente son mari : « Il est très gentil mais c'est plus fort que lui, il faut qu'il dévore tout : les sangliers, les moutons, les biches, les cochons, et plus que tout, ce qu'il aime, c'est la chair fraîche des petits enfants comme toi. [...] S'il te découvre ici, crois-moi, tu vas vite y passer. »

5. Dans la mise en scène de Laurent Gutmann, la scène du repas de l'ogre fait-elle peur ? Pourquoi ?

6. Quel objet voyez-vous sur la table ? À quoi vous fait-il penser ?

7. Quelle est la couleur de la nappe, des chaises et de la robe de l'ogresse ? Pourquoi le metteur en scène a-t-il fait ce choix, selon vous ?

Bilan

8. Comparez l'utilisation de la lumière dans les trois images. Que met-elle en valeur ?

9. Comparez les objets associés à l'ogre dans chacune des images. Que ressentez-vous ?

10. Lequel de ces trois ogres vous semble le plus terrifiant ? Justifiez votre réponse.

③ *Le Petit Poucet*, mise en scène de Laurent Gutmann, avec David Gouhier (l'ogre) et Jade Collinet (l'ogresse), théâtre des Cinq Diamants, Paris, 2012.

Vocabulaire

- **Éclairage en contre-plongée :** fait d'éclairer un comédien par une lumière venue du sol.
- **Face :** ensemble des lumières qui éclairent la scène depuis la salle.
- **Jeux de lumière :** effets d'éclairage qui permettent, au théâtre, de mettre en valeur un élément de la scène.
- **Projecteurs :** appareils permettant d'éclairer la scène.

Je retiens

- Au théâtre, le metteur en scène joue avec la **lumière** et le **son**, les **objets** et le **jeu** des comédiens. Cela permet d'accentuer les effets du texte.
- Il crée ainsi une **ambiance** pour jouer avec l'émotion du spectateur.

8. Le Petit Poucet au théâtre

Lecture intégrale

Lire *Le Petit Poucet*, de Laurent Gutmann

I. Une pièce inspirée d'un conte merveilleux

1. Retrouvez dans la pièce les étapes du conte de Perrault. Dans un tableau, vous noterez la situation initiale, l'événement déclencheur, les épreuves du Petit Poucet, l'élément de résolution et la situation finale. ↘ Repères, p. 164
2. Dans ce conte, quels sont les objets magiques ?
3. Que permettent finalement les bottes de sept lieues ?
4. La femme de l'ogre est-elle l'alliée du Petit Poucet ? Comprend-elle ce qui est arrivé à l'ogre ?

II. Le sous-titre et la morale du conte

5. Le mot *balades*, dans le sous-titre, vous semble-t-il bien choisi compte tenu des épreuves du héros ?
6. Comparez la famille du Petit Poucet au début de la pièce avec celle de l'ogre. Êtes-vous étonnés par l'affection que l'ogre et les siens manifestent ? Notez le nombre de fois qu'ils s'appellent par « ma chérie » et « mon amour ».
7. Quelle est la morale qui ressort de la pièce de Laurent Gutmann ? Qu'arrive-t-il aux parents et au Petit Poucet que l'on pourrait donner comme un enseignement ?

III. La présence de l'humour

8. Il est beaucoup question de manger de la pizza dans la maison du Petit Poucet. En quoi est-ce comique ?
9. Retrouvez trois moments ou trois phrases qui vous ont fait rire dans l'histoire. Expliquez pourquoi.
10. Que pensez-vous du langage familier et des jeux de mots utilisés par l'ogre ? Est-il sympathique, finalement ?

IV. Ce qu'apporte le théâtre au conte

11. Qu'apportent les dialogues à cette histoire ? Préférez-vous les dialogues ou le récit ?
12. Qu'apportent les didascalies au texte ? Vous ont-elles permis de visualiser les scènes ?
13. Retrouvez les moments où les personnages s'adressent aux spectateurs. Pourquoi le font-ils ? Avez-vous apprécié les passages où le Petit Poucet parle au public ? Pourquoi ?
↘ Le vocabulaire du théâtre, p. 351

Bilan

Jouer avec la taille du Petit Poucet
Si vous étiez metteur en scène, comment feriez-vous pour faire grandir le Petit Poucet à la fin de la pièce, ou le rendre petit pendant toute la pièce ? Trouvez deux solutions que vous montrerez et expliquerez à la classe.

Méthode
• Pour la première solution, pensez aux objets, aux marionnettes ou au jeu d'ombres.
• Pour la seconde solution, créez des images numériques que vous projeterez sur un écran.

🖱 À vous de créer
Observez le travail du sculpteur Jephan de Villiers sur son site (http://www.castor-et-pollux.com/beaux-arts/25-jephan-de-villiers-sculptures.html). Comme lui, réunissez des feuilles, des brindilles et des morceaux d'écorce pour façonner votre Petit Poucet. Pour le visage, vous chercherez à exprimer la peur, l'étonnement ou la joie d'être dans la forêt. Vous exposerez vos créations au CDI en mettant en scène les objets.

Vocabulaire

Objectif
• Exprimer le sentiment de la peur.

L'expression de la peur

Identifier les mots qui font peur

1 Lisez le texte suivant. Repérez les mots et les groupes de mots qui rendent le personnage de l'ogre effrayant.

> Mais ils avaient à faire au plus cruel de tous les ogres, qui bien loin d'avoir de la pitié les dévorait déjà des yeux, et disait à sa femme que ce serait là de friands morceaux lorsqu'elle leur aurait fait une bonne sauce. Il alla prendre un grand couteau, et en approchant de ces pauvres enfants, il l'aiguisait sur une longue pierre qu'il tenait à sa main gauche.
>
> Charles Perrault, « Le Petit Poucet », *Contes de ma mère l'Oye*, 1697.

Caractériser la peur et ses manifestations

2 Reliez ces manifestations physiques de la peur à la partie du corps concernée.

sueur •	• cœur
accélération •	• front
bégaiement •	• jambes
halètement •	• mains
paralysie •	• cheveux ou poils
moiteur •	• voix
sécheresse •	• souffle
hérissement •	• peau
frissons •	• bouche

3 Cherchez la définition des mots suivants et trouvez un ou plusieurs adjectifs correspondant à chacun d'entre eux.

peur • crainte • inquiétude • angoisse • frayeur • effroi • panique • terreur • épouvante

4 Complétez ces mots synonymes de *peur* dans le langage familier. En connaissez-vous d'autres ?

La fr......... • La pét......... • Les je......... • Les choc.........

Comprendre et utiliser des expressions courantes

5 Choisissez une des expressions suivantes et dessinez-la de façon à faire apparaître le jeu de mots.

être glacé de peur • être vert de peur • avoir une peur bleue • avoir des sueurs froides • avoir la peur au ventre • avoir froid dans le dos • trembler comme une feuille • avoir la chair de poule • avoir les jambes en coton

> **Comparons nos langues**
> En anglais, « avoir une peur bleue » se dit *to be scared to death*, qui signifie littéralement « mourir de peur ».

6 Reconstituez les phrases qui expriment la peur :

mon cœur... •	• se glaça
mon sang... •	• se pétrifia
ma gorge... •	• se serra
mon corps... •	• se noua

À vous d'écrire !

7 Imaginez des situations qui font peur : écrivez cinq phrases en choisissant un élément dans chaque colonne du tableau ci-contre. Vous accorderez les adjectifs, conjuguerez les verbes et ajouterez les prépositions nécessaires.

8 Rédigez un conte en commençant par une des cinq phrases que vous avez écrites. Dans votre histoire, vous devrez placer tous les adjectifs de la 4ᵉ colonne et respecter le schéma narratif du conte. ➤ *Je fais le point, p. 179*

je	parcourir	la forêt	brumeux	à tâtons
les enfants	observer	la lande	désert	doucement
le cheval	s'arrêter	le bois	glauque	en haletant
Élodie	se pétrifier	le parc	hanté	la nuit
Théo	courir	l'allée	lugubre	au crépuscule
nous	reculer	le manoir	mystérieux	sans faire de bruit
vous	apercevoir	la cave	inquiétant	avec horreur
tu	se cacher	la chambre	tortueux	brusquement
le chat	tomber	le couloir	sinistre	en pleine lumière
ma cousine et moi	s'immobiliser	l'escalier	sombre	derrière la porte

8. Le Petit Poucet au théâtre

S'exprimer...

...à l'oral
Jouer l'ogre dans la forêt

1 Créez votre décor, la forêt, en choisissant sur le site du photographe Ellie Davies (http://www.elliedavies.co.uk) une image qui vous semble correspondre à la forêt décrite dans la pièce.

2 Préparer une bande-son que vous utiliserez en fond sonore. Pour cela, avec votre voix ou à l'aide d'objets, enregistrez des sons qui font peur : le vent dans les arbres, des craquements, des trottinements, le hurlement d'un loup.

3 Imaginez et construisez le personnage de l'ogre : inventez les paroles qu'il prononce, puis sur l'aire de jeu, testez les vêtements et accessoires que vous avez choisis. Travaillez la démarche du personnage, sa gestuelle (mouvements du corps), sa voix (sons, mots), l'expression de son visage pour faire peur à votre public ou le faire rire. Avec des lampes de poche allumées dans le noir, éclairez certains aspects de l'ogre que vous jouez.

4 Projetez la photographie choisie, puis entrez sur scène en jouant l'ogre comme vous l'avez répété. Sortez de scène car l'ogresse vous appelle. Expliquez ensuite vos choix à la classe.

> **Méthode**
> Demandez l'aide d'un(e) camarade pour tenir la lampe de poche ou jouer la voix de l'ogresse.

...à l'écrit
Écrire une scène de théâtre

5 Relisez *Le Chat botté* de Charles Perrault. Comparez l'ogre de ce conte à celui du *Petit Poucet* (caractère, pouvoir, costume, objet magique).

6 Imaginez que les deux ogres se rencontrent. Que se disent-ils ? S'affrontent-ils ? Se vantent-ils de leurs pouvoirs respectifs ? Se parlent-ils de leur passion commune : manger de la chair fraîche ? Notez vos idées au brouillon.

7 Écrivez la scène sous forme de dialogue théâtral en commençant par une didascalie.

> **Pour bien écrire**
> Vous emploierez essentiellement les pronoms *je* et *tu* dans votre dialogue. Veillez à bien ajouter le *-s* aux verbes précédés du pronom *tu*.

> **Méthode**
> • Pour rédiger le dialogue au théâtre, inscrivez le nom des personnages, ajoutez un point et un tiret puis écrivez leurs répliques.
> • Pour indiquer un sentiment ou un mouvement du personnage, utilisez des didascalies.
> ↳ Le vocabulaire du théâtre, p. 351

Illustration du *Chat botté*, vers 1850, lithographie.

COMPÉTENCES

D1, D5	Mettre en œuvre un projet artistique.
D1, D2	Parler en prenant en compte son auditoire.
D1	Identifier un genre et ses enjeux.
D1	Produire des écrits variés.

Un conte mis en scène

Je fais le point

Bilan de la séquence

Le Petit Poucet de Laurent Gutmann est la transposition d'un conte

Cette pièce suit le **schéma classique des contes** : une situation initiale, un événement déclencheur, des épreuves, un élément de résolution et une situation finale heureuse. Ici, le Petit Poucet et sa famille passent de la misère (situation initiale) à la richesse et à l'union (situation finale).

La pièce conserve des éléments merveilleux

Le merveilleux se retrouve dans les **objets adjuvants** (cailloux, couronne) ou magiques (bottes de sept lieues).

Il se retrouve aussi dans les **personnages imaginaires** de l'ogre et de l'ogresse.

Ce qu'apporte le théâtre au conte

La pièce a **la même morale** que le conte : le plus petit n'est pas le plus bête, de lui peut venir le bonheur de la famille. Mais **une seconde morale** est présente : les parents apprennent qu'il faut exprimer l'amour qu'on éprouve pour ses enfants.

Dans la pièce de théâtre, le **dialogue** est vif, la **gestuelle** peut accentuer l'humour. Les didascalies facilitent le jeu en précisant les gestes, les intentions ou les sentiments des personnages. Le **monologue** permet au Petit Poucet de dire au public ce qu'il ressent.

Évaluation — Mobiliser les acquis de la séquence

1. Je sais nommer l'auteur du conte *Le Petit Poucet* : ....
2. Je sais énumérer dans l'ordre les différentes étapes d'un conte : ....
3. Je sais ce qu'est un adjuvant dans un conte : ....
4. Je sais quel est le nom donné aux indications scéniques : ....
5. Je sais nommer les paroles d'un personnage qui s'exprime seul sur scène : ....
6. Je sais qui organise le jeu des comédiens sur scène : ....

COMPÉTENCES ÉVALUÉES

D1 Lire
– Identifier le genre du conte et ses enjeux.
– Identifier le genre du théâtre et ses enjeux.
– Mettre en relation un texte avec les textes lus antérieurement.

D1 Écrire
– Produire des écrits variés.

SÉQUENCE 9

Résister au plus fort : ruses, mensonges et masques

Tel est pris

OBJECTIFS
- Découvrir des textes de différents genres mettant en scène la ruse.
- Analyser des retournements de situation.

Repères La ruse en littérature … 182

Entrer dans la séquence … 183

Lectures

1. Jean de La Fontaine, *Le Corbeau et le Renard* … 184
Comprendre la mise en place d'une ruse

2. Jean de La Fontaine, *Le Coq et le Renard* … 186
Découvrir une fable qui déjoue les attentes du lecteur

3. Anonyme, *La Farce du pâté et de la tarte* … 188
Comprendre le mécanisme de la farce

4. Molière, *Les Fourberies de Scapin* … 190
Saisir les effets comiques du retournement de situation

5. Anonyme, *Le Vilain et la Tarte* **Texte intégral** … 192
Étudier un fabliau
Lire un récit qui remet en question la loi du plus fort

Histoire des arts L'art de tromper le regard … 196

L'Antiquité et nous D'Ésope à La Fontaine … 198
Ésope, *Du Renard et de la Cigogne* ; Jean de La Fontaine, *Le Renard et la Cigogne*

Vocabulaire Les mots de la ruse et de la force … 200

Grammaire Les mots trompeurs : homonymes et paronymes … 201

S'exprimer à l'oral ATELIER
Transformer un fabliau en scène de farce … 202

S'exprimer à l'écrit Rédiger la suite d'un fabliau … 203

Je fais le point Bilan et évaluation … 204
Anonyme, *Le Paysan mire*

qui croyait prendre

▶ Comment la ruse permet-elle au plus faible de triompher du plus fort ? Pourquoi rit-on quand le trompeur est trompé à son tour ?

Jean-Baptiste Oudry, *Le Renard et la Cigogne*, 1751, musée des Beaux-Arts, Metz.

Repères

La ruse en littérature

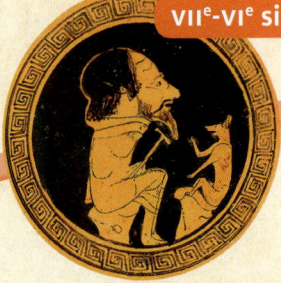

VIIᵉ-VIᵉ siècle av. J.-C.

Les fables d'Ésope
Selon la tradition, le poète grec Ésope est le créateur du genre littéraire de la fable. Au VIᵉ siècle av. J.-C., il utilise les animaux pour montrer les travers des hommes. Les plus faibles triomphent souvent des plus forts grâce à la ruse.

Moyen Âge

La farce et le fabliau
Au Moyen Âge, les farces et fabliaux se moquent des puissants : les personnages voient leurs mauvais tours se retourner contre eux, ou déjouent les pièges qu'on leur tend grâce à leur ingéniosité.

XVIIᵉ siècle

Les Fables de La Fontaine
Dans ses *Fables*, Jean de La Fontaine, s'inspirant d'Ésope, se sert des animaux pour instruire les hommes. Les personnages plus vulnérables compensent leur faiblesse par l'intelligence.

XVIIᵉ siècle

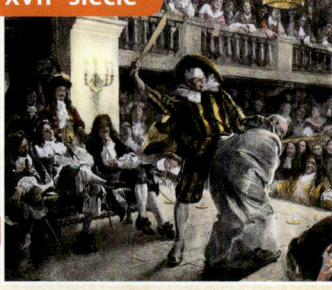

Les comédies de Molière
Elles dénoncent l'ordre établi et montrent les défauts des puissants tout en faisant rire le public. Grâce à la ruse, les serviteurs trouvent le moyen de tromper leurs maîtres.

Ésope
Auteur grec
VIIᵉ–VIᵉ siècle av. J.-C

Auteur du fabliau
Le Vilain et la Tarte
XIIᵉ-XIIIᵉ siècle

Auteur de la farce
La Farce du pâté et de la tarte
XVᵉ siècle

Jean de La Fontaine
Poète français
1621-1695

Molière
Dramaturge français
1622-1673

Entrer dans la séquence

Démasquez ces héros rusés

1 À partir des résumés, retrouvez quatre héros qui utilisent la ruse pour parvenir à leurs fins.

a. Enfermé dans la grotte du Cyclope avec ses compagnons, il leur propose de s'accrocher au ventre des brebis pour échapper au géant lorsque celui-ci sortira son troupeau pour le faire paître.

b. Pressée par les prétendants au trône de choisir un nouvel époux, cette reine promet de faire son choix lorsqu'elle aura fini une toile qu'elle confectionne le jour… et défait la nuit.

c. Cette reine de Perse doit être exécutée au petit matin. Pour rester en vie, elle débute une fascinante histoire et promet au roi d'en raconter la suite la nuit suivante.

d. Affamé, il s'étend au milieu de la route, fait le mort et attend que des marchands le jettent dans leur charrette. Là, il dévore leur chargement de harengs et d'anguilles.

a. Ulysse, b. Pénélope, c. Schéhérazade, d. Renart.

Devinez le dénouement

L'Arroseur arrosé, film de Louis Lumière, 1895.

2 Que voyez-vous ? À votre avis, que va-t-il se passer ? Pour répondre, aidez-vous de la légende.

9. Tel est pris qui croyait prendre

Lecture 1

Objectif
- Comprendre la mise en place d'une ruse.

Compétence
- Comprendre un texte littéraire et l'interpréter.

Le Corbeau et le Renard

Dans cette fable, Jean de La Fontaine imagine un dialogue entre le Corbeau et le Renard. Quatre siècles plus tard, la fable reste l'une des plus célèbres du poète.

    Maître Corbeau, sur un arbre perché,
       Tenait en son bec un fromage.
    Maître Renard, par l'odeur alléché,
       Lui tint à peu près ce langage :
5 « Et bonjour, Monsieur du Corbeau.
    Que vous êtes joli ! que vous me semblez beau !
       Sans mentir, si votre ramage[1]
       Se rapporte à votre plumage,
    Vous êtes le Phénix[2] des hôtes[3] de ces bois. »
10 À ces mots, le Corbeau ne se sent pas de joie ;
       Et pour montrer sa belle voix,
    Il ouvre un large bec, laisse tomber sa proie.
    Le Renard s'en saisit, et dit : « Mon bon Monsieur,
       Apprenez que tout flatteur
15 Vit aux dépens de celui qui l'écoute.
    Cette leçon vaut bien un fromage, sans doute. »
       Le Corbeau, honteux et confus[4],
    Jura, mais un peu tard, qu'on ne l'y prendrait plus.

Jean de La Fontaine, *Fables*, livre I, fable 2, 1668.

1. **Ramage** : chant.
2. **Phénix** : oiseau mythologique, mais aussi personne exceptionnelle.
3. **Hôtes** : habitants. 4. **Confus** : embarrassé.

REPÈRES

- **Jean de La Fontaine** (1621-1695) publie ses fables entre 1668 et 1693, sous la forme de douze recueils (livres I à XII). Il explique ainsi sa démarche au début du premier livre : « Je me sers des animaux pour instruire les hommes ».

L'HISTOIRE DES MOTS

« **Maître** » (v. 1) vient du latin *magister* qui s'est transformé au Moyen Âge en *maistre*. Le mot désigne « celui qui commande ». Donnez d'autres mots construits sur le même radical.

Je découvre le texte

1. Nommez les deux personnages du texte. Quel est l'objet de leur convoitise ?
2. Quel personnage parle le plus ? Ses paroles sont-elles rapportées directement ou indirectement ?
3. Quel est le vainqueur ? Quel est le vaincu ?

Je comprends le texte

4. Dans les vers 5 à 9, relevez trois mots qu'emploie le Renard pour qualifier le Corbeau. Par quelle ruse parvient-il à obtenir ce qu'il veut ?
5. Expliquez l'emploi des majuscules et du mot *du* dans « Monsieur du Corbeau » (v. 5).
6. LANGUE Quel est le type de phrases employé au vers 6 ? Qu'exprime ici le Renard ?
↘ Reconnaître les types de phrases, p. 311
7. Pour quelle raison peut-on parler d'un renversement de situation dans cette fable ?
8. Une fable est composée généralement d'un récit et d'une moralité. Expliquez ce que signifie « tout flatteur/Vit aux dépens de celui qui l'écoute » (v. 14-15).

Lecture de l'image

1. Quels éléments du texte retrouvez-vous dans cette illustration ?
2. La posture et la représentation sont-elles réalistes ? Quel est le but de l'artiste ?

Le Corbeau et le Renard, 1904, chromo publicitaire.

J'écris pour interpréter le texte

9. En quoi ces animaux se rapprochent-ils des hommes ?
10. À quel animal de la fable va votre préférence ? Expliquez votre choix.
11. À VOS PLUMES Imaginez, en quelques lignes, que le Corbeau raconte sa mésaventure à ses amis de la forêt. Quels détails pourrait-il changer pour ne pas paraître ridicule ?

Pour bien écrire

« **Aux dépens de** » (v. 15) signifie « aux frais de », « au détriment de ». Cette expression est toujours employée au pluriel. Connaissez-vous une autre expression qui a le même sens ?

Je retiens

- Dans la fable *Le Corbeau et le Renard*, le Renard trompe le Corbeau en lui faisant des compliments. Cette ruse repose sur la **flatterie** qui attise l'**orgueil** de l'oiseau.
- La **personnification des animaux** permet au fabuliste de se moquer des défauts des hommes.

9. Tel est pris qui croyait prendre

Lecture 2

Objectif
- Découvrir une fable qui déjoue les attentes du lecteur.

Compétence
- Repérer les éléments implicites d'un texte.

Le Coq et le Renard

Quand La Fontaine écrit cette fable, la France et l'Espagne sont en guerre. En évoquant la paix entre deux animaux considérés comme irréconciliables, le fabuliste fait allusion aux relations entre les deux pays.

Sur la branche d'un arbre était en <u>sentinelle</u>
    Un vieux coq adroit et matois[1].
« Frère, dit un Renard, adoucissant sa voix,
    Nous ne sommes plus en querelle[2] :
5   Paix générale cette fois.
Je viens te l'annoncer ; descends que je t'embrasse.
    Ne me retarde point, de grâce :
Je dois faire aujourd'hui vingt postes[3] sans manquer.
    Les tiens et toi pouvez vaquer
10   Sans nulle crainte à[4] vos affaires ;
    Nous vous y servirons en frères.
    Faites-en les feux[5] dès ce soir.
    Et cependant viens recevoir
    Le baiser d'amour fraternelle[6].
15 – Ami, reprit le Coq, je ne pouvais jamais
Apprendre une plus douce et meilleure nouvelle
      Que celle
    De cette paix ;
Et ce m'est une <u>double joie</u>
20 De la tenir de toi. Je vois deux Lévriers[7],
    Qui, je m'assure[8], sont courriers[9]
    Que pour ce sujet on envoie.
Ils vont vite, et seront dans un moment à nous.
Je descends ; nous pourrons nous entre-baiser tous.
25 – Adieu, dit le Renard, ma traite[10] est longue à faire :
Nous nous réjouirons du succès de l'affaire
Une autre fois. » Le Galant[11] aussitôt
    Tire ses grègues[12], gagne au haut[13],
    Mal content de son stratagème ;
30   Et notre vieux Coq en soi-même
    Se mit à rire de sa peur ;
Car c'est double plaisir de tromper le trompeur.

Jean de La Fontaine, *Fables*, livre II, fable 15, 1668.

Les Fables de La Fontaine, mise en scène de Robert Wilson, avec Gérard Giroudon (le Coq) et Christian Gonon (le Renard), Comédie-Française, 2004.

1. **Matois** : rusé.
2. **Querelle** : dispute, guerre.
3. **Postes** : anciennes unités de mesure équivalant à plusieurs kilomètres.
4. **Vaquer [...] à** : vous occuper de.
5. **Feux** : feux de joie pour célébrer la paix.
6. **Fraternelle** : cet adjectif s'accorde avec « amour », qui s'emploie au féminin, à l'époque de La Fontaine.
7. **Lévriers** : chiens de chasse.
8. **Je m'assure** : j'en suis sûr.
9. **Courriers** : porteurs de la nouvelle.
10. **Traite** : trajet effectué sans arrêt.
11. **Galant** : personnage adroit, rusé.
12. **Tire ses grègues** : remonte son pantalon pour courir.
13. **Gagne au haut** : s'enfuit.

Pour bien écrire

« **Double joie** » (v. 19). Même s'il évoque le nombre deux, l'adjectif *double*, employé au singulier, est toujours accompagné d'un nom au singulier. Relevez-en un autre emploi dans la fable.

L'HISTOIRE DES MOTS

« **Sentinelle** » (v. 1) vient de l'italien *sentinella*, qui dérive du verbe latin *sentire* signifiant « percevoir ». Ce mot désigne le soldat chargé de surveiller le camp, mais aussi toute personne assumant la fonction de gardien. Dans quel sens La Fontaine l'emploie-t-il dans cette fable ?

Le Coq et le Renard, fin XIXe siècle, couverture d'un carnet.

Je découvre le texte

1. Nommez les deux personnages du texte. Lequel engage la conversation ?
2. Imaginez quel slogan pourrait donner envie de lire cette fable.

Je comprends le texte

3. Quel animal se montre plus rusé que l'autre ? En quoi est-ce surprenant ?
4. Quels adjectifs qualificatifs soulignent la supériorité du Coq ? Pour quelle raison l'auteur insiste-t-il sur sa vieillesse ?
5. Comment les deux protagonistes s'interpellent-ils ? Ces désignations vous paraissent-elles sincères ?
6. Comment comprenez-vous le dernier vers de cette fable ?

7. LANGUE Le sujet peut parfois être placé après le verbe. Quel est le sujet du verbe *était* au vers 1 ? Voyez-vous d'autres sujets inversés dans la fable ?
↘ Repérer le sujet de la phrase, p. 300

J'écris pour interpréter le texte

8. À VOS PLUMES Imaginez ce que se dit le Coq après le départ du Renard.

Je retiens

- Pour amuser son lecteur, le fabuliste peut parfois déjouer ses attentes. Il crée alors un **effet de surprise**.
- Dans *Le Coq et le Renard*, la morale repose sur un **renversement** inattendu : le trompeur est trompé.

9. Tel est pris qui croyait prendre

Lecture 3

Objectif
- Comprendre le mécanisme de la farce.

Compétence
- Identifier un genre.

La Farce du pâté et de la tarte

Le pâtissier Gautier bat un coquin qui lui a volé un pâté. Le commerçant exige du voleur qu'il lui amène son complice. Ce dernier, un dénommé Baillevent, se présente chez le pâtissier en comptant lui voler une tarte. Mais Gautier et sa femme, Marion, lui ont tendu un piège.

REPÈRES

- **La farce** est une pièce de théâtre populaire destinée à faire rire au moyen de **situations simples** et de **personnages caricaturés**, empruntés à la vie quotidienne. Ce genre est apparu au XVe siècle.
- Au Moyen Âge, le **pâtissier** est celui qui prépare les tartes et pâtés, qu'ils soient sucrés ou salés.

Pour bien écrire

« **Bâton** » (l. 17) : l'accent circonflexe indique la présence d'un -s dans l'étymologie (*bastum*). Celui-ci reparaît dans les mots *bastonner* ou *bastonnade*, mais aussi dans un autre mot appartenant au langage familier, lequel ?

Scène XV

BAILLEVENT, MARION, puis **GAUTIER**.

BAILLEVENT, *après avoir frappé bruyamment à la porte, à Marion qui vient lui ouvrir*. — Holà ! Dépêchez-vous, madame ! C'est votre mari qui réclame cette tarte que vous savez ! Donnez vite, car vous devez l'avoir dès longtemps préparée.

5 **MARION**. — Ne restez donc pas à l'entrée de la boutique, ainsi debout. Sans doute vous venez du bout de la ville, et vous devez être fatigué. Reposez-vous ! maître.

Il n'entre pas. Elle lui apporte un siège.

BAILLEVENT. — Pour votre obligeance[1], merci, je suis pressé.

10 **MARION**, *plaçant un siège derrière lui*. — Mais si ! mais si ! Je vais aller quérir[2] la tarte !

BAILLEVENT, *s'asseyant*. — Bien ! mais, avant que je reparte, songez si vous n'oubliez rien[3] !

MARION. — Non ! non ! Je vous servirai bien, et vous recevrez davantage
15 que vous ne demandez, je gage[4] !

BAILLEVENT, *haut, mais à part*. — Bon ! j'aurai quelque rogaton[5] !

GAUTIER, *apparaissant avec Marion*. — Vous aurez cent coups de <u>bâton</u> !

BAILLEVENT, *qui s'est levé brusquement*. — Je ne vous comprends pas,
20 messire ! Que voulez-vous ?

GAUTIER, *montrant son bâton*. — Je vais l'écrire sur votre dos avec ceci.

BAILLEVENT. — Seigneur ! ayez de moi <u>merci</u>[6] ! Je suis un pauvre
25 misérable !

GAUTIER. — Je vais vous donner sur le râble[7] cent bons coups de ce bâton-là ! Vous ne songiez pas à ce plat !

30 **MARION**. — Vous m'avez fait frotter les côtes[8] ! Mais sur les branches les plus hautes d'un beau gibet[9] on vous pendra !

GAUTIER, *le frappant*. — Voici la
35 tarte, scélérat[10] ! Affreux coquin ! voleur infâme !

La Farce du Pâté et de la Tarte, mise en scène de Christophe Vericel, Compagnie Myriade, Théâtre Espace 44, Lyon, 2014.

Il lui administre une correction.

BAILLEVENT. – Aïe ! aïe ! Je vais rendre l'âme !

40 MARION. – Du pâté tu te souviendras !

Ils rentrent tous les deux dans la maison, laissant Baillevent qui se frotte piteusement les membres.

Anonyme,
La Farce du pâté et de la tarte, XVe siècle.

1. **Obligeance** : politesse. 2. **Quérir** : chercher. 3. **Songez si vous n'oubliez rien** : demandez-vous si vous n'oubliez rien. 4. **Je gage** : je le promets. 5. **Rogaton** : reste de viande. 6. **Merci** : ici, pitié. 7. **Râble** : bas du dos. 8. Plus tôt dans la pièce, l'épouse s'est fait battre par le mari pour avoir été dupée par les voleurs. 9. **Gibet** : lieu où l'on pend les criminels. 10. **Scélérat** : criminel.

> ### L'HISTOIRE DES MOTS
>
> « **Merci** » (l. 24) désigne à l'origine la grâce ou la faveur que l'on demande à quelqu'un. On trouve encore ce sens dans les expressions « à la merci de » et « sans merci ». Rappelez-en le sens. Par quels mots peut-on traduire « sans merci » ?

Les serviteurs amènent les victuailles, XVe siècle, miniature.

Je découvre le texte

1. Lisez ce texte. Combien de personnages interviennent successivement sur scène ?

Je comprends le texte

2. Quelle ruse le voleur met-il en place ? Qu'espère-t-il ?
3. Pourquoi Marion accueille-t-elle Baillevent dans la boutique ?
4. Quelle réplique de Marion annonce au spectateur le retournement de situation ? Quel personnage surgit alors ?
5. LANGUE Quel type de phrases est essentiellement employé par les personnages ? Quelle indication cela donne-t-il sur l'intonation à donner aux répliques ?
↘ Reconnaître les types de phrases, p. 311
6. « Je vais l'écrire [...] avec ceci » (l. 21-22), « Vous ne songiez pas à ce plat » (l. 28-29) et « Voici la tarte » (l. 34-35) : ces expressions ont-elles ici leur sens habituel ? Que signifient-elles ?

J'écris pour interpréter le texte

7. À VOS PLUMES Inventez la scène suivante, au cours de laquelle les deux voleurs se retrouvent. Les deux personnages se consolent mutuellement.

> ### Je retiens
>
> • La farce repose sur une **intrigue simple** (conflit, dispute), le **comique de gestes** (poursuites, coups de bâton) et le **comique verbal** (injures, répétitions).
> • Les personnages utilisent la **ruse** pour régler leurs comptes.

Lecture 4

Objectif
- Saisir les effets comiques du retournement de situation.

Compétence
- Mettre en relation un texte et des images

Les Fourberies de Scapin

Le valet Scapin décide de se venger de Géronte, le père de son maître : il lui fait croire que des soldats le recherchent afin de le tuer et propose de le protéger en le dissimulant dans un sac qu'il portera en lieu sûr. En réalité, Scapin en profite pour lui asséner des coups de bâton.

GÉRONTE, *sortant sa tête du sac.* – Ah ! je suis roué[1].
SCAPIN. – Ah ! je suis mort.
GÉRONTE. – Pourquoi diantre[2] faut-il qu'ils frappent sur mon dos ?
SCAPIN, *lui remettant sa tête dans le sac.* – Prenez garde, voici une demi-douzaine de soldats tout ensemble. (*Il contrefait[3] plusieurs personnes ensemble.*) « Allons, tâchons à trouver ce Géronte, cherchons partout. N'épargnons point nos pas. Courons toute la ville. N'oublions aucun lieu. Visitons tout. Furetons de tous les côtés. Par où irons-nous ? Tournons par là. Non, par ici. À gauche. À droit[4]. Nenni[5]. Si fait[6]. » Cachez-vous bien. « Ah ! camarades, voici son valet[7]. Allons, coquin, il faut que tu nous enseignes où est ton maître. » Eh ! Messieurs, ne me maltraitez point. « Allons, dis-nous où il est. Parle. Hâte-toi. Expédions[8]. Dépêche vite. Tôt. » Eh ! Messieurs, doucement. (*Géronte met doucement la tête hors du sac, et aperçoit la fourberie de Scapin.*) « Si tu ne nous fais trouver ton maître tout à l'heure[9], nous allons faire pleuvoir sur toi une ondée de coups de bâton. » J'aime mieux souffrir toute chose que de vous découvrir mon maître. « Nous allons t'assommer. » Faites tout ce qu'il vous plaira. « Tu as envie d'être battu. Ah ! tu en veux tâter ? Voilà... » Oh !
Comme il est prêt de frapper, Géronte sort du sac, et Scapin s'enfuit.
GÉRONTE. – Ah, infâme ! ah, traître ! ah, scélérat ! C'est ainsi que tu m'assassines.

Molière, *Les Fourberies de Scapin*, acte III, scène 2, 1671.

REPÈRES

- **Molière** (1622-1673) est à la fois dramaturge et acteur. Il était considéré comme le plus grand **auteur de comédies** de son temps, et ses pièces étaient souvent jouées devant le roi Louis XIV. Ici, il s'inspire des techniques de la farce en mettant en scène des coups de bâton.

Pour bien écrire

« Faut-il » (l. 3).
Quand le sujet du verbe est un pronom personnel et qu'il est placé après le verbe, le pronom est relié au verbe par un trait d'union. Transformez ces phrases en questions en inversant sujet et verbe : Il bat son maître. Tu vas dans le sac.

1. **Roué** : battu.
2. **Diantre** : diable (juron).
3. **Contrefait** : imite.
4. **À droit** : à droite.
5. **Nenni** : absolument pas.
6. **Si fait** : tout à fait.
7. **Valet** : serviteur.
8. **Expédions** : dépêchons-nous.
9. **Tout à l'heure** : tout de suite, immédiatement.

Les Fourberies de Scapin, de Molière, mise en scène de Jean-Louis Benoît avec Philippe Torreton (Scapin) et Gérard Giroudon (Géronte), Comédie-Française, 1997.

Les Fourberies de Scapin, mise en scène de Marc Paquien, avec Denis Lavant (Scapin) et Daniel Martin (Géronte), théâtre des Sablons, 2015.

Je découvre le texte

1. Combien de personnages sont présents sur scène ? Nommez-les.
2. Quel est l'accessoire principal de cet extrait ?

Je comprends le texte

3. Lisez les didascalies : quels éléments comiques de la farce retrouve-t-on dans cette scène ?
↳ Le vocabulaire du théâtre, p. 351
4. Quelle est la difficulté du comédien chargé d'interpréter le rôle de Scapin ?
5. Quel élément de la ponctuation permet de repérer le moment où Scapin imite d'autres voix ?
6. À quel moment l'auteur annonce-t-il le retournement de situation qui va se produire ? Scapin s'en rend-il compte avant ou après le spectateur ?
7. LANGUE Relevez les verbes des lignes 6 à 9. À quel mode et à quelle personne sont-ils conjugués principalement ? Quelle intention expriment-ils ? Quel sentiment Scapin cherche-t-il à provoquer chez Géronte ?

8. LECTURE DE L'IMAGE À quel passage de l'extrait correspondent ces deux photographies de mise en scène ? Laquelle rend le mieux compte du comique de la situation ?

J'écris pour interpréter le texte

9. Réécrivez la longue réplique de Scapin de façon à isoler toutes les voix qu'il imite. Pour cela, repérez les paroles entre guillemets. Recopiez-les en retournant à la ligne à chaque nouvelle prise de parole.
10. À VOS PLUMES Imaginez la vengeance de Géronte.

Je retiens

- Au théâtre, la situation dans laquelle une tromperie se retourne contre le trompeur provoque aussitôt le **rire** du public. C'est le cas lorsque Scapin se fait surprendre par Géronte au moment où il le frappe.
- Ce procédé est appelé un **retournement de situation**.

9. Tel est pris qui croyait prendre

Lecture 5

Objectifs
- Étudier un fabliau.
- Lire un récit qui remet en question la loi du plus fort.

Compétence
- Construire des notions littéraires : les personnages et le genre du fabliau.

REPÈRES

- Aux XIIe et XIIIe siècles, les auteurs écrivent des **fabliaux**. À l'inverse des romans de chevalerie, ces récits s'inspirent de la **réalité quotidienne**, et mettent en scène des « vilains », c'est-à-dire des paysans. Leur but est de faire rire, souvent aux dépens des prêtres et des riches.

1. **Sénéchal** : intendant du château.
2. **Perfide** : sournois, déloyal, méchant.
3. **Vices** : défauts.
4. **Dépit** : irritation.
5. **Bâfrait** : s'empiffrait.
6. **Panse** : ventre.

Texte intégral

Le Vilain et la Tarte

Je vais vous raconter un fabliau que j'ai entendu un jour chez un comte.

Ce seigneur avait un sénéchal[1] perfide[2], avare et rusé ; bref, il avait tous les vices[3] de la terre. Et aucun visiteur ne le plaignait s'il lui arrivait des ennuis ; il était en effet bien trop méchant. Quand il voyait son seigneur faire du bien à quelqu'un, il en devenait fou. Il en crevait de mépris, de dépit[4] et d'envie.

Le comte menait bonne vie, il avait grande réputation et il riait de la méchanceté de son sénéchal qui n'aimait guère voir des invités dans la maison de son maître. Et le sénéchal, tel un pourceau, bâfrait[5] pour se remplir la panse[6]. Il buvait du vin en cachette, mangeait tout seul, sans le moindre souci, des coqs bien gras et grande quantité de poulets. Rien d'autre ne l'intéressait.

Le comte, un homme de bien comme je l'ai dit, envoya un jour des messagers pour annoncer qu'il allait donner une réception. La nouvelle s'en répandit très vite dans tout le pays. À la cour du comte arrivèrent sans attendre des écuyers, des chevaliers et des dames, tous plus soucieux de nourrir leur corps que de s'occuper du salut de leur âme. Tout était prêt à la cour ; y entrait qui voulait. Parmi tous ces convives, il y avait aussi, à mon avis, des gens qui ne mangeaient pas à leur faim ni l'hiver ni l'été ; alors ils profitaient de la générosité du comte pour boire bon vin et manger bonne viande. Tel était le désir du comte.

Cela ne plaisait pas au sénéchal :

– Quel malheur ! disait-il. Je vois ici des gens qui en profitent bien : ils mangent à leur aise, comme si tout ce qu'ils avalent ne coûtait pas plus qu'un œuf ! Parmi ces gens, il y en a bien trente-neuf qui n'ont pas fait un vrai repas depuis un bout de temps.

C'est alors que se présenta un bouvier[7] nommé Raoul, qui venait de quitter son attelage[8]. Le sénéchal tourna les yeux vers cet individu crasseux, à la tignasse ébouriffée[9]. Il y avait bien cinquante ans qu'il n'avait pas porté coiffe ou bonnet sur la tête.

Repris par sa méchanceté et sa cruauté habituelles, le sénéchal vient à la rencontre du vilain[10]. Rempli de colère, il s'écrie :

– Regardez-moi cet avaleur de pois ! Voyez son air réjoui ! Il lui en faut des platées[11] de légumes pour se farcir le ventre ! Que le haut mal rentre en lui et qu'il crève !

Ainsi le fourbe sénéchal se répand en insultes :

– Qu'il soit noyé dans les latrines[12] celui qui t'a montré le chemin jusqu'ici ! Entendant ces paroles, le vilain, de sa main droite, fit le signe de croix et dit :

– Sire, par saint Germain, je viens manger, car j'ai entendu dire qu'on peut ici manger autant qu'on veut.

– Attends, je vais te servir quelque chose, dit le sénéchal pour se moquer. Il lève la main et assène une grande tarte[13] au pauvre Raoul :

– Voilà la tarte que je te prête, siffle-t-il méchamment. Savoure-la bien.

Puis il fait apporter une nappe, et commande nourriture et vin en grande quantité, pensant ainsi, dès que le vilain sera ivre, avoir l'occasion de le rosser[14] et lui faire passer l'envie de revenir chez le comte.

L'HISTOIRE DES MOTS

« **Vilain** » (l. 33) vient du latin *villa* qui signifie « la ferme ».
Au Moyen Âge, le vilain, par opposition au serf, est un homme libre qui travaille la terre. Le paysan étant alors méprisé, le mot a pris le sens péjoratif de « personne mauvaise ». Que signifient les mots *vil* et *vilain* aujourd'hui ?

---

7. **Bouvier** : paysan qui s'occupe des bœufs.
8. **Son attelage** : ses bœufs.
9. **Tignasse ébouriffée** : cheveux décoiffés.
10. **Vilain** : paysan libre au Moyen Âge.
11. **Platées** : quantités (au sens propre, contenu d'un plat).
12. **Latrines** : toilettes.
13. **Tarte** : ici, gifle (familier).
14. **Rosser** : frapper.

Lecture 5 (suite)

Texte intégral

Que dire de plus dans cette histoire ? Le comte appelle les ménestrels[15] et fait savoir que celui qui racontera la meilleure histoire drôle ou fera le meilleur tour obtiendra pour récompense sa robe neuve écarlate[16].

Les ménestrels tiennent le pari et s'encouragent. L'un fait l'homme ivre, l'autre le sot ; l'un chante, l'autre joue de la musique, un autre mime une dispute, et un autre se met à jongler. Des baladins[17] jouent de la vielle[18] devant le comte, d'autres récitent des fabliaux remplis de moqueries ; l'un d'eux récite l'histoire comique d'un charlatan[19] vantant les mérites d'une herbe qui guérit tout. On rit beaucoup.

Le vilain, de son côté, attend son heure pour se venger du sénéchal. Celui-ci parle avec le comte, sans se méfier ; il ne voit pas le vilain qui s'approche tranquillement avec sa nappe.

La main du vilain est épaisse et calleuse[20] ; je crois bien qu'il aurait fallu aller au moins jusqu'au pays de Galles[21] pour trouver un homme aussi costaud. Il assène une grande tarte sur la joue du sénéchal :

– Je vous rends, dit-il, la nappe et la tarte que vous m'avez prêtées ; je ne veux pas les emporter. Il n'est pas bon de prêter à un homme qui ne rend pas ce qu'on lui prête.

Aussitôt, l'entourage du comte veut corriger le vilain. Mais le comte déclare qu'il veut savoir la raison de cette tarte. Tout le monde se tait puisque le maître l'ordonne.

– Pourquoi as-tu maltraité mon sénéchal ? demande le comte. Tu as été fou de le frapper devant moi. Tu t'es fourré dans de bien mauvais draps ! C'est là une grave erreur et je vais te jeter en prison.

– Sire, répond le vilain, écoutez-moi, juste une petite minute. Quand je suis entré chez vous, j'ai rencontré votre sénéchal, un perfide et triste personnage[22], qui s'est moqué de moi, m'a raillé[23] et couvert de reproches. Il m'a donné une grande tarte et m'a dit, en jouant sur les mots, de bien la savourer. Il m'a dit qu'il me la prêtait et qu'il m'apporterait ensuite autre chose à manger. Et quand j'ai eu bien bu et bien mangé, sire comte, que faire d'autre sinon lui rendre sa tarte ? Je n'ai pas voulu qu'on m'accuse, je lui ai donc rendu devant témoins et sous vos propres yeux. À vous de juger, sire, avant de vous aller laver les mains, si j'ai fait quelque chose de mal qui mérite que vous m'arrêtiez. Car je lui ai rendu ce qui lui appartient, je pense. Je ne lui dois plus rien, nous sommes quittes. Je suis même prêt à lui donner encore une tarte si celle que je viens de lui rendre ne le satisfait pas.

Messire Henri, le comte, se mit à rire et tout le monde en chœur avec lui, cela n'en finissait pas.

---

15. **Ménestrels** : poètes musiciens.
16. **Écarlate** : rouge vif.
17. **Baladins** : musiciens.
18. **Vielle** : instrument de musique.
19. **Charlatan** : vendeur ambulant faisant commerce de faux remèdes.
20. **Calleuse** : rugueuse.
21. **Pays de Galles** : l'une des nations du Royaume-Uni.
22. **Triste personnage** : homme peu recommandable.
23. **M'a raillé** : s'est moqué de moi.
24. **Braver** : défier l'autorité de.

Le sénéchal passait sa main sur sa joue douloureuse et brûlante. Il ne savait que faire, vexé de voir qu'on se moquait de lui. Il s'en serait bien pris au vilain, mais il n'osa pas braver[24] le comte.

95 – Il t'a rendu ta tarte, dit durement sire Henri, et tout ce qui t'appartient. Puis le comte se tourna vers le vilain :

– Je te donne ma robe neuve écarlate, car tu m'as fait plus rire que tous les autres ménestrels. Et ceux-ci déclarèrent :

– Sire, vous dites vrai, il mérite amplement votre robe. Jamais on
100 n'a vu un aussi bon vilain. Il s'est bien occupé de votre sénéchal et lui a retourné sa méchanceté.

La leçon de ce fabliau est qu'il est fou celui qui passe son temps à faire le mal. Fous également ceux qui gardent leurs richesses en avares et oublient de faire le bien. Ils veulent garder leur fortune dans leurs
105 mains et ils n'en font profiter personne. C'est là richesse mauvaise qui n'honore pas son propriétaire.

Quoi qu'il en soit, le vilain quitta la cour en emportant la robe du comte. Sur le chemin du retour, il songeait aux proverbes qu'on a coutume de dire : « Qui reste chez lui, se dessèche » et encore
110 « Qui sort de chez lui obtient profit ».

« Si j'étais resté chez moi à m'occuper de mes bœufs, se dit-il, je n'aurais jamais été habillé d'une robe écarlate toute neuve. »

Anonyme, *Le Vilain et la Tarte (Le Vilain au buffet)* [XIIe - XIIIe siècle], trad. de l'ancien français par P.-M. Beaude, Gallimard Jeunesse, 2011.

Je découvre le texte

1. Inventez un autre titre pour cette histoire et justifiez votre choix.
2. Quels mots ou expressions indiquent que l'action se situe au Moyen Âge ?

Je comprends le texte

3. Décrivez le caractère du sénéchal. Est-il sympathique ? Justifiez votre réponse.
4. Pourquoi le vilain se présente-t-il chez le comte ? Diriez-vous qu'il se trouve en position de force ?
5. Comment se comporte le sénéchal ? Pourquoi le vilain lui inflige-t-il la même humiliation ?
6. Relevez les proverbes contenus à la fin de ce fabliau et expliquez leur sens.
7. LANGUE Sur quel mot le comique repose-t-il ? Expliquez le double sens de ce mot. ↘ Maîtriser le champ sémantique, p. 288
8. Relevez, dans ce fabliau, trois interventions du narrateur. De quelle tradition ces prises de parole témoignent-elles ?

J'écris pour interpréter le texte

9. Pour quelle raison peut-on affirmer ici que le faible triomphe du fort ? Répondez en quelques lignes.
10. À VOS PLUMES Cherchez le sens de l'expression « graisser la patte ». Imaginez une courte histoire dans laquelle vous jouerez sur son sens, à la manière d'un fabliau. Cherchez ensuite le fabliau médiéval qui porte ce titre.

Je retiens

• Le **fabliau** est un **récit satirique** : il se moque des rapports entre les seigneurs, les prêtres et les paysans. Ces derniers parviennent, par leur bon sens, à **retourner la situation** à leur avantage. Le **jeu sur les mots** en est une illustration.
• À travers les interventions du narrateur, le fabliau porte la marque de la **tradition orale**.

Histoire des arts

Objectif
- Définir le trompe-l'œil.

L'art de tromper le regard

Le trompe-l'œil est une œuvre qui vise à créer l'illusion de la réalité par des artifices variés : la perspective, le relief, la matière.

Un art de l'illusion

La perspective, qui crée l'illusion d'une profondeur sur une surface plane, constitue l'élément essentiel du trompe-l'œil. La composition trouble la perception et produit son effet quand le regard se situe dans un angle bien précis.
Mais le trompe-l'œil ne se limite pas à la peinture ou au dessin : la sculpture, l'architecture et même la gastronomie utilisent cet art de l'illusion.

❶ Pere Borrell del Caso, *Échapper à la critique*, 1874, huile sur toile, collection Banque d'Espagne, Madrid.

❷ Hans Hedberg, *Pomme*, vers 1992, céramique, Cité de la céramique, Sèvres.

❸ Bâche de garage en trompe-l'œil, sticker mural, 2,45 x 2,10 m.

1. Que voyez-vous sur ces illustrations ?
2. Lisez maintenant les légendes.
3. Que constatez-vous ? Êtes-vous surpris(e) ?
4. Décrivez le tableau de Pere Borrell del Caso. Dans cette œuvre, quel élément de la composition aide l'artiste à créer le trompe-l'œil ?

Vocabulaire

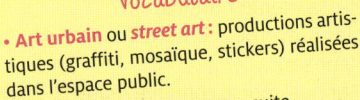

- **Art urbain** ou *street art* : productions artistiques (graffiti, mosaïque, stickers) réalisées dans l'espace public.
- **Céramique** : œuvre en terre cuite.
- **Perspective** : technique qui consiste à donner l'illusion de la profondeur à une composition.

❹ Bâche en trompe-l'œil recouvrant la façade du musée Magritte, juin 2009, Bruxelles.

L'art aux yeux de tous

Le trompe-l'œil est souvent utilisé pour décorer les murs sans fenêtres, dissimuler un échafaudage ou habiller un immeuble. Les artistes du *street art* s'en sont également emparés pour créer des illusions spectaculaires. L'artiste allemand Edgar Mueller crée des trompe-l'œil dans la rue en dessinant à la craie sur le sol.

5. Qu'est-ce qui rend le trompe-l'œil du musée Magritte impressionnant ? Quel effet cherche-t-il à produire ?

6. Expliquez les différentes étapes qui permettent à Edgar Mueller de produire son trompe-l'œil. Sur quelles techniques repose-t-il ?

`Bilan`

7. Cherchez les points communs entre ces différents trompe-l'œil. Connaissez-vous d'autres domaines qui utilisent ce procédé ?

❺ Edgar Mueller, *La Crevasse*, août 2008, Dún Laoghaire, Irlande. Photographies des étapes successives de la réalisation du trompe-l'œil.

Je retiens

• D'abord utilisé comme **procédé artistique** capable de donner l'**illusion de la profondeur** dans une œuvre, le trompe-l'œil a aujourd'hui envahi tous les supports de la création.

• En raison de sa capacité à **attirer et à fixer le regard**, il est notamment employé en publicité.

9. Tel est pris qui croyait prendre

L'Antiquité et nous

Objectif
• Découvrir l'origine antique des fables.

D'Ésope à La Fontaine

Ésope est un auteur grec du VIᵉ siècle avant notre ère. Jean de La Fontaine le considérait comme le père des fables et s'en est inspiré pour composer ses propres textes.

Ésope, « Du Renard et de la Cigogne »

Un Renard malicieux invita à souper une Cigogne à qui il servit de la bouillie sur une assiette. La Cigogne dissimula adroitement son dépit et elle pria quelque temps après, à dîner, son hôte qui y vint ne se doutant de rien. Il fut servi d'un hachis de viande dans une bouteille, dont il ne
5   put manger, pendant que la Cigogne s'en donnait à cœur joie. Après quoi, elle lui dit : « Tu ne peux te plaindre de moi avec justice, puisque je viens de te traiter de la même manière, que tu m'as régalée chez toi. »

Ceux qui font profession de tromper les autres doivent bien s'attendre à l'être à leur tour.

Ésope, *Fables* [VIᵉ siècle av. J.-C.], trad. du grec ancien par J.-C. Bruslé de Montpleinchamp, J. Furetière et J. de La Fontaine, 1690.

Evgenia Endrikson, *Le Renard et la Cigogne*, 1963, lithographie couleur.

La Fontaine, « Le Renard et la Cigogne »

Compère le Renard se mit un jour en frais,
Et retint à dîner commère la Cigogne.
Le régal fut petit, et sans beaucoup d'apprêts[1] :
    Le Galand[2] pour toute besogne
5   Avait un brouet[3] clair (il vivait chichement[4]).
Ce brouet fut par lui servi sur une assiette :
La Cigogne au long bec n'en put attraper miette ;
Et le Drôle[5] eut lapé le tout en un moment.
    Pour se venger de cette tromperie,
10 À quelque temps de là, la Cigogne le prie[6].
« Volontiers, lui dit-il, car avec mes amis
    Je ne fais point cérémonie[7]. »
À l'heure dite il courut au logis[8]
    De la Cigogne son hôtesse,
15 Loua très fort la politesse,
    Trouva le dîner cuit à point.
Bon appétit surtout ; Renards n'en manquent point.
Il se réjouissait à l'odeur de la viande
Mise en menus morceaux, et qu'il croyait friande.
20   On servit, pour l'embarrasser,
En un vase à long col et d'étroite embouchure.

1. **Apprêts** : préparation.
2. **Galand** : galant (ancienne orthographe), individu adroit, rusé.
3. **Brouet** : bouillon fait de sucre et de lait.
4. **Chichement** : sans dépenser.
5. **Drôle** : individu au comportement déplaisant.
6. **Le prie** : l'invite.
7. **Cérémonie** : politesses inutiles.
8. **Logis** : habitation.

Le bec de la Cigogne y pouvait bien passer,
Mais le museau du Sire était d'autre mesure.
Il lui fallut à jeun retourner au logis,
25 Honteux comme un Renard qu'une Poule aurait pris,
Serrant la queue, et portant bas l'oreille.
  Trompeurs, c'est pour vous que j'écris :
  Attendez-vous à la pareille.

Jean de La Fontaine, *Fables*, livre I, fable 18, 1668.

Jan van Kessel, La fable du *Renard et de la Cigogne*, XVIIe siècle, huile sur cuivre, 19 x 25 cm.

Je comprends les documents

1. Quelles différences observez-vous entre la fable d'Ésope et celle de La Fontaine ?
2. À quelle époque chacune de ces fables a-t-elle été écrite ?
3. En quoi consiste la ruse du Renard dans ces deux textes ? Est-ce fidèle à l'image généralement donnée de l'animal ?
4. Pourquoi peut-on parler de trompeur trompé ? Expliquez.

À vous de créer

5. A VOS PLUMES En vous inspirant de la fable d'Ésope, réécrivez l'histoire du Renard et de la Cigogne en remplaçant les personnages par deux autres animaux de morphologie différente.
Adaptez les contenants utilisés durant les repas.
6. Cherchez cinq fables d'Ésope et les cinq fables de La Fontaine correspondantes. Composez un recueil de ces fables : mettez-les en regard et illustrez-les à l'aide d'images trouvées sur Internet.

Vocabulaire

Objectif
- Enrichir son vocabulaire pour parler de la ruse et de la force.

Les mots de la ruse et de la force

S'approprier le vocabulaire de la ruse

1 Cherchez le sens de ces adjectifs qualificatifs puis classez-les en deux catégories (qualité ou défaut).
machiavélique • futé • adroit • sournois • perfide • astucieux • trompeur • débrouillard • roublard

2 Formez des adjectifs qualificatifs à l'aide des noms suivants.
malice • perfidie • génie • fourberie • adresse

3 Associez chaque mot à son antonyme.

se moquer • • faux
sincère • • franchise
méfiant • • respecter
hypocrisie • • crédule

4 Complétez les proverbes suivants à l'aide des mots ci-dessous, puis expliquez leur sens.

arrosé   renarde   pris
   trompeur   trompé

1. Tel est _____ qui croyait prendre.
2. Avec le renard, on _____ .
3. Aujourd'hui trompeur, demain _____ .
4. À _____, trompeur et demi.
5. L'arroseur _____ .

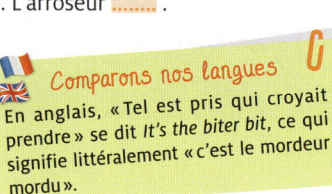

Comparons nos langues
En anglais, « Tel est pris qui croyait prendre » se dit *It's the biter bit*, ce qui signifie littéralement « c'est le mordeur mordu ».

5 Expliquez le sens des expressions suivantes en les employant dans une phrase.

rouler quelqu'un dans la farine
monter un bateau
jouer un tour
jouer au plus fin

Connaître le vocabulaire de la force et du pouvoir

6 Aidez Jean de La Fontaine à compléter les morales de ses fables en utilisant les mots suivants.
romps • fort • ciel • force • sottises • lourdaud
1. La raison du plus _____ est toujours la meilleure.
2. Je plie, et ne _____ pas.
3. Jamais un _____, quoi qu'il fasse
   Ne saurait passer pour un galant.
4. Patience et longueur de temps
   Font plus que _____ ni que rage.
5. Les petits ont pâti des _____ des grands.
6. Aide-toi, le _____ t'aidera.

7 Associez chaque mot à son synonyme.

frêle • • maîtriser
puissance • • infortuné
misérable • • fragile
adroit • • force
dominer • • habile

8 Produisez des anagrammes : à partir des mots suivants, reconstituez d'autres mots qui évoquent la ruse en changeant l'ordre des lettres.

1. USER   R___
2. MILAN   Ma___
3. RENDRA   Re____
4. PROMET   Tr____

Méthode
L'anagramme est un mot formé à partir des lettres d'un autre.
Exemple : chien → niche

À vous d'écrire !

9 Cherchez la signification de l'expression « Le pot de terre contre le pot de fer », puis imaginez un récit dont elle serait la morale.

Objectif
• Reconnaître et employer les homonymes et paronymes.

Grammaire

Les mots trompeurs : homonymes et paronymes

Retenir l'essentiel

Des **homonymes** sont des mots qui se prononcent ou s'écrivent de la même façon.
Exemple : dent – dans ; le mousse – la mousse
Des **paronymes** sont des mots qui sont proches par l'orthographe et la prononciation.
Exemple : influence – affluence ; éruption – irruption

Reconnaître les homonymes

1 À partir des mots suivants, formez les couples d'homonymes. Donnez-en les définitions.
pain • autel • dessin • amende • pin • auspice • amande • dessein • lacer • hôtel • lasser • hospice

2 Un plaisantin a mélangé les lettres de ces homonymes. Reconstituez-les, puis donnez leur sens.
1. rouc – tourc – sourc
2. omcte – otenc – pomcet
3. frec – rerse – fres
4. rem – aimer – rème

3 Trouvez au moins un homonyme pour chacun des mots suivants. Employez vos réponses dans une phrase qui en soulignera le sens.
filtre • encre • chant • fois • palais • balade • signe • tante • différent • golf

Reconnaître les paronymes

4 Retrouvez les paronymes dans ce texte et remplacez-les par les mots attendus.

Le prince de Motordu mène la belle vie dans son chapeau au-dessus duquel flottent des crapauds bleu, blanc, rouge. Il ne s'ennuie jamais. L'hiver il fait des batailles de poules de neiges, le soir il joue aux tartes. Lorsqu'il fait plus doux, on peut le voir filer sur son râteau à voiles.

D'après Pef, *La Belle Lisse Poire du prince de Motordu*, Gallimard Jeunesse, 1980.

5 Reconstituez ces proverbes et ces morales de fables en remplaçant les paronymes en gras par les mots qui conviennent.
1. Rien ne sert de **nourrir**, il faut partir à point.
2. Tout vient à point à qui sait **apprendre**.
3. On a **mouvant** besoin d'un plus petit que **roi**.
4. Trompeurs, c'est pour vous que **je crie**.

6 Choisissez le paronyme qui convient.
1. Ils se ressemblent tellement, la *confusion/contusion* est fréquente.
2. Si tu ne portes pas ton *écharpe/écharde*, tu vas attraper froid !
3. Il faut absolument que le roi lise cette *missive/missile*.
4. Il n'a pas intégré le groupe à cause de son *aptitude/attitude* déplorable.

7 Dictée préparée
a. Lisez attentivement le texte ci-dessous puis repérez les mots de prononciation identique mais d'orthographe différente.
b. Rappelez la classe grammaticale des mots soulignés. Retenez leur orthographe.
c. Écrivez le texte sous la dictée de votre professeur.

Un jour, deux fripons arrivèrent <u>dans</u> la ville où résidait cet empereur <u>et</u> ils se firent passer pour des tisserands. Ils savaient, disaient-ils, tisser la plus belle étoffe du monde. Non seulement les couleurs et le dessin en <u>étaient</u> d'exceptionnelle beauté, <u>mais</u> les habits taillés dans cette étoffe avaient la propriété merveilleuse d'être invisibles à tout homme indigne de son poste ou <u>dont</u> la bêtise passait les bornes permises.

Hans Christian Andersen, *Les Habits neufs de l'empereur*, 1837.

À vous d'écrire !

8 Réécrivez le texte précédent en remplaçant six mots de votre choix par des paronymes.

9. Tel est pris qui croyait prendre 201

Je fais le point

Tel est pris qui

Bilan de la séquence

La ruse : un thème qui traverse les genres et les siècles

De l'Antiquité à nos jours, **fabulistes**, **romanciers** et **auteurs de théâtre** ont exploité ce sujet, en faisant s'affronter hommes ou animaux dans des œuvres appartenant à des genres variés : fables, fabliaux, farces, pièces de théâtre.

La ruse est le moyen employé par les faibles pour **se jouer des puissants**. Elle peut être motivée par la faim (*Le Corbeau et le Renard*) ou servir une vengeance (*La Farce du pâté et de la tarte*, *Les Fourberies de Scapin*).

Un procédé comique : le renversement des rôles

En faisant du trompeur le trompé, les auteurs **déjouent les attentes du lecteur**.

Le **renversement de situation** produit un effet de surprise qui provoque le rire.

Une variété d'approches

Dans la **farce**, la ruse s'accompagne du comique de geste (poursuites) et du comique verbal (injures). Au théâtre, la **comédie** perpétue les procédés des farces.

Les **fables** et les **fabliaux** se chargent d'accompagner les récits de leçons et de morales.

Dans les arts visuels également, le renversement existe avec le **trompe-l'œil**.

Évaluation — 1. Mobiliser les acquis de la séquence

1. Je sais associer chaque titre au genre qui convient :

- La Farce du pâté et de la tarte • • comédie
- Le Corbeau et le Renard • • farce
- Les Fourberies de Scapin • • fabliau
- Le Vilain et la Tarte • • fable

2. Parmi ces textes, lesquels ont été écrits au Moyen Âge ? ....

3. Lesquels ont été écrits au XVIIe siècle ? ....

4. Je sais définir le genre du fabliau : ....

5. Je connais le sens du mot *farce* : ....

croyait prendre

Évaluation — 2. Lire et comprendre un récit

Un médecin malgré lui

Un paysan avare épouse la fille d'un chevalier. Les noces passées, le vilain prend l'habitude de la battre chaque matin. Un jour, elle rencontre deux messagers qui recherchent un médecin pour soigner la fille du roi. Pour se venger de son mari, elle leur dit qu'il est médecin.

– Oh ! non, fait-elle, je n'ai guère cœur à rire... Mais c'est vrai qu'il est drôle, je vous préviens. Il est fait de telle sorte, il est si paresseux qu'on n'obtient rien de lui si on ne le bat pas.
– Vous dites ?
5 – Ce que j'ai dit. Il faut le battre pour qu'il accepte de vous soigner.
– Comme c'est curieux !
– C'est curieux mais c'est tout de même commode. Il guérit fort bien les malades quand il a été battu.
– Bon !... Soit !... Bon !... On n'oubliera pas... Vous pouvez nous dire où
10 il est, à cette heure-ci ? »
Elle l'indique, ils y courent, ils le saluent de par le roi, ils lui ordonnent de venir avec eux.
« Pour quoi faire ?
– Parler au roi.
15 – Pour quoi faire ?
– Faire le médecin. Le roi a besoin de vous et nous sommes venus vous chercher. »
Le paysan leur dit de le laisser travailler en paix, qu'ils sont fous, qu'il n'est pas du tout médecin et qu'il n'ira pas.
20 « Tu sais bien qu'il faut d'abord faire quelque chose, dit l'un des messagers.
– Eh bien, allons-y. »
Ils prennent chacun un bâton et ils le battent de haut en bas, de bas en haut, jusque par-dessus les oreilles et par-dessous le bas du dos. C'est le
25 paysan qui ressent les coups cette fois ! Il cède et il a honte ; les messagers l'entraînent au palais du roi.

Anonyme, *Les Fabliaux du Moyen Âge*, « Le Paysan mire[1] » [XIIIe siècle], adapt. de P. Gaillard et F. Rachmuhl, Hatier, « Classiques », 2014.

1. **Mire** : médecin.

6. Quel mensonge la femme invente-t-elle ? Quels mots vous l'indiquent ?

7. Quelle est sa véritable intention ?

8. De quel défaut accuse-t-elle son mari ?

9. Quel verbe apparaît dans chacune de ses répliques ? Relevez-le. Où le retrouve-t-on encore ?

10. Quel sentiment l'auteur cherche-t-il à provoquer chez son lecteur ? le rire ou la pitié ?

11. La ruse a-t-elle fonctionné ? Donnez deux citations qui le prouvent.

Évaluation — 3. Écrire

12. Imaginez le remède que va proposer le vilain pour guérir la fille du roi et la façon dont le roi va le remercier.

COMPÉTENCES ÉVALUÉES

D1, D5 Lire
– Comprendre un texte littéraire et l'interpréter.

D1 Écrire
– Écrire de manière fluide et efficace.
– Recourir à l'écriture pour réfléchir et apprendre.
– Produire des écrits variés.

9. Tel est pris qui croyait prendre

SÉQUENCE
10

Récits de création ; création poétique

Récits du

OBJECTIFS
- Lire et dire des récits porteurs d'une culture commune.
- Analyser et réutiliser des procédés d'écriture pour rendre un récit clair et vivant.

Repères Le Déluge, un thème universel 208

Entrer dans la séquence 209

Lectures

1. *Gilgamesh* 210
Découvrir la première épopée connue
Raconter un cataclysme

2. La Bible 212
Lire un récit biblique
Repérer les indications de temps qui organisent un récit et savoir les réutiliser

3. Ovide, *Les Métamorphoses* 214
Découvrir un mythe gréco-romain
Identifier des procédés d'écriture qui permettent de rendre vivant un récit

4. Le Coran 218
Étudier un récit coranique
Comparer différentes versions d'un même mythe

Cinéma Le Déluge au cinéma 220

L'Antiquité et nous La tempête dans l'Antiquité 222
Virgile, *L'Énéide*

Méthode Comprendre une consigne 223
Flore Talamon, *Noé face au déluge*

Vocabulaire
Les mots issus des mythes et des religions 224

Grammaire Utiliser les connecteurs de temps et de lieu 225

S'exprimer à l'oral ATELIER
Raconter le Déluge à l'aide d'ombres chinoises 226

S'exprimer à l'écrit Rédiger un récit de déluge 227

Je fais le point Bilan et évaluation 228
Flore Talamon, *Noé face au déluge*

Aurelio Luini, *Les animaux entrant dans l'arche de Noé*, vers 1555, fresque, église San Maurizio al Monastero Maggiore, Cappella dell Arca di Noe, Milan.

206

Déluge

▶ En quoi des récits fondateurs, d'origines diverses, proposent-ils une interrogation sur l'Homme et sur la nature ? Quelles sont les similitudes et les différences entre ces récits ?

Repères

Le Déluge, un thème universel

Vers 2500 av. J.C.

Gilgamesh

L'épopée de Gilgamesh a d'abord été transmise oralement avant d'être retranscrite vers 2500 av. J.-C. La version la plus connue fut gravée en langue sumérienne sur des tablettes d'argile en 1300 av. J.-C. C'est l'un des plus anciens récits écrits de l'humanité. Cette épopée, qui retrace les exploits d'un roi légendaire, est à l'origine des autres textes fondateurs.

Tablette de l'épopée de Gilgamesh, VIIe siècle av. J.-C.

Du VIIe au Ier siècle av. J.C.

La Bible

En grec ancien, *ta biblia* signifie « les livres ». La Bible rassemble les textes sacrés de deux religions, le judaïsme et le christianisme. La première partie, appelée Ancien Testament par les chrétiens, correspond à la Torah chez les juifs. Sa rédaction s'étend sur plusieurs siècles, entre le VIIe et le Ier siècle av. J.-C.

Dieu architecte du monde, miniature d'une bible, vers 1250.

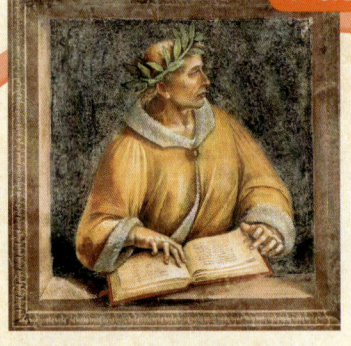

Ier siècle

Luca Signorelli, *Portrait d'Ovide*, 1499.

Ovide, Les Métamorphoses

C'est au Ier siècle ap. J.-C. qu'Ovide raconte dans *Les Métamorphoses* des centaines de légendes grecques et romaines. Les hommes y sont châtiés pour leurs fautes ou récompensés pour leur dévotion. Cette œuvre fondatrice met en scène des personnages tels qu'Arachné, Narcisse ou Méduse.

VIIe siècle

Le Coran

Texte sacré des musulmans, le Coran (*Qur'an*, qui signifie « récitation ») rapporte, selon l'islam, la parole de Dieu révélée au prophète Mahomet, par l'intermédiaire de l'ange Gabriel, entre 610 et 632. Il a été écrit en arabe peu après la mort de Mahomet, en 632.

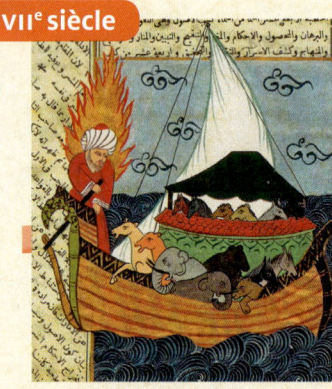

Miniature d'un manuscrit du Coran représentant Noé et son arche, XVIe siècle.

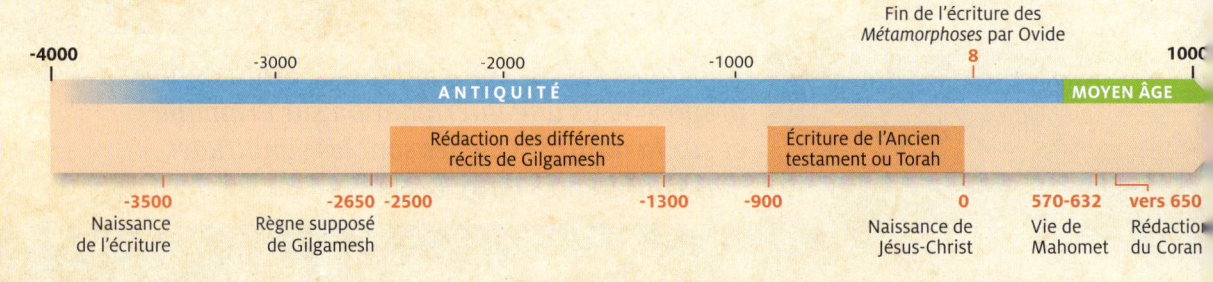

Fin de l'écriture des *Métamorphoses* par Ovide : 8

-4000 | -3000 | -2000 | -1000 | 1000

ANTIQUITÉ — **MOYEN ÂGE**

Rédaction des différents récits de Gilgamesh

Écriture de l'Ancien testament ou Torah

- **-3500** : Naissance de l'écriture
- **-2650** : Règne supposé de Gilgamesh
- **-2500**
- **-1300**
- **-900**
- **0** : Naissance de Jésus-Christ
- **570-632** : Vie de Mahomet
- **vers 650** : Rédaction du Coran

208

Entrer dans la séquence

Plongez dans le déluge

DÉLUGE n. m. **1.** Cataclysme consistant en précipitations continues submergeant la Terre (☞ noms propres) *Le Déluge* (dans la Bible). **2.** Pluie très abondante, torrentielle. fig. *Un déluge de larmes, de paroles.*

Le Robert Collège, 2015.

Francis Danby, *Le Déluge*, 1840, huile sur toile, 284 x 452 cm.

❶ Lisez la définition du mot *déluge* et observez le tableau ci-dessus. À quelle définition du mot *déluge* correspond-il ?

❷ Cherchez trois adjectifs qualificatifs pour décrire ce tableau.

❸ Quelles sont ses couleurs dominantes ? Quel est l'effet recherché par le peintre ?

Racontez un déluge

❹ Regardez la photographie. À quelle définition du mot *déluge* correspond cette scène ?

❺ En vous appuyant sur la photographie, rédigez en quelques phrases la suite de ce texte au brouillon : « Nous rentrions du collège avec mes amis, quand soudain le ciel devint noir et une pluie torrentielle éclata… »

Lecture 1

Objectifs
- Découvrir la première épopée connue.
- Raconter un cataclysme.

Compétence
- Construire des notions littéraires : définir le genre de l'épopée.

L'épopée de Gilgamesh

Après la mort de son ami Enkidu, Gilgamesh part à la recherche d'Utanapishtî pour qu'il lui délivre le secret de l'immortalité. Cet homme lui raconte alors comment les dieux ont voulu détruire l'humanité et lui ont conseillé de construire une embarcation pour sauver sa famille et un couple de chaque espèce animale.

REPÈRES

L'épopée de Gilgamesh relate les aventures de ce roi légendaire de la cité d'Uruk (ancienne capitale du pays de Sumer, en Mésopotamie). Ce texte nous est parvenu gravé sur des tablettes d'argile en écriture cunéiforme, le plus ancien système d'écriture connu.

Lorsque l'aube se leva, une nuée[1] noire monta de l'horizon. Adad[2] était dans cette nuée. Il tonnait, précédé par Shullat et Hanish, les hérauts divins[3] qui sillonnaient les collines et les plaines. Nergal[4] arracha alors la soupape des vannes célestes, et Ninurta[5] fit déborder les barrages des eaux d'en haut. Les dieux infernaux, pendant ce temps-là, brandissaient des torches et incendiaient tout le pays. Et Adad déploya dans le ciel son silence de mort, réduisant en ténèbres tout ce qui avait été lumière. La terre fut brisée comme un pot...

Le premier jour, la tempête souffla furieusement. La malédiction des dieux frappa les hommes, comme la guerre. On ne voyait plus personne au milieu de ces trombes d'eau.

Les dieux étaient épouvantés par le déluge. Ils s'enfuirent en grimpant jusqu'au plus haut du ciel, ou bien ils restèrent accroupis sur le sol, pelotonnés comme des chiens. La grande déesse mère, Bêlitilî-à-la-belle-voix criait comme une femme qui accouche et se lamentait car elle avait participé à la création des hommes avec le dieu Ea :

« Comment, dans cette assemblée des dieux, ai-je pu décider un tel anéantissement des humains ? Je n'aurais donc mis les hommes au monde que pour en remplir la mer comme de vulgaires petits poissons ! »

Et les dieux les plus élevés dans la hiérarchie divine de se lamenter avec elle. Tous demeuraient prostrés[6], en larmes, au désespoir, les lèvres brûlantes.

Pendant six jours et sept nuits, bourrasques, pluies battantes et ouragans continuèrent de saccager la terre. Le septième jour, tout s'arrêta. La mer se calma et s'immobilisa. Le déluge était fini.

Je regardai alentour. Le silence ! Partout régnait le silence. Tous les hommes étaient redevenus de l'argile et la plaine liquide ressemblait à la terrasse plate d'un toit.

Gilgamesh, tablette XI, adapté par M. Laffon d'après la traduction de J. Bottéro, Belin-Gallimard, 2009.

Gilgamesh, roi d'Uruk, VIIIe siècle av. J.-C, statue d'albâtre, civilisation assyrienne, musée du Louvre, Paris.

1. **Nuée** : grand nuage, épais et sombre. 2. **Adad** : dieu du tonnerre dans l'ancienne Mésopotamie. 3. **Hérauts divins** : messagers des dieux. 4. **Nergal** : dieu des Enfers. 5. **Ninurta** : dieu de la guerre. 6. **Prostrés** : abattus, sans force.

Pour bien écrire

« **Épouvantés** » (l. 12). Les adjectifs qualificatifs employés comme attributs du sujet s'accordent en genre et en nombre avec le sujet. Réécrivez les deux phrases des lignes 12 à 14 en remplaçant *dieux* par *déesses*.

L'HISTOIRE DES MOTS

« **Déluge** » (l. 12) : ce mot vient du latin *diluvium* (« inondation, débordement »). Que signifient « une pluie diluvienne » et « les temps antédiluviens » ? Cherchez dans un dictionnaire le sens de l'expression « après moi, le déluge ».

Ernest Wallcousins, *L'Arche d'Utanapishtî durant le Déluge*, illustration des *Mythes de Babylonie et d'Assyrie*, 1915.

Je découvre le texte

1. LECTURE DE L'IMAGE Quels sont les points communs entre le texte et l'illustration ci-dessus ?

2. MISE EN VOIX En groupes, proposez une lecture orale expressive des lignes 9 à 20. Débattez de vos choix.

Je comprends le texte

3. LANGUE Identifiez les sujets des verbes dans le passage allant d'« Adad » à « lumière » (l. 1-8). De quel type de verbe s'agit-il ? Que peut-on en déduire sur les responsables de ce déluge ?

4. Quelle figure de style reconnaissez-vous dans la phrase « La terre fut brisée comme un pot » (l. 8) ? Que met-elle en évidence ? ↘ *Les figures de style, p. 356*

5. LANGUE Quelle est la réaction des dieux face au déluge ? Appuyez-vous sur les attributs du sujet pour répondre.
↘ *Identifier l'attribut du sujet, p. 302*

6. Quel personnage le pronom *je* (l. 27) désigne-t-il ? Qu'est-ce qui frappe ce personnage ?

J'écris pour interpréter le texte

7. Qu'est-ce qui rend le déluge effrayant dans ce texte ? Répondez en quelques lignes.

8. À VOS PLUMES Imaginez que vous êtes un des dieux témoins du Déluge. Décrivez la scène en soulignant le caractère dévastateur de cette catastrophe à l'aide de comparaisons.

Je retiens

- On appelle **épopée** un récit en vers racontant les exploits d'un héros légendaire : des **éléments merveilleux**, le déchaînement de la nature, des **dieux** qui décident du destin des hommes, des **procédés d'écriture** qui soulignent le caractère exceptionnel des événements racontés. *L'Iliade*, *L'Odyssée* et *L'Énéide* sont des épopées.
- Ce texte présente déjà les caractéristiques de l'**épopée**.

Lecture 2

Objectifs
- Lire un récit biblique.
- Repérer les indications de temps qui organisent un récit.

Compétence
- Mettre en œuvre une démarche de compréhension.

L'arche de Noé

Le récit du Déluge appartient à l'Ancien Testament. Dans ce passage, Dieu décide d'anéantir l'humanité à cause de ses crimes. Mais il fait une alliance avec Noé, parce qu'il agit en homme pieux et juste.

Noé fut un homme juste, parfait, parmi ses contemporains. [...] Élohim[1] dit à Noé : « La fin de toute chair[2] m'est venue à l'esprit, car la terre est remplie de violence à cause d'eux. Voici donc que je vais les détruire avec la terre. Fais-toi une arche en bois de cyprès. Tu disposeras
5 l'arche en niches, tu l'asphalteras[3] d'asphalte à l'intérieur et à l'extérieur. Voici comment tu la feras : longueur de l'arche trois cents coudées[4], sa largeur cinquante coudées, sa hauteur trente coudées. Tu feras à l'arche un toit et tu la termineras à une coudée au-dessus. Tu placeras la porte de l'arche en son flanc. Tu la disposeras en étages : l'inférieur, le second,
10 le troisième. Voici que, moi, j'amène le Déluge, les eaux sur la terre, pour détruire toute chair en qui se trouve un souffle de vie sous les cieux. Tout ce qui est sur la terre expirera. Mais j'établirai mon alliance avec toi. Tu entreras dans l'arche, toi, tes fils, ta femme et les femmes de tes fils avec toi. De tous les animaux, de toute chair, tu en introduiras deux
15 de chaque espèce dans l'arche pour les garder en vie avec toi : ils seront mâle et femelle. » [...]

Le Déluge dura quarante jours sur la terre. Les eaux s'accrurent et soulevèrent l'arche qui s'éleva au-dessus de la terre. Les eaux grandirent et s'accrurent beaucoup sur la terre et l'arche allait sur la surface des eaux.
20 Les eaux grandirent beaucoup, beaucoup au-dessus de la terre et toutes les hautes montagnes qui existent sous tous les cieux furent recouvertes. Les eaux avaient grandi de quinze coudées de haut et les montagnes avaient été
25 recouvertes. Alors expira toute chair qui remue sur la terre : oiseaux, bestiaux, animaux, toute la pullulation[5] qui pullulait sur la terre, ainsi que tous les hommes.
30 Tout ce qui avait en ses narines une haleine d'esprit de vie, parmi tout ce qui existait sur la terre ferme, tout mourut. Ainsi furent supprimés tous les êtres qui se
35 trouvaient à la surface du sol depuis les hommes jusqu'aux bestiaux, jusqu'aux reptiles et

REPÈRES

- **La Bible** appartient aux textes fondateurs. Elle est considérée à la fois comme un texte sacré par les chrétiens et par les juifs, et comme un texte littéraire. Elle se compose de deux parties : l'**Ancien Testament** et le **Nouveau Testament**, qui raconte la vie de Jésus.

Pour bien écrire

« **Cents** » (l. 6) s'accorde au pluriel quand il n'est pas suivi de dizaines ou d'unités : « trois cents coudées », « trois cent cinq ».

Scène du Déluge, fin du XIXe siècle, chromolithographie.

jusqu'aux oiseaux des cieux. Ils furent supprimés de
la terre, il ne resta que Noé et ceux qui étaient avec lui
dans l'arche. Et les eaux grandirent au-dessus de la
terre durant cent cinquante jours.

Élohim se souvint de Noé, de tous les animaux et
de tous les bestiaux qui étaient avec lui dans l'arche.
Élohim fit passer un vent sur la terre et les eaux
s'apaisèrent [...].

Au bout de quarante jours, Noé ouvrit la fenêtre
de l'arche qu'il avait faite et lâcha le corbeau. Celui-ci
sortit allant et revenant jusqu'à ce que les eaux fussent
séchées de dessus la terre. Puis il lâcha d'auprès de lui
la colombe, pour voir si les eaux avaient diminué de
la surface du sol. La colombe ne trouva pas d'endroit
où reposer la plante de son pied et elle revint vers lui
dans l'arche, car les eaux étaient sur la surface de toute la terre. Il étendit la main, la prit et la ramena vers lui dans l'arche. Il attendit encore
sept autres jours et recommença à lâcher la colombe hors de l'arche. La
colombe vint à lui, au temps du soir, et voici qu'en sa bouche il y avait
une feuille d'olivier toute fraîche. Alors Noé sut que les eaux avaient
diminué de dessus la terre. Il attendit encore sept autres jours et lâcha
la colombe, mais elle ne revint plus vers lui.

En l'an six cent un, au premier mois, au premier jour du mois, il
advint que les eaux s'étaient desséchées de dessus la terre.

La Bible, Genèse, chap. VI, versets 9-19, à chap. VIII, versets 17-24,
trad. par É. Dhorme, Éditions Gallimard, 1957.

1. **Élohim** : Dieu. 2. **Chair** : ici, vie humaine. 3. **Tu l'asphalteras** : tu la recouvriras d'une couche de goudron, ici, pour la rendre étanche. 4. **Coudées** : anciennes mesures de longueur (50 cm). 5. **Pullulation** : ici, abondance d'êtres vivants.

La colombe ramène à Noé une branche d'olivier après le Déluge, miniature tirée du *Miroir de l'humaine salvation*, XVe siècle, musée Condé, Chantilly.

▽ L'HISTOIRE DES MOTS

« **Genèse** » vient du grec *gènésis* qui signifie « création ». Ce mot a aussi donné *genesis* en anglais. La Genèse, qui appartient à l'Ancien Testament, raconte la création du monde et l'origine du peuple juif. Citez un autre mot appartenant à la même famille.

Je découvre le texte 💬

1. Quelle mission est confiée à Noé ? Qui la lui donne ?
2. En vous aidant de la présentation de l'arche (l. 4-10), réalisez-en un schéma et indiquez ses dimensions.

Je comprends le texte

3. Identifiez trois parties dans le texte et proposez un titre pour chacune.
4. Des lignes 20 à 41, quels procédés permettent d'insister sur l'ampleur du phénomène et de la destruction ?

5. Quel événement correspond à chacune des indications temporelles suivantes ?
pendant quarante jours • cent cinquante jours • alors • au bout de quarante jours • encore sept autres jours

Je m'exprime à l'oral 💬

6. Reformulez oralement au reste de la classe les principales étapes du Déluge tel qu'il est présenté dans la Bible.

Je retiens

• Ce récit biblique, qui appartient à la Genèse, retrace les étapes du Déluge déclenché par Dieu : la **construction** de l'arche, l'**embarquement** de Noé et des espèces, les pluies torrentielles et la décrue.

• Les répétitions permettent de souligner le **caractère divin, exceptionnel et destructeur** de la catastrophe.

10. Récits du Déluge 213

Lecture 3

Objectifs
- Découvrir un mythe gréco-romain.
- Identifier des procédés d'écriture qui permettent de rendre vivant un récit.

Compétence
- Interpréter un texte à partir de la mise en relation d'indices explicites ou implicites.

La colère de Jupiter

Le crime et le mal règnent parmi les hommes. Jupiter et les dieux décident alors de détruire l'humanité afin de la remplacer.

Déjà la terre avait émergé du chaos, mélange confus de tous les éléments. Elle existait, plate et ronde, avec la mer tout autour, le ciel au-dessus, le soleil dans le ciel.

Déjà le monde était peuplé par les Titans, géants primitifs, et par les dieux, dont Jupiter était le souverain.

Déjà Prométhée, un Titan ingénieux, avait façonné l'homme, avec de la boue et de l'eau.

Les hommes s'étaient multipliés à la surface de la terre. Ils vécurent d'abord heureux, pieux et honnêtes. Mais, avec le temps, ils cessèrent de s'entendre, se disputèrent, s'entretuèrent. Et plus personne ne s'inclinait devant l'autel des dieux.

Voyant cela, du haut de sa demeure divine, une sorte de Palatin[1] du ciel, Jupiter entra dans une violente colère. Il convoqua tous les dieux. Ils arrivèrent par la Voie lactée, les grands dieux qui habitaient des palais proches, et la foule des petits dieux, venus de plus loin. Ils prirent place dans la salle de marbre, devant le trône de leur souverain.

Jupiter était assis, s'appuyant sur son sceptre d'ivoire, l'air terrible. Il hocha la tête à plusieurs reprises et ses mouvements ébranlèrent la terre, la mer et jusqu'aux astres.

Il parla :

« Je veux détruire la race des humains. Ils ont commis trop de crimes. [...] Je vous promets qu'une nouvelle race d'hommes renaîtra bientôt, miraculeusement, et repeuplera la terre. »

Le maître des dieux se préparait à lancer sa foudre sur les mortels, mais il craignit de faire flamber l'univers tout entier et reposa son arme à ses côtés. Il décida d'anéantir les hommes non par le feu, mais par l'eau.

Il enferma l'Aquilon, le vent capable d'écarter les nuages, et libéra le Notus, le vent du sud qui amène la pluie.

Le Notus lève son visage effrayant, aussi sombre que la poix[2]. Il déploie ses ailes, il secoue sa barbe blanche, ses cheveux ruisselants. D'une main, il presse le ventre des nues[3], et des cataractes[4] se déversent. Aussitôt Iris, la messagère des dieux à la robe d'arc-en-ciel, aspire l'eau pour en nourrir les nuages. Sur terre, les moissons noyées sont perdues et les paysans se désolent.

Mais cela ne suffit pas à Jupiter. Il demande de l'aide à son frère, Neptune, qui accourt du fond de l'océan. Celui-ci appelle les fleuves, ses sujets, et leur donne ses ordres.

REPÈRES

Les **Romains** interrogeaient régulièrement les dieux pour connaître leur avenir. Pour cela, il existait des rituels variés. Le nom **oracle** désigne à la fois la réponse donnée par un dieu, et la personne qui la recueille et l'interprète.

L'HISTOIRE DES MOTS

Les « **Titans** » (l. 4) sont des géants primitifs de la mythologie grecque. Par extension, un « titan » désigne un homme d'une force surhumaine. Quel est l'adjectif formé sur cette racine ? Quel nom de paquebot célèbre en est inspiré ?

---

1. **Palatin** : colline de Rome où se trouve la résidence de l'empereur.
2. **Poix** : pâte à base de résine ou de goudron.
3. **Nues** : nuages.
4. **Cataractes** : grandes chutes d'eau.

« Libérez-vous, sortez de votre lit, rompez vos digues, déchaînez votre violence. »

40 Les fleuves obéissent. Tandis que le dieu des eaux frappe de son trident la terre qui se crevasse, ils roulent leurs flots furieux vers la mer, entraînant tout sur leur passage, hommes, arbres, animaux, maisons, même les temples, demeures sacrées des dieux.

Les humains d'abord se réfugient au sommet des collines ou dans
45 des barques, naviguant au-dessus de ce qui était leur champ de blé, leur vigne, leur ferme. Des poissons perchent dans les arbres, là où broutaient des chèvres jouent des phoques, des dauphins sautent dans les branches des chênes. L'eau monte encore, recouvre les toits, les tours les plus hautes. Ses remous entraînent des loups avec des brebis, des lions,
50 des tigres, des sangliers. Les oiseaux volent longtemps et, ne sachant où se poser, tombent. Tous les êtres vivants que la noyade a épargnés finissent par mourir de faim.

La terre entière est recouverte par une immense étendue d'eau sans rivages, clapotant jusqu'à l'horizon. Seul émerge encore le double
55 sommet du mont Parnasse[5]. C'est là qu'échoue la pauvre barque de Deucalion et de Pyrrha.

Deucalion était le fils de Prométhée, le Titan qui avait modelé les hommes, au commencement du monde. Pyrrha était à la fois son épouse et sa cousine germaine. On ne pouvait trouver homme plus vertueux,
60 ni femme plus respectueuse envers les dieux.

Walter Crane, *Chevaux de Neptune*, illustration de *La Légende mythologique grecque*, 1910.

5. Mont Parnasse: montagne de Grèce où, selon la mythologie, vivaient les Muses.

Lecture 3 (suite)

À peine eurent-ils abordé sur les pentes du mont Parnasse qu'ils se mirent à prier les nymphes[6] habitant là et la déesse Thémis[7], qui rendait alors en ce lieu des oracles.

Jupiter remarque ces deux justes, seuls survivants parmi les milliers de morts, au milieu de la plaine liquide.

Alors il délivre l'Aquilon, repousse les nuages, fend le rideau de pluie. Dans l'océan, Neptune dépose son trident. Il appelle Triton[8], le dieu azuré, couleur d'eau, aux épaules couvertes de coquillages. Triton surgit, une conque[9] à la main. Il la porte à sa bouche et souffle longuement, comme dans une trompe. Au son, les fleuves se rangent, les eaux baissent, la mer retrouve ses rivages. Des collines réapparaissent, ainsi que des forêts aux branches dépouillées, couvertes de boue.

La terre retrouve sa forme première, mais elle est dévastée, déserte, silencieuse. Les yeux de Deucalion se remplissent de larmes.

« Nous sommes seuls au monde, ma chère épouse, et la terreur est toujours dans mon âme. Que serais-tu <u>devenue</u> sans moi ? Et moi, si tu avais <u>disparu</u> ? Je t'aurais suivie dans les flots... Oh ! si seulement je pouvais repeupler la terre et façonner des hommes, comme mon père l'a fait au commencement du monde ! »

Tous deux pleurent. Ils supplient la déesse Thémis, qui demeure dans son temple en ruine, de bien vouloir les aider et les éclairer en rendant un oracle. Ils se purifient, selon les rites prescrits, dans les flots boueux de la rivière proche, mouillent leur tête et leurs vêtements, entrent dans le sanctuaire, sali par la mousse, et se prosternent devant l'autel, où ne brûle plus aucun feu.

Thémis a pitié d'eux.

« Quittez le temple, leur dit-elle. Couvrez votre tête, dénouez votre ceinture et jetez derrière vous les os de votre grande mère. »

Deucalion et Pyrrha restent longtemps muets de stupéfaction. La première, Pyrrha prend la parole, d'une voix tremblante :

« Non... Je ne peux pas suivre le conseil de l'oracle... J'aurais peur d'offenser l'ombre de ma mère morte. »

Deucalion ne répond pas. Il réfléchit. Enfin il rassure sa femme :

« L'oracle ne nous demande pas de commettre un sacrilège[10]. Notre grande mère, c'est la terre ; ses os, ce sont les pierres que nous devons jeter derrière nous. Essayons. »

Pour bien écrire

« **Devenue** » (l. 76) et « **disparu** » (l. 77). Le participe passé s'accorde avec le sujet seulement quand il est précédé de l'auxiliaire *être*. Réécrivez ces phrases au passé composé : Pyrrha sort. Pyrrha marche.

Luigi Ademollo, *Deucalion et Pyrrha*, illustration des *Métamorphoses* d'Ovide, 1832.

Domenico Beccafumi, *Deucalion et Pyrrha*, vers 1525-1530, peinture sur bois, 53 x 134 cm, fondation Horne, Florence.

105   Ils essaient et voici que les pierres qu'ils lancent dans leur dos, en tombant, s'amollissent, se gonflent, prennent une vague forme humaine, telles des ébauches de statues. Les parties humides deviennent chair ; les parties dures, squelette ; les veines de la roche restent des veines. Derrière Deucalion naissent des hommes, derrière Pyrrha, des femmes.

110   Race nouvelle des humains, qui est encore aujourd'hui la nôtre, résistante au travail, dure à la peine, puisqu'elle a la force des pierres.

Françoise Rachmuhl, d'après Ovide,
16 métamorphoses d'Ovide, Flammarion Jeunesse, 2010.

6. Nymphes : divinités grecques associées à la nature.
7. Thémis : déesse de la justice.
8. Triton : dieu marin, fils de Poséidon.
9. Conque : coquille d'un mollusque de grande taille.
10. Sacrilège : crime commis envers quelqu'un ou quelque chose digne d'un grand respect.

Je découvre le texte

1. Quelles sont les deux parties de ce texte ?
2. Qui décide du Déluge ? À qui demande-t-il de l'aide ? Pourquoi ?
3. Cherchez sur Internet qui sont Prométhée et son frère Épiméthée.

Je comprends le texte

4. Relevez les mots ou les expressions qui montrent la violence du Déluge.
5. Quels êtres humains incitent les dieux à repeupler la terre ? De quelles qualités font-ils preuve ? Citez le texte.
6. Pourquoi Pyrrha refuse-t-elle d'abord de suivre l'oracle ? Comment fallait-il comprendre le sens de l'expression « les os de votre grande mère » (l. 91) ?
7. En quoi se métamorphosent les pierres que le couple jette derrière lui ? Relevez des mots précis.

8. LANGUE Quels sont les temps utilisés dans la première partie du texte ? Et à partir de la ligne 29 ? Quel est l'effet produit ?

Je m'exprime à l'oral

9. Recherchez au CDI, dans une médiathèque ou sur Internet des tableaux représentant des scènes du Déluge. Choisissez-en un qui, pour vous, pourrait illustrer le texte d'Ovide. Présentez-le au reste de la classe et justifiez votre choix.

> **Méthode**
> Pour présenter votre tableau, indiquez le nom de l'artiste, son titre, sa date, la technique utilisée (huile, gravure…), ses dimensions et le lieu où il est conservé.

Je retiens

- Dans ce récit fondateur, Ovide retrace l'**anéantissement des hommes** par les dieux de l'Olympe et la **création d'une nouvelle humanité**.
- L'auteur donne à voir la **violence** du cataclysme par l'emploi du présent de l'indicatif.

Lecture 4

Objectifs
- Étudier un récit coranique.
- Comparer différentes versions d'un même mythe.

Compétence
- Mettre en relation le texte lu avec d'autres textes lus antérieurement.

REPÈRES

- **Le Coran** est divisé en chapitres appelés sourates. Elles sont au nombre de 114. Ces sourates sont elles-mêmes composées de versets nommés âyât (« signe »). On retrouve dans ce texte certains personnages bibliques comme Adam, Moïse, Jésus et Noé.

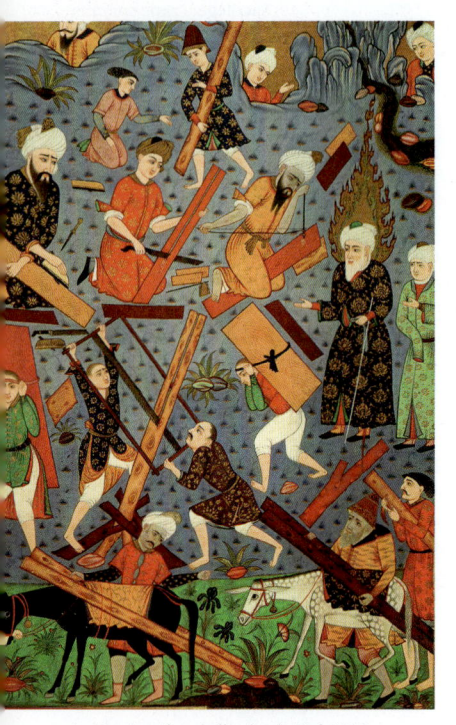

La Construction de l'arche de Noé, 1630, aquarelle indienne extraite du *Fal Nameh* (*Livre des sorts*), collection Khalili, Londres.

« Construis ce vaisseau »

Cet extrait du Coran relate comment Noé fut épargné par le Déluge.

Il fut révélé à Noé :
« Nul parmi ton peuple ne croit,
à part celui qui croyait déjà.
Ne t'attriste pas de ce qu'ils font.

5   Construis le vaisseau sous nos[1] yeux
et d'après notre révélation[2].
Ne me parle plus des injustes,
ils vont être engloutis. » [...]
Nous avons dit,
10 lorsque vint notre Ordre
et que le four se mit à bouillonner :
« Charge sur ce vaisseau un couple de chaque espèce ;
et aussi ta famille
– à l'exception de celui dont le sort est déjà fixé[3] –
15 et aussi les croyants. »
– Mais ceux qui partageaient la foi de Noé
étaient peu nombreux –

Il dit :
« Montez sur le vaisseau :
20 qu'il vogue et qu'il arrive au port, au nom de Dieu. »

– Mon Seigneur est celui qui pardonne,
il est miséricordieux[4] –

Le vaisseau voguait avec eux
au milieu des vagues semblables à des montagnes.

25 Noé appela son fils, resté en un lieu écarté :
« Ô mon petit enfant !
Monte avec nous ;
ne reste pas avec les incrédules ! »

Il dit :
30 « Je vais me réfugier sur une montagne
qui me préservera de l'eau. »
Noé dit :

« Personne, aujourd'hui, n'échappera à l'ordre de Dieu, sauf celui à qui il fait miséricorde. »

35 Les vagues s'interposèrent entre eux et il fut au nombre de ceux qui périrent engloutis.

Le Coran, sourate XI, versets 36-37 et 40-43, trad. de l'arabe par D. Masson, Éditions Gallimard, 1967.

1. C'est Dieu qui parle.
2. **Révélation** : parole de Dieu.
3. **Celui dont le sort est déjà fixé** : l'un des fils de Noé, qui n'embarquera pas sur l'arche (voir l. 25-36).
4. **Miséricordieux** : qui accorde son pardon aux coupables.

▽ L'HISTOIRE DES MOTS

« **Incrédules** » (l. 28). En latin *credo* signifie « je crois ». Cette racine a donné plusieurs mots en français, comme l'adjectif qualificatif *incrédule* formé du préfixe privatif *in-* et du radical *cred-*. Savez-vous ce que signifie « un credo » ?

Pour bien écrire

« **Chaque** » (l. 12) est toujours au singulier et ne prend jamais de *-s*. Mentionnez un autre mot de la même famille qui est toujours singulier, et cherchez sa classe grammaticale.

Noé dans son arche, XVIᵉ siècle, miniature islamique.

Je découvre le texte
1. Qui parle à Noé dans ce texte ?
2. À quel ordre est-il fait allusion ligne 10 ?
3. Que se passe-t-il à la suite de cet ordre ? Que signifie « et que le four se mit à bouillonner » (l. 11) ?

Je comprends le texte
4. Relisez les lignes 1 à 8. Pour quelle raison Dieu décide-t-il de sauver certains hommes ? Par quel mot les autres hommes sont-ils désignés ?
5. **LANGUE** Lignes 4 et 5, à quel mode et à quel temps les verbes *s'attrister* et *construire* sont-ils conjugués ? Pourquoi ?
6. Quelle figure de style permet de souligner le caractère exceptionnel des vagues ? ↘ *Les figures de style*, p. 356

Je compare les textes
7. Comparez les textes de cette séquence en répondant, pour chaque récit, aux questions suivantes : De quand date le texte ? • Qui décide du Déluge ? • Pour quelle(s) raison(s) le Déluge est-il déclenché ? • Qui est épargné et pourquoi ? • Quels sont les mots et expressions décrivant le Déluge ?
8. À l'aide d'un logiciel de traitement de texte, réalisez un tableau récapitulant vos réponses. Chaque colonne correspondra à un texte.

Je retiens
- Le Coran propose également le récit du Déluge. Mais ce texte s'attache moins à décrire le cataclysme qu'à évoquer la **relation entre Dieu et Noé**.
- Noé est chargé de sauver sa famille, les espèces animales mais aussi **ceux qui ont témoigné leur foi**. Les ordres divins sont exprimés grâce à l'impératif présent.

10. Récits du Déluge

Cinéma

Objectif
- Étudier la représentation du Déluge dans le cinéma contemporain.

Le Déluge au cinéma

Au XXIe siècle, le Déluge reste un sujet d'inspiration pour les cinéastes. Le Français Jacques-Rémy Girerd en a tiré un film d'animation, *La Prophétie des grenouilles*, et l'Américain Benh Zeitlin un film de fiction, *Les Bêtes du Sud sauvage*.

La Prophétie des grenouilles (2003)

Tom vit avec ses parents adoptifs, Ferdinand et Juliette. Leurs voisins, propriétaires d'un zoo, leur confient leur fille Lili le temps d'un voyage. Mais les grenouilles prévoient un déluge : il va pleuvoir pendant quarante jours et quarante nuits. Tom et Lili alertent Ferdinand, qui conduit les animaux du zoo dans sa grange transformée en bateau. Tous cohabitent dans cette arche de fortune, jusqu'au jour où les carnivores n'en peuvent plus de se nourrir de pommes de terre frites.

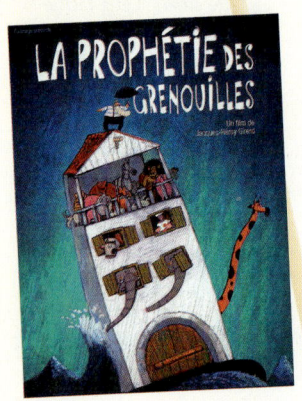

1. Dans *La Prophétie des grenouilles*, quels éléments évoquent le Déluge tel que vous venez de l'étudier ?

2. Cherchez la bande-annonce du film de Jacques-Rémy Girerd sur le site www.youtube.com et visionnez-la. Selon vous, une divinité est-elle à l'origine de la catastrophe ?

3. Pourquoi peut-on dire que ce film est un conte sur la tolérance et la difficulté de vivre ensemble ?

❶ ❷ ❸ *La Prophétie des grenouilles*, film de Jacques-Rémy Girerd, 2003.

Vocabulaire

- **Film d'animation :** œuvre cinématographique réalisée par l'enchaînement rapide de prises de vue, image par image (dessin, image de synthèse, pâte à modeler, marionnettes…).
- **Photogramme :** image (photographie) extraite d'un film.
- **Synopsis :** résumé d'un film.

Les Bêtes du Sud sauvage (2012)

Aux États-Unis, dans l'État de Louisiane, le bayou est une vaste étendue d'eau formée par les bras du fleuve Mississippi. Hushpuppy, une fillette de six ans, vit au cœur de ce paysage avec son père, dans une cabane délabrée. Une violente tempête provoque la montée des eaux, mettant leur vie en péril. Pendant ce temps, dans l'Arctique, des aurochs libérés des glaces polaires marchent vers la Louisiane.

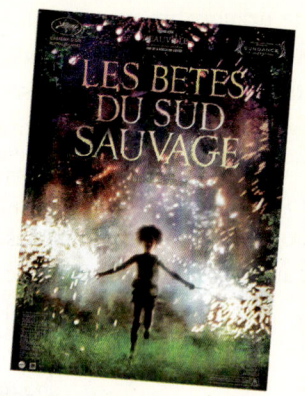

④ ⑤ ⑥ *Les Bêtes du Sud sauvage*, film de Benh Zeitlin avec Quvenzhané Wallis (Hushpuppy), 2012.

4. Quels liens faites-vous entre l'histoire racontée dans le film *Les Bêtes du Sud sauvage* et les différents récits du Déluge ? La catastrophe est-elle d'origine divine ?

5. Cherchez la bande-annonce du film de Benh Zeitlin sur le site www.youtube.com et visionnez-la. Quels éléments du film appartiennent à la réalité ? En voyez-vous qui n'appartiennent pas à la réalité ?

6. En vous aidant des photogrammes, expliquez en quoi ce film peut être considéré comme un conte.

Bilan

7. En quelques lignes, montrez l'originalité de chacune de ces œuvres.

Je retiens

- Le thème du Déluge inspire encore les artistes contemporains. L'intervention des dieux a été abandonnée au profit d'une **réflexion sur la place et le rôle de l'homme dans la nature**. En modifiant son environnement, l'homme s'expose à le voir réagir.
- Les œuvres cinématographiques rendent compte de ces réalités en utilisant le **merveilleux et la poésie**.

10. Récits du Déluge

L'Antiquité et nous

Objectif
- Explorer le thème de la tempête dans les épopées antiques.

Qui sont-ils ?

- **Virgile :** poète latin du 1er siècle av. J.-C.
- **Énée :** prince troyen, fils du roi Anchise et de la déesse Vénus, considéré comme l'ancêtre du peuple romain.
- **Éole :** dieu des vents.
- **Neptune :** dieu de la mer pour les Romains (Poséidon chez les Grecs), il a le pouvoir de soulever les tempêtes. Dans ses représentations traditionnelles, il se tient sur un char tiré par des chevaux ou des hippocampes armé de son trident.

La tempête dans l'Antiquité

Dans les épopées antiques, les dieux provoquent des tempêtes pour punir les héros ou les détourner de leur chemin. Dans L'Énéide de Virgile, le prince troyen Énée raconte à la reine Didon son voyage de Troie jusqu'à Carthage, après la prise de Troie par les Grecs. Il a dû affronter une tempête redoutable.

Quand nos embarcations eurent gagné la pleine mer, et qu'aucune terre n'apparaît plus, mais le ciel de toutes parts et de toutes parts la mer, alors s'arrête au-dessus de ma tête un sombre nuage, qui portait la nuit et la tempête, et l'onde[1] se hérissa dans les ténèbres. Aussitôt les vents 5 font bouillonner la mer, et les grandes plaines liquides se soulèvent ; nous sommes dispersés, ballottés sur le vaste gouffre. Les nuées ont enveloppé le jour, et une nuit humide nous a dérobé le ciel ; des feux redoublés déchirent les nuages. Nous sommes jetés hors de notre route, et nous errons sur les ondes aveugles. [...] Pendant trois jours nous errons ainsi à l'aventure dans 10 une obscurité aveugle, et pendant autant de nuits sans étoiles.

Virgile, *L'Énéide* [Ier siècle av. JC.], livre III, trad. du latin par M. Rat, GF-Flammarion, 1965.

---

1. **Onde :** eau.

Éole, masque en argile.

Je comprends les documents
1. Qui est le narrateur de cet extrait ?
2. Relevez tous les mots qui soulignent la violence de cette tempête.
3. À votre avis, que ressentent les marins ?
4. Quels points communs retrouvez-vous avec les récits du Déluge que vous avez lus ?
5. Observez les représentations d'Éole, dieu des vents, et de Neptune, dieu de la mer. Vous paraissent-ils impressionnants ? Pourquoi ?

À vous de créer
6. Associez chaque mot latin au mot français correspondant, puis donnez d'autres mots de la même famille.

tempesta •	• nuage
pluvia •	• nimbes
nubes •	• tempête
nimbus •	• diluvien
diluvium •	• pluie

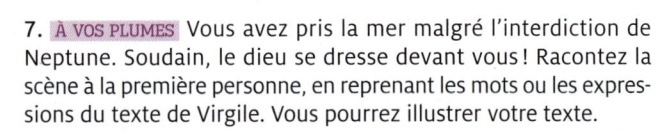

7. **À VOS PLUMES** Vous avez pris la mer malgré l'interdiction de Neptune. Soudain, le dieu se dresse devant vous ! Racontez la scène à la première personne, en reprenant les mots ou les expressions du texte de Virgile. Vous pourrez illustrer votre texte.

Neptune avec son trident, sculpture.

Méthode

Comprendre une consigne

Voici une consigne et le texte qui l'accompagne.

> **Proposez à haute voix** une lecture **expressive** du texte suivant après l'avoir **lu attentivement**.
>
> L'arche est terminée ; tous les animaux, Noé et sa famille ont embarqué. Déborah, une de ses filles, entreprend d'explorer le navire où elle demeure désormais.
>
> Sous ses pieds, les planches rugueuses et solides dégageaient une agréable odeur de résineux. Elle s'enhardit encore et eut la satisfaction de découvrir au bout du couloir une ouverture étroite et longue ménagée dans la paroi et qui donnait sur l'extérieur. Celle-ci était trop haute pour que la fillette pût apercevoir autre chose, dans la grisaille, que le sommet du
> 5 peuplier qui ombrageait la rivière, et elle fit demi-tour. À cet instant, une première secousse puis une seconde firent trembler l'arche. Le pouls de Déborah s'accéléra : que s'était-il passé ? Les chocs provenaient de l'arche même, non du dehors ! Elle baissa la tête et remarqua qu'une fissure entre deux lames de bois permettait de voir l'étage inférieur. Elle se coucha sur le sol et colla son œil contre la fente.
> 10 – Ça alors ! s'exclama-t-elle.
>
> Flore Talamon, *Noé face au déluge*, Nathan, « Histoires de la Bible », 2012.

MÉTHODE GUIDÉE

Étape 1 — Comprendre la consigne

- Repérez les mots importants de la consigne.
- Assurez-vous que vous avez bien compris tous les mots de la consigne.
- Énumérez dans l'ordre les tâches à effectuer.

1. Quelle est la classe grammaticale des mots surlignés en bleu ? Qu'indiquent-ils ?
2. À quel mode est le premier ?
3. Quel type d'informations vous apportent les mots surlignés en jaune ? Que signifient *expressive* et *attentivement* ?
4. Voyez-vous un connecteur de temps ?
5. Quelle est la première tâche à effectuer ? Et la seconde ?

Étape 2 — S'organiser pour préparer le travail demandé

- Notez au brouillon les étapes nécessaires pour réaliser le travail demandé.
- Procurez-vous les outils qui pourraient vous être utiles.

6. Quels sont les critères à respecter pour bien répondre à la consigne ?
7. Comment pouvez-vous vous entraîner efficacement pour faire une lecture à voix haute ?
8. Avez-vous besoin d'un dictionnaire ? d'un enregistreur ? d'un accessoire pour votre lecture ?

Étape 3 — Réaliser le travail demandé

- Réalisez dans l'ordre toutes les étapes que vous avez notées sur votre brouillon.

9. Cherchez le sens des mots que vous ne connaissez pas.
10. Avez-vous compris tous les détails du texte : actions, pensées, sentiments du personnage ?
11. Soulignez les mots importants et repérez les marques de ponctuation. Lisez plusieurs fois le texte à voix haute pour voir où vous hésitez.
12. Si nécessaire, enregistrez-vous et écoutez-vous pour améliorer votre prestation.

Vocabulaire

Objectif
• Enrichir son vocabulaire en découvrant le lexique lié aux mythes fondateurs.

Les mots issus des mythes et des religions

Connaître et utiliser les mots des religions

1 En grec ancien, *dieu* se dit *théos*. On retrouve cette racine dans plusieurs mots français. Reconstituez des mots à partir des éléments suivants. Aidez-vous si nécessaire d'un dictionnaire.

Préfixe	Radical	Suffixe
mono- (= seul)		-iste
a- (= sans)	-thé(e)- (= dieu)	
poly- (= plusieurs)		-on
pan- (= tout)		

2 Replacez les mots que vous avez formés dans la phrase qui correspond à sa signification (attention aux accords).
1. Celui qui ne croit pas en Dieu est ……… .
2. Les Grecs comme les Romains croyaient en plusieurs dieux, ils étaient ……… .
3. Juifs, chrétiens et musulmans croient en un seul dieu, leur religion est ……… .
4. Le ……… romain rassemble toutes les divinités de la mythologie romaine.

3 Classez les mots suivants dans le tableau ci-dessous.
la synagogue • l'islam • le prêtre • le Coran • l'église • le judaïsme • la mosquée • l'imam • la Bible • le catholicisme • le rabbin • les juifs • les catholiques • la Torah • les musulmans

Nom des religions	
Livres sacrés	
Lieux de culte	
Chefs de prière	
Pratiquants	

Découvrir des expressions héritées des récits bibliques

4 a. Associez chaque expression à sa définition.
1. Pleurer comme une Madeleine
2. Habiter un véritable Éden
3. Donner un baiser de Judas
4. Vivre un calvaire

• vivre dans un lieu paradisiaque • verser des larmes en abondance • vivre une épreuve longue et douloureuse • embrasser une personne que l'on trahit

b. Par groupes, choisissez une de ces expressions et cherchez son origine.

S'initier au latin

5 a. Voici un extrait des *Métamorphoses* d'Ovide dans sa langue d'origine et sa traduction. À l'aide de la traduction, retrouvez la signification des mots surlignés.
b. Proposez, pour chaque mot surligné, un mot français de la même famille. *Exemple* : feliciter → la félicité

Interea niveum mira feliciter arte sculpsit ebur formamque dedit, qua femina nasci nulla potest, operisque sui concepit amorem. Virginis est verae facies, quam vivere credas, et, si non obstet reverentia, velle moveri : ars adeo latet arte sua. Miratur et haurit pectore Pygmalion simulati corporis ignes. Saepe manus operi temptantes admovet, an sit corpus an illud ebur, nec adhuc ebur esse fatetur.

Pygmalion sculpte sa statue.
Avec un art merveilleux, avec bonheur, il sculpta l'ivoire de neige et lui donna une beauté que nulle femme ne peut avoir. Il conçut un amour éperdu pour son œuvre. Le visage est celui d'une vraie jeune fille, on croirait qu'elle vit, qu'elle veut bouger, mais la crainte l'en empêche, tant l'art se cache à force d'art. Pygmalion est émerveillé, et des feux dans son cœur pour le corps imité le consument. Souvent il approche ses mains de l'œuvre, elles la touchent : est-ce un corps, est-ce de l'ivoire ? Il ne dit pas que c'est de l'ivoire.

Ovide, *Les Métamorphoses*, 1er siècle ap. J.C., livre X, v. 246-255, trad. du latin par É. Manidren.

À vous d'écrire !

6 Vous êtes le dieu ou la déesse d'une planète miniature. Vos créatures vous ont déçu(e). Rédigez un discours dans lequel vous emploierez les mots suivants pour exprimer votre mécontentement.
courroux • fureur • rage • ire • foudres • châtiment

Grammaire

Objectif
• Repérer et employer les connecteurs de temps et de lieu.

Utiliser les connecteurs de temps et de lieu

Retenir l'essentiel

Les connecteurs de temps et de lieu sont des **mots**, souvent des adverbes, **qui relient** des propositions, des phrases ou des paragraphes. Ils sont très utiles pour comprendre et construire un récit.
• **Les connecteurs de temps** structurent chronologiquement le récit en précisant comment une action se déroule dans le temps. Ils situent aussi les actions les unes par rapport aux autres.
• **Les connecteurs de lieu** permettent de représenter un lieu. Ils sont indispensables dans les descriptions.

↘ Maîtriser l'expression du lieu et du temps, p. 306

Identifier les connecteurs

1 Voici une liste de connecteurs. Classez-les en fonction de ce qu'ils expriment : le temps ou le lieu.
partout • enfin • alors • aux abords • au loin • puis • quelques instants plus tard • ici • dehors • auprès • tout à coup • à l'endroit où • il y a longtemps • dans le lointain • c'est alors que • peu après • du côté de • par la suite • çà et là

2 Classez les connecteurs de lieu repérés dans la liste ci-dessus en fonction de leur éloignement (du plus proche au plus lointain).

3 Repérez les connecteurs de temps dans cette légende égyptienne et dites à quoi ils servent.

Après la création du monde et de l'être humain, les dieux surveillent leur création. Mais un jour, l'homme est devenu orgueilleux et pense être l'égal des dieux. Les dieux choisissent tout d'abord d'avertir les hommes, mais ces derniers ignorent les mises en garde et deviennent avares d'offrandes.
Alors Rê réunit tous les dieux afin de décider d'une punition. Ils décident finalement d'envoyer sur terre la déesse à tête de lionne, Sekhmet, qui symbolise la vigueur du soleil.
Ne craignant pas de tuer des hommes, immédiatement Sekhmet se livre à un effroyable carnage et boit le sang de ses victimes.

D'après le site dinosoria.com.

4 Repérez les connecteurs de temps et de lieu dans cet extrait de l'épopée de Gilgamesh.

Utanapishtî vient d'échapper au Déluge.

Alors je tombai à genoux et pleurai, là, immobile, les larmes ruisselant sur mes joues. Puis je cherchai du regard un rivage à l'horizon. À douze fois douze coudées émergeait une langue de terre : c'était le mont Nisir. Le bateau y accosta. Le Nisir le retint un jour, puis deux, sans le laisser repartir. Il le retint encore trois, quatre, cinq, six jours, sans le laisser repartir.

Gilgamesh, adapté par M. Laffon d'après la traduction de J. Bottéro, Belin-Gallimard, 2009.

Utiliser les connecteurs de temps et de lieu pour écrire

5 À partir du schéma suivant, rédigez un court texte en insérant entre chaque étape un connecteur de temps. Veillez à ne pas vous répéter.
Les hommes se comportent mal → Les dieux décident de les punir → Ils choisissent un homme pour sauver un couple de chaque espèce → Ils déclenchent un déluge → Le déluge s'arrête → C'est la décrue

6 Réorganisez ce résumé du Déluge selon la Bible en utilisant les connecteurs de temps suivants.

un jour • durant quarante jours • pendant cent cinquante jours • alors (2 x) • d'abord • ensuite • sept jours plus tard • après une semaine de plus

1. Noé libère à nouveau la colombe, qui revient portant en son bec un rameau d'olivier.
2. Dieu constate que les hommes font le mal, il décide de déclencher le déluge.
3. Noé lâche un corbeau qui vole dans le ciel en attendant de pouvoir se poser.
4. Il charge Noé de construire une arche et d'emmener avec lui et sa famille un couple de chaque espèce.
5. Il libère une colombe qui, ne trouvant pas de terre ferme, revient auprès de Noé.
6. Le déluge s'abat sur la terre.
7. Les eaux continuent de monter.
8. Il laisse la colombe s'envoler une dernière fois, elle ne revient plus.
9. Noé comprend que les eaux ont diminué et qu'il est temps de débarquer.

10. Récits du Déluge

S'exprimer à l'oral

ATELIER
Raconter le Déluge à l'aide d'ombres chinoises

ÉTAPE 1 — Déterminer le passage à mettre en scène

① Constituez des groupes de trois élèves et déterminez quel est votre texte préféré parmi les quatre extraits étudiés dans cette séquence. Expliquez pourquoi vous avez fait ce choix.

② Recherchez le texte dans son intégralité (vous le trouverez au CDI ou sur Internet) et lisez-le.

③ Choisissez-en un passage (la colère des dieux, la tempête, l'embarquement à bord de l'arche). Faites une première lecture à haute voix pour déterminer le temps nécessaire à votre spectacle d'ombres chinoises.

> **Méthode**
> Pour glaner des idées, recherchez des informations sur les ombres chinoises au CDI ou sur Internet.

ÉTAPE 2 — Construire les marionnettes et le décor

④ Réfléchissez aux marionnettes dont vous avez besoin (personnages, objets, accessoires) et aux formes pour le décor.

⑤ Sur Internet, effectuez une recherche d'images. Sélectionnez les différentes silhouettes qui pourront représenter vos personnages.

⑥ Imprimez-les et découpez leurs silhouettes sur un papier cartonné et fixez-les sur des bâtonnets pour pouvoir les manipuler.

Histoire d'ivoire, spectacle mis en scène par la Compagnie des Skowiés, 2013.

ÉTAPE 3 — Faire une lecture orale vivante

⑦ Répartissez-vous les passages du texte pour que chaque membre du groupe prenne la parole.

⑧ Entraînez-vous à faire une lecture orale vivante (émotions, sentiments, suspense...) ➤ Lire des récits à voix haute, p. 118

⑨ Préparez les accessoires dont vous avez besoin en vous aidant du schéma ci-dessous. Exercez-vous à animer vos marionnettes et vos décors de façon à ce qu'ils illustrent parfaitement votre texte.

⑩ Maintenant, entrez en scène !

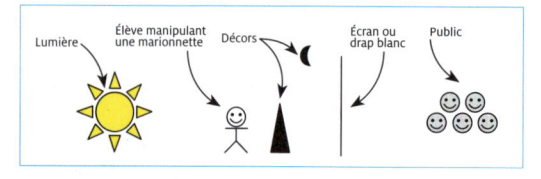

> **Méthode**
> Répétez plusieurs fois votre spectacle. Recueillez les réactions de vos proches ou filmez-vous pour déterminer comment améliorer votre prestation.

Schéma : Lumière → Élève manipulant une marionnette → Décors → Écran ou drap blanc → Public

COMPÉTENCES

D1	Mettre en voix un texte après préparation.
D1, D2	Participer à des échanges.
D2, D2	Mettre en œuvre un projet artistique.

Rédiger un récit de déluge

S'exprimer à l'écrit

Un jardinier ne supporte plus de voir sa maison envahie par les fourmis. Il décide de détruire leur fourmilière en l'inondant. Faites le récit de cette destruction.

ÉTAPE 1 — Élaborer en groupes le plan du récit

1 Constituez des groupes de quatre élèves. Remettez dans l'ordre les phrases suivantes qui correspondent aux grandes parties que vous devrez suivre pour votre récit.
– La description de la fourmilière après la catastrophe.
– Les fourmis envahissent la maison du jardinier.
– La colère du jardinier et sa décision d'inonder la fourmilière.
– Le récit du déluge.

2 Répartissez-vous ces quatre parties. Chaque élève en rédigera une.

ÉTAPE 2 — Rédiger la première version du récit et l'améliorer

3 Saisissez votre texte sur ordinateur.

4 Choisissez un camarade, faites-lui lire votre production, puis lisez la sienne. Corrigez mutuellement votre travail.

5 Modifiez votre texte à l'aide du traitement de texte, en mettant les corrections en vert.

6 Élaborez des fiches ressources en vocabulaire : répertoriez des mots pour désigner la catastrophe, des comparaisons pour marquer l'intensité du phénomène et des synonymes du mot *colère*. Chaque membre du groupe se chargera d'une fiche.

> **Méthode**
> Aidez-vous des textes de la séquence et d'un dictionnaire pour élaborer des fiches ressources en vocabulaire.

ÉTAPE 3 — Rédiger la version définitive et réunir les textes du groupe

7 Utilisez les fiches ressources pour enrichir votre texte. Mettez en rouge les mots et les expressions que vous avez ajoutés.

8 Vérifiez que vous avez bien utilisé des connecteurs de temps et de lieu dans votre texte et mettez-les en bleu.

9 Réunissez vos quatre textes et relisez la totalité du récit pour faire le lien entre les différentes parties. Apportez les dernières corrections.

> **Pour bien écrire**
> Pensez à vérifier le sujet des verbes conjugués dans votre texte afin de les accorder convenablement.

COMPÉTENCES
- **D1** Construire une posture d'auteur.
- **D1** Mettre en œuvre une démarche de production de textes.
- **D1** Pratiquer le brouillon.
- **D1, D2** Participer à des échanges dans des situations diversifiées.

10. Récits du Déluge

Je fais le point

Récits du

Bilan de la séquence

Le Déluge : un thème universel et fondateur

Les récits du déluge sont des **textes fondateurs** car ils constituent un héritage et fondent notre culture. Dans ces récits, le caractère **exceptionnel** et **dévastateur** du Déluge est souligné par des procédés variés, tels que les répétitions.

Le thème du Déluge a inspiré différentes **œuvres d'art** : tableaux, fresques, mosaïques, sculptures... Dans le **cinéma** contemporain, le thème du châtiment divin laisse place à une réflexion sur la place et le rôle de l'homme dans la nature.

Des récits mythologiques et des textes sacrés

- L'épopée du roi **Gilgamesh** propose le premier récit de Déluge connu. Il est déclenché par la **colère des dieux**.
- Dans les *Métamorphoses* d'Ovide, c'est encore un **châtiment divin** qui s'abat sur des hommes corrompus. Les dieux confient à deux **survivants**, considérés comme **justes** et **respectueux**, la mission de créer une nouvelle humanité.

- Le récit biblique du Déluge reprend le thème d'une humanité qu'il faut détruire pour **rebâtir un monde meilleur**. Noé est choisi pour repeupler la terre.
- Le récit coranique de l'Arche de Noé insiste moins sur la colère divine et sur le cataclysme. En revanche, le texte met l'accent sur le **rôle d'élu de Noé** en soulignant notamment sa foi.

Évaluation — 1. Mobiliser les acquis de la séquence

1. Je sais situer les principaux textes fondateurs dans le temps et les placer sur une frise chronologique.
Le Coran • *Les Métamorphoses* d'Ovide • La Bible • L'épopée de Gilgamesh

2500-1300 av. J.-C.	VIIe-Ier siècle av. J.-C.	Ier siècle ap. J.-C.	Vers 650 ap. J.-C.

2500-1300 av. J.-C. ——————————————————————————— Vers 650 ap. J.-C.

2. Je peux nommer la première épopée connue : ....

3. Je connais les noms des livres sacrés des principales religions monothéistes : ....

4. Je peux résumer l'histoire de l'arche de Noé : ....

5. Je peux donner le sens du mot *déluge* dans la Bible et le Coran. Je sais également ce qu'il signifie dans le langage courant : ....

Déluge

Évaluation — 2. Lire et comprendre un texte fondateur

Noé sort de l'arche

Les eaux baissent. Les passagers de l'arche guettent l'apparition d'une terre.

Noé décida de lâcher de nouveau la colombe, et le volatile prit une nouvelle fois son envol. Puis, au cours de la nuit, les choses se précipitèrent. Un heurt brutal, suivi d'intenses vibrations dans toute la charpente de l'arche, réveilla toute la famille. Le silence se fit. On eût dit que l'embarcation avait connu son dernier sursaut d'agonisante[1]. À l'aube, Noé et ses fils constatèrent que la colombe n'était pas rentrée. Le chef de la tribu dit :

— Voilà qui est bon signe. Montons sur le toit pour voir ce qu'il en est exactement. [...]

Peu de temps après, la porte de l'embarcation se rabattait avec un couinement terrible, et les hommes posaient les pieds sur la terre. Le sol était spongieux, gorgé d'eau. Sem[2] regarda autour de lui avec découragement. Dans ses moments d'optimisme, il avait rêvé d'un monde plus accueillant que celui qu'ils avaient quitté. Car si Dieu les avait choisis pour perpétuer l'espèce humaine, n'était-ce pas parce qu'ils méritaient une vie plus facile ? Les images du jardin d'Éden[3] avaient fécondé ses songes. En vain. Tout était comme avant, voire pire. Et ils devaient tout reconstruire, alors même qu'ils étaient aussi démunis que des nourrissons sortis du ventre de leur mère !

Flore Talamon, *Noé face au déluge*, Nathan, « Histoires de la Bible », 2012.

1. **Agonisante** : mourante. 2. **Sem** : un des fils de Noé. 3. **Jardin d'Éden** : le paradis terrestre où vivaient Adam et Ève.

6. À quel moment de l'aventure de Noé se situe cet extrait ? Justifiez en citant précisément le texte.

7. Sur combien de temps se déroule l'action de ce passage ? Aidez-vous des indicateurs de temps.

8. L'adjectif *spongieux* est formé sur la même racine que le nom *éponge*. En vous aidant du contexte, expliquez le sens de l'adjectif dans le texte.

9. En quoi la comparaison « aussi démunis que des nourrissons sortis du ventre de leur mère » (l. 20-21) marque-t-elle un nouveau départ pour Noé et les siens, et pour l'humanité ?

Évaluation — 3. Écrire

10. Décrivez le paysage que découvre Sem en débarquant de l'arche. Vous insisterez notamment sur l'aspect dévasté de ce décor.

COMPÉTENCES ÉVALUÉES

D1 Lire
- Mettre en œuvre une démarche de compréhension.
- Mobiliser des connaissances lexicales et des connaissances portant sur l'univers évoqué par les textes.
- Justifier son interprétation et ses réponses en s'appuyant sur le texte.

D1 Écrire
- Produire des écrits variés.
- Mobiliser ses connaissances portant sur l'orthographe grammaticale et lexicale.
- Connaître les caractéristiques principales des différents genres de discours.

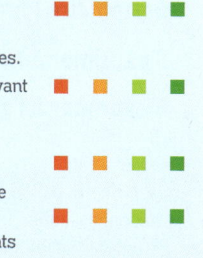

10. Récits du Déluge

SÉQUENCE 11

Récits de création et création poétique

La poésie au fil

OBJECTIFS
- Dire, lire et écrire la poésie au fil des saisons.
- Découvrir différentes formes poétiques exprimant le rapport de l'homme aux saisons.

Repères Les saisons vues par les poètes — 232

Entrer dans la séquence
Gérard de Nerval, « Les Papillons » — 233

Lectures

1. Haïkus des quatre saisons — 234
Caractériser les quatre saisons en poésie
Découvrir le haïku

2. Charles d'Orléans, « Le temps a laissé son manteau… » — 236
Comprendre comment le poète célèbre le retour d'une saison
Découvrir un rondeau

3. Leconte de Lisle, « Midi » — 238
Découvrir une vision inattendue de l'été
Reconnaître une figure de style : la personnification

4. Guillaume Apollinaire, « Automne malade » — 240
Étudier l'expression des sentiments dans la description d'une saison

5. Victor Hugo, « En hiver la terre pleure… » — 242
Reconnaître une figure de style : la comparaison
Comprendre l'intérêt du dialogue dans une poésie

Histoire des arts Les saisons en musique et en peinture — 244

L'Antiquité et nous Le mythe de Proserpine — 246
Annie Collognat, *20 métamorphoses d'Ovide*

Méthode Analyser la forme d'un poème — 247
Victor Hugo, « Voici que la saison décline… »

Vocabulaire Les mots des saisons — 248

Grammaire Phrase verbale et phrase non verbale — 249

S'exprimer à l'oral Dire des poèmes — 250

S'exprimer à l'écrit Réaliser un arbre à poèmes ATELIER — 251

Je fais le point Bilan et évaluation — 252
Théophile Gautier, « Le Chant du grillon »
Pernette Chaponnière, « Regardez la neige qui danse… »

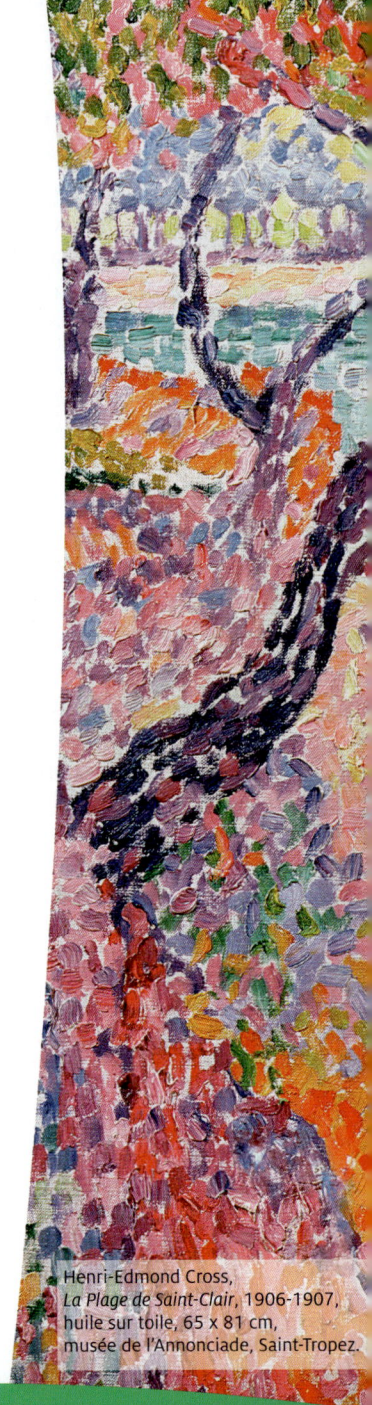

Henri-Edmond Cross, *La Plage de Saint-Clair*, 1906-1907, huile sur toile, 65 × 81 cm, musée de l'Annonciade, Saint-Tropez.

des saisons

▶ *Comment les poètes créent-ils un univers poétique ? Comment représentent-ils les saisons et la nature ?*

Repères

Les saisons vues par les poètes

XVᵉ siècle

Charles d'Orléans
« Le temps a laissé son manteau
De vent, de froidure et de pluie »

Au XVᵉ siècle en France, le poète Charles d'Orléans, père du futur Louis XII, célèbre le printemps dans un rondeau, « Le temps a laissé son manteau… ».

1852

Leconte de Lisle
« L'air flamboie et brûle sans haleine »

Au XIXᵉ siècle, Leconte de Lisle évoque la chaleur implacable de l'été dans son poème « Midi, rois des étés… ».

Du XVIIᵉ au XIXᵉ siècle

Des poètes japonais
« Bruit de la rosée –
s'égouttant dans les
bambous »

Au Japon, Bashô, Buson et d'autres poètes et poétesses peignent les métamorphoses de la nature dans de courts poèmes, les haïkus.

1881

Victor Hugo
« Ô terre, où donc sont tes roses ?
– Astre, où donc sont tes rayons ? »

Victor Hugo imagine un dialogue entre la terre et le soleil à l'arrivée de l'hiver : « En hiver la terre pleure… ».

1913

Guillaume Apollinaire
« Le vent et la forêt qui pleurent »

Au XXᵉ siècle, Guillaume Apollinaire chante son amour pour l'automne dans un poème de forme libre, « Automne malade ».

Charles d'Orléans
Poète français
1394-1465

Bashô
Poète japonais
1644-1694

Victor Hugo
Écrivain français
1802-1885

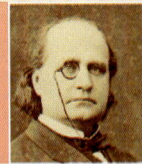

Leconte de Lisle
Poète français
1818-1894

Guillaume Apollinaire
Poète français
1880-1918

Entrer dans la séquence

Découvrez des images et des sensations

Les Papillons

De toutes les belles choses
Qui nous manquent en hiver,
Qu'aimez-vous mieux ? – Moi, les roses ;
– Moi, l'aspect d'un beau pré vert ;
5 – Moi, la moisson blondissante,
Chevelure des sillons ;
– Moi, le rossignol qui chante ;
– Et moi, les beaux papillons ! [...]

Gérard de Nerval, « Les Papillons », *Odelettes*, 1834.

❶ Lisez le poème de Gérard de Nerval à voix haute : à quoi servent les tirets ?

❷ À quelle(s) saison(s) font allusion les « belles choses » (v. 1) ?

❸ À la manière de Gérard de Nerval, pensez aux « belles choses » de l'hiver et rédigez une deuxième strophe commençant par ces mots :
« De toutes les belles choses
Qui nous manquent au printemps... »

Faites le portrait d'une saison

❹ Au XVIe siècle, le peintre italien Giuseppe Arcimboldo a réalisé des portraits des quatre saisons. Quelle saison représente-t-il ici ?

❺ Quels légumes, fruits ou céréales reconnaissez-vous ? Quelle partie du visage figurent-ils ?

❻ Imaginez quels éléments pourraient constituer le portrait des trois autres saisons.

Lecture 1

Haïkus des quatre saisons

Les courts poèmes suivants illustrent le raffinement des Japonais et leur amour pour la nature.

Objectifs
• Caractériser les quatre saisons en poésie.
• Découvrir le haïku.

Compétence
• Identifier un genre et ses enjeux.

REPÈRES

• Le **haïku** est un genre poétique traditionnel qui s'est développé au Japon au XVIIe siècle.

• Le peintre japonais **Hokusai** a réalisé de nombreuses estampes de paysages. Une estampe est une image imprimée à partir d'une planche gravée.

1

Le halo[1] de la lune
n'est-ce pas le parfum des fleurs de prunier
monté là-haut ?

Buson (XVIIIe siècle)

1. **Halo** : cercle ou tache de lumière apparaissant autour du soleil ou de la lune.

2

Il n'y a plus ni ciel ni terre
rien que la neige
qui tombe sans fin

Hashin (XIXe siècle)

3

Un éclair au matin !
Bruit de la rosée
s'égouttant dans les bambous

Buson (XVIIIe siècle)

Hokusai, *Les Trente-six Vues du mont Fuji*, 1831-1833, estampe.

4

Jour de bonheur tranquille
le mont Fuji[2] voilé
dans la pluie brumeuse

Bashô (XVIIe siècle)

2. **Mont Fuji** : mont du Japon qui culmine à 3 776 mètres.

5

Désolation hivernale –
dans un monde à teinte uniforme
le bruit du vent

Bashô (XVIIe siècle)

6

Les fleurs sont tombées –
nos esprits maintenant
sont en paix

Koyu-Ni (XVIIIe siècle)

7

Rien d'autre aujourd'hui
que d'aller dans le printemps
rien de plus

Buson (XVIIIe siècle)

8

Changement d'habits –
le printemps a disparu
dans la grande malle

Saikaku (XVIIe siècle)

Haïkus des quatre saisons, Estampes d'Hokusai, Éditions du Seuil, 2010.

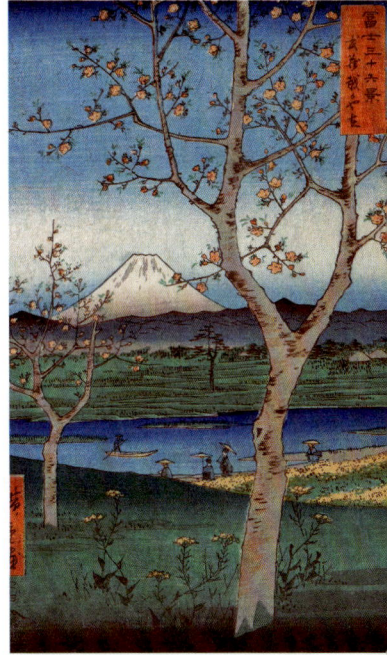

Hokusai, *Les Trente-six Vues du mont Fuji*, 1831-1833, estampe.

Je découvre les textes

1. Observez ces textes : qu'est-ce qui vous frappe ?

2. MISE EN VOIX Préparez en groupes une première lecture des textes. Êtes-vous d'accord avec les intonations choisies par vos camarades ?

Je comprends les textes

3. LANGUE Quels haïkus ne comportent pas de verbe conjugué ? Quel est l'effet produit ? ➤ Phrase verbale et phrase non verbale, p. 249

4. En vous appuyant sur des indices précis, trouvez deux haïkus qui décrivent le printemps et deux autres qui décrivent l'hiver. À quelles saisons font référence les autres poèmes ?

5. Quel haïku évoque l'odorat ? Lequel fait appel à l'ouïe ? Quels sont les autres sens auxquels les poèmes font penser ?

J'écris pour interpréter les textes

6. En quoi ces textes sont-ils poétiques ? Appuyez-vous sur les thèmes et sur le vocabulaire.

7. À VOS PLUMES Écrivez un haïku sur la saison que vous préférez.

Méthode
- Pensez à ce qu'évoque pour vous la saison choisie : couleurs, sons…
- Respectez la forme d'un haïku.

Pour bien écrire

« **Rosée** » (poème 3, v. 2). Les **noms féminins** se terminant par le son « é » s'écrivent *-ée*. Exception : *la clé* et les noms féminins en *-té* ou *-tié* comme *beauté, amitié*. Connaissez-vous d'autres mots en *-ée* ?

Je retiens

- Le **haïku** est un court poème sur la **nature**, qui fixe une image fugitive ou l'émotion d'un instant.
- En japonais, il respecte une **forme fixe** : 3 vers de 5, 7 et 5 syllabes, souvent traduits en français par un vers court, un vers long, un vers court.

Lecture 2

« Le temps a laissé son manteau... »

Objectifs
• Comprendre comment le poète célèbre le retour d'une saison.
• Découvrir un rondeau.

Compétence
• Construire des notions littéraires.

Dans ce poème, Charles d'Orléans chante le renouveau de la nature dans un rondeau, petit poème médiéval de forme fixe.

Le temps a laissé son manteau
De vent, de froidure et de pluie,
Et s'est vêtu de broderie,
De soleil luisant, clair et beau.

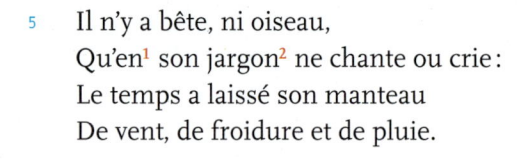

5 Il n'y a bête, ni oiseau,
Qu'en[1] son jargon[2] ne chante ou crie :
Le temps a laissé son manteau
De vent, de froidure et de pluie.

Rivière, fontaine et ruisseau
10 Portent, en livrée[3] jolie,
Gouttes d'argent d'orfèvrerie[4] ;
Chacun s'habille de nouveau.
Le temps a laissé son manteau.

Charles d'Orléans,
« Le temps a laissé son manteau... »,
Rondeaux, XVe siècle.

1. **Qu'en** : qui dans. 2. **Jargon** : langage propre à un groupe.
3. **Livrée** : habit. 4. **Orfèvrerie** : décoration en métal précieux.

REPÈRES

• **Charles d'Orléans** (1394-1465), père du futur Louis XII, est fait prisonnier à la bataille d'Azincourt en 1415 et retenu en Angleterre où il se consacre à la poésie. De retour en France en 1440, il écrit environ 350 rondeaux, empreints d'émotions personnelles.

Pour bien écrire

« **Vêtu** » (v. 3). Le verbe *se vêtir* porte un accent circonflexe qui s'explique par son origine. En latin, le « vêtement » se dit *vestis* : le -s qui a disparu a laissé une marque, l'accent circonflexe. Dans quel nom d'habit retrouve-t-on cette racine ?

Je découvre le texte

1. À quelle saison le « manteau/De vent, de froidure et de pluie » (v. 1-2) renvoie-t-il ?

2. Quelle saison le poète célèbre-t-il dans ce texte ? Reformulez la première strophe avec vos propres mots.

3. Quels vers se répètent dans le poème ? Comment appelle-t-on cette répétition dans une chanson ?

Je comprends le texte

4. Comptez le nombre de syllabes de chaque vers. Savez-vous comment on nomme ce type de vers ?
➤ Le vocabulaire de la poésie, p. 350

5. Identifiez les rimes du poème : quelles sont les sonorités qui reviennent ? Sont-elles tristes ou gaies ?

6. LANGUE Quelle figure de style permet de donner vie aux saisons dans ce poème ?
➤ Les figures de style, p. 356

7. Comment le poète parvient-il à créer une atmosphère de fête ? Répondez en deux ou trois lignes.

Je mets en voix le poème

8. MISE EN VOIX Préparez en groupes une lecture du texte à plusieurs voix : combien de lecteurs sont nécessaires, selon vous ? Pourquoi ?
➤ Dire des poèmes, p. 250

Sandro Botticelli, *Le Printemps* (détail), vers 1478, huile sur toile, 203 x 314 cm, galerie des Offices, Florence.

🎨 Lecture de l'image

1. Que représente ce tableau ?

2. Ce tableau peut-il illustrer le vers 3 du poème ? Pourquoi ? Quels autres rapprochements pouvez-vous faire entre le tableau et le poème ?

3. 🔍 Recherchez sur Internet d'autres œuvres de Botticelli.
– Présentez-les dans un document en les accompagnant d'une fiche de renseignements : titre, date de réalisation, dimensions, technique et support, lieu de conservation.
– Relevez des points communs dans ces œuvres : quel est leur sujet ? leur technique ? leur gamme de couleurs ?

Je retiens

• On appelle **rondeau** un petit poème de forme fixe hérité du Moyen Âge. Le mot vient de « rondel », qui désigne une danse du XIIIe siècle.

• Construit sur deux ou trois strophes et deux rimes, il se caractérise par la reprise en refrain du premier vers, qui renforce sa **musicalité**.

Lecture 3

Objectifs
- Découvrir une vision inattendue de l'été.
- Reconnaître une figure de style : la personnification.

Compétence
- Formuler des impressions de lecture.

Midi

Le poète Leconte de Lisle (1818-1894) décrit dans ce poème la chaleur accablante de l'été.

Midi, roi des étés, épandu[1] sur la plaine,
Tombe en nappes d'argent des hauteurs du ciel bleu.
Tout se tait. L'air flamboie et brûle sans haleine ;
La terre est assoupie en sa robe de feu.

5 L'étendue est immense et les champs n'ont point d'ombre,
Et la source est tarie[2] où buvaient les troupeaux ;
La lointaine forêt, dont la lisière[3] est sombre,
Dort là-bas, immobile, en un pesant repos. [...]

Homme, si, le cœur plein de joie ou d'amertume,
10 Tu passais vers midi dans les champs radieux,
Fuis ! la nature est vide et le soleil consume[4] :
Rien n'est vivant ici, rien n'est triste ou joyeux. [...]

Leconte de Lisle, « Midi », *Poèmes antiques*, 1852.

1. **Épandu :** répandu. 2. **Tarie :** asséchée.
3. **Lisière :** bordure, limite de la forêt.
4. **Consume :** brûle, réduit en cendres.

Pour bien écrire

« Là-bas » (v. 8).
Ne confondez pas *là* ou *là-bas*, adverbes de lieu, avec *la* sans accent qui peut être déterminant, pronom personnel féminin singulier ou désigner une note de musique.

L'HISTOIRE DES MOTS

« Radieux » (v. 10) vient du latin *radius*, « rayon ». Cet adjectif qualifie un soleil rayonnant. Au sens figuré, il signifie « qui rayonne de joie ». Connaissez-vous d'autres mots formés sur cette racine ?

Je découvre le texte

1. Midi est l'heure où le soleil est à son zénith. Comment comprenez-vous l'expression « Midi, roi des étés » ?

2. Dans ce poème, quels sont les noms, les verbes et les adjectifs qui se rapportent à la chaleur ?

3. Comptez le nombre de syllabes contenues dans chaque vers, en faisant attention aux *-e* muets. Comment appelle-t-on ce type de vers ?
↘ Dire des poèmes, p. 250,
↘ Le vocabulaire de la poésie, p. 350

Je comprends le texte

4. Quelle place le soleil occupe-t-il dans cet univers ? Joue-t-il un rôle positif ou négatif ? Justifiez vos réponses.

5. LANGUE Quels sont les sujets de « est assoupie » (v. 4) et « dort » (v. 8) ? Quelle figure de style reconnaissez-vous ? ↘ Repérer le sujet, p. 300,
↘ Les figures de style, p. 350

6. Que signifie « en sa robe de feu » (v. 4) ? Comment appelle-t-on ce type d'image ?

7. À qui le poète s'adresse-t-il dans la dernière strophe ? Quels sentiments éprouve-t-il ?

J'écris pour interpréter le texte

8. Relevez trois mots qui renvoient à l'immobilité dans cette description. Rédigez un court paragraphe dans lequel vous montrerez que ce poème s'apparente à un tableau.

9. À VOS PLUMES Écrivez une strophe évoquant la faune ou la flore dans ce paysage de « Midi ».

Odilon Redon, *Le Char d'Apollon*, vers 1909, huile sur toile, 100 x 80 cm, musée des Beaux-Arts, Bordeaux.

🎨 Lecture de l'image

1. *Le Char d'Apollon* d'Odilon Redon représente le dieu grec du soleil. Quelle impression se dégage de ce tableau ?

2. Quels rapprochements pouvez-vous faire entre cette œuvre et la première strophe du poème ?

Je retiens

- **L'alexandrin** est un vers de douze syllabes.
- **La personnification** est un procédé poétique qui consiste à prêter à des objets inanimés des caractéristiques ou des comportements humains : la terre « est assoupie » (v. 4), la forêt « dort » (v. 8).

11. La poésie au fil des saisons

Lecture 4

Objectif
- Étudier l'expression des sentiments dans la description d'une saison.

Compétence
- Mettre en voix un poème.

Automne malade

Dans l'extrait suivant, Guillaume Apollinaire célèbre l'automne, sa saison préférée.

Automne malade et adoré
Tu mourras quand l'ouragan soufflera dans les <u>roseraies</u>
Quand il aura neigé
Dans les vergers

5 Pauvre automne
Meurs en blancheur et en richesse
De neige et de fruits mûrs [...]

Aux lisières[1] lointaines
Les cerfs ont bramé[2]

10 Et que j'aime ô saison que j'aime tes rumeurs
Les fruits tombant sans qu'on les cueille
<u>Le vent et la forêt qui pleurent</u>
Toutes leurs larmes en automne feuille à feuille
   Les feuilles
15   Qu'on foule
   Un train
   Qui roule
   La vie
   S'écoule

Guillaume Apollinaire, « Automne malade », *Alcools*, 1913.

1. **Lisières** : bords ou orées de la forêt.
2. **Bramé** : crié (en parlant du cerf).

REPÈRES

- **Guillaume Apollinaire** (1880-1918) est l'un des poètes les plus célèbres du début du XXᵉ siècle. Ses amours malheureuses lui ont inspiré des poèmes mélancoliques.

L'HISTOIRE DES MOTS

« **Roseraies** » (v. 2) est formé à partir du radical *rose*, qui désigne la fleur, et du suffixe *-aie*. Le mot désigne des jardins où sont plantés des rosiers. Connaissez-vous des mots formés sur le même modèle ?

Pour bien écrire

« **Le vent et la forêt qui pleurent** » (v. 12). Quand il a plusieurs sujets, le verbe s'accorde au pluriel. Faites une phrase sur ce modèle avec un verbe à l'infinitif en *-ir*.

Je découvre le texte

1. Observez la disposition du texte sur la page et la longueur des vers. Que remarquez-vous ?

2. Quelle place occupe la ponctuation ?

3. Quel est le sujet du poème ? Reformulez-le en quelques phrases et justifiez votre réponse.

Je comprends le texte

4. LANGUE Relevez les pronoms personnels qui apparaissent dans le poème. Qui désignent-ils ?
↘ Identifier les pronoms personnels, p. 294

5. À qui le poète s'adresse-t-il aux vers 1, 5 et 10 ? Quelle est l'interjection qui exprime son adoration ?

6. Relevez les adjectifs qui qualifient l'automne. De quoi est-il « malade » ? Quels sentiments le poète éprouve-t-il pour cette saison ?

7. Que représente l'automne pour Guillaume Apollinaire dans ce texte ? Appuyez-vous sur la dernière strophe.

J'enregistre une lecture de poèmes 💬

8. MISE EN VOIX Préparez en groupes une lecture du texte à quatre voix (une par strophe).

9. Échangez les rôles et débattez : quelle est la façon la plus expressive de dire chaque strophe ?

10. 🎙 Lorsque vous êtes prêts, enregistrez votre interprétation avec un logiciel de type Audacity et faites-la écouter à la classe.

Je retiens

- Dans ce poème, Apollinaire exprime son amour et sa compassion pour l'automne, victime comme l'homme de la fuite du temps.
- En poésie, on appelle **lyrisme** l'expression des sentiments personnels (tristesse, amour). Ce mot fait référence à la lyre, instrument dont s'accompagnaient les poètes dans l'Antiquité.

11. La poésie au fil des saisons

Lecture 5

« En hiver la terre pleure... »

Le poète évoque le soleil dans un paysage hivernal.

En hiver la terre pleure ;
Le soleil froid, pâle et doux,
Vient tard, et part de bonne heure,
Ennuyé du rendez-vous.

5   Leurs idylles[1] sont moroses[2].
– Soleil ! aimons ! – Essayons.
Ô terre, où donc sont tes roses ?
– Astre, où donc sont tes rayons ?

Il prend un prétexte, grêle,
10 Vent, nuage noir ou blanc,
Et dit : – C'est la nuit, ma belle ! –
Et la fait en s'en allant[3] ;

Comme un amant[4] qui retire
Chaque jour son cœur du nœud[5],
15 Et, ne sachant plus que dire,
S'en va le plus tôt qu'il peut.

Victor Hugo, « En hiver la terre pleure... »,
Les Quatre vents de l'esprit, 1881.

---

1. **Idylles** : aventures amoureuses.
2. **Moroses** : tristes.
3. Le soleil laisse place à la nuit en s'en allant.
4. **Amant** : amoureux, fiancé.
5. **Nœud** : ici, lien, engagement avec sa « belle ».

Objectifs
- Reconnaître une figure de style : la comparaison.
- Comprendre l'intérêt du dialogue dans une poésie.

Compétence
- Mettre en relation un texte et une image.

REPÈRES
- **Victor Hugo** (1802-1885) est auteur de pièces de théâtre, de romans (*Les Misérables*) et de poésies. Il a écrit ce poème à la fin de sa vie.

L'HISTOIRE DES MOTS
« **Soleil** » (v. 2) vient du latin *sol* qui signifie « soleil ». Connaissez-vous d'autres mots formés sur cette racine ?

Pour bien écrire
« **Où** » (v. 7), adverbe de lieu ou pronom relatif, s'écrit toujours avec un accent. Il ne faut pas le confondre avec la conjonction de coordination *ou* (*mais, ou, et, donc, or, ni, car*). Employez *ou* et *où* dans deux phrases distinctes.

Je découvre le texte

1. **LECTURE DE L'IMAGE** Observez le tableau *Soleil d'hiver* de Henry van de Velde : quels éléments sont caractéristiques de la saison représentée ?

2. **MISE EN VOIX** Lisez le poème de Victor Hugo à voix haute en respectant la ponctuation.

3. Quels éléments du poème rappellent le tableau ?

Je comprends le texte

4. Par quelle figure de style le poète rend-il vivants la terre et le soleil ? Expliquez-la en citant le texte.
↘ Les figures de style, p. 356

Henry van de Velde, *Soleil d'hiver*, 1892, huile sur toile, 45 x 60 cm, Fondation du classicisme de Weimar.

5. Vers 6 à 11, la terre et le soleil dialoguent. Que dit chacun d'eux ? Sur quel ton ?

6. Quels sentiments la terre et le soleil éprouvent-ils l'un et l'autre ? Justifiez vos réponses.

7. Relisez la dernière strophe : à qui le poète compare-t-il le soleil ?

8. Selon le poète, pour quelle raison le soleil se lève-t-il si tard et se couche-t-il si tôt en hiver ?

J'écris pour interpréter le texte

9. A VOS PLUMES Écrivez une strophe ou un paragraphe pour évoquer les retrouvailles du soleil et de la terre au printemps. Vous utiliserez les marques du dialogue. Vous débuterez ainsi : « Au printemps, la terre sourit... »

Je retiens

- Dans ce texte, Victor Hugo **compare** le soleil à un amoureux qui délaisse sa fiancée (la terre) en hiver.
- Pour rendre le soleil et la terre plus vivants, il utilise le **dialogue** comme dans une scène de théâtre.

11. La poésie au fil des saisons

Histoire des arts

Objectif
- Explorer l'image des saisons dans les arts.

Les saisons en musique et

Comme les poètes, les artistes se sont emparés du thème des saisons pour exprimer des émotions en lien avec la nature.

Antonio Vivaldi au XVIIIe siècle

Antonio Vivaldi (1678-1741), musicien italien originaire de Venise, a composé quatre concertos pour violon et orchestre devenus très célèbres, *Les Quatre Saisons*. L'œuvre est accompagnée de quatre poèmes, qui décrivent le printemps, l'été, l'automne et l'hiver.

Sur la partition, le compositeur indique le tempo (*allegro*) et renvoie au texte du poème. En italien, *giunt'é la Primavera* signifie « voici le Printemps ».

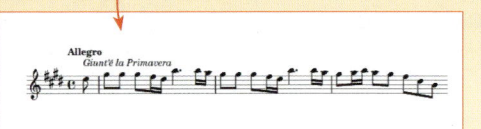

❶ Partition des *Quatre Saisons*.

Premiers vers du poème consacré au printemps

Allegro

Voici le Printemps,
Que les oiseaux saluent d'un chant joyeux.
Et les fontaines, au souffle des zéphyrs[1],
Jaillissent en un doux murmure. […]

1. Zéphyrs : vents tièdes et doux.

❷ Extrait du poème de Vivaldi.

Vocabulaire

- **Concerto :** forme musicale dans laquelle un instrument (ici, le violon) dialogue avec l'orchestre et fait des solos.
- **Impressionnisme :** mouvement artistique né à la fin du XIXe siècle. Les peintres impressionnistes procédaient par touches de peinture afin de saisir la lumière et ses effets.
- **Tempo :** terme musical indiquant le rythme du morceau. *Allegro* signifie « rapide » ; *andante*, « lent ».

Comprendre les œuvres

1. 🔊 Écoutez des extraits des *Quatre Saisons* d'Antonio Vivaldi et notez au brouillon vos premières impressions.

2. Comment le musicien rend-il compte de la saison évoquée dans le passage écouté ? Justifiez vos réponses.

3. Comparez le concerto du Printemps avec le poème de Vivaldi : montrez les correspondances entre musique et poésie en vous appuyant sur le tempo indiqué (*allegro*), le lexique, les images et le rythme.

n peinture

Claude Monet et Vincent van Gogh au XIXᵉ siècle

Le peintre français Claude Monet et le peintre néerlandais Vincent van Gogh ont peint de nombreux paysages. Ils se sont attachés à capturer la lumière et ses jeux au fil des heures du jour et des saisons.

❸ Claude Monet, *La Pie*, 1868-1869, huile sur toile, 89 x 30 cm, musée d'Orsay, Paris.

Monet est un peintre impressionniste. Il peint très souvent en extérieur pour mieux saisir les effets de la lumière sur le sujet représenté.

Van Gogh, pour donner plus d'intensité à ses paysages, applique les couleurs par des touches pleines de mouvement.

❹ Vincent van Gogh, *Champ de blé avec cyprès*, 1889, huile sur toile, 72,1 x 90,9 cm, The National Gallery, Londres.

4. Observez attentivement les deux tableaux représentés, puis notez vos premières impressions.

5. Identifiez les saisons et le sujet traité dans les deux œuvres en justifiant vos réponses.

6. Comment chaque peintre rend-il compte des particularités de la saison évoquée ? Attachez-vous aux formes, aux lignes et aux couleurs.

7. Ces deux tableaux célèbrent-ils les saisons ? Justifiez vos réponses.

Je retiens

- Les saisons constituent un thème privilégié pour les artistes.
- Vivaldi les caractérise musicalement, par des mélodies et des rythmes différents, pour suggérer à l'auditeur des **sensations** et des **sentiments**. Monet et Van Gogh utilisent des **touches de couleur** pour rendre l'intensité et les variations de la lumière.

11. La poésie au fil des saisons

L'Antiquité et nous

Objectif
• Découvrir le mythe des saisons dans l'Antiquité.

Qui sont-ils ?

• **Proserpine :** déesse des saisons.
• **Cérès :** déesse des moissons, sœur de Jupiter.
• **Jupiter :** roi des dieux.
• **Pluton :** dieu des Enfers, frère de Jupiter.

Le mythe de Proserpine

Dans Les Métamorphoses, *le poète latin Ovide (43 av. J.-C.-17 ap. J.-C.) raconte comment Pluton enleva Proserpine, fille de Cérès et de Jupiter, pour en faire son épouse. Ce mythe explique l'origine des saisons.*

Cependant, alarmée de la disparition de sa fille, Cérès la cherche en vain. Du matin au soir, elle erre par toute la terre et sur toutes les mers. [...]

Elle maudit la terre entière, l'accuse d'ingratitude[1] et la déclare
5 indigne de porter ses moissons ; mais elle accable surtout de sa haine l'île[2] où sa fille a disparu. D'une main impitoyable, elle brise le soc des charrues, frappe de mort les paysans et les troupeaux, détruit les semences et tous les germes des plantes. Ainsi la Sicile perd toute sa fertilité, si célèbre
10 dans le monde entier. [...]

Le visage baigné de larmes, les cheveux épars sur ses épaules, elle va trouver Jupiter :
– Maître des dieux, supplie-t-elle, je viens t'implorer pour mon enfant, qui est aussi le tien. [...]

15 Jupiter décide alors d'intervenir : en arbitre équitable entre son frère et sa sœur, le maître de l'Olympe partage le déroulement de l'année en deux parts égales. Il ordonne que Proserpine passe six mois avec sa mère sur terre et six mois sous terre avec son époux.

Annie Collognat, *20 métamorphoses d'Ovide*, Livre de Poche Jeunesse, 2014.

1. **Ingratitude :** manque de reconnaissance.
2. Il s'agit de la Sicile.

Le Bernin, *L'Enlèvement de Proserpine*, XVIIe siècle, galerie Borghese, Rome.

Je comprends les documents

1. Pour quelle raison Pluton enlève-t-il Proserpine ? En observant la sculpture du Bernin, caractérisez l'attitude du dieu.

2. Comment la mère de Proserpine réagit-elle à l'enlèvement de sa fille ?

3. Que décide Jupiter ? À quels moments de l'année vont correspondre les six mois passés avec Cérès et les six mois passés avec Pluton ?

À vous de créer

4. À votre tour, imaginez un récit oral pour expliquer l'alternance du jour et de la nuit.

Méthode
• Choisissez d'abord les personnages de l'histoire et caractérisez-les rapidement.
• Notez brièvement les étapes du récit pour ne pas perdre le fil de l'histoire.

Méthode

Analyser la forme d'un poème

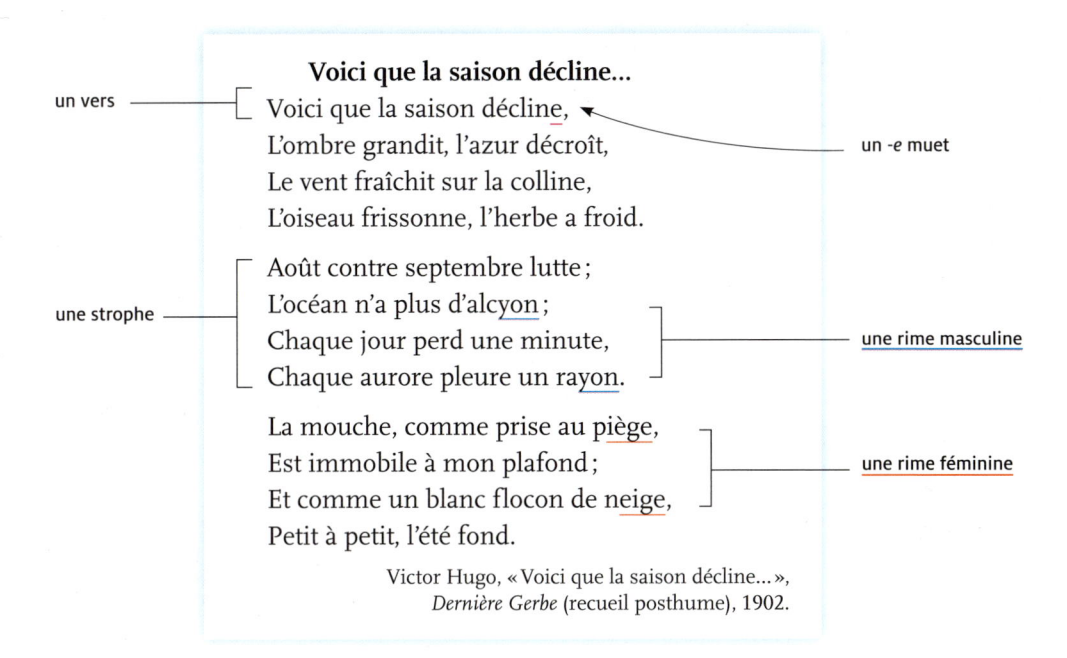

Voici que la saison décline...

un vers — Voici que la saison décline, ← un *-e* muet
L'ombre grandit, l'azur décroît,
Le vent fraîchit sur la colline,
L'oiseau frissonne, l'herbe a froid.

une strophe — Août contre septembre lutte ;
L'océan n'a plus d'alcyon ;
Chaque jour perd une minute, — une rime masculine
Chaque aurore pleure un rayon.

La mouche, comme prise au piège,
Est immobile à mon plafond ;
Et comme un blanc flocon de neige, — une rime féminine
Petit à petit, l'été fond.

Victor Hugo, « Voici que la saison décline... »,
Dernière Gerbe (recueil posthume), 1902.

MÉTHODE GUIDÉE ↘ Le vocabulaire de la poésie, p. 350

Étape 1 Observer les vers du poème

- Observez la longueur et la disposition des vers.
- Comptez le nombre de syllabes composant chaque vers, en respectant la règle des *-e* muets.
  ↘ Dire des poèmes, p. 250
- Donnez le nom du vers.

1. Les vers sont-ils longs ou courts ?
2. Ont-ils tous la même longueur ?
3. Quels mots se terminent par un *-e* et sont suivis d'un mot commençant par une consonne ?
4. Combien de syllabes les vers comportent-ils : huit syllabes (octosyllabe), dix syllabes (décasyllabe), douze syllabes (alexandrin) ?

Étape 2 Caractériser les strophes

- Observez les strophes du poème et précisez leur nombre.
- Comptez le nombre de syllabes des vers qui les composent et déterminez les types de strophe utilisés.

5. Combien de strophes comptez-vous ?
6. Ont-elles le même nombre de vers ?
7. Reconnaissez-vous un quatrain ou un tercet ?

Étape 3 Caractériser les rimes

- Observez les rimes et déterminez :
  – leur genre ;
  – leur disposition.

8. Les rimes sont-elles féminines (en *-e*) ou masculines ?
9. S'agit-il de rimes suivies (AABB), croisées (ABAB) ou embrassées (ABBA) ?

Vocabulaire

Objectif
- Exprimer des sensations et des émotions en lien avec les saisons.

Les mots des saisons

Caractériser les saisons

1 Trouvez des noms ou des adjectifs de la famille des mots *printemps*, *été*, *automne* et *hiver*.
Exemple : été/estival.

2 Complétez les comparaisons suivantes par un groupe nominal de votre choix.
1. L'été chaud comme…
2. Le printemps doux comme…
3. L'hiver mordant comme…
4. L'automne coloré comme…

Exprimer des sensations

3 Inventez cinq phrases en employant les verbes de sensation suivants.

distinguer   embaumer   caresser   résonner   déguster

4 Classez ces noms selon le sens auquel ils se rapportent.
fracas • parfum • blancheur • ombre • cri • caresse • rugissement • feuillage • saveur • mélodie • senteur

5 Associez à chaque verbe le sujet qui convient.

le soleil	souffle
le froid	éblouit
la brise	réchauffe
le tonnerre	pince
l'éclair	gronde

6 Repérez et nommez les sens mobilisés dans les extraits poétiques suivants et justifiez vos réponses.

1. Dieu ! que les airs sont doux ! Que la lumière est pure !
Tu règnes en vainqueur sur toute la nature,
Ô soleil !
Alphonse de Lamartine

2. Les sanglots longs
Des violons
De l'automne
Paul Verlaine

3. Mais ta chevelure est une rivière tiède.
Stéphane Mallarmé

Exprimer des émotions

7 Classez les noms suivants dans le tableau selon le type d'émotion exprimée : plaisir • inquiétude • angoisse • peine • frayeur • chagrin • effroi • gaieté • mélancolie • morosité • désolation • amertume

Joie	Tristesse	Peur

8 Reconstituez les expressions suivantes.

fondre • • le printemps
se faire une place • • des cordes
il pleut • • comme neige au soleil
être né de • • la dernière pluie
une hirondelle ne fait pas • • au soleil

Comparons nos langues
« Il pleut des cordes » se dit en anglais *It's raining cats and dogs*, c'est-à-dire littéralement « Il pleut des chats et des chiens ».

9 Dans les vers suivants, identifiez les comparaisons et les métaphores. Que suggèrent-elles ?

1. La mer, comme le tigre, a sous le ciel profond,
Une peau de lumière avec des taches d'ombre.
Victor Hugo

2. La terre est bleue comme une orange
Jamais une erreur les mots ne mentent pas
Paul Éluard

3. Tout automne à la fin n'est qu'une tisane froide.
Francis Ponge

4. Et les cyprès tiennent la lune dans leurs doigts.
Pierre Reverdy

À vous d'écrire !

10 Écrivez une phrase comportant une image à partir des expressions suivantes : « les flocons de neige », « les branches de l'arbre », « la rosée du matin ».

11 Écrivez une strophe ou un paragraphe pour exprimer les émotions que vous avez ressenties à un changement de saison, par exemple à l'arrivée du printemps. Vous emploierez une image de votre choix.

Grammaire

Objectif
• Savoir transformer la phrase verbale en phrase non verbale.

Phrase verbale et phrase non verbale

Retenir l'essentiel

• **La phrase verbale** contient un **verbe conjugué**, qui permet de situer l'action dans le temps (passé, présent ou avenir).

• **La phrase non verbale** ne comporte pas de verbe conjugué. Elle est organisée autour d'autres éléments que le verbe (adjectif et nom, par exemple). Elle peut exprimer une **émotion**, poser une **question**, donner une **information**, un **ordre** ou un **conseil**.

Tempête demain.
« Pauvre automne ! » (Apollinaire)

Identifier une phrase verbale ou non verbale

1 Lisez le haïku suivant. Est-il constitué d'une phrase verbale ou non verbale ?

Désolation hivernale –
dans un monde à teinte uniforme
le bruit du vent.
Bashô, XVIIe siècle.

2 Délimitez les phrases du poème en repérant les signes de ponctuation utilisés. Puis identifiez les phrases verbales et les phrases non verbales.

Il pleure dans mon cœur...
Il pleure dans mon cœur
Comme il pleut sur la ville ;
Quelle est cette langueur
Qui pénètre mon cœur ?

Ô bruit doux de la pluie
Par terre et sur les toits !
Pour un cœur qui s'ennuie,
Ô le chant de la pluie ! [...]
Paul Verlaine, *Romances sans paroles*, 1874.

Manipuler les phrases verbales et non verbales

3 Transformez ces phrases non verbales en phrases verbales.
1. Pluie demain sur les reliefs montagneux.
2. La poésie, miroir de l'âme ?
3. Le soleil, fleur dans le ciel.

4 Transformez les phrases verbales suivantes en phrases non verbales. Vous pouvez supprimer ou ajouter des mots.
1. Le printemps a fait son apparition tardivement.
2. Des phénomènes météorologiques dangereux sont prévus : soyez prudents.
3. Il est interdit de se promener sur un lac gelé.

5 Lisez le poème suivant. Donnez-lui un titre sous forme de phrase verbale, qui rendra compte de l'idée générale du texte. Puis transformez ce titre en phrase non verbale.

Mignonne souris blanche...
Mignonne souris blanche
Comme un flocon de neige
Tombé un beau dimanche
D'une branche légère,
Joli flocon d'argent
Au museau si malin,
Pourquoi as-tu si peur
Que je sens, dans ma main,
Battre ton petit cœur ?
Maurice Carême, *La Cage aux grillons*,
Fondation Maurice Carême, 1959.

6 Dictée préparée
a. Lisez le texte suivant en observant les verbes : donnez leur infinitif et identifiez le sujet avec lequel ils s'accordent.
b. Quel est le genre de l'adjectif *sonore* ? Qu'en déduisez-vous ?
c. Écrivez le texte sous la dictée de votre professeur

Les Roses
Le Printemps rayonnant, qui fait rire le jour
En montrant son beau front, vermeil comme l'aurore,
Naît, tressaille, fleurit, chante, et dans l'air sonore
Éveille les divins murmures de l'amour. [...]
Théodore de Banville, *Dans la fournaise*, 1892.

À vous d'écrire !

7 Après avoir relu les poèmes de la Lecture 1 (p. 234), écrivez un haïku sur la saison de votre choix en recourant uniquement à des phrases non verbales.

S'exprimer à l'oral

Dire des poèmes

ÉTAPE 1 — Apprendre à bien lire un poème

À retenir — La prononciation du -e

- Le *-e* final d'un mot ne se prononce pas lorsqu'il est employé à la fin d'un vers ou devant une voyelle.
« Il était un arbr(e) au bout de la branch(e) » (Robert Desnos)

- Il se prononce quand il est suivi d'une consonne.
« La terre toute seul(e) au travers du ciel » (Robert Desnos)

1 Comptez pour chaque vers le nombre de syllabes, en respectant la règle de prononciation du *-e*.

1. Comme un Chevreuil, quand le printemps détruit
L'oiseux cristal de la morne gelée, [...]
Hors de son bois avec l'Aube s'enfuit.
Pierre de Ronsard

2. Une tendre langueur s'étire dans l'espace ;
Sens-tu monter vers toi l'odeur de l'herbe lasse ?
Le vent mouillé du soir attriste le jardin.
Anna de Noailles

3. Voici venir le mois d'avril
Ne te découvre pas d'un fil
Écoute chanter le coucou !
Robert Desnos

2 Lisez les vers suivants en appliquant la règle de prononciation du *-e*.

1. La violette est dans le pré.
Dans la clairière, la jonquille
Sous l'arbre en espoir de famille
On entend le merle chanter
Du mois d'avril au mois de mai.
Pierre Menanteau

2. L'océan sonore
Palpite sous l'œil
De la lune en deuil
Et palpite encore.
Paul Verlaine

ÉTAPE 2 — Jouer un poème

3 Apprenez par cœur ce poème.

Il a neigé dans l'aube rose...

Il a neigé dans l'aube rose,
Si doucement neigé,
Que le chaton croit rêver.
C'est à peine s'il ose
Marcher.

Il a neigé dans l'aube rose,
Si doucement neigé
Que les choses
Semblent avoir changé.

Et le chaton noir n'ose
S'aventurer dans le verger,
Se sentant soudain étranger
À cette blancheur où se posent,
Comme pour le narguer,
Des moineaux effrontés.

Maurice Carême, La Lanterne magique, Fondation Maurice Carême, 1947.

Méthode
- Apprenez le poème strophe par strophe.
- Aidez-vous du vers répété et des rimes pour le mémoriser.

4 Récitez ce poème à voix haute en respectant les *-e* muets, les liaisons et la ponctuation. Vous tiendrez compte du rythme et des sentiments exprimés.

Méthode
Articulez et parlez assez fort. Regardez l'auditoire pour capter son attention, tout en restant concentré(e).

5 Partagez vos impressions de lecture avec la classe.

COMPÉTENCES

D1	Lire avec fluidité.
D1, D2	Participer à des échanges dans des situations diversifiées.
D1, D2	Adopter une attitude critique par rapport au langage produit.

ATELIER

Réaliser un arbre à poèmes

S'exprimer à l'écrit

ÉTAPE 1 — Mobiliser ses connaissances

1 Recopiez la définition suivante et complétez-la en vous aidant du « Je retiens », page 235.

Le haïku est un court poème qui a pour sujet la nature. Il est composé de la manière suivante : ....

ÉTAPE 2 — Écrire un haïku

2 Choisissez votre sujet (animal, élément de la nature, moment de la journée, etc.). Notez vos premières idées, vos impressions et les émotions ressenties.

> **Méthode**
> Pour trouver des idées, vous pouvez vous aider d'une photographie en lien avec la nature et les saisons.

3 En vous inspirant du schéma suivant, faites une liste de noms, d'adjectifs et de verbes en lien avec votre sujet.

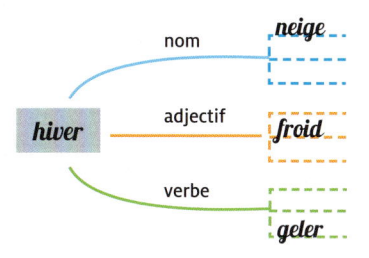

hiver → nom : *neige* …
hiver → adjectif : *froid* …
hiver → verbe : *geler* …

4 Rédigez le haïku en une seule phrase puis disposez-la sur trois vers, en respectant le sens.

ÉTAPE 3 — Assembler des haïkus pour réaliser un arbre à poèmes

5 Écoutez les haïkus produits par la classe.

6 Regroupez-les en fonction de critères définis ensemble (saison, thèmes, sensations, etc.).

7 Reproduisez-les. Vous pouvez les calligraphier ou utiliser un logiciel de traitement de texte.

8 Disposez les haïkus sur l'arbre que vous aurez préparé pour l'occasion avec la technique de votre choix (dessin, branchage, arbre en fil de fer). Vous pouvez aussi simplement les accrocher le long d'un fil.

Pour bien écrire

Soyez attentif(ve) aux accords à l'intérieur du groupe nominal : accordez en genre et en nombre les adjectifs avec les noms qu'ils qualifient.

COMPÉTENCES

D1	Produire des écrits variés.
D1	Écrire avec un clavier rapidement et efficacement.
D1, D2	Participer à des échanges dans des situations diversifiées.

11. La poésie au fil des saisons

Je fais le point

La poésie au fil d...

Bilan de la séquence

Un sujet qui a inspiré de nombreux artistes

Poètes, musiciens et peintres, d'horizons différents, de l'Antiquité à nos jours, se sont emparés de ce thème.

L'expression de sensations et de sentiments

Les artistes expriment leur rapport aux saisons à travers un registre commun : **le lyrisme.**

Des représentations symboliques

Le cycle des saisons peut symboliser :
– **le temps qui passe** (Guillaume Apollinaire) ;
– **le caractère éphémère de l'amour** (Victor Hugo) ;
– **les âges de la vie** (Giuseppe Arcimboldo) et **le passage de la vie à la mort** (Ovide).

Des saisons animées et colorées

• **En poésie, les saisons sont personnifiées** (« *En hiver la terre pleure* ») et les images utilisées renforcent cette impression.

• **En musique, les nuances des saisons** sont traduites par des notes et des tempos différents.

• **En peinture, des touches de couleur** donnent luminosité et vie aux paysages.

Évaluation   1. Mobiliser les acquis de la séquence

1. Je sais situer les poètes étudiés dans le temps et les placer sur une frise chronologique :
Guillaume Apollinaire • Victor Hugo • Charles d'Orléans • Leconte de Lisle

| 1394-1465 | 1802-1885 | 1818-1894 | 1880-1918 |

| XIVe siècle | XVe siècle | XVIe siècle | XVIIe siècle | XVIIIe siècle | XIXe siècle | XXe siècle |

2. Je sais nommer la forme poétique rencontrée chez Charles d'Orléans : ....

3. Je sais nommer les vers utilisés par Leconte de Lisle : ....

4. Je sais donner un exemple de comparaison et un exemple de personnification à partir des textes étudiés :
.... (comparaison) ; .... (personnification).

5. Je sais caractériser en une phrase la saison évoquée par chaque poète : ....

Évaluation — 2. Lire et comprendre des poèmes

1

Le Chant du grillon

Regardez les branches
Comme elles sont blanches ;
Il neige des fleurs !
Riant dans la pluie,
5 Le soleil essuie
Les saules en pleurs,
Et le ciel reflète
Dans la violette,
Ses pures couleurs [...]

Théophile Gautier,
« Le Chant du grillon »,
La Comédie de la mort, 1838.

2

« Regardez la neige qui danse… »

Regardez la neige qui danse
Derrière le carreau[1] fermé.
Qui là-haut peut bien s'amuser
À déchirer le ciel immense
5 En petits morceaux de papier ?

Pernette Chaponnière,
« Regardez la neige qui danse… »,
L'Écharpe d'Iris, 1990.
Le Livre de Poche Jeunesse.

1. **Carreau** : fenêtre.

6. Nommez les saisons évoquées dans les deux textes en vous appuyant sur des indices précis.
7. À qui les poètes s'adressent-ils ?
8. Comptez le nombre de syllabes des vers 1 de chaque poème.
9. Dans le poème 1, quelles couleurs sont évoquées ? Quel est l'effet produit ?
10. Dans le poème 1, expliquez l'image du vers 3.
11. Dans le poème 2, comment le poète parvient-il à rendre la saison vivante ?
12. Quelle vision de la nature les deux poètes expriment-ils ? Justifiez votre réponse.

Évaluation — 3. Écrire

13. Décrivez en une dizaine de lignes le paysage de votre choix. Inventez une explication poétique à un phénomène naturel en rapport avec les saisons (la couleur des feuilles en automne, les jours plus longs en été…).

COMPÉTENCES ÉVALUÉES

D1, D5 — Lire
– Comprendre un texte littéraire et l'interpréter.
– Contrôler sa compréhension, être un lecteur autonome.

D1 — Écrire
– Écrire à la main de manière fluide et efficace.
– Recourir à l'écriture pour réfléchir et pour apprendre.
– Prendre en compte les normes de l'écrit pour formuler, transcrire et réviser.

SÉQUENCE 12

Récits de création ; création poétique

Bestiaire

OBJECTIFS
- Dire, lire et écrire des bestiaires poétiques.
- Découvrir à travers les siècles des formes poétiques qui expriment le rapport de l'homme aux animaux.

Repères Le regard des poètes sur des animaux mal-aimés — 256

Entrer dans la séquence
Robert Desnos, « Le Crapaud » — 257

Lectures

1. Pierre de Ronsard, « L'Amour piqué par une abeille » — 258
Étudier une ode de Ronsard
Découvrir un sujet emprunté à l'Antiquité

2. Victor Hugo, « J'aime l'araignée… » — 260
Étudier un poème lyrique
Découvrir une vision inattendue de l'araignée

3. Charles Baudelaire, « Les Hiboux » — 262
Analyser la fonction symbolique d'un animal
Étudier la forme poétique traditionnelle du sonnet

4. Francis Ponge, « L'Huître » — 264
Étudier un poème en prose
Découvrir une représentation poétique de l'huître

5. Michel Beau, « Scriptoforme du Hérisson » — 266
Étudier une forme poétique alliant le texte et l'image

Histoire des arts Les animaux dans l'art — 268

Vers d'autres lectures Les animaux à travers les livres de poésie — 270

Méthode Repérer des figures de style — 271
Victor Hugo, « La Méridienne du lion »

Vocabulaire Les mots des animaux — 272

Grammaire Les suffixes — 273

S'exprimer à l'oral Jouer avec les mots et les sonorités — 274

S'exprimer à l'écrit Réaliser un mur poétique ATELIER — 275

Je fais le point Bilan et évaluation — 276
Jacques Roubaud, « Le Lombric »

Marcello Provenzale, *Orphée*, 1618, mosaïque, 44 × 63 cm, galerie Borghèse.

poétique

▶ Comment un animal méprisé des hommes devient-il un objet poétique ?

Repères

Le regard des poètes sur des animaux mal-aimés

1550

Pierre de Ronsard
«… voyez quelle enflure M'a fait une égratignure ! »

Dans une ode, « L'Amour piqué par une abeille », le poète de la Renaissance s'inspire d'une fable antique : Cupidon, le jeune dieu de l'Amour, est piqué par une abeille.

1842

Victor Hugo
«… maudites, chétives, Noirs êtres rampants… »

Le poète romantique prend la défense d'un animal qui provoque souvent le rejet et écrit : « J'aime l'araignée… ».

1857

Charles Baudelaire
« Sous les ifs noirs qui les abritent, Les hiboux se tiennent rangés »

Dans un sonnet, Charles Baudelaire évoque la sagesse de ces oiseaux nocturnes au regard énigmatique.

1942

Francis Ponge
« L'huître, de la grosseur d'un galet moyen, est d'une apparence plus rugueuse… »

Dans *Le Parti pris des choses*, Francis Ponge s'intéresse aux objets les plus banals. Il fait de l'huître le sujet d'un poème en prose.

1981

Michel Beau
« Humble Hobereau Haï des Hommes… »

Michel Beau, poète contemporain, crée une forme poétique alliant le texte et l'image. Le hérisson est le héros d'un de ces « scriptoformes ».

Pierre de Ronsard
Poète français
1524-1585

Victor Hugo
Poète français
1802-1885

Charles Baudelaire
Poète français
1821-1867

Francis Ponge
Poète français
1899-1988

Michel Beau
Poète français
né en 1937

Entrer dans la séquence

Découvrez une figure poétique inhabituelle

Le Crapaud

Sur les bords de la Marne
Un crapaud il y a
Qui pleure à chaudes larmes
Sous un acacia.

5 – Dis-moi pourquoi tu pleures
    Mon joli crapaud ?
– C'est que j'ai le malheur
    De n'être pas beau.

Sur les bords de la Seine
10 Un crapaud il y a
Qui chante à perdre haleine
Dans son charabia.

– Dis-moi pourquoi tu chantes
    Mon vilain crapaud ?
15 – Je chante à voix plaisante,
    Car je suis très beau,
Des bords de la Marne aux bords de la Seine
    Avec les sirènes.

Robert Desnos, « Le Crapaud »,
Chantefables et Chantefleurs, Gründ, 1980.

1 Par quels termes le crapaud est-il tour à tour désigné dans le poème ?

2 Quel regard le crapaud porte-t-il sur lui-même tout au long du texte ?

3 Comment la laideur se transforme-t-elle en beauté dans l'espace du poème ?

Allez à la rencontre du « peuple de l'herbe »

4 Ces deux photogrammes extraits du film *Microcosmos, le peuple de l'herbe* montrent une chenille à queue fourchue et une variété de libellule. En vous inspirant de ces images, faites une description poétique de chaque animal.

Lecture 1

L'Amour piqué par une abeille

Le poète s'inspire d'une fable antique concernant Cupidon, le dieu de l'Amour dont les flèches ont le pouvoir de rendre amoureux. Cupidon, en cueillant des fleurs, est piqué par une abeille...

Objectifs
- Étudier une ode de Ronsard.
- Découvrir un sujet emprunté à l'Antiquité.

Compétence
- Construire les premiers éléments de contextualisation dans l'histoire littéraire.

REPÈRES
- **Pierre de Ronsard** (1524-1585) est, avec Joachim Du Bellay, l'un des poètes fondateurs du groupe de la Pléiade, qui veut renouer avec l'Antiquité. Dans ses *Odes*, il s'inspire de la tradition grecque et romaine.

Pour bien écrire
« se » (v. 9) et « ce » (v. 10)
Placé devant un nom, *ce* est un déterminant démonstratif (exemple : ce petit dieu). Placé devant un verbe, *se* est un pronom personnel réfléchi ; on peut le remplacer par *me/te*. Dans le texte, *ce* placé devant un verbe (« ce dit ») est l'équivalent de *cela*.

Le petit enfant Amour
Cueillait des fleurs à l'entour
D'une ruche, où les avettes[1]
Font leurs petites logettes[2].

5 Comme il les allait cueillant,
Une avette sommeillant
Dans le fond d'une fleurette
Lui piqua la main douillette.

Sitôt que piqué se vit,
10 « Ah ! je suis perdu ! » ce[3] dit,
Et, s'en courant vers sa mère,
Lui montra sa plaie amère ;

« Ma mère, voyez ma main,
Ce[3] disait Amour, tout plein
15 De pleurs, voyez quelle enflure
M'a fait une égratignure ! »

Alors Vénus se sourit[4]
Et en le baisant le prit,
Puis sa main lui a soufflée
20 Pour guérir sa plaie enflée.

« Qui t'a, dis-moi, faux[5] garçon,
Blessé de telle façon ?
Sont-ce mes Grâces[6] riantes,
De leurs aiguilles poignantes ?

25 — Nenni, c'est un serpenteau[7],
Qui vole au printemps nouveau
Avecques deux ailerettes
Ça et là sur les fleurettes.

— Ah ! vraiment je le connois[8],
30 Dit Vénus ; les villageois
De la montagne d'Hymette[9]
Le surnomment Mélissette[10].

Si doncques un animal
Si petit fait tant de mal,
35 Quand son alène[11] éponçonne[12]
La main de quelque personne,

Combien fais-tu de douleur,
Au prix de lui, dans le cœur
De celui en qui tu jettes
40 Tes amoureuses sagettes[13] ? »

Pierre de Ronsard,
Odes, livre IV, ode 16, 1550-1552.

---

1. **Avettes** : abeilles (du latin *avis*, oiseau).
2. **Logettes** : petites loges.
3. **Ce** : cela. Le mot renvoie ici aux paroles prononcées.
4. **Se sourit** : se moqua.
5. **Faux** : trompeur.
6. **Grâces** : divinités représentant la vie et la beauté, compagnes de Vénus.
7. **Serpenteau** : petit serpent.
8. **Je le connois** : je le connais ; le mot rime avec « villageois » et se prononce « oué ».
9. **Montagne d'Hymette** : mont de Grèce dont le miel était réputé.
10. **Mélissette** : abeille.
11. **Alène** : poinçon qui sert à percer le cuir afin de préparer le passage du fil ; ici, le dard de l'abeille.
12. **Éponçonne** : pique.
13. **Sagettes** : flèches (du latin *sagitta*).

L'HISTOIRE DES MOTS

« **Mélissette** » (v. 32), synonyme de « petite abeille », vient du grec *mélissa* qui signifie « abeille ». Le suffixe *-ette* permet de former un diminutif au féminin. Connaissez-vous d'autres diminutifs de noms d'animaux formés de cette façon ?

Lucas Cranach l'Ancien, *La Plainte de Cupidon à Vénus*, 1530, peinture sur bois, 81,3 x 54,6 cm, National Gallery, Londres.

Je découvre le texte

1. LECTURE DE L'IMAGE Observez le tableau de Cranach. Identifiez les différents personnages. Comment sont-ils mis en valeur ?

2. Que représente le tableau ? Mettez-le en relation avec le poème de Ronsard. Quels détails rappellent le poème ?

3. Reformulez en quelques phrases le sujet du poème.

Je comprends le texte

4. Observez les deux premières strophes du poème. Quelles sonorités reviennent en écho ? Que décrit le poète ?

5. LANGUE Quel suffixe est répété dans les deux premières strophes ? Sur quel aspect de l'abeille insiste-t-il ?
↳ Identifier les principaux suffixes, p. 283

6. Quel effet produit la piqûre de l'abeille sur Amour ? Citez le texte. Exagère-t-il sa blessure ? Par quel animal croit-il avoir été piqué ?

7. Qui tire la leçon de l'aventure que connaît Amour ? Reformulez-la. Sur quel ton est-elle délivrée ?

J'écris pour interpréter le texte

8. Imaginez la réponse que pourrait faire l'abeille au « petit enfant Amour » quand il s'écrie : « voyez quelle enflure/M'a fait une égratignure » (v. 15-16). Vous introduirez votre réponse par l'un des verbes de parole suivants : *s'écrier, répondre, protester*.

Je retiens

- « **Ode** » vient du grec *ôdé* qui signifie « chant ». Dans l'Antiquité, ce mot désignait un poème mis en musique.
- Les **poètes de la Pléiade** ont repris ce genre pour chanter la nature et exprimer l'amour. Dans ce poème, Cupidon reçoit une tendre leçon de sa mère.

12. Bestiaire poétique

Lecture 2

« J'aime l'araignée... »

Objectifs
- Étudier un poème lyrique.
- Découvrir une vision inattendue de l'araignée.

Compétence
- Mettre en relation un texte et des images.

REPÈRES

- **Victor Hugo** (1802-1885) est un poète romantique, également auteur de pièces de théâtre et de romans, comme *Les Misérables*.
- Ce poème fait partie des **Contemplations**, un recueil de poèmes écrits entre 1830 et 1856.

Pour bien écrire

« Chétives » (v. 5). Les adjectifs qui se terminent par la lettre *-f* ont leur féminin en *-ve*. Exemple : *chétif, chétive*. Sur ce modèle, formez le féminin de *plaintif* et de *naïf*.

Poète romantique, Victor Hugo porte un regard neuf sur le monde animal et végétal.

J'aime l'araignée et j'aime l'ortie,
   Parce qu'on les hait ;
Et que rien n'exauce et que tout châtie
   Leur morne souhait ;

5 Parce qu'elles sont maudites, chétives[1],
   Noirs êtres rampants ;
Parce qu'elles sont les tristes captives
   De leur guet-apens[2] ;

Parce qu'elles sont prises dans leur œuvre ;
10 Ô sort ! fatals nœuds !
Parce que l'ortie est une couleuvre,
   L'araignée un gueux[3] ;

Parce qu'elles ont l'ombre des abîmes,
   Parce qu'on les fuit,
15 Parce qu'elles sont toutes deux victimes
   De la sombre nuit.

Passants, faites grâce à la plante obscure,
   Au pauvre animal.
Plaignez la laideur, plaignez la piqûre,
20 Oh ! plaignez le mal !

Il n'est rien qui n'ait sa mélancolie ;
   Tout veut un baiser.
Dans leur fauve horreur, pour peu qu'on oublie
   De les écraser,

25 Pour peu qu'on leur jette un œil moins superbe[4],
   Tout bas, loin du jour,
La vilaine bête et la mauvaise herbe
   Murmurent : amour !

                       Juillet 1842.

Victor Hugo, « J'aime l'araignée... », *Les Contemplations*, livre III, poème XXVII, 1856.

1. **Chétives** : de faible constitution, malingres.
2. **Guet-apens** : piège.
3. **Gueux** : personne vivant dans la misère.
4. **Superbe** : hautain et fier.

Odilon Redon, *L'Araignée souriante*, 1881, dessin au fusain, 49,5 x 39 cm, musée d'Orsay, Paris.

Louise Bourgeois, *Maman*, 2000, sculpture en acier inoxydable, Tate Modern Gallery, Londres.

Je découvre le texte

1. LECTURE DE L'IMAGE Observez la sculpture de Louise Bourgeois. Quelles réactions suscite-t-elle en vous ?

2. Lisez le poème. Quels détails rappellent le tableau d'Odilon Redon ?

Je comprends le texte

3. Dans la première strophe, observez les pronoms *je* et *on*. À qui renvoient-ils ?

4. Quels sentiments sont exprimés dans les vers 1 et 2 ?

5. Pourquoi le poète utilise-t-il des vers de deux longueurs différentes ? Quel est l'effet sur le rythme ?

6. Quels mots sont répétés au début des vers des strophes 2 et 4 ? Citez une des raisons de l'affection du poète pour l'ortie et l'araignée.

7. LANGUE Dans la cinquième strophe, à qui le poète s'adresse-t-il ? Que demande-t-il ? Quel type de phrases est utilisé ? ↘ Reconnaître les différents types de phrases, p. 311

8. Que réclament l'ortie et l'araignée dans la dernière strophe ?

J'écris pour interpréter le texte

9. Quel regard le poète nous invite-t-il à porter sur l'araignée ? Répondez en deux ou trois lignes.

10. À VOS PLUMES Écrivez un paragraphe pour faire le portrait d'un animal que vous trouvez repoussant. Vous utiliserez le lexique de la laideur physique ou morale.

Je retiens

- Dans la **poésie lyrique**, le poète évoque ses sentiments personnels, par l'usage du *je*.
- Dans ce poème, Victor Hugo montre que la **beauté** peut aussi se trouver dans les choses ou les êtres jugés repoussants. Il redonne une place à tous ceux qui sont **exclus**.

12. Bestiaire poétique

Lecture 3

Les Hiboux

Dans ce sonnet, poème à forme fixe, le poète évoque les hiboux.

Sous les ifs[1] noirs qui les abritent,
Les hiboux se tiennent rangés,
Ainsi que des dieux étrangers,
Dardant[2] leur œil rouge. Ils méditent.

5 Sans remuer ils se tiendront
Jusqu'à l'heure mélancolique[3]
Où, poussant le soleil oblique,
Les ténèbres s'établiront.

Leur attitude au sage enseigne
10 Qu'il faut en ce monde qu'il craigne
Le tumulte et le mouvement ;

L'homme ivre d'une ombre qui passe
Porte toujours le châtiment
D'avoir voulu changer de place.

Charles Baudelaire, « Les Hiboux », *Les Fleurs du mal*, « Spleen et Idéal », poème 57, 1857.

1. **Ifs** : arbres à feuilles persistantes et à fruits rouges, souvent plantés dans les cimetières.
2. **Dardant** : pointant.
3. **Mélancolique** : qui inspire une tristesse vague.

Objectifs
- Analyser la fonction symbolique d'un animal.
- Étudier la forme poétique traditionnelle du sonnet.

Compétence
- Mettre en voix un texte après préparation.

REPÈRES
- **Charles Baudelaire** (1821-1867), poète français, cherche à renouveler la poésie par les thèmes qu'il aborde dans *Les Fleurs du mal* et *Petits Poèmes en prose*.

Pour bien écrire
« **Hiboux** » (v. 2).
Les noms se terminant en *-ou* forment leur pluriel avec un *-s*, sauf *hibou, bijou, caillou, chou, genou, joujou* et *pou* qui prennent un *-x* (exemple : *les hiboux*). Afin de les retenir, inventez une phrase avec ces sept mots.

Tamas Galambos, *Grand Duc (Stock Owl)*, 1999, 110 x 110 cm.

Je découvre le texte

1. 🎧 Écoutez le poème de Baudelaire lu par Michael Lonsdale sur www.dailymotion.com. Quelles sont vos premières impressions ?

2. **MISE EN VOIX** Préparez une lecture du poème en groupes, en observant les strophes et les vers employés. Un « gardien des règles » veillera au respect de la prononciation des *-e* muets.
↘ Dire des poèmes, p. 250

3. Reformulez l'idée générale du poème.

Je comprends le texte

4. Dans quel lieu se trouvent les hiboux décrits dans le poème ? Relevez dans le texte les indices qui vous permettent de répondre.

Julio de Diego, *Étude de hiboux*, 1944, lavis à la gouache sur papier, 33 x 38,5 cm, musée d'Israël, Jérusalem.

5. LANGUE « Les hiboux se tiennent rangés,/ Ainsi que des dieux étrangers » (v. 2 et 3). Quelle figure de style reconnaissez-vous ? Que révèle-t-elle sur l'importance des hiboux ? ↘ *Les figures de style*, p. 356

6. L'atmosphère qui se dégage des deux premières strophes est-elle lugubre, inquiétante ou mystérieuse ?

7. Selon le poète, en quoi l'homme se distingue-t-il des hiboux dans les strophes 3 et 4 ?

J'écris pour interpréter le texte

8. Pourquoi peut-on dire que, dans ce sonnet, les hiboux représentent la sagesse ? Répondez en deux ou trois lignes.

9. À VOS PLUMES Écrivez une strophe de quatre vers dans laquelle vous présenterez la qualité d'un animal qui pourrait servir d'exemple à l'homme. Exemple : la ruse du renard, la patience de l'escargot.

Je retiens

- Le **sonnet** est un poème à forme fixe, très pratiqué à la Renaissance (par Ronsard et Du Bellay, par exemple). Il est composé de quatorze vers, répartis en deux quatrains et deux tercets.
- Dans ce poème, Baudelaire invite les hommes à s'inspirer des hiboux pour mener une vie plus paisible.

12. Bestiaire poétique

Lecture 4

Objectifs
- Étudier un poème en prose.
- Découvrir une représentation poétique de l'huître.

Compétence
- Identifier le genre du poème en prose.

L'Huître

Dans ce poème en prose, le poète Francis Ponge décrit avec précision un mollusque : l'huître.

L'huître, de la grosseur d'un galet moyen, est d'une apparence plus rugueuse, d'une couleur moins unie, brillamment blanchâtre. C'est un monde opiniâtrement[1] clos. Pourtant on peut l'ouvrir : il faut alors la tenir au creux d'un torchon, se servir d'un couteau ébréché et peu franc, s'y reprendre à plusieurs fois. Les doigts curieux s'y coupent, s'y cassent les ongles : c'est un travail grossier. Les coups qu'on lui porte marquent son enveloppe de ronds blancs, d'une sorte de halos[2].

À l'intérieur l'on trouve tout un monde, à boire et à manger : sous un *firmament*[3] (à proprement parler) de nacre[4], les cieux d'en dessus s'affaissent sur les cieux d'en dessous, pour ne plus former qu'une mare, un sachet visqueux et verdâtre, qui flue et reflue à l'odeur et à la vue, frangé[5] d'une dentelle noirâtre sur les bords.

Parfois très rare une formule[6] perle à leur gosier de nacre, d'où l'on trouve aussitôt à s'orner.

Francis Ponge, « L'Huître », *Le Parti pris des choses*, Gallimard, 1942.

---

1. **Opiniâtrement** : de manière ferme et tenace.
2. **Halos** : cercles ou taches de lumière apparaissant autour du soleil ou de la lune.
3. **Firmament** : ciel, voûte céleste.
4. **Nacre** : substance blanche qui tapisse l'intérieur de la coquille des mollusques. On l'emploie pour fabriquer des objets d'art.
5. **Frangé** : garni de franges, un ornement composé de longs fils.
6. **Formule** : ici, petite forme.

REPÈRES
- **Francis Ponge** (1899-1988), dans son recueil de poèmes en prose *Le Parti pris des choses*, décrit une série d'objets ordinaires. Pour lui, tout objet peut être poétique, même un simple cageot.

Pour bien écrire
« **Blanchâtre** » (l. 2). Le suffixe *-âtre* sert à former des adjectifs de couleur. Il exprime une nuance (« blanchâtre » : couleur proche du blanc) et possède une connotation péjorative. Trouvez deux autres adjectifs qualificatifs en *-âtre* dans le texte de Ponge.

L'HISTOIRE DES MOTS
« **Huître** » (l. 1) vient du grec *ostréon*. Au XVe siècle, le mot *oistre* devient *huistre*. Le *-s* a disparu en laissant une marque, l'accent circonflexe. La racine grecque se retrouve dans les mots de la même famille tels que *ostréiculture*. En connaissez-vous un autre ?

Jan Steen, *La Mangeuse d'huîtres*, vers 1658-1660, huile sur bois, 205 x 145 cm, Maurishuis, La Haye.

Henri-Charles Manguin, *Nature morte avec huîtres*, 1908, huile sur toile, Petit Palais, Genève.

Je découvre le texte

1. Observez la disposition du poème dans la page et comparez-la aux poèmes que vous connaissez. Qu'est-ce qui vous frappe ?

2. MISE EN VOIX Lisez le texte à voix haute. Quelles sont vos premières impressions ? Quels mots avez-vous retenus ?

3. Relisez à voix haute le passage « les cieux d'en dessus s'affaissent sur les cieux d'en dessous » (l. 9-10). Que remarquez-vous ?

Je comprends le texte

4. Observez la composition du texte. Combien de paragraphes comporte-t-il ?

5. Que décrit chaque paragraphe ?

6. LANGUE Relevez trois adjectifs qualificatifs péjoratifs qui caractérisent l'huître.

7. Dans la première phrase, à quoi l'huître est-elle comparée ? Dans quel but ?

8. Comment comprenez-vous la phrase « À l'intérieur l'on trouve tout un monde » (l. 8) ? Appuyez-vous sur les images des lignes 8 à 12.

9. À quoi fait allusion la dernière phrase ? Reformulez-la.

J'écris pour interpréter le texte

10. À VOS PLUMES À la manière de Francis Ponge, écrivez un paragraphe pour décrire un objet banal. Ordinaire et peu séduisant en apparence, l'objet révélera des trésors cachés. Vous utiliserez au moins une image.

Je retiens

- Le **poème en prose** est apparu au XIXe siècle. Il se caractérise par l'absence de vers et de strophes, remplacés par de courts paragraphes.
- Il s'agit d'un poème car il joue sur les sonorités et les images.

Lecture 5

Scriptoforme du Hérisson

Objectif
- Étudier une forme poétique alliant le texte et l'image.

Compétence
- Mettre en œuvre une démarche de production de textes.

Michel Beau, auteur contemporain et lauréat de l'Académie française en 1969, a publié de nombreuses œuvres poétiques. Voici un de ses « scriptoformes ».

Humble Hobereau Haï des Hommes, dans ton Habit tout Hérissé de Hallebardes, sous l'Hortensia qui t'Héberge, tu sais que l'Horloge a sonné l'Heure des Hulottes et des Hiboux aux yeux Hagards, que l'Hirondelle qui Habite le Hangar, là-Haut Harcèle et Happe un dernier moucHeron et que le Héron, Hôte de notre étang, regagne le Hamac d'un Hêtre Hospitalier. Alors, Hardiment, tu quittes ton Hâvre. A l'Horizon, Hésite et se Hausse le Hublot de la lune dans son Halo. La nuit sur le Hameau fait Halte. Comme un Hommage Harmonieux s'élève un Hosanna de Hautbois et de Harpes. Toi tu te Hâtes. Hâtes, au Hasard, parmi les rangs de Haricots où t'attend depuis Hier un repas d'HermapHrodites Herbivores. Tu te Hérite. Et tu te Hâtes, tu te Hâtes; tu Heurte de son Hélice la Hampe d'une fleur et ta Hure Horrible en Hâtes. Voici qu'un Hanneton petit Hélicoptère Halètes dans l'Herbe Humide. Hélas... Déjà le Houx vous rend Hommage à l'Hiver. Le vent Hostile Hurle dans les Haubans du bois. Alors, Hargneux, tu enfouis dans ta Hutte Hermétique ta mauvaise Humeur Héréditaire et, pour attendre le printemps, tu te racontes des Histoires qui font tes nuits de Hors-la-loi Hantées de rêves Héroïques.

Michel Beau, « Scriptoforme du Hérisson », *Scriptoformes*, éditions Graph 2000, 1981.

Je découvre le texte

1. Observez l'image : que remarquez-vous ?

2. MISE EN VOIX Lisez la transcription du texte à voix haute. Quelle est votre première impression ?

3. Sur quelle lettre le poète insiste-t-il ? Pourquoi, selon vous ?

Je comprends le texte

4. Quels rapports existent entre l'image du hérisson et le poème qu'elle contient ? Que peut signifier le terme « scriptoforme » ? ↘ Tableaux des racines grecques et latines, p. 357.

5. LANGUE Quel pronom personnel est employé dans ce poème ? Pourquoi ? ↘ Identifier les pronoms personnels, p. 294.

6. Comment comprenez-vous l'expression « tes nuits de Hors-la-loi Hantées de rêves Héroïques » (v. 35-36) ?

J'écris pour interpréter le texte

7. Comment le poète parvient-il à transformer un hérisson en une œuvre poétique ? Répondez en deux ou trois lignes.

8. À VOS PLUMES Inventez votre scriptoforme sur le modèle de celui de Michel Beau. Vous suivrez les étapes suivantes :
– choisissez un animal méprisé des hommes, comme le serpent ou le crapaud, et dessinez sa silhouette ;
– cherchez des mots commençant ou contenant la première lettre de son nom et inventez des phrases avec ces mots ;
– composez enfin votre poème en insérant cette phrase dans la silhouette de l'animal.

Humble Hobereau[1] Haï des Hommes,
dans ton Habit tout Hérissé de Hallebardes[2],
sous l'Hortensia qui t'Héberge,
tu sais que l'Horloge a sonné
5 l'Heure des Hulottes[3]
et des Hiboux aux yeux Hagards,
que l'Hirondelle qui Habite le Hangar,
là-Haut Harcèle et Happe un dernier moucHeron
et que le Héron, Hôte de notre étang,
10 regagne le Hamac d'un Hêtre Hospitalier[4].
Alors, Hardiment,
tu quittes ton Havre[5].
À l'Horizon, Hésite et se Hausse
le Hublot de la lune dans son Halo.
15 La nuit sur le Hameau fait Halte.
Comme un Hommage Harmonieux,
s'élève un Hosanna[6] de Hautbois et de Harpes.
Toi tu te Hâtes.
Tu te Hâtes, au Hasard,
20 parmi les rangs de Haricots
où t'attend depuis Hier
un repas d'HermapHrodites[7] Herbivores.
Voici qu'un Hanneton – petit Hélicoptère –
Heurte de son Hélice la Hampe[8] d'une fleur
25 et ta Hure[9] Horrible en Hérite.
Et tu te Hâtes, tu te Hâtes ;
tu Halètes dans l'Herbe Humide.
Hélas... Déjà le Houx rend Hommage à l'Hiver.
Le vent Hostile Hurle dans les Haubans[10] du bois.
30 Alors, Hargneux, tu enfouis
dans ta Hutte Hermétique
ta mauvaise Humeur Héréditaire
et, pour attendre le printemps,
tu te racontes des Histoires
35 qui font tes nuits de Hors-la-loi
Hantées de rêves Héroïques.

1. **Hobereau** : petit gentilhomme campagnard.
2. **Hallebardes** : armes se terminant par une pointe.
3. **Hulottes** : grandes chouettes nocturnes.
4. **Hospitalier** : accueillant.
5. **Havre** : refuge sûr et tranquille.
6. **Hosanna** : cri de joie.
7. **Hermaphrodites** : êtres possédant les organes reproducteurs des deux sexes, comme l'escargot.
8. **Hampe:** tige.
9. **Hure** : tête de certains animaux (sanglier par exemple).
10. **Haubans** : câbles soutenant le mât d'un bateau.

Pour bien écrire

Le **h aspiré** au début d'un mot empêche toute liaison et élision (suppression d'une lettre) avec le mot précédent (*exemple : le hérisson*). Le **h muet** entraîne la liaison et l'élision avec le mot précédent (*exemple : l'homme*). Dites si le *h* est aspiré ou muet dans ces mots : *herbe, hibou, hirondelle, harpe, hélice.*

L'HISTOIRE DES MOTS

Le mot **« Herbivores »** (v. 22) est composé des racines latines *herba-* (« herbe ») et *-vore* (« manger »). Il désigne les espèces qui se nourrissent d'herbe. Connaissez-vous d'autres mots se terminant en *-vore* et qui indiquent un régime alimentaire ?

Je retiens

- Les **scriptoformes** sont inspirés des calligrammes de Guillaume Apollinaire qui a créé, au début du XXe siècle, des poèmes dont la disposition graphique sur la page forme des dessins.
- Michel Beau s'amuse en inventant à son tour un **bestiaire poétique** avec ses scriptoformes.

Histoire des arts

Objectif
- Explorer un bestiaire dans différents domaines artistiques.

Les animaux dans l'art

Depuis l'Antiquité, les animaux sont une source d'inspiration pour les artistes.

Des animaux mythiques

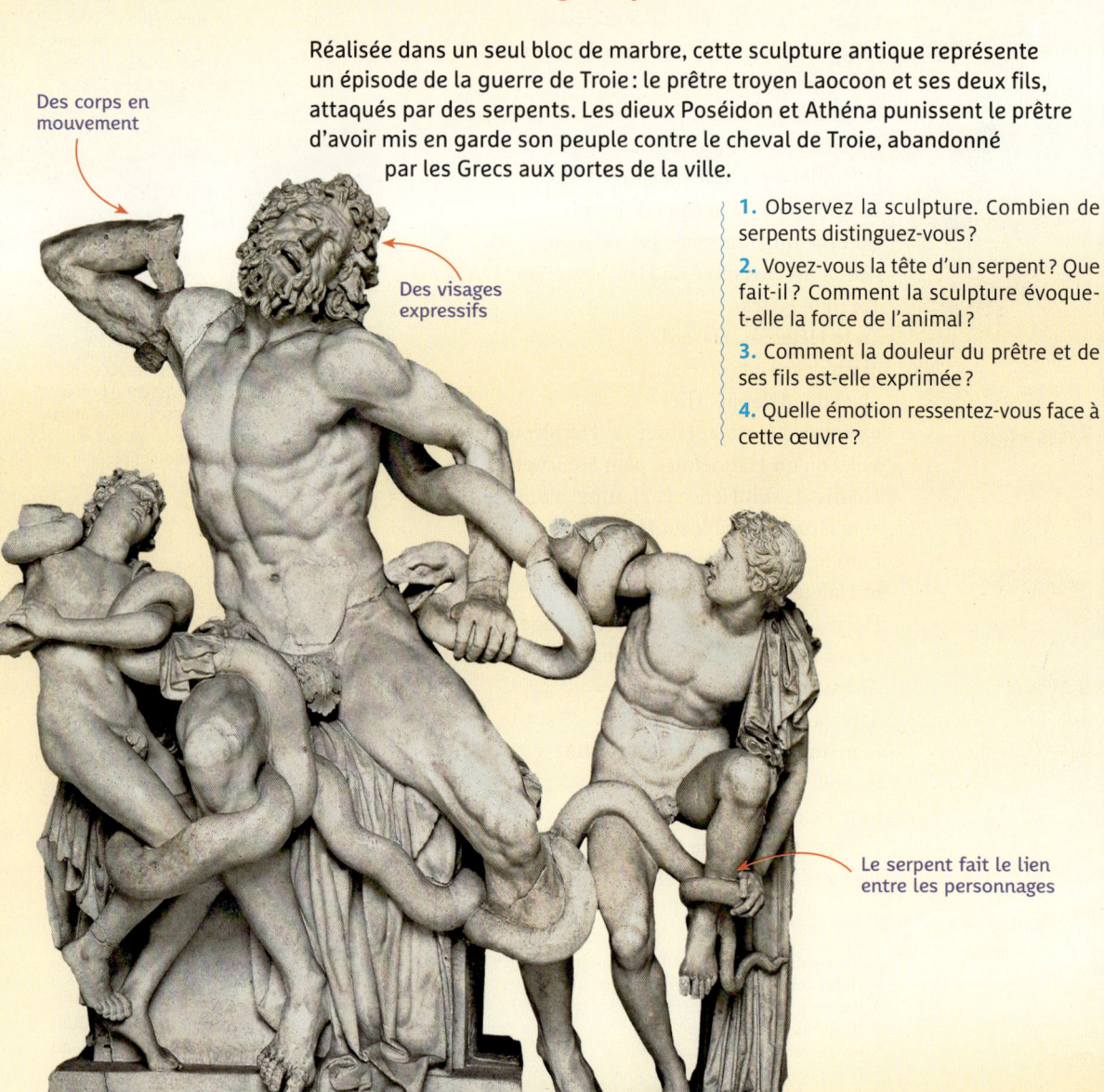

Réalisée dans un seul bloc de marbre, cette sculpture antique représente un épisode de la guerre de Troie : le prêtre troyen Laocoon et ses deux fils, attaqués par des serpents. Les dieux Poséidon et Athéna punissent le prêtre d'avoir mis en garde son peuple contre le cheval de Troie, abandonné par les Grecs aux portes de la ville.

Des corps en mouvement

Des visages expressifs

Le serpent fait le lien entre les personnages

1. Observez la sculpture. Combien de serpents distinguez-vous ?

2. Voyez-vous la tête d'un serpent ? Que fait-il ? Comment la sculpture évoque-t-elle la force de l'animal ?

3. Comment la douleur du prêtre et de ses fils est-elle exprimée ?

4. Quelle émotion ressentez-vous face à cette œuvre ?

❶ Agésandros, Athénodore et Polydore, *Groupe du Laocoon*, vers 40 av. J.-C., 242 x 160 cm, musée Pio Clementino, Vatican.

Un symbole de puissance

Le peintre flamand Rubens (1577-1640) peint des toiles dans un style coloré et très expressif. Il appartient à la période baroque qui s'est développée en Europe au XVIIe et au XVIIIe siècle.

❷ Pierre-Paul Rubens, *La Chasse au tigre*, vers 1616, huile sur toile, 256 x 324 cm, musée des Beaux-Arts, Rennes.

5. Observez le tableau et identifiez le sujet traité.
6. Quels animaux reconnaissez-vous ?
7. Comment le peintre rend-il compte de leurs particularités ?
8. Quelle impression se dégage de la scène ?

Bilan
9. Quelle vision des animaux les artistes nous donnent-ils dans ces deux œuvres ? Justifiez vos réponses.

Prolongement **La marche du lion en musique** 🔊
Écoutez sur www.youtube.com l'ouverture de la symphonie de Camille Saint-Saëns (1835-1921), *Le Carnaval des animaux*. En vous appuyant sur des éléments musicaux (instruments, rythmes...), caractérisez la marche du lion. Cette marche vous semble-t-elle inquiétante ou divertissante ?

Je retiens

• Les animaux constituent une source d'inspiration inépuisable pour les artistes. Ils sont souvent représentés dans des situations de combat contre l'homme, qui mettent en valeur leur **force** et leur **puissance.**
• Les artistes expriment la **complexité** des rapports entre l'animal et l'homme.

12. Bestiaire poétique

Vers d'autres lectures

Objectif
- Lire des anthologies pour mieux s'exprimer et mieux écrire.

Les animaux à travers les livres de poésie

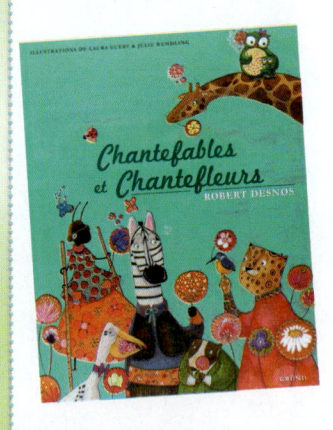

Robert Desnos, *Chantefables et Chantefleurs*, Gründ, 2010

Cet ouvrage illustré réunit des poèmes sur les animaux comme le tamanoir et bien d'autres.

Lire et expliquer le choix d'un animal poétique

- Observez les titres des poèmes : que pensez-vous des animaux célébrés par le poète ?
- Choisissez un poème de ce recueil et expliquez à l'oral les raisons de votre choix.
- Expliquez pourquoi cet ouvrage est un recueil de poésie.

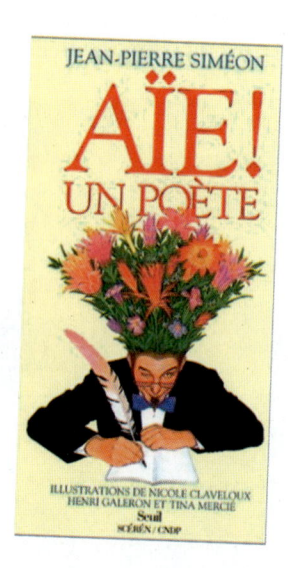

Jean-Pierre Siméon, *Aïe ! Un poète*, coéditions Seuil Jeunesse-Crapule, 2008

Devenez poète ! Cet ouvrage vous aidera à « apprivoiser » la poésie. L'auteur est l'un des organisateurs de l'événement Le Printemps des poètes.

Écrire pour montrer les qualités et les défauts d'un animal imaginaire

- Écrivez une strophe ou un paragraphe (poème en prose) pour montrer les qualités et/ou les défauts d'un animal imaginaire. Aidez-vous des conseils que vous aurez lus dans cet ouvrage.

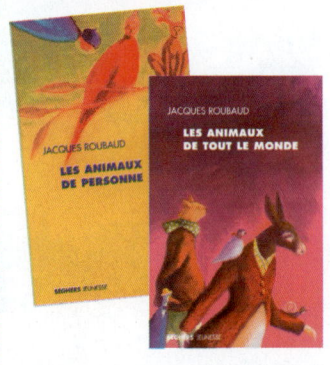

Jacques Roubaud, *Les Animaux de tout le monde*, *Les Animaux de personne*, poèmes illustrés, Seghers Jeunesse, 2004

Dans ces poèmes, Jacques Roubaud chante les émotions, la vie intérieure ou la beauté des animaux en jouant avec les images et les sonorités.

Composer un recueil de poèmes

- Sélectionnez un poème de ce recueil portant sur votre animal préféré.
- 🖱 Recherchez dans la séquence, dans les ouvrages proposés et sur Internet d'autres poèmes se rapportant au même animal.
- Réalisez un recueil de poèmes consacré à cet animal. Recopiez les textes que vous avez trouvés et illustrez-les en fonction des sentiments qu'ils vous inspirent.

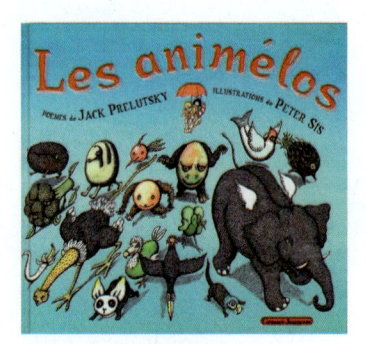

Jack Prelutsky, *Les Animélos*, poèmes illustrés par Peter Sis, Grasset Jeunesse, 2006

Sur l'île des animélos, on peut observer des espèces rares et surprenantes. Découvrez les poèmes qui présentent ces créatures mi-animales mi-végétales : la rhinocérose, le bananaconda...

Inventer des noms d'animaux imaginaires

- Choisissez deux « animélos » et identifiez les mots qui composent leur nom. Par exemple, le mot « orange-outan » est formé d'un fruit (orange) et d'un singe (orang-outan).
- À votre tour, créez deux noms d'animaux imaginaires sur le même modèle.

À vous de créer

Réaliser une interview de poète

- Organisez un jeu de rôle par groupes de deux : l'un d'entre vous sera poète, l'autre journaliste.
- Le journaliste demandera au poète pourquoi il a choisi d'écrire des poèmes sur le puceron, le moustique, le corbeau et le rat.

Méthode
Préparez une fiche où vous noterez les particularités de chaque animal et ce qui peut le rendre attachant et poétique.

Méthode

Repérer des figures de style

La Méridienne[1] du lion

Le lion dort, seul sous sa voûte.
Il dort de ce puissant sommeil
De la sieste, auquel s'ajoute,
Comme un poids sombre, le soleil.
5 Les déserts, qui de loin écoutent,
Respirent ; le maître est rentré.
Car les solitudes redoutent
Ce promeneur démesuré.

Son souffle soulève son ventre ;
10 Son œil de brume est submergé,
Il dort sur le pavé de l'antre[2],
Formidablement[3] allongé. [...]

1. **Méridienne** : sieste du milieu du jour.
2. **Antre** : caverne servant de refuge à une bête fauve.
3. **Formidablement** : de manière effrayante.

Victor Hugo, « La Méridienne du lion »,
Les Chansons des rues et des bois, 1866.

MÉTHODE GUIDÉE → Les figures de style, p. 356

Étape 1 Repérer une personnification dans le poème

- Lisez le poème et identifiez le sujet principal.
- Relevez les verbes et les noms pour identifier une personnification.

La personnification est le fait d'attribuer des traits humains à un animal ou à un objet, à l'aide de verbes et de noms habituellement employés à propos des hommes.

1. Quel personnage est présenté dans le poème ?
2. Quel est le sujet des verbes *écoutent* (v. 5) et *respirent* (v. 6) ? Que remarquez-vous ?
3. Qui est désigné par les noms communs *maître* (v. 6) et *promeneur* (v. 8) ? Qu'en déduisez-vous ?

Étape 2 Distinguer comparaison et métaphore

- Identifiez les images du poème en distinguant comparaison et métaphore.

La comparaison établit un rapprochement entre deux termes, le comparé et le comparant, à partir d'un outil (comme, pareil à, tel que, ressembler à…). *Exemple : Ses yeux* (comparé) *brillent* **comme** *des étoiles* (comparant).

La métaphore établit un rapprochement entre deux termes, le comparé et le comparant, sans outil de comparaison. *Exemple : Ses yeux* (comparé) **sont** *des étoiles* (comparant).

4. Dans la première strophe, quel outil introduit une comparaison ? Quels sont les deux éléments mis en relation ?
5. Quelle est la métaphore dans la troisième strophe ? Quels éléments sont rapprochés ?

Étape 3 Interpréter les principales figures de style du poème

- Justifiez la présence des personnifications.
- Montrez l'intérêt des images dans le poème.

6. Pour quelle raison le lion est-il personnifié ? Et le désert ?
7. Quelle vision de l'animal le poète veut-il nous donner ?

12. Bestiaire poétique

Vocabulaire

Objectif
- Enrichir son vocabulaire pour décrire les animaux.

Les mots des animaux

Caractériser les animaux

1 Recherchez pour chacun des animaux suivants les noms de la femelle et du petit correspondants. Proposez ensuite un adjectif pour les compléter.

Le cheval — Le cerf — Le bouc — Le sanglier — Le lièvre — Le bœuf

2 Dans le texte suivant, relevez les verbes. Cherchez leur sens, puis recopiez et complétez le tableau ci-dessous avec les phrases du texte.

> **Pour saluer Jean de La Fontaine**
> La cigale stridule, la fourmi s'active, le corbeau croasse, le renard glapit, la grenouille coasse, le mulet porte, le loup hurle, le chien aboie, la génisse mugit, le chêne tient bon, le roseau plie, la chèvre béguète, la brebis bêle, le lion rugit, l'hirondelle trisse, le rat des villes couine [...] la chouette ulule, le bouc pue, la laie nasille, l'araignée ourdit, le cygne se vante, le dauphin cabriole [...]
>
> Jacques Roubaud, cité dans *Jean de La Fontaine, Sources et postérité d'Ésope à l'Oulipo*, Éditions Complexes, 1995.

Les cris des animaux	Leurs actions, attitudes et caractéristiques
La cigale stridule.	La fourmi s'active.

Exprimer des défauts ou des qualités

3 Classez ces adjectifs qualificatifs en deux colonnes selon qu'ils expriment la beauté ou la laideur.
superbe • magnifique • hideux • monstrueux • gracieux • ravissant • vilain • élégant • disgracieux • repoussant

4 Employez un de ces mots dans une phrase caractérisant un animal de votre choix.

5 Classez ces adjectifs en deux colonnes selon qu'ils expriment la force ou la faiblesse.
fragile • puissant • chétif • fluet • frêle • faible • solide • délicat • résistant • vigoureux • robuste

6 Employez un de ces mots dans une phrase caractérisant un animal de votre choix.

Associer des images et des animaux

7 Reconstituez les expressions suivantes. Quelle est la figure de style employée ?

laid comme   • un singe
rusé comme   • une oie
excité comme   • une couleuvre
fainéant comme   • un pou
fier comme   • une puce
bête comme   • un renard
malin comme   • un lion

8 Quelles périphrases pourriez-vous utiliser pour personnifier les animaux suivants ?
Exemple : un rat → le roi des égouts.
un crapaud • une fourmi • un escargot • un crocodile

9 Lisez le texte suivant. Puis inventez trois comparaisons pour chaque animal du poème.

> Un mouton tout moutonneux
> Et tout aussi moutonnant
> Moutonnait frileusement
> Sous son vêtement laineux.
>
> Un grand loup pas louvoyant
> Mit fin à ce tremblement.
>
> Eugène Guillevic, *Fabliettes*, Gallimard Jeunesse, 1981.

À vous d'écrire !

10 En vous inspirant des jeux sur les mots et les sonorités de la fabliette ci-dessus, écrivez une strophe commençant par « Un poisson… ».

Grammaire

Objectif
- Identifier les suffixes et connaître leur sens pour enrichir son lexique.

Les suffixes

Retenir l'essentiel

Le suffixe désigne l'**élément que l'on ajoute au radical** pour former un mot nouveau ayant un sens qui lui est propre. Par exemple, la souricette désigne une petite souris.

Il existe des suffixes :
- d'adjectifs : verd-**âtre**
- de noms : fol-**ie**
- d'adverbes : brillam-**ment**
- de verbes : vol-**eter**

↘ Identifier les principaux suffixes, p. 283

Repérer les suffixes

1 Recopiez les mots suivants en séparant le radical et le suffixe. *Exemple : chass-eur*
volailler • souplesse • bêtement • pâtée • herbette • dangereux

2 Retrouvez les radicaux des mots suivants en inscrivant un tiret avant le suffixe.
un ânon • un renardeau • un éléphanteau • un chiot • un agnelet

Utiliser les suffixes pour former des mots

3 Retrouvez les adjectifs correspondant aux définitions suivantes et soulignez leur suffixe.

Définitions	Adjectifs
qui se distingue par sa majesté	majestu<u>eux</u>
qui a des boutons	
que l'on peut voir	
que l'on peut reconnaître	

4 Ajoutez aux noms suivants un suffixe, puis utilisez chacun des mots créés dans une phrase en précisant leur classe grammaticale.
trot • aile • ferme • arbre • bûche • lait • grelot • griffe • calme

5 Utilisez les suffixes *-et*, *-ette*, *-eau* ou *-on* pour former des diminutifs avec les mots suivants.
fourche • chanson • mignonne • simple • girafe • souris

Analyser les éléments composant un mot

6 Dans le texte suivant, relevez les verbes inventés par Francis Ponge. Précisez à partir de quels mots et à l'aide de quels suffixes ils ont été formés.

Voici, sur le tard du jour, que le ciel se duvette, se plumotte, s'édredonne ; il se [...] douillette, se matelasse, se capitonne de soie grise, gris-rose bleu pervenche très pâle.

Francis Ponge, « Pochades en prose »,
Méthodes, Gallimard, 1971.

7 Dictée préparée
a. Lisez le texte suivant et relevez tous les verbes conjugués.
b. Observez le sujet de chaque verbe et justifiez l'accord des verbes.
c. Expliquez la formation des mots soulignés.
d. Réécrivez ce texte sous la dictée de votre professeur.

L'Abeille

Quand l'abeille, au printemps, confiante et charmée,
Sort de la ruche et prend son vol au sein des airs,
Tout l'invite et lui rit sur sa route embaumée.
L'églantier berce au vent ses boutons entr'ouverts ;
La <u>clochette</u> des prés incline avec <u>tendresse</u>
Sous le regard du jour son front pâle et léger. [...]

Louise Ackermann, *Contes et poésies*, 1863.

À vous d'écrire !

8 Décrivez un animal que vous n'aimez pas en utilisant des noms, des verbes et des adjectifs à valeur péjorative. *Exemple : lourd/lourdaud, noir/noirâtre, mou/mollasse.*

12. Bestiaire poétique

S'exprimer à l'oral

Jouer avec les mots et les sonorités

Le Hareng saur[1]

Il était un grand mur blanc – nu, nu, nu,
Contre le mur une échelle – haute, haute, haute,
Et, par terre, un hareng saur – sec, sec, sec.

Il vient, tenant dans ses mains – sales, sales, sales,
Un marteau lourd, un grand clou – pointu, pointu, pointu,
Un peloton de ficelle – gros, gros, gros.

Alors il monte à l'échelle – haute, haute, haute,
Et plante le clou pointu – toc, toc, toc,
Tout en haut du grand mur nu – nu, nu, nu.

Il laisse aller le marteau – qui tombe, qui tombe, qui tombe,
Attache au clou la ficelle – longue, longue, longue,
Et, au bout, le hareng saur – sec, sec, sec.

Il redescend de l'échelle – haute, haute, haute,
L'emporte avec le marteau – lourd, lourd, lourd,
Et puis, il s'en va ailleurs – loin, loin, loin.

Et, depuis, le hareng saur – sec, sec, sec,
Au bout de cette ficelle – longue, longue, longue,
Très lentement se balance – toujours, toujours, toujours.

J'ai composé cette histoire – simple, simple, simple,
Pour mettre en fureur les gens – graves, graves, graves,
Et amuser les enfants – petits, petits, petits.

Charles Cros, « Le Hareng saur », *Le Coffret de santal*, 1873.

1. **Hareng saur** : poisson salé et séché pour être conservé.

ÉTAPE 1 — Analyser la musicalité d'un poème

1 Lisez le texte de Charles Cros en appliquant la règle de prononciation du -*e*. ↘ Dire des poèmes, p. 250, ↘ Analyser la forme d'un poème, p. 247

2 Partagez vos réactions de lecture avec la classe.

3 Observez la place des tirets dans le poème. Comment en tenir compte dans la lecture à voix haute ou la récitation ?

4 Quel est l'effet produit par la répétition du même mot à la fin de chaque vers ?

5 Quelles sonorités reviennent en écho dans le poème ? Quelles impressions produisent-elles ?

6 Montrez que ce poème est proche d'une comptine, chanson que récitent les enfants dans le cadre de jeux. Justifiez votre réponse.

ÉTAPE 2 — Dire un poème en faisant ressortir sa musicalité

7 Relisez le texte de Charles Cros en vous enregistrant avec un logiciel de type Audacity. Variez votre rythme de lecture (rapide, lent, très lent) et choisissez le plus approprié.

8 Proposez un mode de lecture à plusieurs voix pour mettre en valeur les jeux musicaux du poème.

9 Mettez le texte en voix et recueillez les réactions de l'auditoire pour améliorer la prestation.

10 Cherchez sur www.youtube.com des enregistrements de ce poème pour découvrir d'autres interprétations.

COMPÉTENCES

- **D1** Comprendre un texte littéraire et l'interpréter.
- **D1** Mettre en voix un texte littéraire.
- **D1, D2** Maîtriser les relations entre l'écrit et l'oral.
- **D1, D2** Participer à des échanges dans des situations diversifiées.

ATELIER
Réaliser un mur poétique

S'exprimer à l'écrit

ÉTAPE 1 — Choisir et dessiner un animal

1 Choisissez un animal. Dessinez-le ou cherchez sa silhouette sur Internet et reproduisez-la.

2 Notez vos premières idées et vos impressions face au sujet choisi.

3 Indiquez les caractéristiques physiques et morales de l'animal, positives ou négatives. Précisez les réactions qu'il suscite chez les hommes.

4 Attribuez à cet animal une fonction symbolique. Par exemple, il peut représenter la paresse ou la gourmandise.

ÉTAPE 2 — Écrire un texte poétique

5 Écrivez une strophe ou un paragraphe pour décrire cet animal en tenant compte de son rôle symbolique. Votre texte intégrera des procédés d'écriture (comparaison, métaphore, personnification…).
↘ Le vocabulaire de la poésie, p. 350, Les figures de style, p. 356

6 Lisez votre texte à voix haute à une personne de votre choix.

7 Améliorez votre production à partir des remarques formulées et en consultant un dictionnaire et une grammaire.

8 Choisissez une manière de présenter ensemble le texte que vous avez écrit et le dessin que vous avez réalisé : texte et image séparés, texte fondu dans le dessin, texte et image côte à côte.

ÉTAPE 3 — Réaliser un mur poétique

9 En classe, lisez à voix haute, chacun à votre tour, le texte que vous avez écrit. Écoutez les textes produits par vos camarades en observant les dessins qui les accompagnent.

10 Regroupez-les en fonction de leurs points communs (thèmes, sensations ou impressions produites par l'animal sur le lecteur-spectateur).

11 Utilisez un logiciel de traitement de texte pour saisir vos productions et scannez les dessins. Ils prendront place sur votre mur poétique.

12 Disposez-les sur le « mur » collaboratif que vous aurez créé à l'aide de l'outil Padlet. Vous pouvez aussi utiliser un panneau ou un support papier.

Ditz, *La Sortie de l'arche*, 1995.

Pour bien écrire

Pensez à accorder les adjectifs et les participes passés en genre et en nombre avec le nom qu'ils qualifient. *Exemple : les crocodiles tranquilles ont des pattes griffues et des dents pointues.*

COMPÉTENCES

- **D1** Produire des écrits variés.
- **D1** Réécrire à partir de nouvelles consignes ou faire évoluer son texte.
- **D1** Écrire avec un clavier rapidement et efficacement.
- **D1, D2** Participer à des échanges dans des situations diversifiées.

Je fais le point — Bestiaire

Bilan de la séquence

Depuis l'Antiquité, les animaux inspirent les poètes

- **Toutes les espèces animales** sont chantées par les poètes : oiseaux (hibou, hirondelle), mammifères (lion, hérisson), mollusques (huître) ou encore insectes (abeille, araignée).

- Les poètes choisissent volontiers des animaux **effrayants ou repoussants** : l'abeille et son dard, l'araignée velue, l'huître rugueuse et disgracieuse ou les hiboux aux yeux inquiétants.

- Les poètes s'inspirent des animaux pour **célébrer le monde.** Ils en font **des objets poétiques** en utilisant des formes variées : ode (Ronsard), sonnet (Baudelaire), poème en prose (Francis Ponge), scriptoforme (Michel Beau).

Les poètes nous invitent à aller au-delà des apparences

- Les poètes traitent l'abeille ou l'huître comme **des sujets respectables** au même titre que le lion ou le cygne. Dans son poème « J'aime l'araignée », Victor Hugo nous incite à regarder l'araignée autrement : « Plaignez la laideur ».

- Ils **personnifient** les animaux en leur prêtant des attitudes humaines : le hérisson de Michel Beau est « hargneux » et « hardi » et les hiboux de Baudelaire « méditent ».

- Les animaux deviennent les **symboles de qualités morales**, telle la sagesse des hiboux. Les poètes contribuent à **changer le regard des hommes**, qui perçoivent la beauté intérieure de l'huître ou la souffrance de l'araignée.

Évaluation — 1. Mobiliser les acquis de la séquence

1. Je sais nommer et définir les quatre formes poétiques étudiées dans la séquence : ....

2. Je peux situer les poètes de la séquence dans le temps et les placer sur une frise chronologique.

Michel Beau ● Victor Hugo ● Pierre de Ronsard ● Charles Baudelaire ● Francis Ponge

1524-1585	1802-1885	1821-1867	1899-1988	Né en 1937
XVIᵉ siècle	XVIIᵉ siècle — XVIIIᵉ siècle	XIXᵉ siècle	XXᵉ siècle	XXIᵉ siècle

3. Je sais quel poète a écrit chacun des cinq textes suivants.
« J'aime l'araignée… » ● « Le Scriptoforme du Hérisson » ● « L'Amour piqué par une abeille » ● « L'Huître » ● « Les Hiboux »

4. Je peux citer des défauts physiques et moraux attribués aux animaux : ....

5. Je peux citer des qualités humaines que les textes de la séquence prêtent aux animaux : ....

poétique

Évaluation — **2. Lire, comprendre et interpréter**

Le Lombric[1]

Conseils à un jeune poète de douze ans

Dans la nuit parfumée aux herbes de Provence,
Le lombric se réveille et bâille sous le sol,
Étirant ses anneaux au sein des mottes molles
Il les mâche, digère et fore[2] avec conscience.

5 Il travaille, il laboure en vrai lombric de France
Comme, avant lui, ses père et grand-père ; son rôle,
Il le connaît. Il meurt. La terre prend l'obole[3]
De son corps. Aérée, elle reprend confiance.

Le poète, vois-tu, est comme un ver de terre.
10 Il laboure les mots, qui sont comme un grand champ
Où les hommes récoltent les denrées[4] langagières ;

Mais la terre s'épuise à l'effort incessant !
Sans le poète lombric et l'air qu'il lui apporte
Le monde étoufferait sous les paroles mortes.

Jacques Roubaud, « Le Lombric », *Les Animaux de tout le monde*, Éditions Seghers, 1983.

1. **Lombric** : ver de terre. Il aère la terre en la creusant. 2. **Fore** : creuse.
3. **Obole** : petite somme, don de faible valeur.
4. **Denrées** : produits comestibles, aliments.

6. Lisez attentivement le texte. Quelles sont vos premières impressions ?

7. Qu'est-ce qui vous permet d'affirmer qu'il s'agit d'un poème ? Quelle forme poétique retrouvez-vous ?

8. De quel animal est-il question dans ce poème ? Qu'en pensez-vous ?

9. Dans quel environnement l'animal évolue-t-il ? Quel est son rôle ?

10. À qui le poème est-il destiné ?

11. Quelle figure de style reconnaissez-vous au vers 9 ? Quel rapport les deux dernières strophes entretiennent-elles avec les deux premières ?

12. En vous appuyant sur les verbes, relevez les actions du lombric. Quelles qualités le poème lui attribue-t-il ? Justifiez votre point de vue en nommant la figure de style utilisée.

Évaluation — **3. Écrire**

13. Quel rôle joue le poète selon Jacques Roubaud ? Répondez à la question en quatre ou cinq lignes. Justifiez votre réponse.

COMPÉTENCES ÉVALUÉES

D1, D5 Lire
– Comprendre un texte littéraire et l'interpréter.
– Identifier le genre poétique et ses enjeux.

D1 Écrire
– Produire des écrits variés.
– Recourir à l'écriture pour réfléchir et pour apprendre.

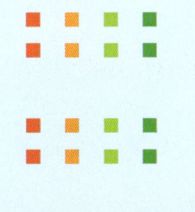

Étude de la langue

Le mot

1. Construire des mots par composition ou dérivation — 280
2. Identifier les principaux préfixes — 282
3. Identifier les principaux suffixes — 283
4. Découvrir l'origine des mots — 284
5. Employer les mots génériques — 286
6. Employer synonymes et antonymes — 287
7. Maîtriser le champ sémantique — 288
8. Identifier et construire un champ lexical — 290
9. Identifier et employer les articles — 291
10. Identifier et employer les déterminants possessifs et démonstratifs — 292
11. Identifier et employer les pronoms personnels — 294
12. Identifier et employer les pronoms possessifs et démonstratifs — 296
13. Éviter les répétitions : les reprises nominales et pronominales — 298

La phrase

Le groupe verbal et les compléments de phrase

14. Repérer le sujet de la phrase et ce qu'on en dit — 300
15. Identifier les compléments du verbe (1) : l'attribut du sujet — 302
16. Identifier les compléments du verbe (2) : COD et COI — 304
17. Maîtriser l'expression du lieu et du temps — 306
18. Maîtriser l'expression de la manière — 308

La construction de la phrase

19. Maîtriser l'emploi de la ponctuation — 310
20. Reconnaître et employer les différents types et formes de phrases — 311
21. Distinguer la phrase simple de la phrase complexe — 313

Le verbe

- 22 Savoir conjuguer le présent de l'indicatif — 315
- 23 Identifier les emplois du présent — 318
- 24 Savoir conjuguer le passé simple — 320
- 25 Savoir conjuguer l'imparfait — 322
- 26 Employer le passé simple et l'imparfait dans un récit au passé — 323
- 27 Savoir conjuguer et employer le futur — 325
- 28 Savoir conjuguer et employer les temps composés — 328
- 29 Savoir conjuguer et employer le conditionnel présent — 330
- 30 Savoir conjuguer et employer l'impératif présent — 332

L'orthographe

- 31 Maîtriser les accords au sein du groupe nominal — 334
- 32 Maîtriser les accords au sein du groupe verbal — 336
- 33 Maîtriser les accords du participe passé — 338
- 34 Orthographier correctement les sons « s », « k », « g » et « j » — 340
- 35 Orthographier les sons « é » et « è » — 341
- 36 Distinguer et employer les homophones a/à, est/et — 343
- 37 Distinguer et employer les homophones ou/où, mais/mes — 344
- 38 Distinguer et employer les homophones la/là/l'a/l'as — 345

Les registres

- 39 Connaître les particularités du registre merveilleux — 346
- 40 Connaître les particularités du registre épique — 348

Vocabulaire pratique

- 41 Le vocabulaire de la poésie — 350
- 42 Le vocabulaire du théâtre — 351
- 43 Le vocabulaire de l'image — 353
- 44 Les figures de style — 356

Annexes

- Tableaux des racines grecques et latines — 357
- Tableaux de conjugaison — 358
- Glossaire — 364
- Index des auteurs et des œuvres — 366

1 Construire des mots par composition ou dérivation

Observer et réfléchir

> Utiliser son rétroviseur permet d'augmenter son champ de vision et de mieux visualiser ce qui nous entoure.

1. Dans cette phrase, relevez les trois mots qui ont un radical identique. Quel est ce radical ? Que signifie-t-il ?

2. Quelle est la classe grammaticale de chacun de ces trois mots ?

3. Comment ces trois mots ont-ils été formés ? Pour justifier votre réponse, écrivez ces mots, entourez le radical et soulignez les autres éléments.

4. À l'aide d'un dictionnaire si besoin, citez un autre mot formé avec ce radical.

Retenir

Un mot peut être formé en combinant plusieurs éléments différents.

- On peut créer de nouveaux mots en ajoutant **au début ou à la fin du radical** un élément qui a du sens mais qui ne peut pas exister tout seul.
- D'autres types de mots sont formés par **l'association de plusieurs racines**.
- D'autres encore sont forgés par **l'association de plusieurs mots** qui peuvent exister indépendamment.

▶ Les mots dérivés

- Les mots de la même **famille** proviennent d'une même racine. Ils sont construits autour d'un mot de base, appelé **radical**, auquel on a ajouté un ou plusieurs éléments :
- – un élément placé avant le radical, un **préfixe** ;
- – un élément placé après le radical, un **suffixe**.
- Les mots ainsi formés sont appelés des **dérivés**.

lait → *lait-age* (nom), *al-lait-er* (verbe)
   suffixe   préfixe suffixe

- Les mots dérivés peuvent appartenir à des **classes grammaticales différentes**.

▶ Les mots composés

- Certains mots sont composés de **plusieurs racines**, généralement latines ou grecques.

hippo-potame → vient de *hippos* (*le cheval*, en grec ancien) et *potamos* (*le fleuve*, en grec ancien)

carnivore → vient de *carnis* (*la viande*, en latin) et *vorare* (*manger*, en latin)

- Certains mots peuvent être formés à partir de **plusieurs mots** différents. Ils peuvent être **soudés** l'un à l'autre, reliés entre eux par un **trait d'union**, ou simplement écrits **à la suite** :
- – mots composés de plusieurs noms : *un arc-en-ciel, une pomme de terre*
- – mots composés d'un verbe et d'un nom : *un lave-vaisselle, un passeport*
- – mots composés de deux verbes : *un laissez-passer*
- – mots composés d'un adjectif et d'un nom : *une basse-cour, une longue-vue*

S'exercer

Identifier

1 TOP CHRONO! **a.** Par groupes de quatre élèves, en une minute, trouvez le maximum de mots de la famille de *bord, courage, conte, terre*.
b. Réunissez ces mots selon leur classe grammaticale.

2 Recopiez et remplissez le tableau suivant avec des mots de la même famille.

Nom	Verbe	Adjectif	Adverbe
			doucement
	patienter		
gaieté			
		fréquent	
			follement

3 **a.** Indiquez la classe grammaticale des deux mots de chaque boîte.
b. Donnez, pour chaque mot, un mot de la même famille et de la même classe grammaticale. Vous pouvez utiliser des préfixes ou changer les suffixes.
Exemple : vendre → revendre

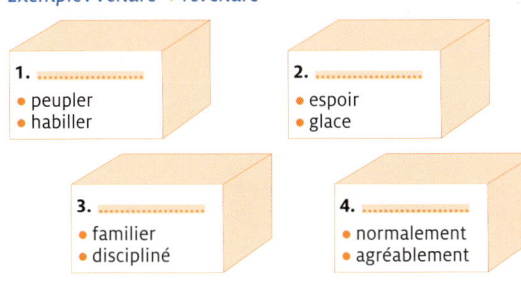

1. • peupler • habiller
2. • espoir • glace
3. • familier • discipliné
4. • normalement • agréablement

Manipuler

4 Recopiez et remplissez ces fleurs avec des mots de la même famille.

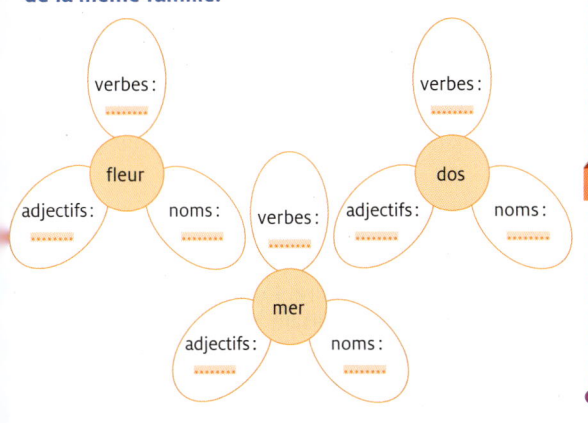

fleur — verbes : ..... / adjectifs : ..... / noms : .....
dos — verbes : ..... / adjectifs : ..... / noms : .....
mer — adjectifs : ..... / noms : .....

5 Tous les mots à trouver ci-dessous appartiennent à la même famille. Cherchez le radical chef de famille puis écrivez chaque mot correspondant à la définition.
Chef de famille : ....
1. Personne qui s'occupe des enfants et leur donne à manger. → N _ _ _ _ _ _ _
2. Qui donne beaucoup d'énergie à qui le mange. → N _ _ _ _ _ _ _ _ _ _
3. Enfant en bas âge. → N _ _ _ _ _ _ _ _ _
4. Qui produit des choses qui se mangent. → N _ _ _ _ _ _ _ _ _
5. Ce que l'on mange. → N _ _ _ _ _ _ _ _ _

6 Ces mots sont formés à partir de la même racine, mais ils ont un sens différent. Complétez les phrases avec le mot qui convient. Attention à l'intrus !

véridique   vérifiable   véritable

1. Ce bijou est fabriqué avec une pierre ....
2. Les histoires qu'on se raconte depuis des siècles ne sont pas toujours ....

affluence   confluence   influence

3. Ceux qui nous entourent exercent souvent sur nous une ....
4. Ce spectacle magnifique a provoqué une forte .... de spectateurs.

accident   incident   occident

5. Deux voitures ont été abîmées lors de cet ....
6. La soirée s'est déroulée sans .... : tout a été réussi.

7 RÉÉCRITURE Réécrivez ce texte en ajoutant le plus possible d'adverbes.

> Un jour, il découvrit avec grande frayeur que sa montre avait disparu. Il l'avait manifestement perdue, soit sur le chemin, soit pendant le travail. Il tenait pour très invraisemblable qu'on ait pu la lui voler. Elle aurait difficilement pu être portée ou revendue par celui qui l'aurait volée, parce que Sylvestre, par nature très prudent et très méfiant, avait tout de suite fait graver son nom en gros caractères par l'horloger chez qui il l'avait achetée dans la ville voisine.
>
> Traven, *Nouvelles mexicaines*, Hatier, 2009.

S'exprimer

8 Inventez une petite histoire drôle en utilisant le maximum des mots ci-dessous.

amuse-bouche • après-midi • après-ski • avant-bras • bernard-l'ermite • bouche-à-bouche • cure-dents • face-à-face • garde-à-vous • grille-pain • millepatte • porte-à-porte • sauve-qui-peut

2 Identifier les principaux préfixes

Retenir

Le préfixe désigne l'élément que l'on ajoute au radical pour former un mot nouveau.

- Les préfixes modifient le sens du radical, mais pas sa classe grammaticale.

faire → **re**faire, **dé**faire, **par**faire

Préfixes	Sens	Exemples
a-, ad-, ac-, ag-	en direction de, rapprochement	**a**bordage, **ad**mettre, **ac**quisition, **ag**graver
co-, com-, col-	ensemble	**co**exister, **com**porter, **col**latéral
im-, in-, dé-, dés-, il-, ir-, mal-	contraire	**im**mobile, **in**démodable, **dé**colorer, **dés**abonner, **il**lisible, **ir**responsable, **mal**honnête
hyper-	intensité	**hyper**marché, **hyper**actif
multi-	nombre	**multi**fonction
para-	protection	**para**pluie, **para**tonnerre
re-, ré-, r-	répétition	**re**voir, **ré**écouter, **r**apporter
tré-, trans-, très-	passer, à travers	**trans**poser, **tré**passer

- De nombreux préfixes ont une origine latine : *ad, des, ex, extra, inter, intra, post, pro, sub, trans*, etc.

S'exercer

1 Identifier et manipuler

1 Dans la liste suivante, recopiez uniquement les mots comportant un préfixe : course • impitoyable • hypersensible • tremblement • accourir • colle • indiscutable • tremper • rebâtir • dessin • transporter • lancer.

2 À l'aide d'un préfixe, donnez l'antonyme des mots suivants : centré • loyal • disponible • probable • faire • poli • blocage • actif • serrer • vulnérable • submersible • matérialiser • détectable.

3 Trouvez au moins deux autres mots de la même classe grammaticale en ajoutant des préfixes à chaque mot de cette liste : construire • moral • dire • chute • poser • planter • porter • marché • limité • codage • ranger.

4 Dans le texte suivant, repérez trois mots construits avec un préfixe et expliquez le sens de ces mots.

> Je revoyais cet énigmatique personnage tel qu'il devait être, nécessairement impitoyable, cruel. Je le sentais en dehors de l'humanité, inaccessible à tout sentiment de pitié, implacable ennemi de ses semblables auxquels il avait dû vouer une impérissable haine !
>
> Jules Verne, *Vingt mille lieues sous les mers*, 1870.

5 Regroupez les mots ci-dessous en plusieurs familles. Donnez le sens du radical de chaque famille et précisez le sens des préfixes.
retenir • transformer • débrancher • obtenir • déformer • jouer • rejeter • plier • multicolore • détenir • brancher • rejouer • forme • projeter • déplier • décolorer • jeter • replier • rebrancher • déjouer • incolore • reformer • tenir

2 S'exprimer

6 a. Choisissez trois préfixes exprimant le nombre, l'intensité ou le contraire. Puis écrivez la caricature d'un personnage en utilisant le plus possible de mots comportant ces préfixes.

b. Soulignez ces préfixes dans votre texte.

3 Identifier les principaux suffixes

Retenir

Le suffixe désigne l'élément que l'on ajoute au radical pour former un mot nouveau.

- Quand on ajoute un suffixe, le mot devient un **dérivé** et peut changer de classe.
  facile (adjectif), *facilité* (nom), *facilement* (adverbe).

1. Suffixes fréquents servant à former des adjectifs

-ais, -ois, -ien	= habitant d'un lieu	*lyonnais, amiénois, parisien*
-able, -ible	= capacité	*buvable, lisible*
-eur, -eux, -if	= caractéristique	*rieur, courageux, tardif*

2. Suffixes fréquents servant à former des noms

-er/-ère, -iste, -eur, -ien	= agent de l'action	*boulangère, artiste, instituteur, informaticien*
-ie, -té/-ité, -tion	= qualité ou action	*tricherie, agilité, attention*
-et, -elet, -on, -eau, -iot	= diminutif	*roitelet, caneton, chevreau, chiot*

3. Suffixes fréquents servant à former des verbes

-ifier, -oyer	= action	*intensifier, foudroyer*
-asser, -ailler	= valeur péjorative	*rêvasser, piailler*

4. Suffixe servant à former des adverbes

-ment	= manière	*faiblement*

S'exercer

1 Identifier et manipuler

1 Recopiez les mots suivants et précisez à quelle classe grammaticale ils appartiennent. Justifiez votre réponse en soulignant les suffixes : fleuriste • peureux • propret • directeur • lentement • émotion • chirurgien • raisonnable • tendrement • traînasser.

2 À l'aide des suffixes *-eur, -ie, -té/-ité*, composez un nom pour chaque adjectif proposé : beau • jaloux • bon • froid • égal • long • stupide • honnête • cher.

3 Construisez des adverbes en ajoutant un suffixe à ces adjectifs : rare • utile • raisonnable • libre • heureux.

4 RÉÉCRITURE a. Dans le texte suivant, repérez trois mots construits avec un suffixe et expliquez leur sens.
b. Réécrivez le texte en introduisant des suffixes servant à former des diminutifs ou des mots péjoratifs.

Madame Théophile[1] n'avait jamais vu de perroquet ; et cet animal, nouveau pour elle, lui causait une surprise évidente. Aussi immobile qu'un chat embaumé d'Egypte dans son lacis de bandelettes, elle regardait l'oiseau avec un air de méditation profonde, rassemblant toutes les notions d'histoire naturelle qu'elle avait pu recueillir sur les toits, dans la cour et le jardin. L'ombre de ses pensées passait par ses prunelles changeantes et nous pûmes y lire ce résumé de son examen : « Décidément c'est un poulet vert. »

Théophile Gautier, *Ménagerie intime*, 1869.

1. **Madame Théophile** est le nom d'une chatte.

3 S'exprimer

5 Imaginez un animal étonnant ou étrange et faites son portrait sur un ton comique. Utilisez des mots construits avec des suffixes, que vous soulignerez.

4. Découvrir l'origine des mots

Observer et réfléchir

> Lors du dernier week-end, Philippe est allé voir les courses hippiques, car il est grand amateur de chevaux. Il ne s'en remet jamais au hasard ; comme il a des notions d'équitation, il est capable de prévoir quel cheval va gagner.

1. Que signifie *hippique* ? et *équitation* ? Cherchez l'origine de ces mots dans un dictionnaire.
2. Quel élément d'*hippique* reconnaissez-vous dans *Philippe* ?
3. *Az-zahr* en arabe signifie « dé à jouer ». Quel mot du texte pouvez-vous lui associer ?
4. Quelle est l'origine du mot *week-end* ?

Retenir

▶ Mots hérités et empruntés

- Le français vient du **latin**, déformé au fil du temps et mélangé à des mots germaniques et à quelques mots gaulois (aujourd'hui peu nombreux et très rares).
- On appelle **mots hérités** les mots descendant directement de ces trois langues.
- Au fil de l'histoire, des termes issus de langues étrangères ont été ajoutés au vocabulaire français, notamment pour désigner des objets ou des idées nouvelles. On les appelle des **mots empruntés**.

Mots hérités
- du **latin** : C'est l'immense majorité des mots.
- du **gaulois** : *chêne*
- des **langues germaniques** : *gagner, honte*

Mots empruntés
- au **grec ancien** : *géographie, polyphonie*
- aux **langues modernes** : italien, arabe, anglais, etc. *pittoresque, algèbre, smoking*

▶ Racines latines et grecques → Tableaux des racines grecques et latines, p. 357

- Le terme ancien dont vient un mot français est appelé **racine**. Un même mot peut être formé à partir de plusieurs racines.
- Les mots courants de même famille ont généralement une racine latine commune.

œil → oculiste = médecin spécialiste de l'œil
↓
racine latine
oculus, « œil » en latin

- Les mots scientifiques et techniques sont souvent empruntés au **grec**, ou formés à partir d'une ou plusieurs **racines grecques**.
- En repérant leurs racines latines ou grecques, on peut deviner le sens de mots inconnus.

en-céphalo-gramme
↓ ↓ ↓
Mots grecs : *en* *képhalé* *gramma*
« dans » « tête » « écrit »
= relevé de l'activité du cerveau

S'exercer

1 Identifier

1 a. Ces mots sont empruntés à des langues étrangères. Écrivez, au singulier, le mot qui correspond à chaque dessin.
b. Cherchez la langue dont vient chacun de ces mots.

P _ _ _ _ _
C _ _ _ _ _ _ -G _ _
P _ _ _ _ _ _
C _ _ _ _
Faire du s _ _ _ _ _ _ _
S _ _ _ _ _ _ _
P _ _ _ _ _
C _ _ _ _ _ _ _ _
S _ _ _ _ _ _ _ _

Méthode
Pour tous les exercices de cette fiche, aidez-vous d'un dictionnaire.

2 En vous aidant d'un dictionnaire, classez les termes de cette liste selon leur racine commune.
téléphone • parité • vivipare • phonétique • vivace • impair • glossaire • polyglotte • apparier • vivifiant • francophone

2 Manipuler

3 Citez le plus possible de mots français issus des racines latines suivantes.
ambulare (marcher) • *labor* (travail) • *urbs* (ville) • *locus* (lieu) • *monstrare* (montrer) • *mare* (mer) • *littera* (lettre)

Méthode
• Commencez par citer un maximum de mots français ressemblant à ces mots latins.
• Vérifiez l'étymologie de ces mots dans un dictionnaire.
• Cherchez d'autres termes issus de ces racines.

4 a. Reliez les mots français ci-dessous à leur(s) racine(s) latine(s).
b. Essayez de deviner le sens de ces mots, puis écrivez votre proposition de définition.
c. Vérifiez leur sens dans un dictionnaire.

scripteur •
quadrumane •
mercantile •
homicide •
prédateur •
affabulation •

• *fabula* (petite histoire)
• *manus* (main)
• *occidere* (tuer)
• *praeda* (butin, proie)
• *merces* (argent gagné)
• *quater* (quatre)
• *scribere* (écrire)

5 a. Par équipes de trois, fabriquez le plus de mots possible à partir des racines grecques suivantes. Attention ! Certaines combinaisons ne sont pas possibles.
démo- (peuple) • -logie (discours, science) • géo- (terre) • -archie/-arque (pouvoir) • -graphe/-graphie/grapho- (écriture) • mytho- (histoire) • poly- (nombreux) • patho-/-pathie (souffrance, maladie) • auto- (soi-même) • -manie (folie, obsession) • mono-/mon- (seul) • bio- (vie) • oligo- (un petit nombre) • -cratie/-crate (pouvoir) • -gone (côté)
b. Comparez votre score avec celui des autres équipes.
c. Choisissez cinq des mots que vous avez trouvés et employez-les dans une phrase qui en illustrera le sens.

6 a. Dans le texte ci-dessous, cherchez les mots venant des racines suivantes : *in* (dans) • *fluere* (couler) • *intendere* (faire attention à, saisir) • *ex* (hors de) • *peccare* (faire le mal) • *humor, humoris* (liquide) • *halare* (faire naître des odeurs ou des vapeurs).
b. En vous aidant du sens des mots latins, essayez de définir les mots français que vous avez relevés.
c. Notez les mots que vous connaissiez déjà. Ont-ils le même sens aujourd'hui qu'à l'époque de Molière ? Donnez leur sens actuel.

> SGANARELLE. – [...] Pour revenir, donc, à notre raisonnement, je tiens que cet empêchement de l'action de sa langue est causé par de certaines humeurs qu'entre nous autres, savants, nous appelons humeurs peccantes, peccantes, c'est-à-dire... humeurs peccantes : d'autant que les vapeurs formées par les exhalaisons des influences qui s'élèvent dans la région des maladies, venant... pour ainsi dire... à... Entendez-vous le latin ?
> GÉRONTE. – En aucune façon.
> SGANARELLE. – Vous n'entendez point le latin !
> Molière, *Le Médecin malgré lui*, acte II, scène 4, 1666.

3 S'exprimer

7 TOP CHRONO ! Par petits groupes, énumérez en trois minutes le plus possible de noms de métiers issus des racines de cette fiche. Puis comparez votre score à celui des autres groupes.

Le mot 285

5 Employer les mots génériques

Retenir

Les mots génériques sont des mots de sens général.

- Ils rassemblent les différents mots et expressions de sens plus précis que l'on appelle **mots spécifiques**.

  mammifère → loup – dauphin – ours – homme – chien

  Mot générique   Mots spécifiques

  livre → roman – manuel – album – bande dessinée – dictionnaire

  Mot générique   Mots spécifiques

- Un mot générique et un mot spécifique ne sont pas de véritables synonymes. Cependant, on peut employer un terme générique pour éviter des répétitions.

  Le **cheval** de l'empereur avait des fers en or : c'était un **animal** superbe.

S'exercer

1 Identifier et manipuler

1 Identifiez le mot générique présent dans chaque liste.
1. bûcheron • meunier • tailleur • métier • valet • chasseur. 2. scie • marteau • outil • faux • clé • pince. 3. biche • lapin • loup • mammifère • lion • cheval. 4. capucine • marguerite • jacinthe • rose • fleur.

2 En vous aidant d'un dictionnaire, associez chaque mot à l'un de ces quatre termes génériques : habitation • véhicule • pierre précieuse • arbre.

pommier   tente   moto
rubis   chêne   saphir   yourte
frêne   émeraude   carrosse   vélo
bouleau   hutte   diamant   fiacre   ferme
peuplier

3 a. Retrouvez dans le second texte les définitions qui correspondent aux mots en gras du premier texte.
b. Chaque définition contient un ou plusieurs mots génériques. Retrouvez-les.

> 1. Il était une fois un **loup** qui se fâcha contre un **agneau** au bord d'un **ruisseau** pour se **trouver** une bonne **raison** de le **dévorer** ; et c'est ce qu'il **fit**.

> 2. Il était une fois un mammifère carnassier de la famille des canidés, à pelage gris jaunâtre, vivant dans les forêts d'Europe, d'Asie et d'Amérique, qui s'irrita contre un petit de la brebis à la fourrure très appréciée, au bord d'un cours d'eau peu considérable, pour se découvrir après recherche une bonne faculté au moyen de laquelle l'homme peut connaître et juger de le manger en déchirant avec ses dents (en parlant des bêtes féroces) ; et c'est bien ce qu'il commit ou réalisa.

> Yak Rivais, *Les Contes du miroir*, « Le loup et l'agneau », L'École des loisirs, 1988.

4 TOP CHRONO ! Pour chacune de ces listes, donnez le plus vite possible le verbe générique correspondant.
1. exister • devenir • paraître • sembler • se révéler. 2. accomplir • fabriquer • constituer • construire • élaborer. 3. posséder • acquérir • détenir • conserver • garder. 4. s'exprimer • déclarer • proférer • dévoiler • raconter.

2 S'exprimer

5 Choisissez un verbe de chaque liste de l'exercice précédent et employez-le dans une phrase.

6 Décrivez la scène représentée par cette image en employant essentiellement des mots génériques.

6 Employer synonymes et antonymes

Retenir

▶ Les synonymes
- Des synonymes sont des **mots de sens très proche et de classe grammaticale identique**.
  – *gigantesque* (adjectif) / *colossal* (adjectif) / *immense* (adjectif)
  – *voyager* (verbe) / *naviguer* (verbe) / *errer* (verbe)
- Les synonymes ne possèdent pas exactement le même sens. Quand on choisit un mot plutôt qu'un autre, on privilégie une nuance.

voiture / bagnole
niveau de langue courant → niveau de langue familier

peur / épouvante
émotion forte → émotion plus forte

▶ Les antonymes
- Des antonymes sont des **mots de sens contraire et de classe grammaticale identique**.

généreux ≠ avare

S'exercer

Identifier et manipuler

1 Reformez les couples de synonymes et chassez l'intrus : force • adroit • tromper • fourbe • troubler • habile • rusé • puissance • doubler.

2 Reformez les couples d'antonymes. À quelle classe grammaticale appartiennent-ils tous ?
niais • imprudent • adroit • puissant • sincère • astucieux • maladroit • sage • faible • hypocrite

3 Un farceur a mélangé les lettres des synonymes du mot *tromperie*. Rétablissez l'ordre attendu.

RUOT   RUPECHISEER   URRLEE
DRPUEIE

4 En vous aidant d'un dictionnaire, classez les couples de mots ci-dessous dans le tableau suivant. Attention, des intrus se sont glissés dans la liste !

Couples de synonymes	Couples d'antonymes

rapide/lent • extraordinaire/incroyable • bâtiment/navire • justice/justesse • lourd/léger • transparent/opaque • obscur/ténébreux • conversation/conservation • accélérer/ralentir • passion/admiration • construire/ériger • affamé/rassasié • imaginaire/chimérique

5 RÉÉCRITURE Reconstituez ces célèbres morales tirées des *Fables* de La Fontaine en remplaçant les mots en gras par un antonyme.
1. Rien ne sert de **marcher lentement**, il faut **arriver** à point. **2.** La raison du plus **faible** est toujours la **pire**. **3.** On a **rarement** besoin d'un plus **grand** que soi. **4. Haine, haine,** quand tu nous tiens/ On peut bien dire, **Bonjour imprudence**.

6 a. Trouvez plusieurs antonymes pour chaque verbe : ignorer • réussir • hurler • affaiblir • commencer • réunir.
b. Choisissez-en deux et employez-les dans une phrase.

7 Réécrivez les phrases suivantes en remplaçant le mot *facile* par un synonyme tiré de cette liste : limpide • arrangeant • enfantin • banal • praticable.
1. Pour arriver à ce résultat, c'est facile. **2.** J'ai trouvé sa plaisanterie plutôt facile. **3.** Cette route est facile. Prenons-la ! **4.** Son explication a rendu la solution facile. **5.** Il est d'un caractère facile.

S'exprimer

8 Un prince charmant est transformé en crapaud. Décrivez-le avant et après la métamorphose, en utilisant au moins quatre synonymes, puis quatre antonymes du mot *beau*.

7 Maîtriser le champ sémantique

Observer et réfléchir

> La pluie était tombée tout le jour, pour ne cesser qu'au soir. La journée avait été mortellement ennuyeuse. Aux récréations, personne ne sortait. Et l'on entendait mon père, M. Seurel, crier à chaque minute, dans la classe :
> – Ne sabotez pas comme ça, les gamins !
>
> Alain-Fournier, *Le Grand Meaulnes*, 1914.

1. Cherchez les mots surlignés dans un dictionnaire ou sur le site cnrtl.fr/definition/. Combien de sens leur trouvez-vous ?

2. Quel sens allez-vous appliquer au texte ?

Retenir

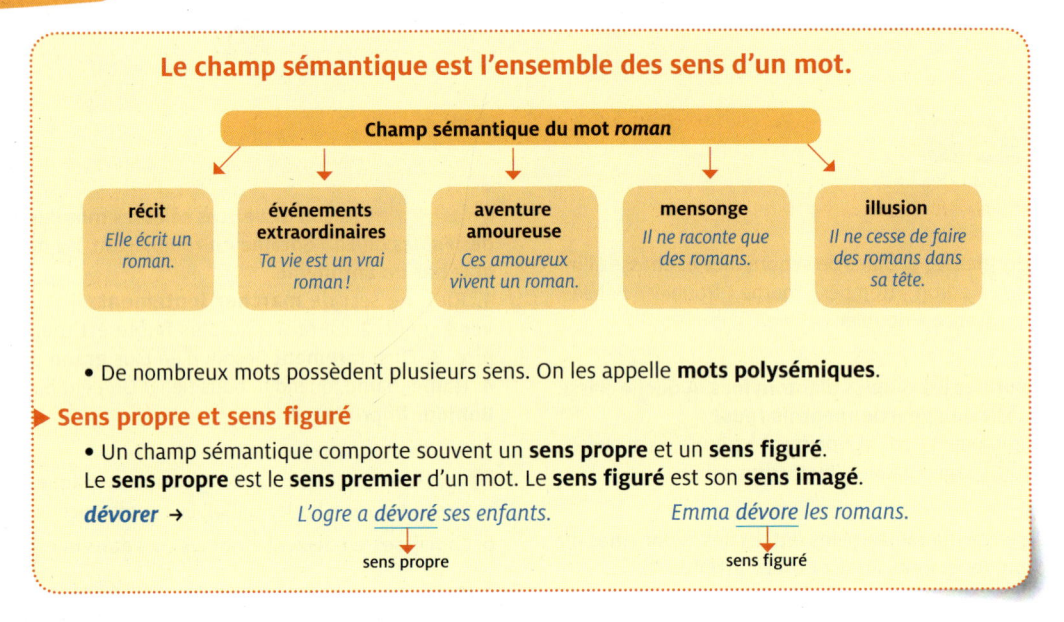

Le champ sémantique est l'ensemble des sens d'un mot.

Champ sémantique du mot *roman*

récit	événements extraordinaires	aventure amoureuse	mensonge	illusion
Elle écrit un roman.	*Ta vie est un vrai roman !*	*Ces amoureux vivent un roman.*	*Il ne raconte que des romans.*	*Il ne cesse de faire des romans dans sa tête.*

- De nombreux mots possèdent plusieurs sens. On les appelle **mots polysémiques**.

▶ **Sens propre et sens figuré**

- Un champ sémantique comporte souvent un **sens propre** et un **sens figuré**.
Le **sens propre** est le **sens premier** d'un mot. Le **sens figuré** est son **sens imagé**.

dévorer → *L'ogre a dévoré ses enfants.*   *Emma dévore les romans.*
                         sens propre   sens figuré

S'exercer

1 Identifier

❶ En vous aidant d'un dictionnaire, identifiez les mots polysémiques dans cette liste : cardiologie • loup • Asie • plateau • Jules Verne • corde • pied • lumière • ours • grave.

❷ Associez chacun des mots suivants à ses définitions : four • corbeille • peine • coupe • rouler • repaire • tramer • toile.

1. châtiment infligé après une faute ; chagrin ; difficulté.
2. faire avancer une chose en la faisant tourner ; circuler ; tromper.
3. passer une trame dans les fils d'un métier ; concevoir un plan.
4. panier en osier ; poubelle ; emplacement dans une salle de théâtre.
5. action de couper ; trophée.
6. cachette des bandits ; abri des animaux sauvages.
7. appareil permettant la cuisson des aliments ; échec artistique.
8. tissu ; support de peinture.

3 Reliez chaque expression figurée à sa signification.

tomber des cordes • • sortir
mordre la poussière • • avoir de l'influence
porter le chapeau • • pleuvoir très fort
prendre la porte • • tomber
avoir le bras long • • obtenir l'impossible
décrocher la lune • • être tenu pour responsable

4 Dans chaque couple de phrases, identifiez celle où le mot en gras est employé au sens propre et celle où il est utilisé dans un sens figuré.
1. D'ici vingt minutes, nous tomberons dans les **bouchons**./ Ce **bouchon** en silicone a révolutionné l'industrie de la bouteille.
2. Ce garçon m'a fait une excellente **impression**./ L'**impression** en couleur aura un effet retentissant.
3. Quel expert ! Il en connaît un **rayon** sur le sujet !/ Les **rayons** du magasin vont être réorganisés.
4. Les **mains** de cette artiste ont été assurées pour une fortune./ En dix ans, je n'ai pas perdu la **main**.

Manipuler

5 a. À l'aide d'un dictionnaire, retrouvez le sens propre et un des sens figurés des mots suivants.
carrière • noyer • explosion • boa • mine • farce • fleur • patron • sens • figure
b. Employez chacun d'entre eux dans une phrase qui mettra ses différents sens en évidence.

6 Les mots en gras sont utilisés au sens figuré. Inventez pour chacun d'eux une phrase où ils seront employés au sens propre.
1. Cet argent lui a fait perdre la **tête**.
2. La rencontre de ce soir risque d'être **électrique**.
3. Son accueil **glacial** fait fuir toute la clientèle.
4. J'adore me **plonger** dans les histoires de monstres.
5. Par amitié, il décider de passer l'**éponge** sur cette dispute.

7 Associez chaque adjectif à sa définition, puis imaginez deux phrases par mot, l'une où vous l'emploierez au sens propre et l'autre au sens figuré.
lumineux • obscur • solide • ardent • doux
1. agréable au toucher/gentil.
2. qui brûle/qui se passionne.
3. sombre/incompréhensible.
4. résistant/durable.
5. qui produit de la lumière/génial.

8 TOP CHRONO! Qui suis-je ? Répondez à chaque énigme le plus vite possible.
1. Je suis l'organe dont les pulsations assurent la circulation sanguine. Je désigne aussi l'être aimé. Je suis surtout considéré comme le siège des sentiments.
2. Je suis un fruit à noyau dur et à chair juteuse. Je donne mon nom à une couleur rose pâle et légèrement dorée. Je peux désigner un coup de poing, et quand on m'a, on a de l'énergie.
3. On m'applique au fait de tomber. Je désigne également le dénouement surprenant d'un texte. Je peux même indiquer une baisse soudaine des températures ou des prix.

9 Retrouvez toutes les expressions employant le mot *langue* au sens figuré et correspondant aux définitions suivantes.
1. être bavard, parler beaucoup.
2. réfléchir avant de parler pour éviter de dire n'importe quoi.
3. reconnaître que l'on est incapable de trouver une réponse, une solution à une question, une devinette.
4. ne plus retrouver un mot que l'on connaît pourtant.

10 Est-ce un compliment si l'on vous dit que vous êtes l'un de ces animaux Justifiez vos réponses en donnant le sens figuré de ces mots.
1. une couleuvre.
2. une fourmi.
3. une fouine.
4. un cafard.

S'exprimer

11 Comme dans l'image ci-dessous, choisissez une expression contenant un mot au sens figuré, et dessinez-la comme si le mot était au sens propre.

Le mot

8 Identifier et construire un champ lexical

Retenir

Un champ lexical est l'ensemble des mots d'un texte qui se rapportent à un même domaine.

- Ces mots peuvent appartenir à des classes grammaticales différentes et concernent tout aussi bien des objets, des lieux, des sentiments...

Les mots *ballon, courir, athlète, fair-play, se dépasser* appartiennent au champ lexical du sport.

- Un champ lexical peut également rassembler :
  – **des synonymes :** *sport, gymnastique, jeu, exercice, etc.*
  – **des mots dérivés :** *sport, sportif, sportivement, sportivité, etc.*
- Relever un champ lexical au sein d'un texte met en avant l'intention de l'auteur.

Oh ! l'affolante sensation, rouler, rouler comme un fantôme, en silence, voir à chaque minute un paysage nouveau, descendre des plaines dans les vallées, grimper le long des collines, suivre les fleuves, franchir les forêts, glisser de ville en ville. (M. Leblanc, « Elle », *Contes du Gil Blas*, 1896.)

Champ lexical du **mouvement**   Champ lexical du **paysage**

L'union des champs lexicaux du **mouvement** et du **paysage** traduit les sentiments de liberté et de découverte qu'éprouve le narrateur.

S'exercer

1 Identifier

1 À quel champ lexical correspond chacune de ces listes ?
1. s'amuser, joueur, activité, balle, stratégie, équipier, jouer, récréation. **2.** découverte, ailleurs, voyageur, séjour, déplacement, touriste, rencontre. **3.** malin, duper, subterfuge, rouler, manigancer, renard, futé.

2 Classez les mots dans le champ lexical du monstre et dans celui de la nature. Quels sont les intrus ?
hideux • flore • Cyclope • terreur • comédie • rivière • félin • épouvanter • forêt • horrible • repos • chant • cruauté • moralement • affreux • faune • parfum

2 Manipuler

3 Relevez dans ce texte le champ lexical de l'automne. Quel sentiment le poète cherche-t-il à exprimer ?

Souvenir, souvenir, que me veux-tu ? L'automne
Faisait voler la grive à travers l'air atone,
Et le soleil dardait un rayon monotone
Sur le bois jaunissant où la bise détone.
Paul Verlaine, « Nevermore », Poèmes saturniens, 1866.

4 a. Relevez et nommez un champ lexical dans chacun de ces extraits.
b. Complétez-les à l'aide de trois mots de votre choix.

1. Les grandes personnes m'ont conseillé de laisser de côté les dessins de serpents boas ouverts ou fermés, et de m'intéresser plutôt à la géographie, à l'histoire, au calcul et à la grammaire.
Antoine de Saint-Exupéry, Le Petit Prince, Gallimard, 1943.

2. Par les soirs bleus d'été, j'irai dans les sentiers,
Picoté par les blés, fouler l'herbe menue :
Rêveur, j'en sentirai la fraîcheur à mes pieds.
Je laisserai le vent baigner ma tête nue.
Arthur Rimbaud, « Sensation », Œuvres poétiques, 1871.

3 S'exprimer

5 Vous participez à un concours d'escalade en haute montagne. Faites la liste des dix éléments que vous emportez dans votre sac.

6 Notez huit mots appartenant au champ lexical de la mer, puis employez-les dans un paragraphe où vous raconterez une promenade en bord de mer.

9 Identifier et employer les articles

Retenir

Les articles appartiennent à la classe des déterminants.

- Les **articles** sont placés avant le nom et portent ses marques de genre (masculin ou féminin) et de nombre (singulier ou pluriel).
- Il existe trois catégories d'articles.

Articles définis

le, la, les

- Il introduit un nom **connu de tous**, **déjà rencontré** dans le texte, ou **suivi par un supplément d'information**.
Les officiers de la princesse
↓
c. du nom

Attention
L'article défini se contracte avec les prépositions **à** et **de**.
à + le = **au**, à + les = **aux**
de + le = **du**, de + les = **des**

Articles indéfinis

un, une, des ou de

- Il introduit un nom **que l'on rencontre pour la première fois** ou qui n'est **pas identifié**.
Elle vit un loup.

Attention
L'article indéfini pluriel *des* prend la forme **de** quand le mot qui le suit est un adjectif.
De vieilles pièces.

Articles partitifs

du, de la

- Il introduit le nom d'un **objet qui ne peut pas être compté**, quelque chose dont on prend une partie.
- On peut le remplacer par *un peu de*.
Le Cyclope mange du fromage.

Attention
Il ne faut pas confondre l'article partitif avec l'article défini contracté *du* ou *de la*.

S'exercer

1 Identifier

1 Identifiez la catégorie des différents articles contenus dans cette liste : un roi • le prince charmant • l'aventure • des sortilèges • de la boue • une forêt • les ogres • les armes des héros • le matin de la bataille • du courage • de précieux amis • le retour du roi.

2 Manipuler

2 Relevez l'article *du* puis précisez sa catégorie (partitif masculin ou défini contracté).
1. Le prince revient du château. **2.** Le monstre exige du vin et du fromage. **3.** Pour excuser son retard, il prétend avoir ramassé du bois. **4.** Le fils du roi organise un grand bal. **5.** Pour préparer ce philtre, il faut du sang de crapaud.

> **Méthode**
> Essayez de remplacer l'article par *un peu de*.

3 TOP CHRONO ! En quelques minutes, complétez le texte avec les articles qui conviennent, puis donnez leur catégorie.

> Le Loup se mit à courir de toute sa force par .... chemin qui était le plus court, et .... petite fille s'en alla par .... chemin .... plus long, s'amusant à cueillir .... noisettes, à courir après .... papillons, et à faire .... bouquets des petites fleurs qu'elle rencontrait.
> D'après Charles Perrault, « Le Petit Chaperon rouge »,
> *Contes de ma mère l'Oye*, 1697.

3 S'exprimer

4 Charles Perrault écrit un conte dont le héros est un géant voyageur. Imaginez-en les premières lignes, où vous emploierez au moins un article de chaque catégorie.

> **Méthode**
> • Vous commencerez le conte par « il était une fois ».
> • Conjuguez les verbes au passé simple et à l'imparfait.

10 Identifier et employer les déterminants possessifs et démonstratifs

Observer et réfléchir

> Il avait un drôle d'air, en prononçant **ces** paroles. **Ses** lèvres minces comme deux traits inflexibles s'amincirent encore et pâlirent. Des filets de sang strièrent **ses** yeux. Certes, il plaisantait. Pourtant **sa** physionomie, **son** attitude nous impressionnèrent.
>
> Maurice Leblanc, *Arsène Lupin, gentleman-cambrioleur*, 1907.

1. Quelle est la classe grammaticale des mots en gras ?

2. Par quels mots pouvez-vous remplacer les mots surlignés ? Déduisez-en leur classe grammaticale.

3. Mettez les mots soulignés au pluriel et les mots en gras au singulier. Quels changements faut-il apporter aux mots surlignés ?

Retenir

Les déterminants possessifs et démonstratifs sont placés avant le nom.

▶ Les déterminants possessifs

- Ils traduisent l'idée de **possession** entre une personne et l'objet désigné.
- Ils s'accordent **en genre** et **en nombre avec le nom** qu'ils précèdent.
- Ils **varient selon la personne** qui possède l'objet désigné.

Personne du possesseur	Nom singulier		Nom pluriel
	Masculin	Féminin	
je	mon	ma	mes
tu	ton	ta	tes
il, elle, on	son	sa	ses
nous	notre		nos
vous	votre		vos
ils, elles	leur		leurs

- Devant des **noms féminins** commençant par une **voyelle**, le déterminant possessif prend les formes du masculin (*mon, ton, son, notre, votre, leur*) : **mon** *amie* ; **ton** *arrivée* ; **son** *envie*.

▶ Les déterminants démonstratifs

- Ils signalent :
  – soit que l'on montre ce dont on parle : *Tu vois **ce** chemin dans la forêt ?*
  – soit que l'on vient de parler de cet élément : *Je vis un chemin. **Ce** chemin s'enfonçait dans la forêt.*

• Ils s'accordent en **genre** et **en nombre avec le nom** qu'ils précèdent.

Nom singulier		Nom pluriel
masculin	féminin	
ce (devant consonne ou -h aspiré)	cette	ces
cet (devant voyelle)		

• Ils peuvent être renforcés par les éléments **-ci** et **-là** : *ce chemin-ci, cet arc-là*.

S'exercer

Identifier

1 Identifiez les déterminants possessifs et démonstratifs présents dans cette liste. Chassez les intrus :
moi • mon • tes • leurs • tien • nos • vôtre • cette • ma • celles • sa • mes • ceux.

2 Retrouvez et distinguez les déterminants possessifs et démonstratifs utilisés dans ces phrases. Quels noms introduisent-ils ?

Ce départ précipité de Londres, peu de temps après le vol, cette grosse somme emportée, cette hâte d'arriver en des pays lointains, ce prétexte d'un pari excentrique, tout confirmait et devait confirmer Fix dans ses idées.
Jules Verne, *Le Tour du monde en quatre-vingts jours*, 1873.

Manipuler

3 Complétez ces phrases à l'aide du déterminant demandé.

1. Mais tous (*démonstratif*) travaux familiers lui parurent, (*démonstratif*) matin-là, extrêmement doux. **2.** Évidemment sur (*possessif*) terre nous sommes beaucoup trop petits pour ramoner (*possessif*) volcans. **3.** Et, sur les indications du petit prince, j'ai dessiné (*démonstratif*) planète-là. **4.** Je regardais, à la lumière de la lune, (*démonstratif*) front pâle, (*démonstratif*) yeux clos, (*démonstratif*) mèches de cheveux qui tremblaient au vent [...].
D'après Antoine de Saint-Exupéry, *Le Petit Prince*, Gallimard, 1943.

4 Complétez par le déterminant possessif *son* ou *sa* ou par le déterminant démonstratif *ce, cet* ou *cette*.
1. Le petit prince a égaré ___ écharpe rouge. **2.** Je trouve que ___ auteur a beaucoup de talent. **3.** ___ meilleure amie est une criminelle. **4.** Il a disparu dans ___ étrange désert. **5.** ___ bruit de moteur le réveille tous les matins. **6.** ___ garçon m'a l'air un peu étrange.

5 Dictée préparée

a. Dans le texte suivant, relevez et classez tous les déterminants possessifs et démonstratifs.

b. Cherchez dans un dictionnaire les mots que vous ne connaissez pas.

c. Sous la dictée de votre professeur, écrivez ce texte en faisant attention à l'orthographe des déterminants.

Il faut que nos lecteurs nous suivent à travers l'unique rue de ce petit village, et entrent avec nous dans une de ces maisons auxquelles le soleil a donné, au-dehors, cette belle couleur feuille morte particulière aux monuments du pays, et, au-dedans, une couche de badigeon, cette teinte blanche qui forme le seul ornement des posadas espagnoles.
Alexandre Dumas, *Le Comte de Monte-Cristo*, 1845.

S'exprimer

6 Imaginez les paroles de ces deux personnages. Employez des déterminants possessifs et démonstratifs.

Antoine de Saint-Exupéry, illustration du *Petit Prince*, Gallimard, 1943.

11 Identifier et employer les pronoms personnels

Observer et réfléchir

> « Certes, voilà des gens qui vont être embastillés[1] et pendus, pensa d'Artagnan avec terreur, et **moi** sans aucun doute avec **eux**, car du moment où **je les** ai écoutés et entendus, **je** serai tenu pour leur complice. Que dirait monsieur mon père, qui **m**'a si fort recommandé le respect du cardinal[2], s'**il me** savait dans la société de pareils païens[3] ? »
>
> Alexandre Dumas, *Les Trois Mousquetaires*, 1844.

1. **Embastillés** : emprisonnés à la Bastille.
2. **Cardinal** : le cardinal de Richelieu, premier ministre du roi Louis XIII.
3. **Païens** : ici, hommes immoraux, sauvages.

1. Les mots en gras remplacent d'autres mots du texte : retrouvez-les. Lesquels sont au singulier ? Lesquels sont au pluriel ?

2. Précisez si le mot surligné répond à la question « qui sera tenu pour leur complice ? ». Quelle est donc sa fonction ?

Retenir

Les pronoms remplacent des noms ou des groupes nominaux.

- Ils ont la même fonction que le groupe qu'ils remplacent.

Votre cheval est prêt. → *Il* est prêt.
    sujet   sujet

- Les **pronoms personnels** correspondent aux six personnes du verbe :

– **Les pronoms des 1re et 2e personnes** désignent les personnes qui parlent ou à qui on parle : *Nous* verrons ce que le roi en pensera.

– **Les pronoms des 3es personnes** représentent un élément déjà évoqué dans le texte : *D'Artagnan* jaillit. *Il* se lança aussitôt dans la bataille.

- La forme du pronom personnel change selon sa **personne**, sa **place** (juste avant le verbe ou éloigné du verbe) et la **fonction** occupée dans la phrase.

	Personne	Pronom avant le verbe			Pronom éloigné du verbe
		Fonction sujet	Fonction COD	Fonction COI	
Singulier	1re	je	me	me	moi
	2e	tu	te	te	toi
	3e	il, elle, on	le, la, se	lui, se	lui, elle, soi
Pluriel	1re	nous			
	2e	vous			
	3e	ils, elles	les, se	leur, se	eux, elles, soi

S'exercer

Identifier

1 Retrouvez tous les pronoms personnels de ce texte et donnez leur personne.

> Mais s'ils nous approchèrent, ils se tinrent du moins à une distance regrettable pour des chasseurs. Plusieurs fois, je vis le capitaine Nemo s'arrêter et mettre son fusil en joue ; puis, après quelques instants d'observation, il se relevait et reprenait sa marche.
>
> Jules Verne, *Vingt mille lieues sous les mers*, 1870.

2 Donnez la fonction de chaque pronom personnel en gras.

> Tant mieux pour moi, monsieur, si **vous me** parlez, comme **vous le** dites, avec franchise ; car alors **vous me** ferez l'honneur d'estimer cette ressemblance de goût ; mais si **vous** avez eu quelque défiance, bien naturelle d'ailleurs, **je** sens que **je me** perds en disant la vérité ; mais, tant pis, **vous** ne laisserez pas que de **m'**estimer, et c'est à quoi **je** tiens plus qu'à toute chose au monde.
>
> Alexandre Dumas, *Les Trois Mousquetaires*, 1844.

Manipuler

3 Recopiez et complétez ce tableau par les pronoms manquants.

Personne	Fonction	Genre	Pronom
1re du pluriel	COD	masculin	
3e du pluriel	sujet	féminin	
3e du singulier	COI	masculin	
2e du pluriel	COD	féminin	
3e du singulier	sujet	féminin	

4 Remplacez les mots en gras par des pronoms personnels.

1. Les mousquetaires sont au service du roi Louis XIII. **2.** Aucun adversaire n'ose s'opposer à **ces valeureux héros**. **3. Athos, Porthos et Aramis** traversèrent **le royaume** à cheval. **4. La reine et la jeune Constance** espèrent **leur retour**. **5.** Pour réussir, d'Artagnan refusera **les offres ennemies**.

5 Replacez chaque pronom personnel de la liste à la place attendue : elle • l' • elle • lui • elle • nous • lui.

> Sophie était gourmande, ... avons déjà dit ; .... n'oublia donc pas ce que sa bonne .... avait recommandé, et, un jour qu'........ avait peu déjeuné, parce qu'........ avait su que la fermière devait apporter quelque chose de bon à sa bonne, elle .... dit qu'........ avait faim.
>
> D'après la comtesse de Ségur, *Les Malheurs de Sophie*, 1859.

> **Méthode**
> Appuyez-vous sur les terminaisons verbales.

6 RÉÉCRITURE Réécrivez cet extrait en remplaçant les mots en gras par des pronoms personnels.

> D'Artagnan, furieux, avait traversé l'antichambre en trois bonds et s'élançait sur l'escalier, dont **d'Artagnan** comptait descendre les degrés quatre à quatre, lorsque, emporté par sa course, **d'Artagnan** alla donner tête baissée dans un mousquetaire qui sortait de chez **M. de Tréville** par une porte de dégagement, et, heurtant **le mousquetaire** du front à l'épaule, fit pousser **au mousquetaire** un cri ou plutôt un hurlement.
>
> D'après Alexandre Dumas, *Les Trois Mousquetaires*, 1844.

7 Dictée préparée

a. Dans le texte suivant, relevez tous les pronoms personnels. Lesquels occupent la fonction sujet ?

b. Cherchez les verbes et les attributs du sujet qui suivent ces pronoms, et expliquez leurs accords.

c. Sous la dictée de votre professeur, écrivez ce texte en faisant attention aux accords.

> Quant à la pensée du professeur, elle devançait évidemment ce convoi trop lent au gré de son impatience. Nous étions seuls dans le wagon, mais sans parler. Mon oncle revisitait ses poches et son sac de voyage avec une minutieuse attention. Je vis bien que rien ne lui manquait des pièces nécessaires à l'exécution de ses projets.
>
> Jules Verne, *Voyage au centre de la terre*, 1864.

S'exprimer

8 Alexandre Dumas demande votre collaboration pour décrire le mousquetaire ci-contre, et pour imaginer quelle est sa mission. Il vous commande d'intégrer à votre texte le plus grand nombre possible de pronoms personnels. Vous les soulignerez et vous donnerez leur fonction.

Le mot 295

12 Identifier et employer les pronoms possessifs et démonstratifs

Observer et réfléchir

> • Il me fallut longtemps pour comprendre d'où il venait. Le petit prince, qui me posait beaucoup de questions, ne semblait jamais entendre les miennes.
>
> • Je possède trois volcans que je ramone toutes les semaines. Car je ramone aussi celui qui est éteint.
>
> <div align="right">Antoine de Saint-Exupéry, <i>Le Petit Prince</i>, Gallimard, 1943.</div>

1. Donnez le genre et le nombre des expressions surlignées.

2. Par quels mots, présents dans le texte, pouvez-vous les remplacer sans changer le sens ? Donnez la classe grammaticale de ces termes.

Retenir

Les pronoms possessifs et démonstratifs remplacent des groupes nominaux comportant des déterminants possessifs et démonstratifs.

▶ Les pronoms possessifs

• Les pronoms possessifs remplacent des groupes nominaux commençant par un **déterminant possessif**. Ils reprennent le genre et le nombre du nom, et la personne du déterminant.

ma fleur → la mienne   tes histoires → les tiennes
fém. sing.   fém. sing.   fém. pluriel   fém. pluriel

• Les pronoms possessifs sont obligatoirement précédés de l'**article défini** (*le, la, les*).

	Singulier		Pluriel
Masculin	**Féminin**	**Masculin**	**Féminin**
le mien	la mienne	les miens	les miennes
le tien	la tienne	les tiens	les tiennes
le sien	la sienne	les siens	les siennes
le nôtre	la nôtre	les nôtres	les nôtres
le vôtre	la vôtre	les vôtres	les vôtres
le leur	la leur	les leurs	les leurs

▶ Les pronoms démonstratifs

• Les pronoms démonstratifs remplacent un groupe nominal commençant par un **déterminant démonstratif**. Ils reprennent le genre et le nombre du nom.

cet homme → celui-là   ces questions que je lui pose → celles que je lui pose
masc. sing.   fém. pluriel

	masculin	féminin	genre non précisé
singulier	celui	celle	ceci, cela/ça, ce/c'
pluriel	ceux	celles	

• Les pronoms démonstratifs masculins et féminins doivent être suivis soit d'un complément, soit des éléments *-ci* et *-là* : *celui de l'auteur*   *celui-ci*   *celle-là*
  → complément du nom   → proche   → éloigné

S'exercer

Identifier

1 Identifiez les pronoms possessifs et démonstratifs présents dans cette liste. Chassez les intrus : la mienne • ceci • les nôtres • la leur • ça • le tien • tiennent • celui-là • les siens • ce • ceux • votre • les tiennes.

2 Seule l'une de ces deux phrases contient un pronom possessif. Laquelle ?

1. Les autres pas me font rentrer sous terre. Le tien m'appellera hors du terrier, comme une musique.
2. « Il faut que tu tiennes ta promesse », me dit doucement le petit prince, qui, de nouveau, s'était assis auprès de moi.

Antoine de Saint-Exupéry, *Le Petit Prince*, Gallimard, 1943.

Manipuler

3 Remplacez ces groupes nominaux par des pronoms possessifs et démonstratifs : son avion • cette étoile-là • ton enfance • mes planètes • nos personnages • leurs rêves • votre fleur • ce conte-ci • ses souvenirs.

4 Replacez chaque pronom de la liste dans sa phrase d'origine : cela • ceux • la mienne • celui-ci.

1. Si Passepartout triompha, ... se comprend de reste.
2. ...... jonglait avec des bougies allumées, qu'il éteignit successivement quand elles passèrent devant ses lèvres.
3. Devait-il sacrifier de nouveaux hommes avec si peu de chances de sauver ...... qui étaient sacrifiés tout d'abord ?
4. « Voici une montre. – C'est ...... », répondit le greffier.

D'après Jules Verne, *Le Tour du monde en quatre-vingts jours*, 1873.

5 RÉÉCRITURE Réécrivez cet extrait en remplaçant les groupes nominaux en gras par les pronoms démonstratifs attendus.

Les mouvements de cette armée étaient réglés comme **les mouvements** d'un ballet d'opéra. D'abord venait le tour des allumeurs de réverbères de Nouvelle-Zélande et d'Australie. Puis **ces allumeurs de réverbères**, ayant allumé leurs lampions, s'en allaient dormir. Alors entraient à leur tour dans la danse **les allumeurs de réverbères** de Chine et de Sibérie.

D'après Antoine de Saint-Exupéry, *Le Petit Prince*, Gallimard, 1943.

6 TOP CHRONO! Trois pronoms démonstratifs se sont glissés dans ce texte. Retrouvez-les le plus vite possible.

L'un sert à l'introduction de l'air inspiré, l'autre à l'issue de l'air expiré, et la langue ferme celui-ci ou celui-là, suivant les besoins de la respiration. Mais, moi qui affronte des pressions considérables au fond des mers, j'ai dû enfermer ma tête, comme celle des scaphandres, dans une sphère de cuivre, et c'est à cette sphère qu'aboutissent les deux tuyaux inspirateur et expirateur.

D'après Jules Verne, *Vingt mille lieues sous les mers*, 1870.

S'exprimer

7 Poursuivez ce dialogue. Employez des pronoms possessifs et démonstratifs.

– Et à quoi cela te sert-il de posséder les étoiles ?
– Ça me sert à être riche.
– Et à quoi cela te sert-il d'être riche ?

Antoine de Saint-Exupéry, *Le Petit Prince*, Gallimard, 1943.

13 — Éviter les répétitions : les reprises nominales et pronominales

Observer et réfléchir

> Accompagné de son neveu Iolaos, Héraclès se rendit en char à l'endroit où sévissait l'horrible créature. Les deux compagnons virent s'agiter les roseaux à leur approche… Tout à coup, un sifflement aigu zébra l'air fétide. Neuf têtes se dressèrent au-dessus des marais, dardant sur les deux hommes un regard féroce. Traversant les eaux boueuses, le monstre se dirigeait droit vers eux. Héraclès sauta alors du char et demanda à son neveu de se tenir à l'écart.
>
> Il fit face à la bête, tenant son épée à bout de bras pour atteindre les têtes. Il en tailla une, puis une deuxième qui tombèrent lourdement près de lui. Mais à leur place, aussitôt, une autre repoussait ! À mesure qu'il les coupait, elles renaissaient des plaies sanglantes. Il se demandait comment venir à bout de ce monstre immortel.
>
> Claude Pouzadoux, *La Mythologie grecque*, Nathan, 1994.

1. Retrouvez les groupes nominaux qui désignent successivement le monstre des marais.
2. Quels pronoms personnels sont employés afin d'éviter la répétition du nom *têtes* ?

Retenir

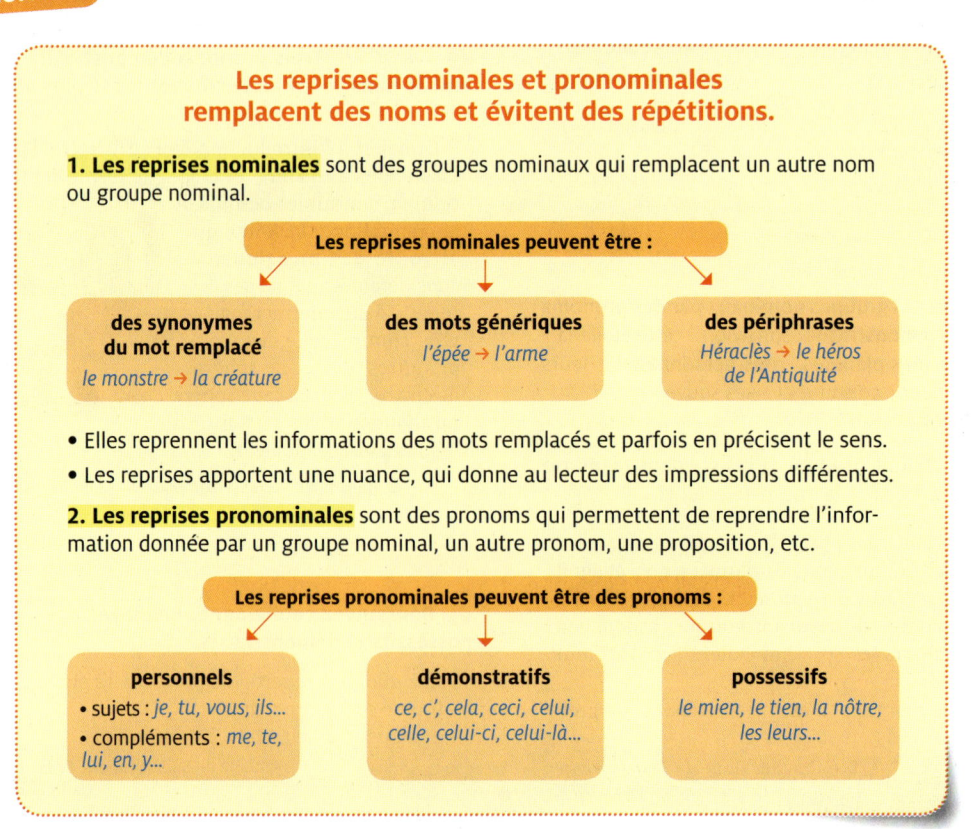

Les reprises nominales et pronominales remplacent des noms et évitent des répétitions.

1. Les reprises nominales sont des groupes nominaux qui remplacent un autre nom ou groupe nominal.

Les reprises nominales peuvent être :

- **des synonymes du mot remplacé**
  le monstre → la créature
- **des mots génériques**
  l'épée → l'arme
- **des périphrases**
  Héraclès → le héros de l'Antiquité

• Elles reprennent les informations des mots remplacés et parfois en précisent le sens.
• Les reprises apportent une nuance, qui donne au lecteur des impressions différentes.

2. Les reprises pronominales sont des pronoms qui permettent de reprendre l'information donnée par un groupe nominal, un autre pronom, une proposition, etc.

Les reprises pronominales peuvent être des pronoms :

- **personnels**
  • sujets : *je, tu, vous, ils…*
  • compléments : *me, te, lui, en, y…*
- **démonstratifs**
  ce, c', cela, ceci, celui, celle, celui-ci, celui-là…
- **possessifs**
  le mien, le tien, la nôtre, les leurs…

S'exercer

1 Identifier

1 Remplissez ces trois amphores en associant chaque nom aux reprises nominales et pronominales concernées : ils • le héros • le peuple d'Athènes • la déesse • le • celle-ci • il • eux • un combattant • elle • les habitants • celui-ci • la • leur.

Ulysse   Les Athéniens   Aphrodite

2 Réunissez les synonymes entre eux et retrouvez l'intrus : combattant • territoire • guerrier • pays • monstre • région • victoire • créature • héros • nation • bête • défenseur • chimère.

3 Relevez les reprises de l'expression en gras et distinguez reprises nominales et pronominales.

> **Hermès**, le messager des dieux, mit à ses pieds ses superbes sandales, divines, tout en or, qui le portent sur les eaux et la terre sans limite, aussi vite que le souffle du vent. Il prit la baguette avec laquelle il ferme, par un charme magique, les yeux des hommes qu'il veut endormir ou réveille ceux qui dorment. La baguette en main, le dieu éblouissant prit son envol.
> Homère, *L'Odyssée*, trad. du grec ancien par H. Tronc, Gallimard, « Folioplus classiques », 2004.

2 Manipuler

4 Réécrivez ces phrases en remplaçant les mots en gras par une reprise nominale puis par une reprise pronominale.

1. **Les dieux** se réjouissent de son retour. 2. Exaspéré, son mari décida d'emprisonner **la déesse infidèle**. 3. Il se présenta comme **le héros** qui avait débarrassé la région de ses monstres. 4. **Sa présence** suscita la curiosité des plus valeureux d'entre nous. 5. **Cette histoire** se déroule en des temps lointains.

5 RÉÉCRITURE Réécrivez ce texte en remplaçant les mots en gras par des reprises pronominales, et les mots soulignés par des reprises nominales.

> Un roi de Thrace, Diomède, possédait des juments indomptables aux narines projetant des flammes. Pour nourrir ces juments, **Diomède** offrait en pâture aux juments les étrangers échoués sur le rivage.

Eurysthée chargea Héraclès de s'emparer des juments et de lui amener **les juments** à Mycènes. [...]
> Aussitôt découvertes les écuries, Héraclès tue palefreniers et valets, s'empare de Diomède, dépose son corps dans les mangeoires d'airain où ses juments le dévorèrent avec avidité. Les juments, solidement attachées, sont embarquées sur le navire [...].
> D'après Émile Genest, *Contes et légendes mythologiques*, 1929.

6 RÉÉCRITURE Réécrivez ce texte en remplaçant les pronoms personnels en gras par des reprises nominales du nom *héros*.

> L'un des travaux d'Héraclès consiste à attraper une biche merveilleuse.
> Cette chasse dura toute une année. **Il** affronta les bourrasques de l'automne dans les plaines ventées, **il** parcourut les flancs enneigés des collines d'Arcadie[1], **il** respira les senteurs des lilas au creux des vallées. **Il** courait toujours derrière elle quand les chaleurs de l'été la forcèrent à ralentir.
> Claude Pouzadoux, *La Mythologie grecque*, Nathan, 1994.

1. **Arcadie** : région de Grèce.

7 Dictée préparée

a. Dans ce texte, relevez les reprises nominales et pronominales des expressions en gras.

b. Sous la dictée de votre professeur, écrivez ce texte en faisant attention aux accords.

> **Le monstre**, cependant, avance en écartant les flots de son poitrail, comme un puissant navire dont la proue fend l'eau à force de rames. Il n'est plus qu'à une courte distance du rocher où se trouve Andromède. **Persée**, alors, repoussant la terre du talon, rebondit, monte droit dans les airs. Son ombre se projette à la surface de l'eau. Le monstre, furieux, se précipite sur l'ombre, croyant saisir l'homme. Vite, Persée se laisse tomber sur le dos de la bête et lui enfonce, jusqu'à la garde, son épée, au défaut de l'épaule. L'animal est blessé.
> Françoise Rachmuhl, *16 métamorphoses d'Ovide*, Flammarion Jeunesse, 2010.

3 S'exprimer

8 Dans un texte d'une dizaine de lignes, imaginez la fin du combat décrit dans l'exercice 7. Vous n'utiliserez les mots *Persée* et *monstre* qu'une seule fois, puis vous emploierez des reprises nominales et pronominales.

9 Au cours de ses douze travaux, Héraclès a dû affronter le peuple des Amazones. Recherchez d'abord des renseignements sur les Amazones sur Internet, puis décrivez-les en une dizaine de lignes. Vous n'utiliserez le mot *Amazone* qu'une seule fois, puis vous emploierez des reprises nominales et pronominales variées.

14 Repérer le sujet de la phrase et ce qu'on en dit

Observer et réfléchir

> **Dieux et mortels** se rassemblèrent sur l'Acropole pour assister à la compétition et désigner le vainqueur. **Poséidon** frappa le rocher d'un coup de son trident. Aussitôt, il en jaillit un lac d'eau salée. Le prodige était remarquable, mais le bienfait minime. **Athéna** s'avança à son tour. Du sol où elle avait posé son bâton poussa un arbre au feuillage argenté et aux baies vertes. Un cri d'admiration s'éleva parmi les spectateurs : quel prodige !
>
> Claude Pouzadoux, *La Mythologie grecque*, Nathan, 1994.

1. Pouvez-vous supprimer les groupes surlignés ? Pourquoi ?
2. Expliquez les accords des verbes soulignés.
3. Les groupes surlignés sont-ils tous situés avant les verbes conjugués ?
4. À quelles classes grammaticales appartiennent les mots en gras ?
5. Précisez les actions accomplies par les groupes en gras.

Retenir

▸ **Le sujet du verbe conjugué**

- Dans une phrase, le sujet désigne **ce dont on parle**. Il est essentiel à la phrase et ne peut être supprimé.
- Il est généralement placé avant le verbe conjugué et **commande l'accord** : il donne les marques de personne et de nombre (parfois de genre) du verbe conjugué.

Dieux et mortels se rassemblèrent. Elle est arrivée.

- Le sujet peut être, entre autres :
– un groupe nominal : *Dieux et mortels se rassemblèrent.*
– un nom propre : *Poséidon frappa le rocher.*
– un pronom : *Elle s'avança.*
– un verbe à l'infinitif : *Disparaître exige beaucoup de courage.*
- Le sujet peut parfois se trouver après le verbe. On parle d'**inversion du sujet** :
– dans les phrases interrogatives : *Viendras-tu au rendez-vous ?*
– après certains compléments, dans des tournures littéraires : *Du ciel descendit un char doré.*
– dans les propositions incises ou après certains adverbes : *Traversons, dit-il. Peut-être viendra-t-il.*

▸ **Le groupe verbal**

- Le groupe verbal exprime **ce que l'on dit sur le sujet** : l'action qu'accomplit le sujet, l'action qu'il subit, ou encore une caractéristique du sujet.
- Le groupe verbal peut se composer d'un verbe seul ou bien d'un verbe accompagné d'un complément du verbe.

Poséidon frappa le rocher. Un cri s'éleva. Le prodige était remarquable.
  sujet / groupe verbal   sujet / verbe   sujet / groupe verbal

S'exercer

1 Identifier

1 Identifiez la classe grammaticale des sujets en gras.
1. **Prométhée** décide de sauver la race humaine. 2. **Le titan** offre le feu aux hommes. 3. **Celui-ci** fut trahi par son frère imprudent. 4. **Zeus** décide de le punir. 5. **Le puissant souverain** laisse éclater sa fureur. 6. **Il** l'attache à un rocher. 7. **Souffrir** devient son quotidien.

2 Identifiez le sujet des verbes en gras. Recopiez les phrases et marquez la séparation sujet/groupe verbal.
1. Héraclès **est** le fils de Zeus. 2. Il **débarrasse** le monde de ses monstres. 3. Les exploits de ce demi-dieu **traversent** les âges. 4. Le héros **tue** ses propres enfants. 5. Son courage et sa force ne lui **servent** plus à rien.

3 Dans chaque couple de phrases, précisez si le verbe conjugué est suivi d'un sujet ou d'un complément du verbe.
1. Thésée triomphe du Minotaure. Ainsi devient-il un héros. 2. Son père avoue ses crimes passés. Le crois-tu encore innocent ? 3. Persée s'attaque à la Gorgone. De son sang naît Pégase. 4. À peine s'accordent-ils le temps de réfléchir. Depuis des heures, ils ne font que se battre.

2 Manipuler

4 TOP CHRONO! Remplacez le groupe nominal en gras par un pronom personnel. Veillez à respecter les accords avec le verbe.
1. **Leur mère** voulut les délivrer. 2. **Le ciel et la terre** furent partagés. 3. **Nos boucliers** ne nous servent à rien. 4. **Cette guerre** semble interminable. 5. **Vos filles** seront sacrifiées.

5 Complétez chaque phrase par un sujet qui correspondra à la classe grammaticale indiquée entre parenthèses. Respectez l'accord avec le verbe.
1. .... s'exposent à la vengeance des dieux (*groupe nominal*). 2. .... mérite son éclatante victoire (*pronom*). 3. .... était une illustre cité antique (*nom propre*). 4. .... reste son seul désir (*infinitif*). 5. La veille, ... me suis rendu au temple (*pronom personnel*). 6. .... ignorait le secret de ses origines (*groupe nominal*).

6 RÉÉCRITURE Réécrivez ce texte en insérant chaque sujet à la place qui convient. Soulignez les verbes avec lesquels il s'accorde.
Il • Thésée • ses vibrations • L'étrange cri

.... retentit encore, terrifiant, et .... se répercutèrent longtemps. .... continuait sa progression en essayant de ne pas se laisser impressionner. .... était arrivé au bout d'une longue descente et se trouvait en bas d'un escalier en colimaçon.

D'après Marie-Odile Hartmann, *Ariane contre le Minotaure*, Nathan, 2004.

7 Dictée préparée
a. Dans le texte suivant, retrouvez les verbes conjugués, puis leurs sujets.
b. Identifiez leur classe grammaticale et repérez les accords sujet/verbe.
c. Écrivez ce texte sous la dictée de votre professeur.

Zeus les entendit gémir, hurler et rugir tour à tour. Il se prépara à combattre et saisit ses armes. Le choc fut terrible : la terre trembla, le ciel s'embrasa et la mer se dressa en une vague bouillonnante. Entre les crocs des dragons jaillissait un feu que détournaient les éclairs divins. Soudain, rassemblant toutes ses forces, Zeus lança un trait puissant de sa foudre qui enflamma d'un seul coup les multiples têtes de dragon.

Claude Pouzadoux, *La Mythologie grecque*, Nathan, 1994.

3 S'exprimer

8 Un musée vous commande un nouveau titre pour ce tableau, sous la forme d'une phrase. Vous devez écrire quatre propositions qui respecteront les constructions suivantes.
1. Nom propre + Verbe + Complément
2. Groupe nominal + Verbe + Complément
3. Pronom + Verbe + Complément
4. Groupe prépositionnel + Verbe + Groupe nominal

Jacob Peter Gowi, *La Chute d'Icare*, vers 1636, musée du Prado, Madrid.

15 Identifier les compléments du verbe (1) : l'attribut du sujet

Observer et réfléchir

> Pendant les premiers jours, la navigation se fit dans d'excellentes conditions. La mer n'était pas trop **dure** ; le vent paraissait **fixé** au nord-est ; les voiles furent **établies**, et, sous ses goélettes, l'*Henrietta* marcha comme un vrai transatlantique.
>
> Jules Verne, *Le Tour du monde en quatre-vingts jours*, 1873.

1. Quelle est la classe grammaticale des mots en gras ? Sur quels mots apportent-ils une précision ?

2. Pouvez-vous les supprimer ? les déplacer ?

3. Avec quels mots de la phrase s'accordent-ils en genre et en nombre ?

4. Quels verbes les séparent des expressions surlignées ?

Retenir

L'attribut est l'élément de la phrase relié au sujet par un verbe d'état.

▶ **Définir l'attribut du sujet**

- L'attribut du sujet est une **fonction du nom ou de l'adjectif** indiquant une propriété ou une qualité du sujet, par l'intermédiaire d'un verbe attributif.

- C'est un élément essentiel du groupe verbal. Il ne peut pas être supprimé.

   La terre   est   vaste.
   sujet   verbe   attribut du sujet

- Les **verbes attributifs** sont, pour la plupart, des **verbes d'état**. Ils établissent un rapport d'identité entre le sujet et l'attribut : on peut les remplacer par un signe =.

Principaux verbes attributifs
être • avoir l'air • devenir • paraître • apparaître • demeurer • rester • sembler • ressembler à • se montrer • passer pour • se révéler • se nommer

Attention : il ne faut pas confondre l'attribut du sujet avec les autres compléments du verbe (COD ou compléments circonstanciels).

   Il reste à la maison.   Il reste médecin.
   C. C. de lieu   attribut du sujet

Seul l'attribut du sujet peut être remplacé par un adjectif.

Ainsi, dans la phrase *Il reste médecin*, l'attribut du sujet peut être remplacé par l'adjectif *calme* : *Il reste calme*.

▶ **Repérer la classe grammaticale de l'attribut du sujet**

L'attribut du sujet peut prendre la forme :
– d'un **adjectif** : *Ce voyageur est **extraordinaire**.*
– d'un **groupe nominal** : *Cet aventurier se révèle **un gentleman**.*
– d'un **pronom** : *Il reste **lui-même**.*
– d'un **verbe à l'infinitif** : *Rêver, c'est **voyager**.*
– d'une **proposition subordonnée** : *L'ordre est **qu'il réponde immédiatement**.*

S'exercer

Identifier

1 Identifiez les attributs du sujet de ces phrases. À quelle classe grammaticale appartiennent-ils tous ?

1. Cela lui paraissait invraisemblable. 2. Il était brisé. 3. Deux cabines de l'arrière restaient inoccupées. 4. Cela lui paraissait terrible. 5. Fix resta fort décontenancé.

D'après Jules Verne, *Le Tour du monde en quatre-vingts jours*, 1872.

2 Retrouvez les verbes attributifs cachés dans cette liste : se diriger • avoir l'air • formuler • être • ressembler à • voyager • avoir • devenir • se nommer • perdre • demeurer • parier • se montrer • crier • se révéler • sembler.

3 Identifiez, dans chaque couple de phrases, celle qui contient un attribut du sujet.

1. Cela lui paraissait certain. • Il paraîtrait ici que cela ne m'étonnerait pas. 2. Cela était difficile à imaginer. • Il était à Londres. 3. Mr. Fogg, les bras croisés, restait immobile. • Mrs. Aouda restait dans le wagon.

D'après Jules Verne, *Le Tour du monde en quatre-vingts jours*, 1872.

Manipuler

4 Reconstituez ces phrases brisées en trois en associant un élément de chaque liste.
Sujets : les passagers • l'erreur de Passepartout • Fogg • le vent
Verbes : devint • ressemblait • étaient • a l'air
Attributs : assez nombreux • à un accident • très fort • d'un parfait honnête homme

5 TOP CHRONO ! Retrouvez les attributs des sujets en gras. Remplacez-les par des adjectifs de votre choix.

Vous savez que **notre collègue** est un excentrique. **Son exactitude en tout** est bien connue. Il n'arrive jamais ni trop tard ni trop tôt, et il apparaîtrait ici à la dernière minute, que **je** n'en serais pas autrement surpris.

D'après Jules Verne, *Le Tour du monde en quatre-vingts jours*, 1872.

6 Dictée préparée

a. Dans le texte suivant, relevez les attributs du sujet. Expliquez leur accord.
b. Écrivez ce texte sous la dictée de votre professeur.

Il paraissait tout joyeux, comme si le poids de ses affaires se trouvait subitement allégé, et qu'il fût délivré de toute inquiétude. Il se frotta les mains et respira largement, en homme fort, certain de réussir, en homme heureux, qui possédait le bonheur et qui était de taille à se défendre.

Maurice Leblanc, *813*, 1910.

S'exprimer

7 Pour chacun des verbes suivants, inventez deux phrases. Dans la première, le verbe sera attributif, dans la seconde, il introduira un complément d'objet ou circonstanciel : être • rester • apparaître • demeurer.

8 Faites le portrait de l'homme au premier plan. Utilisez au moins quatre attributs du sujet introduits par quatre verbes différents.

Gustave Caillebotte, *L'Homme au balcon, boulevard Haussmann*, 1880, huile sur toile, 116,5 x 89,5 cm.

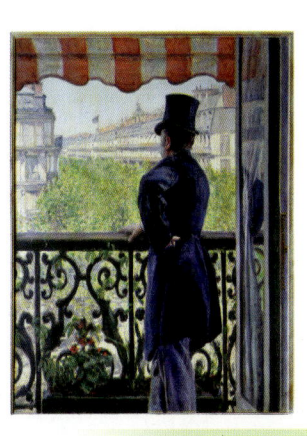

La phrase 303

16 Identifier les compléments du verbe (2) : COD et COI

Observer et réfléchir

> À l'aube, des messagers préviendront <mark>leurs familles</mark>. Mais la douleur des mères troyennes ou achéennes ressemble <mark>à celle de toutes les mères apprenant la mort de leur fils</mark>. La gloire d'être tué les armes à la main **les** consolera-t-elle de leur peine ?
>
> Homère, *L'Iliade*, trad. du grec ancien et adapté par M. Laffon, Hatier, 2014.

1. Pouvez-vous supprimer les groupes surlignés sans modifier le sens des phrases ?
2. Lisez chacune des phrases en vous arrêtant juste après le verbe. Quelles questions devez-vous vous poser afin de retrouver les groupes surlignés ?
3. Les groupes surlignés sont-ils tous situés derrière les verbes conjugués ?
4. À quelles classes grammaticales appartiennent les mots en gras ?

Retenir

Les compléments d'objet sont des compléments appelés ou admis par le verbe.

- Le **complément d'objet** fait partie des **compléments du verbe**. Il ne peut pas être supprimé ou déplacé, **à la différence du complément circonstanciel**.
- Il est lié au verbe de manière directe (COD) ou indirecte (COI).

	Construction	Classe grammaticale
Le complément d'objet direct (COD)	– Il se construit **directement** derrière le verbe, **sans préposition**. *Des messagers préviendront **leurs familles**.* – Il peut être remplacé par les pronoms *le, la, les* placés devant le verbe. *Des messagers **les** préviendront.*	Le complément d'objet direct peut être : – un **groupe nominal** : *Il réveille **le serviteur**.* – un **pronom** : *Il **le** réveille.* – un **verbe à l'infinitif** : *Le roi veut **parler**.* – une **proposition subordonnée** : *Il exige **que son fils revienne**.*
Le complément d'objet indirect (COI)	– Il est **introduit par une préposition** imposée par le verbe : *parler à, ressembler à, se souvenir de...* – Il se place derrière le verbe et peut être remplacé par certains pronoms placés devant le verbe. *Il parle **de son pays natal**.* 　　　　↓ COI *Il **en** parle. Il **me** parle.* 　　↓ COI　↓ COI	Le complément d'objet indirect peut être : – un **groupe prépositionnel** (préposition + groupe nominal ou infinitif) : *Le prince accède **au pouvoir**.* – un **pronom** : *Le prince **y** accède.* – un **verbe à l'infinitif** : *Le soldat songe **à renoncer**.* – une **proposition subordonnée** : *Nous consentons **à ce que tu viennes**.*

S'exercer

1 Identifier

1 Les expressions en gras sont-elles des compléments d'objet ? Pour répondre, vérifiez leur classe grammaticale.
1. Les armées s'affrontent **violemment**. 2. Leur flotte se trouve encore **loin**. 3. Il a enlevé **cette jeune fille**. 4. À la mort de son ami, il devient **triste**. 5. La ville échappe **à sa destruction**.

2 Dans chaque couple de phrases, identifiez celle qui contient un COD et celle qui contient un COI.
1. Achille continue sa guerre. • Il continue à travailler.
2. Le soldat réussit à survivre. • L'athlète réussit sa course.
3. Le général commande à ses troupes. • Il commande son repas. 4. Le roi cherche à vaincre. • Il cherche un défenseur. 5. Les dieux changent d'avis. • Patrocle change son armure. 6. Hector veille sur la ville. • Elle veille le malade.
7. Au fond, ils pensent le contraire. • Ulysse pense à son fils.

3 Donnez la fonction des pronoms en gras (COD ou COI).
1. Toute la nuit, il **y** a songé. 2. Priam **la** respecte.
3. Sa famille **te** déteste. 4. Les dieux **les** observent.
5. Les troupes ennemies **en** parlent. 6. En secret, il **le** trahit.
7. Les enfants **vous** implorent.

4 Classez les verbes en deux colonnes. Dans l'une, inscrivez ceux qui introduisent directement un complément, dans l'autre, ceux qui l'introduisent indirectement : témoigner • abolir • abriter • hériter • damner • téléphoner • manigancer • découler • recourir • mâchonner.

2 Manipuler

5 Complétez chaque phrase par un complément d'objet, en respectant la classe grammaticale indiquée entre parenthèses. Précisez s'il s'agit d'un COD ou d'un COI.
1. Le chef de guerre écoute .... (groupe nominal). 2. Il n'échappera pas à .... (groupe nominal). 3. Les généraux exigent .... (proposition subordonnée). 4. La déesse souhaite .... (infinitif). 5. Ajax rend .... (groupe nominal) à son frère. 6. Il .... (pronom personnel) blesse au talon.

6 Remplacez chaque groupe nominal en gras par un pronom personnel que vous placerez devant le verbe. Précisez, pour chaque phrase, s'il s'agit d'un COD ou d'un COI.
1. Je parle **de la guerre et du sang**. 2. Le roi de Troie réunit **un conseil de guerre** et rassemble **ses soldats**.
3. Ses flèches brisent **sa cuirasse**. 4. Quand il croise **le regard de la jeune fille**, il abandonne **les armes**. 5. La jeune fille s'approche **du cadavre de son père**. 6. Il parvient **à la grande porte d'acier**.

7 TOP CHRONO ! Complétez le plus rapidement possible cet extrait à l'aide de pronoms personnels en respectant les fonctions demandées.

> Puis on (*COD*) attelle à son robuste char. Automédon (*COD*) conduira. Et d'une voix forte, il (*COI*) parle.
> D'après Homère, *L'Iliade*, trad. du grec ancien et adapté par M. Laffon, Hatier, 2014.

8 RÉÉCRITURE Réécrivez les phrases suivantes en remplaçant les compléments d'objets en gras par d'autres termes à l'aide des indications entre parenthèses. Vous aurez parfois besoin d'ajouter des mots de votre invention.
1. Les armées souhaitent **le départ du chef** (*proposition subordonnée*). 2. En écoutant le bruit des vagues, il s'**en** souvient (*groupe nominal*). 3. Le héros obéit **au roi** (*pronom*).
4. Le marin pensait à **sa famille** (*infinitif*). 5. Elle rassemble **ses forces** (*pronom*) et lui avoue **la vérité** (*groupe nominal*).
6. Depuis dix ans, il raconte **le même récit de voyage** (*proposition subordonnée*).

3 S'exprimer

9 Pour chacun des verbes suivants, inventez deux phrases. Dans la première, le verbe introduira un COD, dans la seconde un COI : jouer • croire • écrire • apprendre.

10 Décrivez les activités de deux ou trois des personnages représentés sur ce tableau, en employant des COD et des COI de classes grammaticales aussi variées que possible.

Maerten de Vos, *Apollon et les muses*, 1570, huile sur toile, musées royaux des Beaux-Arts de Belgique, Bruxelles.

17 Maîtriser l'expression du lieu et du temps

Observer et réfléchir

> À la fin de l'après-midi du 29 septembre 1759, le ciel noircit tout à coup dans la région de l'archipel Juan Fernandez, à six cents kilomètres environ au large des côtes du Chili. L'équipage de *La Virginie* se rassembla sur le pont pour voir les petites flammes qui s'allumaient à l'extrémité des mâts et des vergues du navire.
>
> Michel Tournier, *Vendredi ou la vie sauvage*, Gallimard, 1971.

1. Parmi les expressions surlignées, quels groupes de mots apportent des précisions sur le moment où se déroule l'action ?

2. Quels sont ceux qui précisent les lieux concernés ? Observez le premier mot de ces groupes. À quelle classe grammaticale appartiennent-ils ?

3. Réécrivez la première phrase en changeant la place des groupes surlignés. Variez les combinaisons. Qu'en concluez-vous ?

Retenir

Les idées de lieu et de temps s'expriment le plus souvent à l'aide de compléments circonstanciels.

Les compléments circonstanciels sont des **compléments de phrase**. Par conséquent, ils ne sont pas intégrés à un groupe verbal.

▶ Définition des compléments circonstanciels de lieu et de temps

- Les **compléments circonstanciels de lieu** (C. C. de lieu) indiquent où se déroule l'action exprimée.
- Les **compléments circonstanciels de temps** (C. C. de temps) indiquent quand se déroule l'action exprimée.
- Comme la plupart des compléments circonstanciels, ils peuvent être **déplacés** ou **supprimés** de la phrase.

Le ciel noircit **tout à coup**. → **Tout à coup**, le ciel noircit. → Le ciel noircit.
           C. C. de temps   C. C. de temps

▶ Classe grammaticale des compléments circonstanciels de lieu et de temps

Ces compléments circonstanciels peuvent prendre la forme :

- d'un **groupe nominal ou d'un nom** : *Ils sont venus dimanche.*
- d'un **groupe prépositionnel** (préposition + groupe nominal ou infinitif) : *Ils se rassemblèrent sur le pont. Ils se saluèrent avant de se quitter.*
- d'un **gérondif** (participe présent introduit par *en*) : *En se croisant, ils se reconnurent.*
- d'un **adverbe** : *Le ciel noircit tout à coup.*
- d'une **proposition subordonnée circonstancielle** : *Quand il se réveilla, la tempête était passée.*

S'exercer

1 Identifier

1 Identifiez la classe grammaticale de ces compléments circonstanciels de temps.
1. **À la fin**, il reconnut son erreur. 2. L'équipage fit la promesse de **bientôt** revenir. 3. Ils jouaient **lorsqu'un navire se fit entendre**. 4. C'est **maintenant** que l'aventure débute. 5. La chasse commença **en début d'après-midi**. 6. **En débarquant**, il se proclama gouverneur de l'île.

2 Retrouvez les compléments circonstanciels cachés dans ces phrases. Donnez-en la classe grammaticale et la fonction précise (lieu ou temps).
1. Les deux compagnons se rencontrèrent sur la plage. 2. La vérité éclata quand il lui révéla son nom. 3. La lutte eut lieu ailleurs. 4. Il jeta les rats à la mer. 5. C'était ici que le rendez-vous a été fixé. 6. Soudain, la pluie se mit à envahir l'île.

2 Manipuler

3 a. Supprimez, dans le texte suivant, tous les compléments circonstanciels de lieu et de temps.
b. Donnez les classes grammaticales des mots ou groupes que vous avez supprimés.

En l'année 1719, l'auteur anglais Daniel Defoe fit paraître en Angleterre le roman d'aventure *Robinson Crusoé*. Il raconte dans ce livre la vie d'un naufragé, qui a vécu sur une île déserte pendant vingt-huit ans et qui y a rencontré son serviteur Vendredi. L'œuvre rencontra aussitôt le succès dans le monde entier. Au XXᵉ siècle, Michel Tournier s'inspire de ce roman pour écrire *Vendredi ou la Vie sauvage*.

4 Complétez ces phrases à l'aide des expressions de la liste. Précisez s'il s'agit de compléments circonstanciels de lieu ou de temps : à deux encablures • sur le navire • quelques instants plus tard • jusqu'au dernier rideau d'arbres bordant la plage.

Robinson s'avança ...., et braqua sa longue-vue .... qui stoppait .... du rivage. ...., on entendit la chaîne de l'ancre tinter en se déroulant.
Michel Tournier, *Vendredi ou la vie sauvage*, Gallimard, 1971.

5 Transformez chaque groupe prépositionnel en gras en proposition subordonnée.
Exemple : À sa vue, il retrouva sa joie de vivre. → Quand il le vit, il retrouva sa joie de vivre.
1. **Au lever du soleil**, les deux compagnons partirent à la chasse. 2. Robinson fut inconsolable **à la mort de son chien**. 3. **À la fin de l'aventure**, les deux amis se séparent. 4. **À son réveil**, il comprit son départ.

6 Transformez chaque proposition subordonnée circonstancielle de temps en groupe prépositionnel, selon l'exemple suivant.
Exemple : Dès qu'ils se rencontrèrent, ils surent qu'ils deviendraient amis. → Dès leur rencontre, ils surent qu'ils deviendraient amis.
1. Pendant qu'il pleuvait, Vendredi se mit à danser.
2. Quand ils explorèrent l'épave, ils trouvèrent des vivres.
3. Lorsque vint la marée basse, la plage se découvrit.
4. Tandis que je dormais, Vendredi s'esquiva.

7 Complétez les phrases suivantes à l'aide d'un complément circonstanciel de lieu, puis de temps. Variez les classes grammaticales.
1. Le navigateur dormit .... 2. Il comprit sa victoire .... 3. La jeune fille songea à sa lettre .... 4. ...., rien ne pouvait l'arrêter. 5. Robinson lui fit cette promesse ....

8 Complétez le texte suivant par des compléments circonstanciels, en respectant les indications entre parenthèses.

Des nuages noirs s'amoncelèrent (*lieu*), et (*temps*) la pluie se mot à crépiter (*lieu*), à faire jaillir des milliards de petits champignons (*lieu*), à ruisseler (*lieu*). Vendredi et Robinson s'étaient abrités (*lieu*). Vendredi s'échappa (*temps*) et s'exposa à la douche. Il renversait son visage en arrière, et laissait l'eau couler (*lieu*).
D'après Michel Tournier, *Vendredi ou la vie sauvage*, Gallimard, 1971.

3 S'exprimer

9 Développez cette phrase à l'aide d'autant de compléments circonstanciels de lieu et de temps que possible. Vous veillerez à en varier les classes grammaticales : Robinson se promenait…

10 Votre bateau aborde les côtes d'une île inconnue. Racontez votre découverte de l'île en utilisant des compléments circonstanciels de lieu et de temps.

18 Maîtriser l'expression de la manière

Observer et réfléchir

> Il commença à comprendre que la chance tournait contre lui. Après avoir **nettement** hésité, il se hissa lui aussi **lourdement** dans les haubans, et, le poignard entre les dents, il commença une ascension lente et pénible. Il lui fallut un temps infini et force gémissements pour traîner sa jambe blessée : j'avais **paisiblement** terminé tous mes préparatifs qu'il lui restait encore à parcourir plus des deux tiers du trajet.
>
> R. L. Stevenson, *L'Île au trésor*, 1883, trad. de l'anglais par J. Papy, Gallimard, 1974.

1. À quelle classe grammaticale appartiennent les mots surlignés ? Quel point commun voyez-vous dans leur construction ?

2. Sont-ils nécessaires à la compréhension de la phrase ? Pour le vérifier, réécrivez le texte en les faisant disparaître.

3. Quel mot interrogatif emploieriez-vous pour les réintroduire dans la phrase ?

Retenir

La manière s'exprime le plus souvent à l'aide d'un complément circonstanciel.

- Les **compléments circonstanciels de manière** (C. C. de manière) indiquent la **façon** dont l'action se réalise. Ils répondent aux questions : ***Comment ? De quelle manière ? De quelle façon ?***
- Comme les autres compléments circonstanciels, ils peuvent être **déplacés** ou **supprimés** de la phrase.

> J'avais **paisiblement** terminé tous mes préparatifs.
> J'avais terminé tous mes préparatifs **paisiblement**.

▶ **Classe grammaticale des compléments circonstanciels de manière**

Ces compléments circonstanciels peuvent prendre la forme :
- d'un **groupe prépositionnel** (groupe nominal précédé d'une préposition) :
  > Ils avancent *à vive allure*.
- d'un **gérondif** (participe présent introduit par **en**) :
  > Ils avancent **en** *se dépêch***ant**.
- d'un **adverbe** :
  > Ils avancent *paisiblement*.

S'exercer

1 Identifier et manipuler

1 Parmi les expressions suivantes, lesquelles pourraient être des compléments circonstanciels de manière ?

habilement • sur le port • en nageant • la nage • à la nage • doucement • à midi • avec force • à la vapeur • les pirates • en dansant • vers la montagne • une force prodigieuse • avec une force prodigieuse

2 Identifiez la classe grammaticale de ces compléments circonstanciels de manière.
1. Notre troupe se déploya **en éventail**.
2. Il se dirigea **froidement** vers la porte du fortin.
3. J'entendis les hommes sortir **en désordre** de la cabine du capitaine.
4. Si j'en avais eu la force, je me serais sauvé **en courant**.
5. Il s'entendait **à merveille** avec le cuisinier.
6. Pour s'emparer du trésor, il se résolut à un affrontement **sans pitié**.

3 Identifiez les compléments circonstanciels de manière présents dans ces phrases.
1. Nous ramions doucement afin de ne pas fatiguer les hommes prématurément.
2. Le sentier montait à pic jusqu'au sommet.
3. Je filai au pas de gymnastique vers l'arrière du bateau.
4. Coupons-les en morceaux !
5. Je crois que M. Arrow était parfaitement honnête.

Manipuler

4 RÉÉCRITURE Réécrivez les phrases suivantes en supprimant chaque complément circonstanciel de manière.

1. Il s'éloigna paisiblement en se dandinant sur ses courtes jambes.
2. J'osai me lever et constatai que ma barque venait de s'échouer mollement sur un banc de sable fin entre deux roches.
3. Les paupières bleuies se levèrent lentement.
4. J'entrai sans frapper dans la cabine du forban.

D'après Pierre Mac Orlan, *Les Clients du Bon Chien Jaune*, 1926.

5 Dans le texte suivant, identifiez les compléments circonstanciels de manière, puis remplacez-les par une expression équivalente.

Je refermai soigneusement l'enveloppe, remis les cachets en place et courus chez Pain Noir. J'eus le bonheur de l'attendre plus d'une demi-heure. Quand il fit son apparition au coin de la rue, j'étais innocemment assis, jambes ballantes, sur une borne, devant sa porte.

Pierre Mac Orlan, *Les Clients du Bon Chien Jaune*, 1926.

6 Remplacez les expressions suivantes par un adverbe de même sens et employez-les dans une phrase : de manière abusive • d'une façon furieuse • avec malice • de façon courageuse • d'une manière élégante • avec rapidité • de façon féroce • avec raison • d'une manière différente • de façon dangereuse.

7 Complétez les phrases suivantes à l'aide de compléments circonstanciels de manière en respectant la classe grammaticale entre parenthèses.
1. Le docteur salua l'ivrogne (*gérondif*).
2. Le pirate lui répondit (*groupe prépositionnel*).
3. Le client de l'auberge sortit un couteau (*adverbe*).
4. La menace le fit réagir (*groupe prépositionnel*).
5. (*gérondif*), sa peur lui fit prendre la fuite.
6. Le calme est (*adverbe*) revenu.

3 S'exprimer

8 TOP CHRONO ! En trois minutes, développez cette phrase en employant autant de compléments circonstanciels de manière que possible.
Ils se fixèrent et se jetèrent l'un sur l'autre.

9 Le cuisinier de l'auberge des pirates explique comment il réalise le plat préféré de ses clients : rédigez ce texte en employant de nombreux compléments circonstanciels de manière, de classes variées : groupe prépositionnel, adverbe, gérondif.

Méthode
• Choisissez un plat digne des pirates.
• Écrivez le texte à la première personne et au présent.
• Vous commencerez votre texte par : « Pour réussir mon…, je… ».

10 Décrivez cette scène avec des compléments circonstanciels de manière, de classes grammaticales variées, que vous soulignerez.

Jean-Léon Gérôme Ferris, *Le Duel entre Barbe Noire et le lieutenant Robert Maynard*, 1920.

19 Maîtriser l'emploi de la ponctuation

Retenir

La ponctuation sépare des phrases ou des groupes de mots.

Une phrase commence toujours par une **majuscule** et **se termine par un point**.

▶ Les signes de pause

- Le point marque la fin d'une phrase. On distingue :
  – le **point** [.]
  – le **point d'interrogation** [?]
  – le **point d'exclamation** [!]
- Les **points de suspension** […] permettent d'interrompre une phrase.
- La **virgule** [,] indique une pause dans le cours de la phrase.
- Le **point-virgule** [;] sépare deux parties d'une phrase reliées entre elles par une faible relation logique. Il peut en général être remplacé par un point.
- Les **deux points** [:] signalent l'introduction d'une explication.

▶ Les signes du dialogue

- Les **deux points** [:] annonce que l'on va commencer à citer des paroles.
- Les **guillemets** [« … »] délimitent le début et la fin d'un discours.
- Le **tiret** [–] signale qu'un autre personnage prend la parole.

S'exercer

1 Identifier et manipuler

❶ Retrouvez les quatre phrases qui constituent ce texte. Réécrivez-le en rétablissant les majuscules en début de phrase et les points.

> ceci n'est pas un conte ou une fable, Messires, c'est une histoire vraie, toute vraie figurez-vous qu'un paysan, un jour, trouva par hasard deux perdrix dans un buisson tout près de sa ferme elles avaient dû se heurter en plein vol, et tomber là à peu près mortes cela n'arrive pas souvent
>
> D'après *Les Fabliaux du Moyen Âge*, trad. par P. Gaillard et F. Rachmuhl, Hatier, 2014.

❷ Rétablissez la ponctuation finale dans chaque phrase (« ! », « ? » ou « . »).
1. Avez-vous l'heure **2.** Comme tu as grandi **3.** Comment penses-tu y arriver **4.** Il a passé sa soirée à jouer **5.** Quelle aventure comptez-vous raconter **6.** Quelle douceur sa voix

❸ Rétablissez la ponctuation de ces phrases (points et virgules).

1. À midi quarante-sept ce gentleman se leva et se dirigea vers le grand salon somptueuse pièce ornée de peintures richement encadrées
2. Autrefois dans les circonstances les plus favorables on employait six mois pour aller de New York à San Francisco

> D'après Jules Verne, *Le Tour du monde en quatre-vingts jours*, 1873.

❹ À l'oral, expliquez le changement de sens de chaque phrase si on supprime la virgule.
1. Ma sœur adore prendre une glace, au café. **2.** Laissons tomber, les amis ! **3.** Le feu s'éteignit, naturellement. **4.** Il le regarda partir, de la tour. **5.** Nous allons manger, les enfants !

2 S'exprimer

❺ Imaginez un court dialogue entre deux voyageurs de retour d'un pays lointain. Chacun est émerveillé par les paysages découverts. Chaque personnage prononce trois phrases. Vous utiliserez la ponctuation appropriée.

20 Reconnaître et employer les différents types et formes de phrases

Observer et réfléchir

> LÉANDRE. – Parle donc.
> SCAPIN. – Je vous ai fait quelque chose, monsieur ?
> LÉANDRE. – Oui, coquin, et ta conscience ne te dit que trop ce que c'est.
> SCAPIN. – Je vous assure que je l'ignore.
> LÉANDRE, *s'avançant pour le frapper.* – Tu l'ignores !
>
> Molière, *Les Fourberies de Scapin*, acte II, scène 3, 1671.

1. Quelle phrase se présente comme une question ? Comment le savez-vous ?
2. Où se trouve la réponse à cette question ?
3. Lisez la phrase qui se termine par un point d'exclamation. Avec quelle intonation doit-on la prononcer ? Quel sentiment exprime-t-elle ?

Retenir

▶ Les types de phrases

Il existe quatre types de phrases.

1. La phrase déclarative sert à **affirmer** quelque chose, à **donner des informations**. Elle se termine par un point ou des points de suspension.

C'est un jeune homme qui souhaite vous rencontrer.

2. La phrase interrogative sert à poser une **question**.
- Elle se termine par un **point d'interrogation** et commence souvent par un **mot interrogatif**.
- **Le verbe** se place généralement **avant le sujet**.

Souhaitez-vous rentrer ?   *Comment êtes-vous arrivés ?*
   ↓   ↓   ↓   ↓   ↓
 verbe   sujet   mot   verbe   sujet
                                    interrogatif

3. La phrase exclamative traduit les sentiments du locuteur (colère, surprise, admiration, etc.). Elle se termine par un point d'exclamation et commence souvent par un mot exclamatif.

Comme vous êtes belle !
   ↓
mot exclamatif

4. La phrase injonctive exprime un **ordre**, une **interdiction** ou un **conseil**.
- Elle se termine par un **point** ou un **point d'exclamation**.
- Pour la former, on utilise :
  – l'impératif : **Rentrez** *immédiatement !*
  – le subjonctif : *Qu'il* **sorte** *!*
  – l'infinitif : **Apprendre** *la leçon.*
  – le futur simple de l'indicatif : *Vous* **commencerez** *à mon signal.*
  – la phrase non verbale : **Dehors** *!*

▶ Les formes de phrases

1. La forme affirmative se caractérise par l'**absence de négation**.

Elles sont venues comme prévu.

2. La forme négative se définit par la présence d'une **négation** et se forme à l'aide de **deux éléments** : l'adverbe *ne*, placé devant le verbe, et un autre mot (*pas, rien, point, guère, jamais, plus*) situé derrière le verbe. *Il n'est pas là.*

- Dans les phrases injonctives et interrogatives, la négation commence la phrase.
Ne voyez-vous pas qu'il pleut ?

- Le passage à la forme négative nécessite **certaines modifications** : des pronoms et adverbes peuvent être remplacés par leurs antonymes.

Il exige quelque chose. → *Il n'exige rien.*

Il a toujours raison. → *Il n'a jamais raison.*

- Tous les types de phrases peuvent passer de la forme affirmative à la forme négative, sauf certaines phrases exclamatives : *Quel beau paysage !*

S'exercer

1 Identifier

1 Précisez le type de chacune des phrases de ce texte.

> LISETTE. – Que voulez-vous donc faire, Monsieur, de quatre médecins ? N'est-ce pas assez d'un pour tuer une personne ?
> SGANARELLE. – Taisez-vous. Quatre conseils valent mieux qu'un.
> LISETTE. – Est-ce que votre fille ne peut pas bien mourir sans le secours de ces messieurs-là ?
> SGANARELLE. – Est-ce que les médecins font mourir ?
> Molière, *L'Amour médecin*, acte II, scène 1, 1665.

2 Identifiez et recopiez les phrases négatives de ce texte. Quels sont les deux types de phrases utilisés ?

> ARGAN. – Ne vous ai-je pas recommandé de me venir dire d'abord tout ce que vous voyez ?
> LOUISON. – Oui, mon papa.
> ARGAN. – L'avez-vous fait ?
> LOUISON. – Oui, mon papa. Je suis venue dire tout ce que j'ai vu.
> ARGAN. – Et n'avez-vous rien vu aujourd'hui ?
> LOUISON. – Non, mon papa.
> ARGAN. – Non ?
> LOUISON. – Non, mon papa.
> Molière, *Le Malade imaginaire*, acte II, scène 8, 1673.

2 Manipuler

3 Transformez ces phrases affirmatives en phrases négatives.

1. Louison est déjà rentrée chez elle. **2.** As-tu rencontré quelqu'un ? **3.** Je crois encore entendre Molière. **4.** Donne-lui rendez-vous à minuit au pied de la grande horloge. **5.** Ils nous racontent des histoires médicales. **6.** J'y suis allée et il y avait des feuilles partout.

4 Transformez ces phrases déclaratives en phrases interrogatives.

1. Elle vous a promis d'apprendre son texte. **2.** Tu penses qu'elle va venir. **3.** Elle va prendre des leçons de théâtre. **4.** Son père a reçu les médecins dans sa chambre. **5.** Un entretien est prévu avec le valet.

5 Associez chaque sentiment aux phrases exclamatives ci-dessous : admiration • colère • excuse • surprise • affection • désespoir.

> **1.** Ah ! la traîtresse. **2.** Mamour ! **3.** Ah ! quelle surprise agréable, mon père ! **4.** Cela est admirable ! **5.** Ô Ciel ! ah, fâcheuse aventure ! Malheureuse journée ! **6.** Pardon, mon papa !
> Molière, *Le Malade imaginaire*, acte II, scène 8, 1673.

6 Transformez ces phrases interrogatives en phrases injonctives en employant le mode indiqué entre parenthèses.

1. Viendras-tu nous voir danser ? (*futur simple de l'indicatif*) **2.** Devez-vous absolument l'écouter parler ? (*impératif présent*) **3.** Est-il interdit de nourrir les animaux sauvages ? (*infinitif*) **4.** As-tu fini tes devoirs ? (*impératif présent*)

3 S'exprimer

7 Lisez l'extrait des *Fourberies de Scapin*, p. 190, et identifiez les types de phrases employés lignes 4 à 13. Puis lisez-le à voix haute en respectant l'intonation suggérée par la ponctuation.

21 Distinguer la phrase simple de la phrase complexe

Observer et réfléchir

> Voilà ce qu'on racontait sans savoir ce qui était arrivé. Pendant ce temps, le magnanime Ulysse était rentré chez lui. L'intendante Eurynomé le baigna, le frotta d'huile et le revêtit d'un beau manteau et d'une tunique. Athéna répandit ensuite généreusement la beauté sur sa tête : elle le rendit plus beau à voir et plus fort et fit descendre de sa tête une chevelure bouclée, pareille à la fleur de jacinthe.
>
> Homère, *L'Odyssée*, trad. du grec ancien par H. Tronc, Gallimard, « Folioplus classiques », 2004.

1. Recopiez ce texte en allant à la ligne après chaque phrase.
2. Quelle phrase ne comporte qu'un seul verbe conjugué ? Repérez son sujet.
3. Quelles phrases en contiennent plusieurs ? Soulignez les verbes conjugués en rouge.
4. Les groupes surlignés peuvent-ils former une phrase à eux seuls ? Pourquoi ?

Retenir

▶ Phrase simple et phrase complexe

- La **phrase simple** est la réunion d'un **groupe nominal sujet** et d'un **groupe verbal**. Elle ne comporte qu'**un seul verbe conjugué**.

Et Zeus acceptera enfin.
   groupe nominal   groupe verbal

- La **phrase complexe** contient **plusieurs verbes conjugués**. On appelle proposition un groupe verbal et son sujet.

Elle saura que le dieu tiendra sa promesse.
   proposition 1   proposition 2

Dans une phrase complexe, on compte autant de propositions que de verbes conjugués.

- La **juxtaposition**, la **coordination** et la **subordination** sont les trois manières de relier les propositions entre elles.

Phrase complexe = plusieurs propositions

juxtaposées	coordonnées	subordonnées
(, ; :)	(*mais, ou, ainsi, etc.*)	(*si, que, parce que...*)

▶ Coordination et juxtaposition

- Deux propositions sont **juxtaposées** quand elles sont reliées par une virgule, un point-virgule ou deux points.

Elle saura que le dieu tiendra sa promesse : les Achéens seront massacrés près de leurs navires pour honorer Achille.

La phrase

Distinguer la phrase simple de la phrase complexe

- Deux propositions sont **coordonnées** quand elles sont reliées par une **conjonction de coordination** (*mais, ou, et, donc, or, ni, car*) ou un **adverbe de liaison** (*ainsi, puis, alors, en effet…*). *La nuit est venue et l'attaque commence.*
- Les propositions juxtaposées et coordonnées ne nécessitent pas la répétition d'un sujet identique pour différents verbes. *Il revêt son armure et se bat.*

▶ **Proposition principale et proposition subordonnée**
- Dans une phrase complexe, la **proposition subordonnée** dépend d'une **proposition principale** sans laquelle elle ne peut exister.

Agamemnon pense que cela sera le cas.
proposition principale — proposition subordonnée

- La **proposition subordonnée** est introduite par un **mot subordonnant** (*que, si, quand,* etc.).

S'exercer

1 Identifier

1 Recopiez ce texte en allant à la ligne après chaque phrase. Soulignez les verbes conjugués en rouge. Identifiez les phrases simples et les phrases complexes.

Conte-moi, Muse, l'homme aux mille tours qui erra longtemps sans répit[1] après avoir pillé la citadelle sacrée de Troie. Il vit des milliers d'hommes, visita leurs cités et connut leur esprit. Il endura mille souffrances sur la mer en luttant pour sa survie et le retour de ses compagnons. Mais il ne put en sauver un seul, malgré tout son désir : ils ne durent leur mort qu'à leur propre aveuglement […].

Homère, *L'Odyssée*, trad. du grec ancien par H. Tronc, Gallimard, « Folioplus classiques », 2004.

1. **Sans répit** : sans cesse.

2 Repérez les verbes conjugués, puis déduisez-en le nombre de propositions dans chaque phrase.
1. Depuis des mois, Ulysse, l'homme aux mille tours, voyage en mer. **2.** Les dangers sont nombreux, les dieux veulent sa mort. **3.** Le fils d'Ulysse se nomme Télémaque. **4.** Le Cyclope dévore les compagnons d'Ulysse et enferme les survivants dans sa grotte. **5.** Les prétendants exigent que Pénélope choisisse un nouvel époux.

3 Dans chacune de ces phrases complexes, mettez les propositions entre crochets et dites si elles sont juxtaposées, coordonnées ou subordonnées. Quel indice vous a permis de répondre ?

1. Tout cela je le sais aussi bien que toi : la sage Pénélope est moins éblouissante que toi. **2.** Quand tous les équipements furent en place, nous nous assîmes. **3.** Le quatrième jour arriva et tout était prêt. **4.** Je dis cela et ils firent aussitôt le serment que je leur demandais. **5.** La prudente Pénélope s'assit et les servantes aux bras blancs entrèrent dans la grande salle.

Homère, *L'Iliade*, trad. du grec ancien par M. Laffon, Hatier, 2014.

2 Manipuler

4 Coordonnez ces propositions en employant le mot entre parenthèses.
1. Elle fit un signe de côté, le divin Ulysse le remarqua (*et*). **2.** Sa force est bien supérieure, sa victoire est assurée (*donc*). **3.** Elle lui révéla les manigances de la sorcière, il put se protéger (*ainsi*). **4.** Ulysse rentra au palais, personne ne le reconnut sous cette apparence (*mais*). **5.** Ces hommes n'écouteront pas : le jour de leur mort est arrivé (*car*).

5 Poursuivez ces phrases à l'aide d'une proposition subordonnée.
1. Ulysse arriva quand .... **2.** Le monstre hurla parce que .... **3.** L'île était couverte d'arbres qui .... **4.** La déesse lui demanda si .... **5.** Pénélope exigeait que ....

6 Dans un tableau à trois colonnes, classez ces différents éléments selon qu'ils relient des propositions juxtaposées, coordonnées ou subordonnées.
ou • : • quand • donc • bien que • si • mais • puis • et •, • or • que • car • de sorte que • ni • ; • parce que

3 S'exprimer

7 À l'aide de phrases simples et complexes, présentez Ulysse à la 1re personne du singulier, comme si vous l'incarniez. Variez les phrases complexes.

22 Savoir conjuguer le présent de l'indicatif

Observer et réfléchir

> Phaéton prend peur. Il ne sait de quel côté tirer sur les rênes ni quel chemin suivre ; il ne sait comment diriger ses chevaux. Pour la première fois, les sept étoiles de la Grande Ourse, fixées au nord, connaissent l'ardeur du soleil, tentent en vain de lui échapper. La constellation du Serpent, engourdie par le froid polaire, s'éveille et se dresse, pleine de rage. La constellation du Bouvier, lentement, s'enfuit.
> Phaéton jette les yeux autour de lui. Il aperçoit, tout au fond d'un gouffre, la terre minuscule. À cette vue, il pâlit, ses genoux tremblent, son regard s'obscurcit.
>
> Françoise Rachmuhl, *16 métamorphoses d'Ovide*, Flammarion, 2010.

1. Relevez les verbes conjugués au présent de l'indicatif et donnez leur infinitif.
2. Classez-les en fonction de leurs dernières lettres.

Retenir

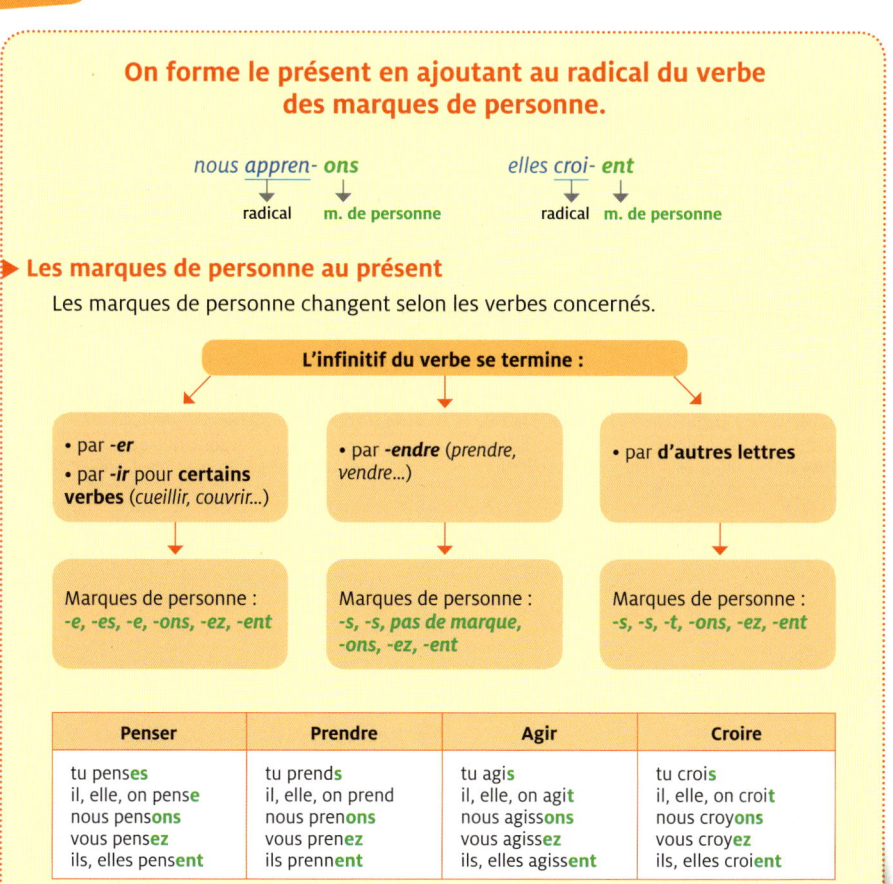

On forme le présent en ajoutant au radical du verbe des marques de personne.

nous appren- ons   elles croi- ent
radical   m. de personne   radical   m. de personne

▶ **Les marques de personne au présent**

Les marques de personne changent selon les verbes concernés.

L'infinitif du verbe se termine :

- par **-er**
- par **-ir** pour **certains verbes** (*cueillir, couvrir...*)

Marques de personne :
-e, -es, -e, -ons, -ez, -ent

- par **-endre** (*prendre, vendre...*)

Marques de personne :
-s, -s, pas de marque, -ons, -ez, -ent

- par **d'autres lettres**

Marques de personne :
-s, -s, -t, -ons, -ez, -ent

Penser	Prendre	Agir	Croire
tu pens**es**	tu prend**s**	tu agi**s**	tu croi**s**
il, elle, on pens**e**	il, elle, on prend	il, elle, on agi**t**	il, elle, on croi**t**
nous pens**ons**	nous pren**ons**	nous agiss**ons**	nous croy**ons**
vous pens**ez**	vous pren**ez**	vous agiss**ez**	vous croy**ez**
ils, elles pens**ent**	ils, elles prenn**ent**	ils, elles agiss**ent**	ils, elles croi**ent**

Le verbe 315

Savoir conjuguer le présent de l'indicatif

▶ Le radical du verbe au présent

1. Les verbes en -er, certains verbes en -ir et certains verbes en -re n'ont qu'un seul radical pour toutes les personnes.

• Pour connaître le radical, il suffit de prendre l'infinitif du verbe et d'enlever les deux dernières lettres : *chanter* → *chant-* ; *penser* → *pens-* ; *offrir* → *offr-* ; *conclure* → *conclu-*

Attention

L'orthographe du radical peut être modifiée pour respecter la prononciation :

• **verbes en -cer** : le -*c* devient -*ç* devant -*ons* : *je commence, nous commençons.*

• **verbes en -ger** : il faut ajouter un -*e* devant -*ons* : *je partage, nous partageons.*

• **verbes en -yer** : le -*y* devient -*i* devant un -*e* : *j'envoie, tu envoies, il envoie, nous envoyons, vous envoyez, ils envoient.*

2. De nombreux autres verbes ont plusieurs radicaux différents qui alternent selon les personnes.

• Les verbes à **l'infinitif en -ir** et au **participe en -issant** suivent un modèle régulier : au singulier, le radical correspond à l'infinitif sans -*r*, au pluriel, le radical correspond au participe présent sans -*ant*.

*fin**ir**, participe présent fin**iss**ant → je fin**is**, nous fin**iss**ons*
   radical 1   radical 2   radical 1   radical 2

• Pour les autres verbes, le radical peut changer sans suivre de modèle précis : *je crains, nous craignons* ; *je tiens, nous tenons, ils tiennent.*

▶ Les verbes importants à retenir

Être	Avoir	Aller	Voir	Venir
je suis	j'ai	je **vais**	je vois	je viens
tu es	tu as	tu **vas**	tu vois	tu viens
il, elle, on est	il, elle, on a	il, elle, on **va**	il, elle, on voit	il/elle/on vient
nous sommes	nous avons	nous allons	nous voyons	nous venons
vous êtes	vous avez	vous allez	vous voyez	vous venez
ils, elles sont	ils, elles ont	ils, elles vont	ils, elles voient	ils/elles viennent

Pouvoir	Dire	Faire	Courir	Résoudre
je **peux**	je dis	je fais	je cours	je résous
tu **peux**	tu dis	tu fais	tu cours	tu résous
il, elle, on peut	il, elle, on dit	il, elle, on fait	il, elle, on court	il, elle, on résout
nous pouvons	nous disons	nous faisons	nous courons	nous résolvons
vous pouvez	vous **dites**	vous **faites**	vous courez	vous résolvez
ils, elles peuvent	ils, elles disent	ils, elles font	ils, elles courent	ils, elles résolvent

S'exercer

1 Identifier

❶ Distinguez, dans chaque couple de mots, le verbe conjugué au présent de l'indicatif.

savons/savon • jeu/joue • éclairs/éclaires • commencement/commencent • sommeil/sommeille • régal/régales • lacet/lacez • statue/statut • soupire/soupir

❷ Retrouvez, dans cette liste de mots, les verbes conjugués au présent de l'indicatif.

somme • ai • vendons • dort • aiglons • aboiement • disons • fête • vais • lancent • sont • commence • range • joue • racontez • voit • prends • relèvent

3 Lisez ce texte. Pour chaque verbe en gras, indiquez la personne à laquelle il est conjugué ainsi que son infinitif.

Ce canot **adhère** à la partie supérieure de la coque du *Nautilus*, et **occupe** une cavité disposée pour le recevoir. Il **est** entièrement ponté, absolument étanche, et retenu par de solides boulons. Cette échelle **conduit** à un trou d'homme percé dans la coque du *Nautilus*, qui **correspond** à un trou pareil percé dans le flanc du canot. C'est par cette double ouverture que je **m'introduis** dans l'embarcation. On **referme** l'une, celle du *Nautilus* ; je **referme** l'autre, celle du canot, au moyen de vis de pression ; je **largue** les boulons, et l'embarcation **remonte** avec une prodigieuse rapidité à la surface de la mer. J'**ouvre** alors le panneau du pont, soigneusement clos jusque-là, je **mâte**, je **hisse** ma voile ou je **prends** mes avirons, et je me **promène**.

Jules Verne, *Vingt mille lieues sous les mers*, 1870.

Manipuler

4 Reconstituez ces différentes conjugaisons en associant, dans la liste suivante, chaque verbe à des marques et au sujet correspondant. Trouvez le maximum de possibilités.
Sujets : je • tu • il, elle • nous • vous • ils, elles
Radicaux : agi- • sauv- • pouv- • voul- • croy- • envahi- • met- • grandiss- • veu-
Marques de personne : -ez • -ent • -ons • -t • -es • -e • -ont • -x • -s

5 Complétez ces radicaux à l'aide des marques de personne du présent.
1. Je m'exerc........ 2. Il cour........ 3. Nous construis........
4. Ils réussiss........ 5. Tu veu........ 6. Je guid........ 7. Vous mett........

6 TOP CHRONO ! Vous avez une minute pour lire et mémoriser les conjugaisons des verbes du tableau suivant. Puis vous les écrirez de mémoire au brouillon. Évaluez votre score en comparant votre résultat avec les conjugaisons du tableau.

Pouvoir	Croire	Aller
Je peu**x**	Je cr**ois**	Je **vais**
Tu peu**x**	Tu cr**ois**	Tu **vas**
Il peu**t**	Il cr**oit**	Il **va**
Nous pouv**ons**	Nous cr**oyons**	Nous **allons**
Vous pouv**ez**	Vous cr**oyez**	Vous **allez**
Ils peuv**ent**	Ils cr**oient**	Ils **vont**

Devoir	Refaire	Vouloir
Je dois	Je refais	Je veu**x**
Tu dois	Tu refais	Tu veu**x**
Il doit	Il refait	Il veu**t**
Nous dev**ons**	Nous refais**ons**	Nous voul**ons**
Vous dev**ez**	Vous refait**es**	Vous voul**ez**
Ils doiv**ent**	Ils ref**ont**	Ils veul**ent**

7 RÉÉCRITURE Conjuguez les verbes entre parenthèses au présent de l'indicatif. Puis réécrivez votre texte en remplaçant *je* par *nous*.

Maintenant, je (gratouiller) avec toutes sortes d'instruments pointus. Je (sonder), je (piquer), je (plomber), je (percer), je (enfoncer), je (tirer), je (serrer), je (marteler), j'(arracher) tout ce que vous (vouloir), cher monsieur, tout ce que vous (vouloir)… Et si je vous (faire) mal, dites-le moi.

Bernard Friot, « Torture sur rendez-vous », *Histoires pressées*, Milan, 2000.

8 Dictée préparée
a. Dans le texte suivant, relevez les verbes au présent de l'indicatif puis classez-les en fonction de leur infinitif.
b. Expliquez leurs accords en repérant leurs sujets.
c. Écrivez ce texte sous la dictée de votre professeur.

– Je ne sais s'ils la trouveront, répondit froidement le capitaine Nemo. Quoi qu'il en soit, vous connaissez déjà la première application que j'ai faite de ce précieux agent. C'est lui qui nous éclaire avec une égalité, une continuité que n'a pas la lumière du soleil. Maintenant, regardez cette horloge ; elle est électrique, et marche avec une régularité qui défie celle des meilleurs chronomètres. Je l'ai divisée en vingt-quatre heures, comme les horloges italiennes, car pour moi, il n'existe ni nuit, ni jour, ni soleil, ni lune, mais seulement cette lumière factice que j'entraîne jusqu'au fond des mers ! Voyez, en ce moment, il est dix heures du matin.

Jules Verne, *Vingt mille lieues sous les mers*, 1870.

S'exprimer

9 Rédigez au présent le message qu'un prince charmant va transmettre à l'élue de son cœur.

10 Vous êtes un voyageur temporel. Alors que vous regagnez votre époque, votre machine à explorer le temps s'immobilise à une époque passée (Antiquité, Moyen Âge…). Vous vous portez volontaire pour explorer les lieux. Vos compagnons, restés à l'intérieur de l'engin, vous contactent et vous demandent de leur décrire le paysage afin de reprogrammer la navette. Vous emploierez le présent de l'indicatif.

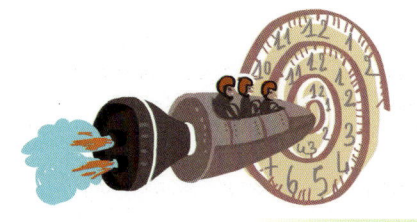

23 Identifier les emplois du présent

Observer et réfléchir

La raison du plus fort **est** toujours la meilleure :
Nous l'**allons** montrer tout à l'heure.

Un Agneau se désaltérait
Dans le courant d'une onde pure.
<u>Un Loup **survient** à jeun</u>, qui cherchait aventure,
Et que la faim en ces lieux attirait.
« Qui te **rend** si hardi de troubler mon breuvage ?
Dit cet animal plein de rage :
Tu seras châtié de ta témérité.
— <u>Sire</u>, **répond** l'Agneau, que votre Majesté
Ne se mette pas en colère ; [...]. »

Jean de La Fontaine, « Le Loup et l'Agneau », *Fables*, 1668.

1. À quel temps sont conjugués les verbes en gras ?

2. Qu'est-ce qu'une morale ? Où se trouve celle de cette fable ?

3. Réécrivez au passé les passages surlignés. Quel temps avez-vous employé ?

4. À quoi correspondent les passages soulignés ? Aidez-vous de la ponctuation pour répondre.

5. Retrouvez au moins un verbe conjugué au présent indiquant une action à venir.

Retenir

Le présent de l'indicatif peut avoir plusieurs emplois selon le contexte.

Action qui se déroule au moment où l'on parle
→ **Présent d'énonciation**
Il correspond **au moment où l'on parle**, notamment dans les dialogues.
Qui te rend si hardi de troubler mon breuvage ?

Action toujours vraie
→ **Présent de vérité générale**
Il s'utilise pour énoncer **des faits toujours valables** (proverbes, morales, propriétés scientifiques).
La raison du plus fort est toujours la meilleure.

Action qui s'est déjà déroulée

Présent de narration
- Il s'utilise dans un texte au passé pour **rendre une scène plus vivante**.
- On peut le remplacer par un temps du passé.

Un Loup survient à jeun, qui cherchait aventure (= Un Loup survint)

Passé proche
Il s'utilise pour exprimer **une action qui vient juste d'avoir lieu**.
Il part à l'instant !

Action qui va se dérouler
Futur proche
- Il s'utilise pour exprimer **une action qui va se passer très bientôt**.
- Dans ce cas, on emploie souvent le verbe *aller* au présent suivi d'un verbe à l'infinitif.

Nous l'allons montrer tout à l'heure.
Il arrive à l'instant.

S'exercer

Identifier

1 Quel est l'emploi des verbes conjugués au présent dans les extraits suivants de « La Barbe bleue » ?

1. La curiosité malgré tous ses attraits,
   Coûte souvent bien des regrets ;
2. Elle promit d'observer exactement tout ce qui lui venait d'être ordonné ; et lui, après l'avoir embrassée, il **monte** dans son carrosse, et **part** pour son voyage.
3. Anne, ma sœur Anne, ne **vois**-tu rien venir ? – Je **vois**, répondit la sœur Anne, une grosse poussière qui **vient** de ce côté-ci... – **Sont**-ce mes frères ? – Hélas ! non, ma sœur, je **vois** un troupeau de moutons.

Charles Perrault, « La Barbe bleue »,
Contes de ma mère l'Oye, 1697.

2 Identifiez les verbes conjugués au présent de l'indicatif. Précisez leur emploi.

1. L'avarice perd tout en voulant tout gagner (Jean de La Fontaine). 2. Je vais te raconter l'histoire du Petit Poucet. 3. Au petit matin, il découvre le trésor et l'emporte chez lui. 4. Rien ne sert de courir (Jean de La Fontaine). 5. Je te remercie infiniment pour ton cadeau. 6. La nuit, il reste éveillé de crainte que le géant ne vienne.

Manipuler

3 Conjuguez les verbes entre parenthèses au présent de l'indicatif. Quel est leur emploi ?

Il (*attraper*) la fourche que portait le vilain tout en poussant ses ânes, il la (*charger*) d'un bon tas de fumier qu'il lui (*présenter*) sous le nez. Respirant le parfum du fumier, le vilain ne (*se souvenir*) plus de l'odeur des épices. Il (*ouvrir*) les yeux, (*sauter*) sur ses pieds et (*se déclarer*) complètement guéri.

Anonyme, « Le Vilain ânier », *Fabliaux du Moyen Âge*,
trad. de l'ancien français par P.-M. Beaude,
Gallimard, « Folio Junior », 2011.

4 a. Quel est l'emploi des verbes soulignés ? Comment le savez-vous ?

b. Réécrivez les trois derniers vers au passé. Déduisez-en l'emploi du présent dans cette phrase.

c. Imaginez un proverbe que ce texte pourrait illustrer.

« Hé ! bonjour, Monsieur du Corbeau.
Que vous <u>êtes</u> joli ! que vous me <u>semblez</u> beau !
Sans mentir, si votre ramage
Se rapporte à votre plumage,
Vous <u>êtes</u> le Phénix des hôtes de ces bois. »
À ces mots le Corbeau ne se sent pas de joie ;
Et pour montrer sa belle voix,
Il ouvre un large bec, laisse tomber sa proie.

Jean de La Fontaine, « Le Corbeau et le Renard », *Fables*, 1668.

5 Dictée préparée

a. Repérez les verbes conjugués au présent de l'indicatif. Après avoir réécrit le texte au passé, précisez la valeur des verbes au présent du texte initial.

b. Sous la dictée de votre professeur, écrivez ce texte en faisant attention aux conjugaisons et aux accords.

L'un passe un sac à son cou, l'autre prend un couteau en main, et les deux se mettent en route. Le premier entre dans le jardin et, sans plus attendre, coupe les choux. Le second se dirige vers le bercail, ouvre la porte – jusqu'ici tout est pour le mieux – et tâte le plus gros mouton, histoire de voir un peu. Mais, dans la maison, on n'est pas encore couché, si bien qu'on entend distinctement ouvrir la porte de la bergerie.

Anonyme, « Estula », *Fabliaux du Moyen Âge*,
trad. de l'ancien français par P.-M. Beaude,
Gallimard, « Folio Junior », 2011.

S'exprimer

6 TOP CHRONO ! Vous rencontrez Jean de La Fontaine dans la rue. Racontez la rencontre en cinq lignes au présent de narration.

7 Vous discutez avec Jean de La Fontaine de votre fable préférée. Imaginez votre dialogue en dix lignes. Vous soulignerez les verbes au présent de votre texte et indiquerez leur emploi.

8 Inventez quatre proverbes au présent de vérité générale.

Exemple : La nuit, tous les chats sont gris.

Le verbe

24 Savoir conjuguer le passé simple

Observer et réfléchir

> À peine fut-il couché, qu'il **eut** contentement ; un jeune étourdi de lapin **entra** dans son sac, et le maître Chat tirant aussitôt les cordons le **prit** et le **tua** sans miséricorde. Tout glorieux de sa proie, il s'en **alla** chez le roi, et **demanda** à lui parler.
>
> Charles Perrault, « Le Chat botté ou le maître Chat », *Contes de ma mère l'Oye*, 1697.

1. Les verbes en gras sont-ils conjugués au présent ou au passé ? Justifiez votre réponse en donnant leurs formes à l'autre temps.

2. Relevez leur sujet. Que remarquez-vous ?

3. Observez la dernière voyelle des verbes, puis regroupez-les en trois catégories.

4. Réécrivez-les en remplaçant leur sujet par *ils*.

Retenir

Le passé simple est un temps de l'indicatif employé dans les récits au passé.

- Il se conjugue en ajoutant au **radical** du verbe **une marque de temps** qui prend la forme d'une voyelle, et **les marques de personne**.

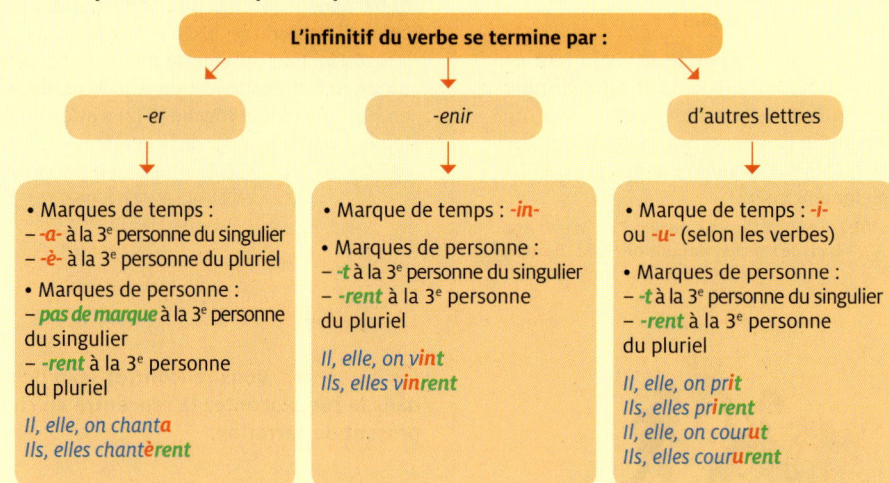

L'infinitif du verbe se termine par :

-er	-enir	d'autres lettres
• Marques de temps : – *-a-* à la 3ᵉ personne du singulier – *-è-* à la 3ᵉ personne du pluriel • Marques de personne : – *pas de marque* à la 3ᵉ personne du singulier – *-rent* à la 3ᵉ personne du pluriel Il, elle, on chant**a** Ils, elles chant**è**rent	• Marque de temps : *-in-* • Marques de personne : – *-t* à la 3ᵉ personne du singulier – *-rent* à la 3ᵉ personne du pluriel Il, elle, on v**in**t Ils, elles v**in**rent	• Marque de temps : *-i-* ou *-u-* (selon les verbes) • Marques de personne : – *-t* à la 3ᵉ personne du singulier – *-rent* à la 3ᵉ personne du pluriel Il, elle, on pr**i**t Ils, elles pr**i**rent Il, elle, on cour**u**t Ils, elles cour**u**rent

- Aux 3ᵉˢ personnes du passé simple, il peut y avoir des modifications dans l'orthographe du radical.

  – Quand le radical du verbe se termine par un *-c*, il faut **ajouter une cédille** devant le *-a* et le *-u* des 3ᵉˢ personnes : *il commença ; il perçut, ils perçurent*.

  – Quand l'infinitif du verbe se termine par *-ger*, il faut **ajouter un -e** devant le *-a* de la 3ᵉ personne du singulier : *il nagea ; il jugea*.

- **Certains verbes changent de radical, par exemple :**

Verbes à marque de temps en -u-	Verbes à marque de temps en -i-
être → il fut, ils furent **avoir** → il eut, ils eurent **devoir** → il dut, ils durent **pouvoir** → il put, ils purent **savoir** → il sut, ils surent **vivre** → il vécut, ils vécurent	**conquérir** → il conquit, ils conquirent **craindre** → il craignit, ils craignirent **écrire** → il écrivit, ils écrivirent **naître** → il naquit, ils naquirent **peindre** → il peignit, ils peignirent

S'exercer

Identifier

1 a. Rangez ces verbes dans chacune des boîtes en fonction des dernières lettres de leur infinitif.
b. En vous aidant de la partie « Retenir », associez chaque boîte à sa marque de temps au passé simple.

boire • vouloir • maigrir • prendre • croire • aller • mentir • avoir • dévorer • perdre • voir • finir • devoir • porter • attendre • répondre • réussir • briser

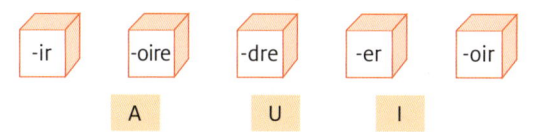

-ir	-oire	-dre	-er	-oir
	A	U		I

2 Classez ces verbes au passé simple dans le tableau ci-dessous : prirent • alla • retira • furent • sut • vint • dit • virent • eurent • lut • prit • fut • survinrent • déposèrent • crut • purent • racontèrent • durent.

3ᵉ personne du singulier	3ᵉ personne du pluriel

3 Recopiez uniquement les verbes conjugués au passé simple. À quel temps sont les autres verbes ? Attention ! Certains verbes peuvent être à deux temps différents.
il partit • il s'enfuit • elle put • il cria • il pue • elle crut • il fait • elle dit • il sue • il connut • il plut • il sortit • elle tient • elle dormit • elle pesa • il admit

Manipuler

4 Recomposez le plus grand nombre possible de verbes en assemblant le radical aux différentes marques, puis donnez l'infinitif de ces verbes. Attention, toutes les combinaisons ne sont pas possibles !
Radical : cr- • d- • cri- • f- • montr- • voul- • pr- • m- • v-
Marques de temps : -a- • -i- • -u- • -è- • -in-
Marques de personne : -t • -rent

5 Conjuguez les verbes entre parenthèses à la 3ᵉ personne du singulier du passé simple.

La fée (*partir*) aussitôt, et on la (*voir*) au bout d'une heure arriver dans un chariot tout de feu, traîné par des dragons. Le roi lui (*aller*) présenter la main à la descente du chariot. Enfin, l'heureux jour (*arriver*) ; on (*partir*), et Cendrillon les (*suivre*) des yeux le plus longtemps qu'elle (*pouvoir*). Lorsqu'elle ne les (*voir*) plus, elle se (*mettre*) à pleurer.
Charles Perrault, « Cendrillon ou la Petite Pantoufle de verre », *Contes de ma mère l'Oye*, 1697.

6 Dictée préparée
a. Donnez l'infinitif des verbes en gras et retrouvez leur sujet.
b. Sous la dictée de votre professeur, écrivez ce texte en faisant attention à bien orthographier les verbes.

Peu de jours après, le fils du roi **fit** publier à son de trompe qu'il épouserait celle dont le pied serait bien juste à la pantoufle. On **commença** à l'essayer aux princesses, ensuite aux duchesses, et à toute la cour, mais inutilement. On la **porta** chez les deux sœurs, qui **firent** tout leur possible pour faire entrer leur pied dans la pantoufle, mais elles ne **purent** en venir à bout.
Charles Perrault, « Cendrillon ou la Petite Pantoufle de verre », *Contes de ma mère l'Oye*, 1697.

S'exprimer

7 Une sorcière s'enfuit, pourchassée par un enchanteur. Racontez cet épisode à la 3ᵉ personne et au passé simple.

Méthode
Utilisez des verbes de mouvement variés.

25 Savoir conjuguer l'imparfait

Retenir

L'imparfait de l'indicatif est un temps employé dans un récit au passé.

- Pour le former, on ajoute au radical du verbe les marques de temps **-ai-** ou **-i-** et de personne **-s**, **-s**, **-t**, **-ons**, **-ez**, **-ent**.

je chant **-ai- s**
↓ ↓
temps personne

- Pour connaître le radical, on prend la 1ʳᵉ personne du pluriel du verbe conjugué au présent de l'indicatif, et on enlève *-ons*.

Agir → au présent : *nous agissons* → à l'imparfait : *j'agissais, tu agissais, il agissait, nous agissions, vous agissiez, ils agissaient.*

Personne	Radical	Marques
je	parl	-ais
tu	parl	-ais
il, elle, on	parl	-ait
nous	parl	-ions
vous	parl	-iez
ils, elles	parl	-aient

Attention

- Le verbe **être** est le seul à changer de radical à l'imparfait de l'indicatif : *j'étais, tu étais, il était, nous étions, vous étiez, ils étaient.*
- Pour les verbes en **-cer**, on ajoute une **cédille** au *-c* devant *-ai-* : *je traçais*.
- Pour les verbes en **-ger**, on ajoute un **-e** après le *-g* devant *-ai-* : *je nageais*.

S'exercer

1 Identifier et manipuler

1 Dans chacune de ces paires, l'un des mots est un nom, l'autre un verbe à l'imparfait. Distinguez-les : savon/savions • été/était • décision/décidions • avions/avion • édition/éditions • nage/nageais • portier/portiez • expression/exprimions.

2 Dans chacune de ces paires, repérez les verbes conjugués à l'imparfait de l'indicatif : vais/allais • lirais/lisais • vis/voyais • dormions/dormons • preniez/prenez • disiez/diriez.

3 RÉÉCRITURE Réécrivez ce texte en mettant les verbes conjugués à l'imparfait de l'indicatif.

> Mais je ne suis pas tout à fait certain de réussir. Un dessin va, et l'autre ne ressemble plus. Je me trompe un peu aussi sur la taille. Ici le petit prince est trop grand. Là il est trop petit. J'hésite aussi sur la couleur de son costume. Alors je tâtonne comme ci et comme ça, tant bien que mal.
>
> Antoine de Saint-Exupéry, *Le Petit Prince*, Gallimard, « Folio », 1999.

4 Conjuguez les verbes entre parenthèses à l'imparfait de l'indicatif.
1. Nous (*penser*) vous dire la vérité. **2.** Le chant des oiseaux la (*réveiller*) chaque matin. **3.** L'entraîneur (*placer*) adroitement ses joueurs sur le terrain. **4.** La neige (*recouvrir*) les routes. **5.** Les arbres (*se balancer*) sous le vent.

2 S'exprimer

5 Imaginez les actions qu'un marin avait l'habitude d'accomplir avant chaque voyage. Employez au moins quatre verbes à l'imparfait de l'indicatif.

26 Employer le passé simple et l'imparfait dans un récit au passé

Observer et réfléchir

> Dans un royaume lointain vivait une princesse qui était plus belle que le jour. Tous les matins, elle se promenait au bord d'un étang.
> Un jour, elle observait les hérons au bord de l'eau quand un crapaud sauta à ses pieds : il avait des yeux ronds et de grosses pustules sur le dos. Malgré cela, la princesse se pencha vers lui et l'animal lui demanda un baiser…

1. Repérez les passages descriptifs : à quel temps les verbes sont-ils conjugués ?
2. Quel verbe indique une répétition ? À quel temps est-il conjugué ?
3. Dans la phrase surlignée, à quel temps est conjugué le verbe *observer* ? Décrit-il une action précisément délimitée dans le temps ? Cette action évoque-t-elle un fait qui fait progresser l'histoire ?
4. À quel temps sont conjugués les verbes *sauter*, *pencher* et *demander* ? Qu'en concluez-vous sur l'emploi de ce temps ?

Retenir

Dans un récit au passé, le passé simple est employé en alternance avec l'imparfait.

1. Le passé simple présente les actions comme **achevées et limitées** dans le temps ; il insiste sur l'action, pas sur sa durée. Ces actions, ponctuelles, qui font **progresser** le récit, sont appelées « **actions de premier plan** ».

2. L'imparfait présente les actions **dans leur durée**, les donne à voir en train de se dérouler : elles sont commencées et pas encore achevées.
L'imparfait est utilisé dans les descriptions et peut exprimer un fait habituel, une répétition. Ces actions qui **ne font pas progresser** le récit sont appelées **actions d'arrière-plan**.

La princesse dormait quand le prince entra.
↓ ↓
Action présentée dans son déroulement   Action qui fait progresser le récit
Arrière-plan   Premier plan

À chaque fois qu'un aventurier pénétrait dans la forêt, le dragon le dévorait…
↓ ↓
Répétition   Répétition

Mais ce jour-là, le prince tua le monstre.
↓
Action ponctuelle, qui fait progresser le récit

La fée, qui était laide et méchante, brandit sa baguette pour jeter un sort.
↓ ↓
Description   Action qui fait progresser le récit

Le verbe

Employer le passé simple et l'imparfait dans un récit au passé

S'exercer

1 Identifier

1 a. Les phrases se sont emmêlées ! Reconstituez-les afin d'obtenir des énoncés qui aient du sens.
b. Justifiez les emplois de l'imparfait et du passé simple.

J'épluchais tranquillement des champignons

à chaque fois qu'il avait soif.   qui l'observait.

Le sanglier se rendait à la mare

quand l'un d'eux, tout noir, tomba du panier.

L'agneau ne vit pas le loup

2 Quel verbe évoque un événement qui va modifier le cours de l'action ? À quel temps est-il conjugué ?

Capitaine Renard allait de compagnie
Avec son ami Bouc des plus hauts encornés :
Celui-ci ne voyait pas plus loin que le bout de son nez ;
L'autre était passé maître en fait de tromperie.
La soif les obligea de descendre en un puits [...]
Jean de La Fontaine, « Le Renard et le Bouc », *Fables*, 1668.

3 Recopiez chaque verbe à l'imparfait et précisez s'il s'agit d'une description ou d'une répétition.
1. Le matin, Carabosse faisait frire des œufs de mouche.
2. La vieille choisit un crapaud qui était dodu et dont la peau luisait.
3. Quand je croisais la sorcière dans la forêt, j'étais mort de peur !
4. En entrant dans la cabane, il aperçut une chauve-souris suspendue à une poutre qui se balançait doucement et ronflait bruyamment.
5. Trois fois par semaine, Carabosse s'entraînait à faire des acrobaties sur son balai.

2 Manipuler

4 L'auteur n'a pas eu le temps de finir son texte. Aidez-le en conjuguant correctement les verbes à l'imparfait ou au passé simple. Expliquez votre choix.

Un soir brumeux de février, Catir (*filer*) au coin du feu, son corbeau sur l'épaule. Une ombre emmitouflée, surgissant du brouillard, (*emprunter*) le chemin caillouteux qui (*conduire*) à sa fermette. C' (*être*) une femme à la démarche fière, enveloppée dans une riche houppelande[1]. Elle (*arriver*) à la porte branlante, (*rester*) un instant sur le seuil puis (*entrer*). Le corbeau, dérangé dans sa sieste, (*s'envoler*) et Catir (*demander*) sans se retourner ni quitter des yeux son ouvrage :
– Que me vaut l'honneur de votre visite, noble dame ?
Léo Lamarche, « La Sorcière du Regret », *Contes et légendes des sorcières*, Nathan, 2007.
1. **Houppelande** : vêtement ancien pourvu de longues manches.

5 RÉÉCRITURE L'auteur a oublié de conjuguer au passé les verbes de ce texte. Réécrivez-le en employant le passé simple et l'imparfait.

En ce temps-là, sur terre, il n'y a pas de forêt ni de savane, il n'y a pas d'animaux, ni d'hommes, ni de femmes. En ce temps-là, la terre est un vaste désert de boue lisse. [...] Dieu vit seul dans le ciel noir, et il s'ennuie beaucoup. C'est pourquoi l'envie lui vient de troubler un instant l'infini. Il se penche vers la terre, prend dans sa main une boule de boue et fait un homme, qu'il appelle Lune.
D'après Henri Gougaud, *L'Arbre à soleils*, Seuil, « Afrique noire », 1979.

3 S'exprimer

6 TOP CHRONO ! En trois phrases, évoquez quelque chose que vous faisiez tous les jours ou presque pendant les dernières vacances.

> **Méthode**
> Réfléchissez au temps que vous allez employer

7 Complétez ce texte. Vous emploierez quatre verbes au moins aux temps du passé qui conviennent.
Le Petit Chaperon rouge se promenait dans la forêt avec insouciance : la fillette ....
Tout à coup, un loup ....

8 Réécrivez le conte du Petit Chaperon rouge, en inversant les rôles : le chaperon sera un être cruel et redoutable, tandis que le gentil loup sera la victime...

> **Méthode**
> Soyez très attentif à l'emploi du passé simple simple et de l'imparfait.

27. Savoir conjuguer et employer le futur

Observer et réfléchir

> Vous devez savoir, en effet, que tout au long de votre séjour à l'école, votre maison **sera** pour vous comme une seconde famille. Vous y **suivrez** les mêmes cours, vous y **dormirez** dans le même dortoir et vous **passerez** votre temps libre dans la même salle commune.
>
> J. K. Rowling, *Harry Potter à l'école des sorciers* [1997], trad. de l'anglais par J.-F. Mesnard, Gallimard Jeunesse, 1998.

1. Regardez les verbes en gras. Donnez-en l'infinitif.
2. À quel temps sont-ils conjugués ?
3. Isolez la terminaison des trois derniers verbes et observez le radical. Que constatez-vous ?
4. Essayez d'expliquer comment sont construits les verbes conjugués au futur.

Retenir

Le futur simple de l'indicatif exprime un fait qui se situe dans l'avenir.

1. Construire le futur simple de l'indicatif

On forme le futur de l'indicatif en ajoutant au radical des marques de temps et de personne.

je chant	-er-	ai	elle fini	-r-	a
↓	↓	↓	↓	↓	↓
radical	temps	personne	radical	temps	personne

nous prend	-r-	ons
↓	↓	↓
radical	temps	personne

- Les **marques de temps** du futur simple de l'indicatif sont : *-er-* (pour les verbes en *-er*), *-r-* (pour tous les autres verbes).
- Les **marques de personne** du futur simple de l'indicatif sont identiques pour tous les verbes : *-ai*, *-as*, *-a*, *-ons*, *-ez*, *-ont*.
- On peut **s'aider de l'infinitif** du verbe pour construire sa forme au futur, pour la plupart des verbes.

Chanter	Finir	Croire
je chanterai	je finirai	je croirai
tu chanteras	tu finiras	tu croiras
il chantera	il finira	il croira
nous chanterons	nous finirons	nous croirons
vous chanterez	vous finirez	vous croirez
ils chanteront	ils finiront	ils croiront

Savoir conjuguer et employer le futur

- L'ajout de la marque **-r-** crée des changements de radical dans certains verbes courants :

être → je serai	devoir → je devrai
avoir → j'aurai	pouvoir → je pourrai
aller → j'irai	vouloir → je voudrai
faire → je ferai	savoir → je saurai
venir → je viendrai	valoir → je vaudrai
tenir → je tiendrai	courir → je courrai
voir → je verrai	mourir → je mourrai

- **Le futur du verbe** *envoyer* est calqué sur celui du verbe *voir* : *envoyer* → *j'enverrai*.
- **Le verbe** *asseoir* se conjugue de deux manières au futur : *j'assoirai* ou *j'assiérai*.

2. Employer le futur simple de l'indicatif

- Le futur simple de l'indicatif permet le plus souvent d'exprimer une action ou un fait qui ne s'est pas encore produit au moment où l'on parle. Mais il a d'autres emplois :

– il peut exprimer un **ordre** ou un **conseil** : *Vous me suivrez.*

– il peut exprimer une **intention**, une **promesse**, ou une **hypothèse** : *Si vous me donnez un indice, je retrouverai le coupable. Si tu rentres à l'heure, nous partirons ensemble.*

– il peut énoncer une **habitude** : *Il se lèvera à la même heure tous les matins de sa vie.*

– il peut décrire une **vérité générale**, notamment dans des proverbes : *Rira bien qui rira le dernier.*

S'exercer

1 Identifier

1 Pour chaque verbe, réécrivez en noir le radical, en rouge les marques de temps et en vert les marques de personne.
dépassera • aura • dévoilerons • écouterez • remercieras • lanceront • pourra • finirai • seras • avertirez

2 Recopiez les verbes conjugués au futur de l'indicatif. Précisez à quelle personne ils sont conjugués et donnez leur infinitif.

> ÉLISE. – C'est une chose où vous ne me réduirez point.
> HARPAGON. – C'est une chose où je te réduirai.
> ÉLISE. – Je me tuerai plutôt que d'épouser un tel mari.
> HARPAGON. – Tu ne te tueras point, et tu l'épouseras.
> Molière, *L'Avare*, acte I, scène 4, 1668.

3 Dans chacune de ces paires, identifiez le verbe conjugué au futur. Soulignez les marques de personne.
font/feront • peut/pourra • serai/suis • croirons/croyons • obéissez/obéirez • fournis/fourniras • plairont/plaisent • doit/devra

4 Donnez l'infinitif des verbes suivants.
ferai • dira • mettrez • abattront • videras • finirons • crierai • fera • aurez • seras • dicteront • saura • joueras • tapoterai • apparaîtront • copierez • accompliront

5 Reliez chaque radical du futur à son infinitif.

croir- •	• avoir
devr- •	• être
pourr- •	• savoir
ser- •	• croire
saur- •	• pouvoir
aur- •	• devoir

6 Indiquez l'emploi du futur dans chacune des phrases suivantes : hypothèse, ordre, vérité générale, habitude.
1. Qui vivra verra.
2. Tu m'attendras dans le couloir !
3. Chaque jour, il y repensera.
4. Si nous travaillons, nous triompherons.

7 Dans chaque couple de mots, relevez le verbe conjugué au futur. Justifiez votre réponse.

je saurais/je saurai • il travaillera/il travailla • nous négocions/nous négocierons • tu pensas/tu penseras • elles feront/elles font • nous perçons/nous percerons • vous dormez/vous dormirez • il prendra/il prendrait • nous voudrons/nous voudrions • tu serais/tu seras • nous plaisantons/nous plaisanterons • elles sont/elles seront

Manipuler

8 Conjuguez les verbes suivants au futur et aux personnes demandées.

entrer (*tu*) • accomplir (*vous*) • avoir (*je*) • rencontrer (*ils*) • surprendre (*nous*) • croire (*tu*) • trouver (*je*) • agir (*vous*) • vouloir (*il*) • commencer (*nous*) • savoir (*tu*)

9 Recopiez les phrases en conjuguant les verbes ou les expressions en gras au futur de l'indicatif.
1. Mon oncle **pense appeler** les enfants ce soir. **2.** Toute la famille **prend** ses vacances en Italie cet été. **3.** Son article **va dévoiler** le plus grand scandale du siècle. **4.** Il **est sur le point de découvrir** toute la vérité. **5.** C'est décidé, demain, je lui **raconte** tout.

10 Conjuguez les verbes entre parenthèses au futur de l'indicatif.
1. Sophie et Paul (*être*) dans le même groupe. **2.** Tu (*venir*) nous rejoindre dans le hall. **3.** Je vous (*sauver*) ! **4.** Sa fille (*vouloir*) le revoir avant son départ. **5.** Nous (*avoir*) la joie de le retrouver plus tard. **6.** Les paysans (*pouvoir*) se défendre en cas d'invasion. **7.** (*croire*)-vous son histoire ? **8.** L'artiste (*finir*) son travail pour le jour de l'exposition.

11 Réécrivez ces phrases en remplaçant les verbes en gras par ceux entre parenthèses.
1. Le voilier **achèvera** (*finir*) sa course autour du monde dans la soirée. **2.** Nous **irons** (*venir*) lui rendre visite dès demain. **3.** Les candidats **seront** (*patienter*) dans la salle principale. **4.** Vous **aurez** (*découvrir*) la réponse à la fin du roman. **5.** Je **ferai** (*accomplir*) tout mon possible. **6.** Cette fusée **volera** (*se déplacer*) à la vitesse de la lumière. **7.** Nous **verrons** (*apercevoir*) toute la scène de là-haut.

12 Transposez ces verbes aux trois personnes du pluriel.
1. je lirai • tu liras • il lira. **2.** je ferai • tu feras • il fera. **3.** je fournirai • tu fourniras • il fournira. **4.** je plierai • tu plieras • il pliera.

13 Dictée préparée
a. Recopiez et complétez ce texte à l'aide des verbes suivants : vaincront • sera • faudra • périra • iront • jaillira • donnera.

b. Écrivez ce texte sous la dictée de votre professeur.

Cinq .... vers l'ouest chercher la déesse enchaînée
Un .... perdu dans la terre où il ne pleut pas de l'année.
Le fléau de l'Olympe .... la direction.
Pensionnaires et Chasseresses .... dans l'union.
Il .... résister à la malédiction du Titan.
Et un .... de la main d'un parent.

Rick Riordan, *Percy Jackson*, tome III,
Le Sort du Titan, Albin Michel, 2008.

14 Aidez Harry Potter à décoder cette prophétie. Pour cela, accordez les verbes entre parenthèses au futur simple de l'indicatif.

Celui qui a le pouvoir de vaincre le Seigneur des Ténèbres approche... il (*naître*) de ceux qui l'ont par trois fois défié, il sera né lorsque (*mourir*) le septième mois... et le Seigneur des Ténèbres le (*marquer*) comme son égal mais il (*avoir*) un pouvoir que le Seigneur des Ténèbres ignore... et l'un (*devoir*) mourir de la main de l'autre car aucun d'eux ne peut vivre tant que l'autre survit...

D'après J. K. Rowling, *Harry Potter et l'Ordre du Phénix*,
trad. J.-F. Mesnard, Gallimard Jeunesse, 2003.

3 S'exprimer

15 Inventez le règlement intérieur idéal de votre établissement en cinq phrases conjuguées au futur simple de l'indicatif.

16 TOP CHRONO! Indiquez à ces deux personnages le chemin qu'ils doivent emprunter pour accéder au bâtiment principal. Employez trois verbes au futur de l'indicatif.

Gustave Caillebotte, *Le Parc de la propriété Caillebotte à Yerres*, 1875.

Le verbe 327

28 Savoir conjuguer et employer les temps composés

Observer et réfléchir

> • J'ai voyagé, tu as voyagé, il a voyagé… ; j'avais voyagé, tu avais voyagé, il avait voyagé… ; j'aurai voyagé, tu auras voyagé, il aura voyagé.
>
> • Peu après, j'ai entendu une explosion, et j'ai vu de la fumée s'élever au-dessus des arbres. J'ai couru à la ferme aussi vite que j'ai pu, mais ceux qui y **avaient mis** le feu **s'étaient** déjà **enfuis**. J'ai fouillé dans les décombres… et j'ai aperçu Garrow.
>
> Christopher Paolini, *Eragon, I : L'Héritage*, trad. de l'anglais par B. Ferrier, Bayard Jeunesse, 2004.

1. Observez la première phrase. Quelle différence constatez-vous entre les trois conjugaisons du verbe *voyager* ?

2. Le premier élément de chacun de ces verbes est un auxiliaire. Donnez son infinitif. À quel temps est-il conjugué dans les trois listes ?

3. L'extrait d'*Eragon* est-il écrit au passé, au présent ou au futur ? Quand se passe l'action des verbes en gras : avant ou après celles des autres verbes ?

Retenir

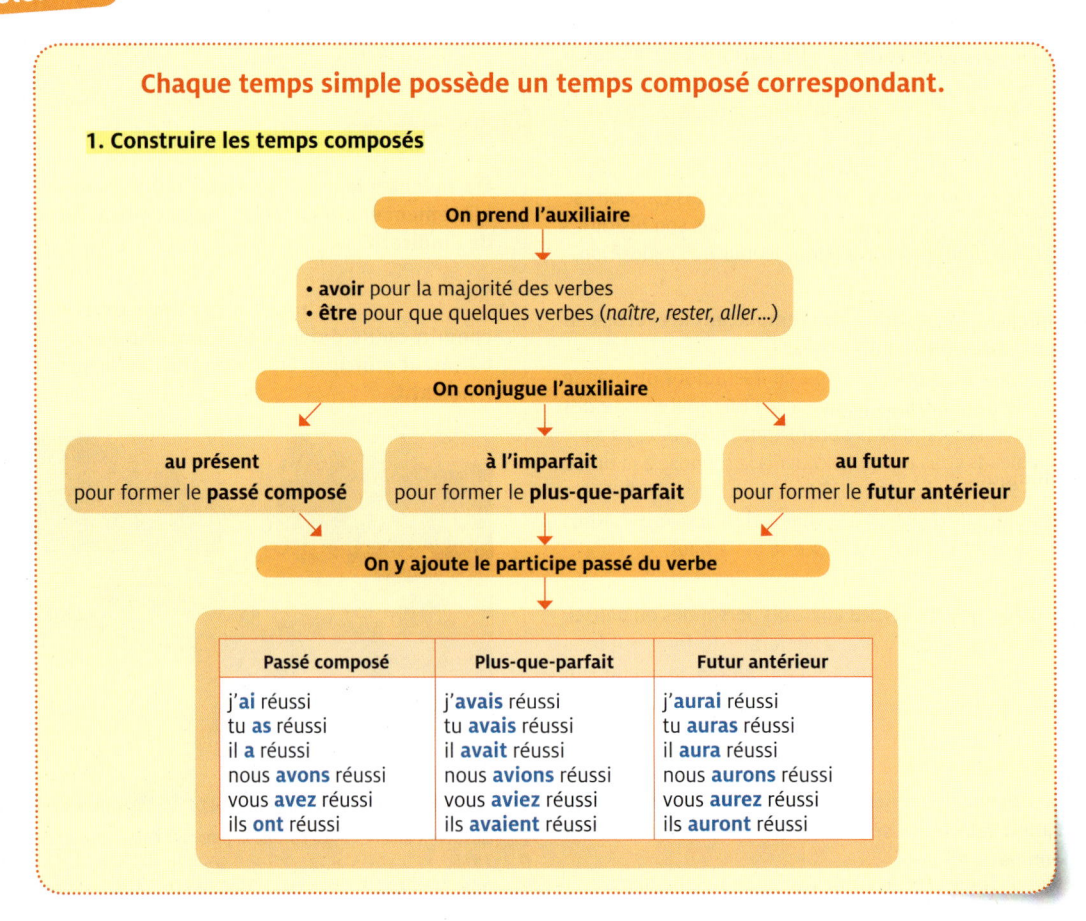

Chaque temps simple possède un temps composé correspondant.

1. Construire les temps composés

On prend l'auxiliaire
- **avoir** pour la majorité des verbes
- **être** pour que quelques verbes (*naître, rester, aller…*)

On conjugue l'auxiliaire

au présent pour former le **passé composé**	à l'imparfait pour former le **plus-que-parfait**	au futur pour former le **futur antérieur**

On y ajoute le participe passé du verbe

Passé composé	Plus-que-parfait	Futur antérieur
j'**ai** réussi	j'**avais** réussi	j'**aurai** réussi
tu **as** réussi	tu **avais** réussi	tu **auras** réussi
il **a** réussi	il **avait** réussi	il **aura** réussi
nous **avons** réussi	nous **avions** réussi	nous **aurons** réussi
vous **avez** réussi	vous **aviez** réussi	vous **aurez** réussi
ils **ont** réussi	ils **avaient** réussi	ils **auront** réussi

Attention

Les verbes *avoir* et *être* ont comme auxiliaire le verbe *avoir* : *j'ai été, j'avais été, j'aurai été ; j'ai eu, j'avais eu, j'aurai eu.*

2. Employer les temps composés

• Les temps composés marquent l'idée d'antériorité :
– par rapport au présent → passé composé : *On ne peut pas entrer ; ils ont fermé la porte !*
– par rapport au passé → plus-que-parfait : *Quand il arriva, elle était déjà partie.*
– par rapport au futur → futur antérieur : *Quand il arrivera, elle sera déjà partie.*

• On emploie le passé composé pour évoquer des actions passées qui font progresser l'action. Il alterne avec l'imparfait, comme le fait le passé simple.

S'exercer

Identifier

1 Donnez l'infinitif de ces verbes, puis classez-les dans le tableau ci-dessous : nous sommes restés • vous aviez triomphé • ils seront arrivés • j'ai été • elles seront parties • tu avais gagné • je me suis endormi • il s'était perdu • vous aurez compris • il aura réussi.

Passé composé	Plus-que-parfait	Futur antérieur

2 Complétez ces phrases à l'aide du pronom personnel sujet attendu. À quel temps chaque verbe est-il conjugué ?
1. .... es parvenu au bout de cette épreuve. 2. .... avait reconnu son agresseur. 3. .... étaient arrivés à l'heure. 4. .... aurez couru toute cette distance. 5. .... serons partis les premiers. 6. .... avons trouvé la solution. 7. .... auront décidé de nous accompagner.

3 Indiquez si les verbes en gras expriment une antériorité par rapport à une situation présente, passée ou future, puis précisez leur temps.
1. Il **s'était endormi** depuis des heures quand la sonnerie le réveilla. 2. Nous nous dépêchons pour rien : le train **est** déjà **parti**. 3. Il accepta son invitation ; pourtant il **avait juré** de refuser. 4. Tu le verras toujours ; tu n'**auras** pas **retenu** la leçon !

Manipuler

4 Conjuguez les verbes suivants aux personnes demandées au passé composé, puis au plus-que-parfait et enfin au futur antérieur.

partir (*elle*) • commencer (*nous*) • être (*je*) • se souvenir (*ils*) • savoir (*tu*) • prendre (*nous*) • croire (*tu*) • nager (*je*) • surprendre (*vous*) • voyager (*elles*) • dépasser (*nous*)

5 Alerte ! Un savant a inventé un robot « orthogaffeur » qui vient d'effacer une partie de ses tableaux de conjugaison. Aidez-le à les remettre en ordre, en insérant au bon endroit les mots de la liste : ont • voulu • plus-que-parfait • nous • avaient • suis • elles • sommes • êtes • es • passé composé.

....	....	....
je		entré
nous		partis
	sont	restées
ils		fini
vous		sortis
tu		allé

....	....	....
tu	avais	
	avions	gagné
elles		connu
il		pris

S'exprimer

6 Lorsque le Prince est arrivé dans le château de la Belle au bois dormant, il a d'abord tenté de l'éveiller sans l'embrasser. Résumez en quelques phrases ses efforts. Vous emploierez le passé composé et le plus-que-parfait. Le ton de votre texte sera comique.

29 Savoir conjuguer et employer le conditionnel présent

Observer et réfléchir

> Mon père était absent de Paris depuis plusieurs jours et ma mère m'avait dit qu'il ne **reviendr**ait que la semaine suivante. Je fus donc bien étonné de le voir debout à mon chevet.
>
> D'après Pierre Ponson du Terrail, *Les Exploits de Rocambole*, 1858-1859.

1. Ce texte est-il écrit au présent ou au passé ?
2. **a.** À quel temps de l'indicatif vous fait penser la partie du mot en gras ?
   b. À quel autre temps de l'indicatif vous fait penser la partie surlignée ?
3. Réécrivez ce passage en commençant la première phrase par « Mon père est absent... ». Effectuez les modifications nécessaires.

Retenir

▶ Employer le conditionnel présent

- Le conditionnel est un **mode verbal** qui possède un temps simple, le présent, et un temps composé, le passé.
- Dans un récit au passé, le conditionnel présent exprime une action qui se déroulera ou pourra se dérouler après l'action racontée : **c'est le futur du passé**.

Il pensait   qu'il réussirait.

  passé   futur du passé

- Cette utilisation du conditionnel présent est particulièrement visible dans les paroles rapportées au passé.

Il expliqua qu'il serait en retard.

  verbe au passé   conditionnel présent

▶ Conjuguer le conditionnel présent

- Le conditionnel présent est un temps simple. Pour le former, il suffit de prendre **la base du futur** (radical + marque de temps -er- ou -r-) et d'y ajouter les **marques de temps et de personne de l'imparfait**.

Personne	Base du futur	Marques de l'imparfait
je	chanter	ais
tu	chanter	ais
il, elle, on	chanter	ait
nous	chanter	ions
vous	chanter	iez
ils, elles	chanter	aient

Finir → au futur : *je finirai* → au conditionnel : *je finirais*
Prendre → au futur : *je prendrai* → au conditionnel : *je prendrais*
Être → au futur : *je serai* → au conditionnel : *je serais*
Avoir → au futur : *j'aurai* → au conditionnel : *j'aurais*

S'exercer

1 Identifier

1 Dans chacun de ces couples de mots, repérez le verbe conjugué au conditionnel et celui conjugué au futur.
irai/irais • serais/seras • restera/resterait • vengerons/vengerions • frapperiez/frapperez • pourraient/pourront

2 Dans chacun de ces couples de mots, repérez le verbe conjugué au conditionnel et celui conjugué à l'imparfait.
aurais/avais • venais/viendrais • punirait/punissait • cherchions/chercherions • saviez/sauriez • admettaient/admettraient.

3 Relevez les verbes conjugués au conditionnel présent dans cet extrait.

> Le premier de ces hommes devait envoyer un son au moment où Nevers passerait la Clarabide, le second quand il entrerait en forêt, le troisième quand il arriverait aux premières maisons du hameau de Tarrides.
> Paul Féval, *Le Bossu*, 1857.

2 Manipuler

4 Conjuguez les verbes suivants aux personnes demandées au conditionnel présent.
pouvoir (*tu*) • lancer (*ils*) • avoir (*je*) • poursuivre (*vous*) • prendre (*tu*) • tenir (*ils*) • voir (*nous*) • changer (*tu*) • apprendre (*je*) • sembler (*vous*) • jaillir (*nous*)

5 RÉÉCRITURE Réécrivez ce texte en mettant les verbes conjugués au conditionnel présent.

> La princesse se percera la main d'un fuseau ; mais, au lieu d'en mourir, elle tombera seulement dans un profond sommeil qui durera cent ans, au bout desquels le fils d'un roi viendra la réveiller.
> Charles Perrault, « La Belle au bois dormant », *Contes de ma mère l'Oye*, 1697.

6 Accordez les verbes entre parenthèses au conditionnel présent. Désignez les sujets utilisés.
1. Le marquis s'arrêta et voulut juger de l'effet que ce nom (*produire*) sur l'homme tatoué. **2.** Roland commença par se demander à quoi il (*employer*) ces trois mortelles heures. **3.** Je t'ai promis que tu (*savoir*) tout absolument. **4.** J'ai cru que nous n'en (*finir*) pas. **5.** Oh ! Mon pauvre cœur a battu bien fort lorsque ma mère m'a annoncé que nous (*partir*) bientôt. **6.** Il a été convenu que Fabien et sa femme (*habiter*) chez moi jusqu'à la fin du deuil.

7 Transposez ces phrases au passé. Pour cela, conjuguez le premier verbe de chacune des phrases à l'imparfait et le second au conditionnel présent.
1. J'entends dire souvent qu'il mourra. **2.** La comtesse s'écrie que vous ne viendrez pas. **3.** Je crois que tu ne viendras pas. **4.** Il déclare qu'il t'épousera. **5.** Walter Bright est libre de quitter la marine quand bon lui semblera. **6.** Il devine que ce nouveau défi restera sans réponse. **7.** Je me jure que j'ensevelirai mon secret au plus profond de mon cœur.

8 Dictée préparée
a. Repérez les verbes conjugués et identifiez les temps utilisés.
b. Précisez quel est le sujet de chaque verbe et expliquez leurs accords.
c. Sous la dictée de votre professeur, écrivez ce texte en faisant attention à la conjugaison du conditionnel présent.

> *Cendrillon vient de recevoir une robe et un carrosse de sa marraine la fée.*
> Quand elle fut ainsi parée, elle monta en carrosse ; mais sa marraine lui recommanda, sur toutes choses, de ne pas passer minuit, l'avertissant que, si elle demeurait au bal un moment davantage, son carrosse redeviendrait citrouille, ses chevaux des souris, ses laquais des lézards, et que ses vieux habits reprendraient leur première forme.
> Elle promit à sa marraine qu'elle ne manquerait pas de sortir du bal avant minuit.
> Charles Perrault, « Cendrillon ou la Petite Pantoufle de verre », *Contes de ma mère l'Oye*, 1697.

9 TOP CHRONO! En trois minutes, recréez le plus grand nombre de verbes au conditionnel en associant correctement les éléments de la liste. Méfiez-vous des intrus !
Sujets : ils • nous • tu • vous • elle
Bases : bondir- • saur- • ét- • trouver- • prendr-
Marques : -iez • -aient • -ais • -ions • -ai

3 S'exprimer

10 Racontez les projets d'une personne qui pense hériter très prochainement d'une immense fortune, en commençant votre texte par : « Quand elle aurait cet argent… ». Employez le conditionnel présent pour exprimer chaque rêve qu'elle compte réaliser.

30 Savoir conjuguer et employer l'impératif présent

Observer et réfléchir

> SCAPIN. – [...] Prenez garde, voici une demi-douzaine de soldats tout ensemble. (*Il contrefait plusieurs personnes ensemble*). Allons, tâchons à trouver ce Géronte, cherchons partout. N'épargnons point nos pas. Courons toute la ville. N'oublions aucun lieu. Visitons tout. Furetons de tous côtés. [...] Allons, dis-nous où il est. Parle. Hâte-toi. Expédions. Dépêche vite.
>
> Molière, *Les Fourberies de Scapin*, acte III, scène 2, 1671.

1. Relevez tous les verbes dont le sujet n'est pas exprimé. Dans quelle intention sont-ils ainsi utilisés ?

2. Retrouvez l'infinitif de ces verbes. En vous appuyant sur les terminaisons, devinez la personne à laquelle chacun d'entre eux est conjugué.

3. Quelle remarque pouvez-vous faire sur la terminaison du verbe *Parle* ?

Retenir

▶ Reconnaître l'impératif

- L'impératif est un mode verbal qui exprime un **ordre**, un **conseil**, une **interdiction** ou une **prière**.
- Il se caractérise par **l'absence de sujet**. Le verbe à l'impératif prend donc la première place dans la phrase.
- Sa conjugaison se réduit à trois personnes : 2e personne du singulier (*tu*), 1re personne du pluriel (*nous*) et 2e personne du pluriel (*vous*).

▶ Conjuguer l'impératif présent

- En général, pour former l'impératif présent, on prend le verbe au présent de l'indicatif et on enlève le sujet.

Indicatif présent	Impératif présent
tu prends	prends
nous prenons	prenons
vous prenez	prenez

Attention
Les **verbes en -er** et les verbes en **-vrir, -frir, -illir** (*ouvrir, cueillir, offrir*...) suivent la même règle, mais à la 2e personne du singulier, on enlève aussi le -s final.

Indicatif présent	Impératif présent	Indicatif présent	Impératif présent
tu parles	**parle**	tu ouvres	**ouvre**
nous parlons	parlons	nous ouvrons	ouvrons
vous parlez	parlez	vous ouvrez	ouvrez

- Cependant, le -s reste présent à la 2e personne du singulier quand le verbe à l'impératif est suivi des pronoms *en* et *y* : *Parles-en. Ranges-y tes livres. Cueilles-en quatre.*

- **Trois verbes très courants changent de radical à l'impératif :**

Être	Avoir	Savoir
sois	aie	sache
soyons	ayons	sachons
soyez	ayez	sachez

S'exercer

Identifier

1 Relevez les verbes conjugués à l'impératif dans cette recette. À quelle personne sont-ils conjugués ? Donnez leur infinitif.

Préparez votre, préparez votre pâte
Dans une jatte, dans une jatte plate
Et sans plus de discours
Allumez votre, allumez votre four
Prenez de la, prenez de la farine
Versez dans la, versez dans la terrine
Quatre mains bien pesées
Autour d'un puits creux,
Autour d'un puits creusé
Choisissez quatre,
Choisissez quatre œufs frais
Qu'ils soient du matin faits
Car à plus de vingt jours
Un poussin sort,
Un poussin sort toujours...

« Recette pour un cake d'amour », *Peau d'Âne*, film de Jacques Demy, 1970.

2 Donnez l'infinitif de chaque verbe.
sache • commençons • brille • bâtissez • veuille • soyez • aie • nageons.

3 Retrouvez dans cette grille les verbes conjugués à l'impératif. Aidez-vous de la liste d'infinitifs fournie. Quel mot formez-vous avec les lettres en gras ?
prendre • ôter • courir • agir • unir • parier • classer • forcer

C	L	A	S	S	E
O	T	O	N	S	I
U	N	I	S	M	R
R	S	I	G	A	A
S	D	N	E	R	P
Z	E	C	R	O	F

2 Manipuler

4 RÉÉCRITURE Réécrivez ce texte en remplaçant le présent de l'indicatif par l'impératif.

Vous faites bouillir une livre d'épaule de mouton avec quelques abats, le tout découpé en petits dés. Vous faites revenir dans un peu de graisse de porc quatre gros oignons taillés en tranches fines, quelques poireaux et quelques cardons coupés en morceaux, un bol de petits pois nouveaux et un bol de fèves fraîches. Vous ajoutez la viande aux légumes avec son eau de cuisson en y mettant un bouquet garni : sariette, thym, romarin, sauge, laurier et quatre bonnes gousses d'ail. Vous liez à la farine, salez, poivrez et laissez mijoter pendant deux bonnes heures.

Robert Escarpit, *Les Contes de la Saint-Glinglin*, Livre de poche jeunesse, 2014.

5 Complétez ces verbes en utilisant la 2ᵉ personne de l'impératif.
1. V_____ à la gare./V_____-y. **2.** Dessin_____-moi un mouton./Dessin_____-en un. **3.** Ouvr_____-lui la porte./Ouvr_____-en une boîte. **4.** Attrap_____ ma main./Attrap_____-en une. **5.** Accroch_____-le au mur./Accroch_____-y ton manteau.

6 Mettez ces phrases à la forme négative.
1. Dis-lui la vérité. **2.** Recommence ! **3.** Parles-en à quelqu'un. **4.** Retournes-y.

7 RÉÉCRITURE Recopiez le texte de l'exercice 1 en conjuguant chaque verbe aux autres personnes de l'impératif présent.

3 S'exprimer

8 TOP CHRONO ! Vous êtes le capitaine d'un vaisseau pirate et vous préparez l'abordage d'un bateau ennemi. Donnez quatre ordres aux hommes de votre équipage.

9 Imaginez la suite de la recette du « cake d'amour ». Pensez à employer de nombreux verbes à l'impératif.

Le verbe

31 Maîtriser les accords au sein du groupe nominal

Observer et réfléchir

> **Leurs bateaux rapides** ont traversé la mer. Ils sont là réunis en **une grande armée**, les Achéens. Ulysse, roi d'Ithaque, est des leurs et Nestor, **le vieux roi** de Pylos, aussi.
>
> Homère, *L'Iliade*, trad. et adapté du grec ancien par M. Laffon, Hatier, 2014.

1. Quel le genre et le nombre de chaque groupe nominal surligné ?

2. Précisez la classe des mots qui les composent.

3. a. Remplacez *bateaux* par *bateau*, *armée* par *armées* et *roi* par *reines*. Quelles modifications notez-vous ?
b. À quelle classe grammaticale appartiennent ces mots ?

Retenir

Le groupe nominal est constitué de mots qui portent les mêmes marques d'accord.

▶ **Le groupe nominal**

- Le **groupe nominal** est construit à partir d'un nom (le **noyau**). Celui-ci peut être précédé d'un déterminant et complété par un ou plusieurs **adjectifs épithètes**.

  le — *vieux* — roi
  déterminant — adjectif épithète — nom-noyau

- Tous les mots qui le constituent partagent les mêmes marques de **genre** (masculin ou féminin) et de **nombre** (singulier ou pluriel).

  le vieux roi — une grande armée — leurs bateaux rapides
  masculin singulier — féminin singulier — masculin pluriel

▶ **L'accord des déterminants**

- Le déterminant (*un, le, mes, cette, chaque*, etc.) se situe devant le nom qu'il introduit.
- Le déterminant s'accorde en genre et en nombre avec le nom qu'il introduit.

  le guerrier — ma déesse — ces affrontements
  masculin singulier — féminin singulier — masculin pluriel

▶ **L'accord des adjectifs**

- L'adjectif s'accorde en genre et en nombre avec le nom qu'il qualifie.

  une **muraille** *infranchissable* — des **pouvoirs** *divins*
  nom — adjectif — nom — adjectif

- Un adjectif peut compléter deux noms au singulier. Dans ce cas, il s'accorde au **pluriel**.
- Si l'un des deux noms est au masculin, il s'accorde obligatoirement au **masculin pluriel**.

S'exercer

1 Identifier

1 **Retrouvez le nom-noyau de ces groupes nominaux.**
le dieu illustre • la formidable aventure • un magnifique présent • une seule tâche • ces mains effroyables • d'autres temps • quelques chants funèbres • une seule parole meurtrière • certaines assemblées royales • un vieux et fidèle serviteur.

2 **Donnez le genre et le nombre de chaque groupe nominal en gras.**
1. Apollon l'enveloppe d'**un grand nuage sombre**.
2. Il attelle ses chevaux à **son char ensanglanté**.
3. Ses frères ont recueilli **ses cendres** dans **une belle urne d'or**.
4. Ce sacrifice lui accorde **la gloire éternelle**.
5. Hadès règne sur **un royaume sombre et cruel**.
6. Même **ses meilleures guerrières** moururent dans **cette sinistre bataille**.

2 Manipuler

3 **À partir d'un élément de chaque liste, reconstituez les quatre groupes nominaux en respectant les accords imposés.**
Déterminants : une • mon • quelques • certaines
Noms : guerriers • bouclier • mères • lutte
Adjectifs : endeuillées • farouches • étincelant • fratricide

4 **Réécrivez ces groupes nominaux en déplaçant l'adjectif devant le nom :** sa reconnaissance éternelle • des histoires extraordinaires • ta convocation immédiate • cet affrontement légendaire • sa victoire héroïque • des combattants divins.

5 **Accordez les adjectifs entre parenthèses.**
1. La jeune fille sort, elle porte sur sa (*long*) tunique de lin (*blanc*) une ceinture (*brodé*), sur sa tête et ses épaules un voile (*léger*).
2. Dans la plaine, on dirait une marée (*humain*).
3. Athéna, la déesse (*guerrier*), soutient les Achéens.
4. Les soldats (*enragé*) se donnent des coups (*mortel*).
5. Les dieux (*capricieux*) favorisent un camp puis l'autre.
6. Même le (*vieux*) roi Nestor porte son armure (*étincelant*).

6 **Placez correctement les déterminants de cette liste dans le texte suivant, en veillant aux accords :**
des • sa • la • leurs • aux • le • les • sa • la • au • des • le.

Ulysse entend .... clapotis .... vagues qui se brisent sur .... ventre .... navires. Il pense .... port d'Ithaque où .... marins racontent .... lointains voyages. À .... terre natale, à .... demeure, ... champs d'oliviers plus haut sur .... colline et d'où l'on voit .... mer.

Homère, *L'Iliade*, trad. et adapté du grec ancien par M. Laffon, Hatier, 2014.

7 **Formez des groupes nominaux en ajoutant un déterminant et deux adjectifs aux noms suivants :**
désert • ville • luttes • course • armures • pouvoir • familles • victoire • frissons • monument.

8 **Recopiez ce texte en ajoutant un adjectif aux noms en gras.**

Deux **cités** y sont aussi représentées avec un **domaine**. C'est la vie des **hommes** qu'Héphaïstos a gravée sur ce **bouclier** : les **moissons**, les **vendanges**, les **bœufs** et les bouviers avec leurs **chiens**. Une **scène** de chasse où deux **lions** attaquent un **taureau**.

Homère, *L'Iliade*, trad. et adapté du grec ancien par M. Laffon, Hatier, 2014.

9 **Dictée préparée.**
a. Relevez les différents groupes nominaux. Précisez leurs accords (déterminants, noms, adjectifs).
b. Écrivez ce texte sous la dictée de votre professeur.

C'est ainsi que les hommes meurent à la guerre. Et leurs âmes ne connaîtront aucun repos, car personne ne leur donnera, aux morts, des funérailles convenables, ni leur offrira les libations rituelles d'eau, d'huile, de miel et de vin. Alors, les âmes des défunts viendront hanter les vivants, leur rappelant sans fin les horreurs des combats. Longtemps encore, après la bataille, on entendra leurs cris mêlés aux hennissements des chevaux affolés.

Homère, *L'Iliade*, trad. et adapté du grec ancien par M. Laffon, Hatier, 2014.

3 S'exprimer

10 **Vous êtes un(e) journaliste envoyé(e) dans une époque du passé. Décrivez le paysage que vous observez, à l'aide de groupes nominaux. Lisez ensuite votre texte à voix haute.**

11 **Vous rencontrez le héros grec Ulysse au siège de Troie, alors qu'il revêt son armure. Décrivez le guerrier et son équipement en cinq groupes nominaux, puis mettez au pluriel les groupes nominaux au singulier.**

32 Maîtriser les accords au sein du groupe verbal

Observer et réfléchir

> Dans l'océan, Neptune **dépose** son trident. Triton **surgit**, une conque à la main. **Il** la porte à sa bouche et souffle longuement, comme dans une trompe. Au son, les fleuves **se rangent**, les eaux **baissent**, la mer **retrouve** ses rivages. Des collines **réapparaissent**, ainsi que des forêts aux branches dépouillées, couvertes de boue.
>
> Françoise Rachmuhl, *16 métamorphoses d'Ovide*, Flammarion Jeunesse, 2010.

1. Relevez les terminaisons des verbes surlignés et classez-les en deux colonnes, l'une comprenant les verbes au singulier et l'autre les verbes au pluriel.

2. Quelle est la classe grammaticale de *la* dans *Il la porte* ?

3. Dans la deuxième phrase, de quels verbes le pronom *il* est-il sujet ?

4. Réécrivez les deuxième et troisième phrases en remplaçant *Triton* par *Les dieux*. Quelles modifications remarquez-vous ?

Retenir

Le verbe et l'attribut s'accordent en genre et en nombre avec le sujet.

▶ **L'accord du verbe**
- Le **verbe** s'accorde avec le **sujet** dont il dépend.
- Le verbe tient du sujet ses **marques de personne et de nombre** : *Il porte / Ils portent*.
- Le sujet peut réunir **plusieurs noms**. Le verbe est alors au **pluriel** :

Deucalion et Pyrrha s'aiment pour l'éternité.
   nom 1   nom 2   verbe

▶ **L'accord de l'attribut du sujet**
- L'attribut du sujet **s'accorde en genre et en nombre avec le sujet** dont il précise une qualité : *Athéna est embarrassée.*
   sujet verbe attribut du sujet

▶ **La place du sujet**
- En général, le sujet se place devant le verbe qu'il commande mais, parfois, des mots peuvent s'intercaler entre le sujet et le verbe.

Il la porte.
sujet verbe

- Le sujet peut être placé **derrière le verbe** dans les phrases interrogatives ou après certains adverbes :

Pensent-ils bien faire ?   *Sans doute a-t-il raison.*
 verbe sujet   adverbe verbe sujet

S'exercer

1 Identifier

1 Repérez les sujets des verbes en gras.
1. Junon, depuis la nuit des temps, **se méfie** de son époux. 2. Autrefois, elle **vivait** sur les bords de la rivière. 3. Jupiter **écoute** les plaintes de sa fille. 4. Le messager leur **rappelle** leur mission. 5. Aussi **pouvez**-vous avoir raison. 6. Andromède et Persée **défient** sans peur la colère d'un Titan. 7. **Pensent**-ils surpasser les dieux ?

2 Relevez les sujets de chacune des phrases suivantes et précisez leur place par rapport aux verbes (devant ou derrière).
1. « Encore toi », dit-il. 2. L'angoisse l'envahit une nouvelle fois. 3. Pour quelle raison viendrait-il nous rendre visite ? 4. Le char s'envola vers les cieux. 5. Narcisse contemple encore son reflet. 6. Telle fut sa volonté. 7. Une nuit vint le désastre.

3 Recopiez les phrases et soulignez les mots situés entre le sujet et le verbe.
1. Cérès, mère des moissons, avait une fille. 2. Proserpine, qui était d'une beauté incomparable, vivait en Sicile. 3. Le dieu l'aperçut, l'enleva et l'aima pour l'éternité. 4. Cérès, à ce moment précis, se mit dans une colère noire. 5. La divinité, inconsolable, dépérit. 6. Jupiter, qui devait prendre une décision, imposa une solution.

2 Manipuler

4 RÉÉCRITURE Réécrivez cet extrait en mettant les sujets soulignés au pluriel et ceux en gras au singulier.

Elle se mit à briser les charrues, à tuer les bœufs avec leurs laboureurs, elle ordonna aux sillons de se sécher, aux semences de pourrir. **Les oiseaux** se précipitèrent sur les grains ; **les tiges**, à peine sorties de terre, se flétrirent, sous l'excès de la pluie ou du soleil ; **les mauvaises herbes** étouffèrent **les plants** qui avaient résisté et bientôt la Sicile perdit sa réputation de fertilité.

Françoise Rachmuhl, *16 métamorphoses d'Ovide*, Flammarion Jeunesse, 2010.

5 TOP CHRONO ! Aidez l'auteur à finir son texte à temps. Placez correctement et le plus vite possible chaque sujet de la liste suivante dans le texte ci-dessous. Aidez-vous des accords du verbe.

le sol • des nations entières • arbres et prés • elle • les sommets des monts • les nuages • les forêts • les moissons • sources et fleuves • toutes les montagnes

Quant à la terre, ... souffre sous l'action de la chaleur. .... s'évaporent, ... s'embrasent, ... se crevasse, ... d'elles-mêmes prennent feu, ... se consument, ... se tarissent, ... sont anéanties. Des villes, ... périssent, et .... flambent, le Parnasse à double cime, l'Etna, volcan redoutable, l'Hélicon, séjour des Muses, et l'Olympe et le Caucase et les Alpes et l'Apennin.

Françoise Rachmuhl, *16 métamorphoses d'Ovide*, Flammarion Jeunesse, 2010.

6 Recopiez les phrases suivantes en accordant correctement les attributs du sujet.
1. Ce char était (*prodigieux*). 2. Le soleil est (*décoloré*). 3. Sa peau devient (*noir*). 4. Leurs jambes paraissent (*puissant*). 5. Ses bras deviennent (*rigide*). 6. La nuit est (*venu*).

7 a. Recopiez ce texte et soulignez les sujets des verbes.
b. Conjuguez les verbes aux temps indiqués en veillant aux accords.
c. Justifiez l'accord du mot souligné. Quelles sont sa classe grammaticale et sa fonction ?

« Si le dieu des Morts (*enlever, passé composé*) ta fille, ce n'(*être, présent*) pas pour lui faire outrage, c'est parce qu'il l'(*aimer, présent*). [...] Pourtant, si tu (*tenir, présent*) à les séparer, Proserpine (*revenir, futur*) sur la terre. À une condition toutefois : qu'elle n'ait rien mangé là-bas. Si elle (*prendre, passé composé*) chez les Ombres nourriture ou breuvage, elle ne (*pouvoir, présent*) retourner vivre chez les mortels. La loi qui l'(*interdire, présent*) (*être, présent*) <u>formelle</u>. »

Françoise Rachmuhl, *16 métamorphoses d'Ovide*, Flammarion Jeunesse, 2010.

8 Dictée préparée
a. Recopiez ce texte en soulignant en rouge les verbes et en vert les sujets.
b. Écrivez ce texte sous la dictée de votre professeur.

Les humains d'abord se réfugient au sommet des collines ou dans des barques, naviguant au-dessus de ce qui était leur champ de blé, leur vigne, leur ferme. Des poissons perchent dans les arbres. [...] L'eau monte encore, recouvre les toits, les tours les plus hautes. Ses remous entraînent des loups avec des brebis, des lions, des tigres, des cerfs, des sangliers. Les oiseaux volent longtemps et, ne sachant où se poser, tombent.

Françoise Rachmuhl, *16 métamorphoses d'Ovide*, Flammarion Jeunesse, 2010.

3 S'exprimer

9 Décrivez un réchauffement climatique soudain et ses conséquences. Vous soulignerez les sujets des verbes et procéderez à deux inversions sujet-verbe au moins.

33 Maîtriser les accords du participe passé

Observer et réfléchir

> Mes yeux s'habituaient à l'obscurité. Ces futurs morts étaient **habillés** à la mode des matelots. Leurs visages étaient **marqués** par le diable. Cela ne me surprit guère, car la clientèle du Bon Chien jaune ne m'avait jamais <u>révélé</u> l'image consolante de la vertu.
>
> Pierre Mac Orlan, *Les Clients du Bon Chien jaune*, Gallimard, «Folio», 2008.

1. Relevez les auxiliaires situés devant les participes passés en gras.
2. Quels sont les sujets des verbes ainsi formés ? Donnez leur genre et leur nombre.
3. Avec quel auxiliaire le participe passé souligné est-il employé ?
4. Quel est le sujet du verbe ainsi formé ? Donnez son genre et son nombre.

Retenir

L'accord du participe passé dépend de l'auxiliaire qui le précède.

- Le **participe passé** précédé de l'auxiliaire *être* s'accorde avec le sujet du verbe.

    Leurs visages **étaient marqués** par le diable.
    sujet — auxiliaire — participe passé

- Il s'accorde **en genre et en nombre**.

Sujet masculin singulier	Sujet masculin pluriel	Sujet féminin singulier	Sujet féminin pluriel
on n'ajoute rien	on ajoute **-s**	on ajoute **-e**	on ajoute **-es**

- Toutes les formes de l'auxiliaire *être* permettent l'accord :
  – quand le verbe *être* est conjugué : **elle est (sera, fut, serait, était)** vendue.
  – quand le verbe *être* est un participe passé : **les pirates** ont **été** arrêtés.
  – quand le verbe *être* est un infinitif : **les amis**, merci d'**être** venus.

- Quand le **participe passé** est précédé de l'auxiliaire *avoir*, il ne s'accorde pas avec le sujet.

    Elles **avaient écrit** ces lettres. → **pas d'accord avec le sujet**
    sujet — auxiliaire — participe passé

S'exercer

1 Identifier

① Reliez les phrases à l'auxiliaire qui y est utilisé.

1. Vous aviez voyagé toute la nuit.
2. Il a vécu toute sa vie sur une île.
3. J'aurai participé à cette aventure.
4. Elles sont montées à bord.
5. Nous fûmes abordés.

- auxiliaire *être*
- auxiliaire *avoir*

② Dans quelles phrases repérez-vous un participe passé ?

1. Nous sommes partis à l'aube.
2. Il partit dès le lendemain.
3. Tout cela pour en être arrivé là !
4. Pour avoir roulé trop vite, il aura une amende.
5. Partis très tôt, ils arrivèrent à destination le jour même.
6. Nous avons préparé les chevaux pour la randonnée.

3 a. Repérez les sujets des verbes dans ce texte et donnez leur genre et leur nombre.
b. Relevez les auxiliaires des participes passés en gras, et expliquez leurs accords.

> Elle avait elle-même **grimé** en blessés et en mourants un peloton de soldats décidés qui, dès le début du combat, étaient **tombés** sur le pont et avaient **tenu** supérieurement leur rôle de cadavres. Dans notre précipitation et l'ivresse qui suivit l'action, nous avions **embarqué** l'ennemi sur notre propre bâtiment mêlé d'ailleurs à ses véritables morts.
>
> Pierre Mac Orlan, *Les Clients du Bon Chien jaune*, Gallimard, « Folio », 2008.

Manipuler

4 Accordez ces participes passés au féminin pluriel en ajoutant un auxiliaire *être*.

cru • apparu • réussi • compris • vu • abordé • vendu • accompli • voulu • rendu • poussé • accompli • connu

5 Accordez si nécessaire les participes passés entre parenthèses.
1. Ils ont (*traversé*) les sept mers.
2. Les cartes au trésor seraient (*dissimulé*) dans la doublure de sa veste.
3. Le son des canons a été (*entendu*) jusqu'au port.
4. Les marins ont (*ressenti*) la peur de leur vie.
5. La vérité pourra-t-elle être (*découvert*) ?
6. L'équipage avait (*retrouvé*) un survivant.
7. Le fortin serait (*protégé*) par quatre pirates.
8. L'île était (*occupé*) par des fantômes.
9. La tempête avait (*repris*) au petit matin.
10. Vous êtes tous (*tombé*) dans notre piège.

6 Changez les infinitifs entre parenthèses en participes passés, en les accordant si nécessaire.

> La chanson s'était (*arrêter*) aussi brusquement qu'elle avait (*commencer*), interrompue, aurait-on (*dire*), au milieu d'une note, comme si quelqu'un avait (*poser*) la main sur la bouche du chanteur. Venant de si loin, à travers l'atmosphère limpide et ensoleillée, parmi les arbres verdoyants, elle m'avait (*paraître*) mélodieuse et aérienne. L'effet produit sur mes compagnons n'en fut que plus étrange.
>
> D'après Robert Louis Stevenson, *L'Île au trésor*, trad. de l'anglais par J. Papy, Gallimard, 1974.

7 Complétez ces phrases avec le participe passé de votre choix, en l'accordant si nécessaire.
1. Lorsque nous sommes ...... sur l'île, nous avons été ...... 2. Sur la plage, nous avons ...... des crânes humains.
3. Nous avons ...... un peu plus loin et sommes ...... sur un étrange édifice !

8 RÉÉCRITURE Réécrivez ce texte en mettant les verbes en gras au passé composé.

> En mer, les hardis écumeurs !
> Nous **allions** de Fez à Catane...
> Dans la galère capitane
> Nous **étions** quatre-vingts rameurs.
>
> On **signale** un couvent à terre ;
> Nous **jetons** l'ancre près du bord ;
> À nos yeux s'offre tout d'abord
> Une fille du monastère.
> Près des flots, sourde à leurs rumeurs,
> Elle **dormait** sous un platane...
>
> Victor Hugo, « La Chanson des pirates »,
> *Les Orientales*, 1829.

9 Dictée préparée
a. Expliquez les terminaisons des mots en gras.
b. Écrivez ce texte sous la dictée de votre professeur.

> Le lendemain matin, quand il avait vu le mouillage désert, il était **allé** trouver Silver auquel il avait **remis** la carte (désormais inutile) ainsi que toutes les provisions (car la caverne de Ben Gunn était abondamment **pourvue** de viande de chèvre salée) ; bref, il avait **donné** absolument tout pour que lui et ses compagnons puissent quitter le fortin et gagner la colline des deux pics, où ils seraient à l'abri de la malaria et veilleraient sur le trésor.
>
> Robert Louis Stevenson, *L'Île au trésor*, trad. de l'anglais par J. Papy, Gallimard, 1974.

S'exprimer

10 Le capitaine de ce navire affronte une nuit de tempête. Racontez cet épisode au passé composé.

Ivan Aivazovsky, *Vent violent*, 1856, gouache sur papier, 23 x 32,7 cm.

34 Orthographier correctement les sons « s », « k », « g » et « j »

Retenir

Certaines lettres ne se prononcent pas de la même façon suivant les lettres qui les accompagnent.

▶ **s/ss**
- La consonne **-s** se prononce « z » si elle se trouve entre deux voyelles : *poison*.
- Lorsqu'elle est prononcée « s » entre deux voyelles, on double la lettre **-s** : *poisson*.

▶ **c/ç/cu**
- Suivie des voyelles **-e**, **-i**, **-y** la lettre **-c** se prononce « s » : *allian**c**e* ; ***c**itron* ; ***c**ycliste*.
- Suivie des voyelles **-a**, **-o**, **-u** la lettre **-c** se prononce « k » : ***c**abine* ; ***c**ollection* ; ***c**uivre*.
- Lorsque la lettre **-c** est prononcée « s » avant les voyelles **-a**, **-o**, **-u**, on lui ajoute une cédille (**ç**) : *ç**à*** ; *ma**ç**on* ; *re**ç**u*.

▶ **g/ge/gu**
- Suivie des voyelles **-e**, **-i**, **-y** la lettre **-g** se prononce « j » : *a**g**ence* ; *a**g**ir* ; ***g**yrophare*.
- Suivie des voyelles **-a**, **-o**, **-u** la lettre **-g** se prononce « **gue** » : ***g**arde* ; ***g**oéland* ; *dé**g**ustation*.
- Lorsque la lettre **-g** est prononcée « **gue** » avant les voyelles **-e**, **-i**, **-y**, on lui ajoute un **u** (**gu**) : ***gu**erre* ; ***gu**ide* ; ***Gu**y*.

S'exercer

1 Identifier

1 TOP CHRONO ! En une minute, trouvez le plus possible de mots où l'on entend le son « gue », mais écrit seulement avec la lettre *-g*.

2 Dans chaque liste, justifiez la prononciation de la lettre en gras.
c : cons**t**ance • **c**uirasse • annon**c**e • gla**ç**on • contenan**c**e • **c**ardinal.
g : re**g**ard • incorri**g**ible • **g**oût • auber**g**e • fi**g**ure • piè**g**e • obli**g**eance.
s : ca**s**erne • pui**ss**ance • **s**ecours • curio**s**ité • in**s**ai**s**i**ss**able • pré**s**ent • consé**q**uence.

2 Manipuler

3 Complétez les mots suivants en sélectionnant la bonne orthographe (*-s*, *-ss*, *-c* ou *-ç*).
ble......é • ......einture • soup......on • fri......on • pré......ipiter • a......emblée • gla......on • secou......e

4 a. Les virelangues sont des phrases dont la prononciation est rendue difficile par la répétition d'un même son. Quels sons retrouve-t-on dans l'extrait suivant ?
b. Par groupes de deux, essayez de l'écrire sous la dictée.
Ces six chauds chocolats-ci sont-ils aussi chauds quand ces six chocolats-là font leur show ?

5 Dictée préparée
a. Cherchez les mots qui contiennent les lettres étudiées (*-s*, *-c*, *-ç*, *-g*) et justifiez leur prononciation.
b. Écrivez ce texte sous la dictée de votre professeur.

> Le commissaire, qui jusque-là avait tenu sa tête baissée sur ses papiers, la releva pour voir à qui il avait affaire. Ce commissaire était un homme à la mine rébarbative, au nez pointu, aux pommettes jaunes et saillantes, aux yeux petits mais investigateurs et vifs, à la physionomie tenant à la fois de la fouine et du renard. Sa tête, supportée par un cou long et mobile, sortait de sa large robe noire en se balançant avec un mouvement à peu près pareil à celui de la tortue tirant sa tête hors de sa carapace.
>
> Alexandre Dumas, *Les Trois Mousquetaires*, 1844.

35 Orthographier les sons « é » et « è »

Observer et réfléchir

> Nous avons traversé la forêt, comme tu l'avais ordonné, illustre Ulysse, et nous avons trouvé dans un vallon une magnifique demeure construite en pierres polies sur une hauteur dégagée.

> Là, nous entendîmes quelqu'un aller et venir à l'intérieur devant une grande toile en chantant d'une voix mélodieuse.
>
> Homère, *L'Odyssée*, trad. du grec ancien par H. Tronc, Gallimard, « Folioplus classiques », 2004.

1. Relevez tous les mots où vous entendez les sons « é » et « è ».
2. Repérez les mots dans lesquels l'accent est responsable du changement de prononciation de la lettre -e.
3. Distinguez les noms des verbes.

Retenir

Les sons « é » et « è » peuvent s'orthographier de multiples façons.

▶ **À l'intérieur d'un mot**

é, è, ê → Les sons « é » et « è » peuvent s'orthographier à l'aide d'un **accent**.

e → Les sons « é » et « è » peuvent s'orthographier par la **combinaison** de plusieurs lettres, notamment lorsqu'un -e est suivi d'une consonne double ou de deux consonnes : b**e**lle, s**e**rviable.

▶ **À la fin d'un nom**

er → La plupart des **noms masculins** qui se terminent par « é » s'écrivent -**er** : aventuri**er**, contrebandi**er**, flibusti**er**.

ée → La plupart des **noms féminins** qui se terminent par « é » s'écrivent -**ée** : pens**ée**, arriv**ée**.

é → **Aucun des noms** qui se terminent par le suffixe -**ité** ne prend de -e muet : capac**ité**, réal**ité**.

▶ **À la fin d'un verbe**

er → L'**infinitif** de nombreux verbes s'écrit -**er**. Après une préposition, le verbe se met à l'infinitif : all**er**, dépass**er**, encourag**er**. Il se mit à parl**er**.

é → Les **participes passés** des verbes en -er se terminent par -**é**, lorsqu'ils ne sont pas soumis à l'accord : all**é**, dépass**é**, encourag**é**.

Pour vérifier si un verbe en -**er** est à l'infinitif, on peut le remplacer par un verbe en -dre, -ir, -oir : Il a travaill**é**. → Il a **vu**. Il est venu travaill**er**. → Il est venu **voir**.

ez → Presque tous les verbes conjugués à la 2ᵉ personne du pluriel ont leur marque de personne en -**ez**.

ai, ais, ait, aient → Les sons « è » et « é » peuvent aussi être le résultat d'une terminaison verbale :

– au **présent de l'indicatif** : je sais, tu sais, il sait, il paraît.

– au **futur simple** et au **passé simple de l'indicatif** : j'irai, j'allai.

– à l'**imparfait** et au **conditionnel** : je savais, tu savais, il savait, ils savaient, je saurais, tu saurais, il saurait, ils sauraient.

Orthographier les sons « é » et « è »

S'exercer

1 Identifier

1 Classez dans un tableau à deux colonnes les verbes à l'infinitif et les participes passés. Identifiez les intrus.
préparé • allé • dépasser • boucher • dansé • lever • conseillé • braver • arboré • hôtelier • voilé • voilier

2 Écoutez votre professeur lire ce texte à voix haute et relevez les verbes terminés par les sons « é » et « è ». Dites s'ils sont à l'infinitif ou à une autre forme.

> Lorsque ces enfants se virent seuls, ils se mirent à crier et à pleurer de toute leur force. Le Petit Poucet les laissait crier, sachant bien par où il reviendrait à la maison : car, en marchant il avait laissé tomber le long du chemin les petits cailloux blancs qu'il avait dans ses poches.
>
> Charles Perrault, « Le Petit Poucet »,
> *Contes de ma mère l'Oye*, 1697.

2 Manipuler

3 Recopiez ces phrases en rétablissant les terminaisons manquantes (*-é* ou *-er*). Puis réécrivez-les en remplaçant le verbe par celui entre parenthèses.
1. L'attaque du château avait commenc......... à l'aube (*se poursuivre*).
2. Le capitaine se mit à march......... sur une jambe (*suivre*).
3. Son courage avait assur......... notre victoire (*permettre*).
4. L'heure était venue de se lev......... (*se battre*).
5. Décidé à trouv......... le trésor perdu, l'aventurier prit la mer (*découvrir*).

4 Complétez ces verbes à l'aide de la terminaison manquante (*-ais, -ait, -aient, -ez*).
1. Après tout, il connaiss......... les risques.
2. Comme toujours, vous pens......... avoir raison.
3. J'all......... sortir quand le téléphone sonna.
4. En acceptant sa proposition, tu sav......... où tu mett......... les pieds.
5. Ses amis l'invit......... à renoncer.

5 Recopiez ces mots en rétablissant au besoin un accent (*-é, -è, -ê*) sur les *-e* en gras. Aidez-vous d'un dictionnaire.
pistol**e**t • arriv**e**e • r**e**ve • bonn**e**t • coll**e**ge • l**e**cture • ass**e**z • ind**e**mne • tonn**e**rre • **e**xcellent • qu**e**lques • bavar-d**e**r • derri**e**re • apr**e**s • go**e**lette • p**e**rroquet • **e**l**e**ve • honn**e**te • **e**xtr**e**mite • t**e**rrain • r**e**fermer • progr**e**s • r**e**flet • d**e**rnier • bl**e**me

6 Complétez ces noms et ces verbes à l'aide des sons « é » ou « è » (*-ai, -et, -er, -ait*).
1. Le somm......... enneigé les empêche d'accéd......... à cette partie de la montagne. 2. Il lui fixa rendez-vous sur le qu......... 3. L'aigle se f......... rare dans cette région. 4. Son bracel......... lui va à ravir.

7 Recopiez les mots comportant des lettres en gras et accentuez-les correctement si besoin (*-é* ou *-è*).
1. Le gardien sc**e**lle les issues. 2. Nous r**e**v**e**lons un véritable scandale. 3. Quel froid ! On g**e**le sur place ! 4. Elle ach**e**te sa première voiture. 5. Vous vous inqui**e**tez pour rien, il va rentrer.

8 Dictée préparée

a. Lisez attentivement ce texte. Puis repérez et classez les mots qui se terminent en « é » ou « è » suivant l'orthographe du son.

b. Écrivez ce texte sous la dictée de votre professeur.

> On admirait, on s'extasiait... et l'on regardait avec effroi la chambre de la victime, l'endroit où gisait le cadavre, le parquet démuni de son tapis ensanglanté, et les murs surtout, les murs infranchissables au travers desquels avait passé la criminelle. On s'assurait que le marbre de la cheminée ne basculait pas, que telle moulure de la glace ne cachait pas un ressort destiné à la faire pivoter.
>
> Maurice Leblanc, *Arsène Lupin contre Herlock Sholmès*, 1908.

3 S'exprimer

9 TOP CHRONO ! Écrivez un bref poème en cinq vers libres avec des rimes en « é » et « è ». Attention, tous les vers comporteront au moins trois mots avec les sons « é » ou « è ».

10 Décrivez cette peinture d'un quartier parisien en employant le plus grand nombre possible de mots contenant les sons « é » ou « è ».

Le Douanier Rousseau, *Île de la Cité*, 1890-1900.

36 Distinguer et employer les homophones a/à, est/et

Retenir

Les mots *a* et *à*, *et* et *est* se prononcent de la même façon mais ont des sens différents.

a
Le mot *a* correspond au **verbe *avoir***, conjugué au présent, à la 3ᵉ personne du singulier.

*Il **a** retrouvé ses clés.*

à
La **préposition** *à* est invariable. Elle introduit des COI ou des compléments circonstanciels.

*Nous partons **à** huit heures.*
*Il a parlé **à** Arsène Lupin.*

- **Pour les différencier** : si le mot peut être remplacé par *avait*, il s'agit du verbe *avoir* et donc de ***a*** (sans accent).

*Il **a** retrouvé ses clés.* → *Il **avait** retrouvé ses clés.*

est
Le mot *est* correspond au **verbe *être***, conjugué au présent, à la 3ᵉ personne du singulier.

*Il **est** arrivé.*

et
La **conjonction de coordination** *et* sert à relier deux mots, deux groupes ou deux propositions.

*Guerre **et** paix. Il arrive **et** frappe à la porte.*

- **Pour les différencier** : si le mot peut être remplacé par *était*, il s'agit du verbe *être* et donc de ***est*** (avec un -s).

S'exercer

Identifier

1 Relevez dans ce texte les homophones à/a – est/et. Justifiez leur orthographe.

Beaumagnan s'explique d'un mot : c'est un ambitieux. Dès le début, il a mis sa vocation religieuse, qui est réelle, au service de son ambition, qui est démesurée, et l'une et l'autre l'ont conduit à se glisser dans la Compagnie de Jésus où il occupe un poste considérable.

Maurice Leblanc, *La Comtesse de Cagliostro*, 1924.

Manipuler

2 Sélectionnez la bonne orthographe. Justifiez votre réponse.

Une femme, Joséphine Balsamo, (a/à) été transportée dans la salle de l'ancienne tour, où vous étiez tous réunis en soi-disant tribunal. Son procès (a/à) été instruit de la façon la plus déloyale (est/et) la plus perfide. Vous étiez l'accusateur public, monsieur, (est/et) vous avez poussé la fourberie (est/et) la vanité jusqu'(a/à) laisser croire que cette femme (a/à) été votre maîtresse.

Maurice Leblanc, *La Comtesse de Cagliostro*, 1924.

3 Dictée préparée

a. Relevez les homophones étudiés et justifiez leur orthographe.
b. Écrivez ce texte sous la dictée de votre professeur.

Fausse manœuvre, et qui a coûté la vie à la malheureuse. Ce n'est que plus tard que j'ai compris votre ruse ignoble et que j'ai pu reconstituer votre crime dans toute son horreur, la descente de vos deux complices par l'escalier du Curé, la barque trouée et la noyade.

Maurice Leblanc, *La Comtesse de Cagliostro*, 1924.

37 Distinguer et employer les homophones ou/où, mais/mes

Retenir

Les mots *ou* et *où*, *mes* et *mais* se prononcent de la même manière mais ont des sens différents.

ou

La conjonction de coordination **ou** (sans accent) introduit un choix dans la phrase.
*Elle a forcément pris l'escalier **ou** l'ascenseur.*

où

L'adverbe ou pronom **où** indique un lieu ou un moment.
*L'endroit **où** nous nous rendons n'est pas fait pour lui.*

- **Pour les différencier** : si l'on peut remplacer le mot par **ou bien**, il s'agit de la conjonction **ou** (sans accent).

*la bourse **ou** la vie → la bourse **ou bien** la vie*

mes

Le déterminant possessif **mes** est utilisé devant un nom au pluriel.
***mes** amis*

mais

La conjonction de coordination **mais** indique une opposition ou une correction.
*Je l'écoute **mais** je crois toujours en sa culpabilité.*

- **Pour les différencier** : le déterminant possessif **mes** peut être mis au singulier.

***mes** amis → **mon** ami*

S'exercer

1 Identifier

1 Relevez dans ces phrases les homophones *ou/où*, puis *mais/mes*. Justifiez leur orthographe.
1. Mais où est-elle passée ? Je croyais qu'elle serait dans sa chambre ou dans le salon. **2.** J'ai retrouvé mes pulls, mes lunettes, mon portefeuille, mais impossible de mettre la main sur mes chaussettes.

2 Manipuler

2 TOP CHRONO! Réécrivez ces phrases le plus vite possible, en mettant les mots dans le bon ordre.
1. nous • allons • où • mais • ? **2.** sac • prends • ? • mes • je • chaussures • ou • mon **3.** moi • ou • est • m'énerve. • dis • où • elle • je **4.** te • n' • mais • parle • projets • écoutes • je • pas. • mes • de • tu

3 Dictée préparée

a. Relevez les homophones étudiés et justifiez leur orthographe.

b. Écrivez ce texte sous la dictée de votre professeur.

« Voilà, lui dit-il, les clefs des deux grands garde-meubles, voilà celles de la vaisselle d'or et d'argent, qui ne sert pas tous les jours, voilà celles de mes coffres-forts, où est mon or et mon argent, celles de mes coffrets où sont mes pierreries, et voilà le passe-partout de tous les appartements. Pour cette petite clef-ci, c'est la clef du cabinet au bout de la grande galerie de l'appartement bas : ouvrez tout, allez partout, mais pour ce petit cabinet, je vous défends d'y entrer, et je vous le défends de telle sorte, que s'il vous arrive de l'ouvrir, il n'y a rien que vous ne deviez attendre de ma colère. »

Charles Perrault, « La Barbe Bleue »,
Contes de ma mère l'Oye, 1697.

38 Distinguer et employer les homophones la/là/l'a/l'as

Retenir

Les mots *la*, *là*, *l'a* et *l'as* se prononcent de la même manière mais ont des sens différents.

la
- Le mot **la** est un article défini quand il est placé avant un nom, ou un pronom.
- Si le mot **la** est placé à gauche d'un verbe, c'est un pronom.
- **Pour les reconnaître**
L'article défini féminin *la* peut être remplacé par un autre déterminant féminin singulier (*une, ma, ta, cette*…).
La voiture → **Ta** voiture.
Le pronom personnel peut être mis au masculin.
Ils **la** garent. → Ils **le** garent.

là
- L'adverbe **là** (avec un accent) indique un lieu, une direction ou un moment.
- **Pour les reconnaître**
Il peut être remplacé par l'adverbe *ici* ou la forme *-ci*.
*Je ne vous savais pas **là**.* → *Je ne vous savais pas **ici**.*
*À ce moment-**là**, tout était fini.* → *À ce moment-**ci**, tout était fini.*

l'a/l'as
- La forme **l'a** correspond au **pronom** personnel complément (*le, la*) suivi de la **3ᵉ personne du verbe *avoir*** au présent.
- La forme **l'as** correspond au **pronom** personnel complément (*le, la*) suivi de la **2ᵉ personne du verbe *avoir*** au présent.
- **Pour les reconnaître**
Il faut modifier le temps de la conjugaison.
*Il **l'a** trouvé.* → *Il **l'aura** trouvé.*
*Tu **l'as** trouvé.* → *Tu **l'avais** trouvé.*

S'exercer

Identifier et manipuler

1 Relevez dans ces textes les homophones *la*, *là*, *l'a* ou *l'as*. Justifiez leur orthographe.

1. Le prince d'Arcole a vu jadis la comtesse de Cagliostro. Il l'a conduite à Modane. Il la revoit à Versailles. 2. Tu l'as dit toi-même. J'ai repris la valise. 3. Ils la transportèrent jusqu'au banc d'église qui marquait le milieu de la salle. 4. Durant deux heures elle déploya toute la grâce de son esprit et de sa beauté, et elle obtenait de moi la promesse que je viendrais la voir le lendemain.

D'après Maurice Leblanc, *La Comtesse de Cagliostro*, 1924.

2 TOP CHRONO! Recopiez ces phrases en les complétant par les mots *la*, *là*, *l'a* ou *l'as* au bon endroit.

1. Elle est partie sans son écharpe, elle .... oubliée, elle .... laissée .... sur ce portemanteau. 2. Je sais qu'il va venir avec .... voiture, même s'il .... garée tout près. 3. Il a rencontré Michelle à une soirée, et toi, où ....-tu rencontrée ? 4. La peur .... pris, il a couru ...., sur .... route, sans se retourner.

3 Recopiez ces phrases en les complétant par les mots *la*, *là*, *l'a* ou *l'as* au bon endroit. Justifiez votre réponse.

1. Poltron ! tu .... appelé poltron ! 2. .... bonne posa son ouvrage et suivit Sophie à l'antichambre. 3. Paul .... retourna, ... regarda de tous les côtés, puis .... remit à Sophie en secouant .... tête. 4. Sophie, Sophie, es-tu .... ? 5. C'est à moi que ton papa .... envoyée. 6. .... poupée tient par des cordons. 7. Non ; il va rester .... ou tout auprès jusqu'à .... nuit.

D'après la comtesse de Ségur, *Les Malheurs de Sophie*, 1859.

2 S'exprimer

4 Décrivez ce portrait en employant au moins une fois les homophones suivants : *la*, *là*, *l'as*, *l'a*.

Élisabeth Vigée-Lebrun, *Madame Vigée-Lebrun et sa fille Julie*, huile sur toile, 130 x 94 cm, 1789, musée du Louvre, Paris.

L'orthographe 345

39 Connaître les particularités du registre merveilleux

Observer et réfléchir

> Sa marraine, qui était fée, lui dit : « Tu voudrais bien aller au bal, n'est-ce pas ?
> — Hélas ! oui, dit Cendrillon en soupirant.
> — Eh bien ! seras-tu bonne fille ? dit sa marraine, je t'y ferai aller. »
> Elle la mena dans sa chambre, et lui dit : « Va dans le jardin, et apporte-moi une citrouille. »
> Cendrillon alla aussitôt cueillir la plus belle qu'elle put trouver, et la porta à sa marraine, ne pouvant deviner comment cette citrouille la pourrait faire aller au bal. Sa marraine la creusa et, n'ayant laissé que l'écorce, la frappa de sa baguette, et la citrouille fut aussitôt changée en un beau carrosse tout doré.
> Ensuite elle alla regarder dans la souricière, où elle trouva six souris toutes en vie. Elle dit à Cendrillon de lever un peu la trappe de la souricière, et, à chaque souris qui sortait, elle lui donnait un coup de sa baguette, et la souris était aussitôt changée en un beau cheval : ce qui fit un bel attelage de six chevaux, d'un beau gris de souris pommelé.
>
> Charles Perrault, *Cendrillon ou la petite Pantoufle de verre*, 1697.

1. Dressez la liste des événements extraordinaires de ce texte.
2. Quel personnage en est à l'origine ? Que sait-on sur elle ?
3. Dans quel but agit-elle ainsi ?

Retenir

Le merveilleux se caractérise par la présence de magie et de faits surnaturels présentés comme naturels.

• Face à l'étrange, les personnages ne manifestent aucune surprise et considèrent la magie comme faisant partie de leur monde.

▶ **Les caractéristiques du registre merveilleux**

• Le merveilleux apparaît à travers :
– un décor ou un climat éloigné du monde réel ;
– des objets dotés de **pouvoirs magiques** : *baguette, fuseau, épée, clé,* etc. ;
– des personnages magiques : *fée, sorcière, enchanteur,* etc. ;
– des créatures et des animaux imaginaires : *dragon, farfadet, ogre, chat qui parle,* etc. ;
– des actions extraordinaires et des **phénomènes surnaturels** : *métamorphose, apparition, disparition,* etc.

▶ **La naissance du merveilleux et du conte**

• Le merveilleux surgit dès l'Antiquité, dans des textes mêlant l'histoire des divinités et des hommes, et se développe au Moyen Âge.

- Le registre merveilleux est caractéristique du **genre du conte de fées**, mis par écrit à la fin du XVIIᵉ siècle. Il propose des aventures dans lesquelles les personnages affrontent ou utilisent régulièrement la magie.
- Le genre du conte de fées présente souvent un **personnage principal issu du peuple**, secouru par une **aide magique**. Les personnages sont souvent **entièrement bons** ou **entièrement méchants**.

S'exercer

1 Identifier

1 Parmi les textes suivants, quels sont ceux dans lesquels on trouve le registre merveilleux ?

1. La déesse, avant de s'éloigner, asperge la Lydienne du suc d'une herbe empoisonnée. Aussitôt les cheveux d'Arachné tombent, et son nez, et ses oreilles. Sa tête rapetisse, son corps fond. À ses flancs s'attachent, au lieu de jambes, de maigres doigts interminables. Il ne lui reste plus qu'un ventre, d'où sort un fil.

Françoise Rachmuhl, *16 métamorphoses d'Ovide*, Flammarion, 2010.

2. On venait d'amener un prévenu devant le juge d'instruction, et malgré ses dénégations, ses ruses et un alibi qu'il invoquait, il fut convaincu de faux et de vol avec effraction.

Émile Gaboriau, *Le Petit Vieux des Batignolles*, 1876.

3. Après les cérémonies du baptême toute la compagnie revint au palais du roi, où il y avait un grand festin pour les fées. On mit devant chacune d'elles un couvert magnifique, avec un étui d'or massif, où il y avait une cuiller, une fourchette, et un couteau de fin or, garni de diamants et de rubis. Mais comme chacun prenait sa place à table, on vit entrer une vieille fée qu'on n'avait point priée parce qu'il y avait plus de cinquante ans qu'elle n'était sortie d'une tour et qu'on la croyait morte, ou enchantée.

Charles Perrault, « La Belle au bois dormant », *Contes de ma mère l'Oye*, 1697.

4. Et presque aussitôt, bondissant de branche ne branche, apparut au-dessus de leurs têtes le plus magnifique écureuil rouge que Caspian ait jamais vu. Il était beaucoup plus grand que les écureuils ordinaires qu'il avait aperçus parfois dans les jardins du château ; en fait, il avait presque la taille d'un chien terrier, et il suffisait de regarder son visage pour comprendre qu'il savait parler. Et justement, la difficulté était de l'arrêter de parler car, comme tous les écureuils, c'était un incorrigible bavard.

C. S. Lewis, *Le Monde de Narnia. Le Prince Caspian*, Gallimard, 2008.

2 Classez ces mots en trois catégories (personnages, êtres surnaturels, objets magiques) : prince • bottes de sept lieues • ogre • fée • reine • baguette • sorcière • chat botté • princesse • pantoufle de verre • roi • miroir magique • Cendrillon.

2 Manipuler

3 Retrouvez un verbe, un nom et un adverbe de la famille du mot *merveilleux*. Aidez-vous au besoin d'un dictionnaire.

4 Associez chaque mot à sa définition : maléfice • enchanteur • baguette • sorcière • métamorphose • ogre.
1. changement de forme. 2. sortilège qui vise à nuire à une personne. 3. femme aux facultés diaboliques. 4. géant, mangeur d'enfants. 5. instrument des fées. 6. individu doté de pouvoirs surnaturels.

3 S'exprimer

5 Écrivez la suite de ce récit en imaginant le réveil des deux géants.

Le roi a envoyé le petit tailleur combattre des géants.
Il s'enfonça dans la forêt en regardant à droite et à gauche. Au bout d'un moment, il aperçut les deux géants. Ils étaient couchés sous un arbre et dormaient en ronflant si fort que les branches en bougeaient. Pas paresseux, le petit tailleur remplit ses poches de cailloux et grimpa dans l'arbre. Quand il fut à mi-hauteur, il se glissa le long d'une branche jusqu'à se trouver exactement au-dessus des dormeurs et fit tomber sur la poitrine de l'un des géants une pierre après l'autre.

Les frères Grimm, « Le Vaillant Petit Tailleur », *Contes*, trad. de l'allemand par M. Robert, Gallimard, 1976.

6 Choisissez un objet de la vie quotidienne et décrivez-le en le dotant de facultés magiques.

Les registres

40 Connaître les particularités du registre épique

Observer et réfléchir

> Thésée était face au Minotaure. La bête énorme chargea, mais le héros agile échappa d'un bond à ce premier assaut. Il réussit à lui arracher une corne au passage ! Quand elle fit demi-tour, Thésée s'élança pour lui planter la corne en plein front. La bête essaya d'esquiver le coup : la corne se ficha dans son flanc et lui fit perdre beaucoup de sang. Le monstre s'éteignit alors doucement.
>
> Claude Pouzadoux, *La Mythologie grecque*, Nathan, 1994.

1. Quels sont les personnages présents dans ce texte ?
2. Rappelez qui est le Minotaure. Par quels autres mots du texte est-il aussi désigné ?
3. Quelles expressions soulignent le caractère extraordinaire du combat ?

Retenir

Le registre épique désigne une écriture de l'exagération et de l'extraordinaire mettant en valeur des actions héroïques.

▶ À l'origine : le genre de l'épopée

• À l'origine, l'épopée désigne un **long poème qui chante les exploits de héros d'exception**. Ces personnages illustres possèdent des capacités physiques et des qualités morales situées bien au-delà de la normalité humaine.

Par exemple, ***L'Iliade*** et ***L'Odyssée*** d'Homère présentent de nombreux combats entre héros et divinités mythologiques.

• Pour prouver sa valeur, le **héros épique** affronte des dangers phénoménaux où interviennent fréquemment des **forces surnaturelles**.

Ainsi, avant de retrouver son palais et sa famille, **Ulysse**, héros de *L'Odyssée*, combat des créatures de la mer et visite les Enfers.

▶ Les caractéristiques du registre épique

• Les particularités de l'écriture épique se retrouvent dans d'autres genres (roman, poésie, cinéma…) : ces œuvres font appel au **registre épique**.

• Le registre épique désigne ainsi un style marqué par :

– l'**amplification**, l'**exagération** ;

– les thèmes de la **violence** et de la **guerre** ;

– la présence du **surnaturel** et du **merveilleux** ;

– un **vocabulaire soutenu** ;

– des **représentations établies du bien et du mal**.

S'exercer

1 Identifier

1 Parmi les textes suivants, quels sont ceux dans lesquels on trouve le registre épique ?

1. Le géant hurle et rugit comme un taureau, il abat à deux mains son pieu contre le lion, mais la bête fait un bond de côté. Yvain en profite pour entrelarder le corps du géant de deux coups d'épée ajustés. Le premier coup lui détache l'épaule, le second lui transperce le foie. Le géant tombe avec fracas ; un grand chêne abattu aurait causé moins d'effroi.

Chrétien de Troyes, *Yvain ou le Chevalier au lion*,
trad. de l'ancien français et adapté par P.-M. Beaude,
Gallimard Jeunesse, 2012.

2. Il était une fois une petite fille de village, la plus jolie qu'on eût su voir ; sa mère en était folle, et sa mère-grand plus folle encore. Cette bonne femme fit faire un petit chaperon rouge, qui lui seyait si bien, que partout on l'appelait le Petit Chaperon rouge.

Charles Perrault, « Le Petit Chaperon rouge »,
Contes de ma mère l'Oye, 1697.

3. À peine eut-il obtenu son consentement qu'il entendit une vague gigantesque se fracasser contre les rochers. La mer s'était fendue sous le large poitrail d'une bête monstrueuse qui avançait droit vers sa victime, la gueule grande ouverte. Persée fit volte-face pour s'interposer.

Claude Pouzadoux,
La Mythologie grecque, Nathan, 1994.

4. La roche gronde épouvantablement et la peur verte envahit mes compagnons. Mais tandis que nous regardons de ce côté, craignant la mort, Scylla attrape six compagnons de mon navire. Je me retourne et j'aperçois leurs bras et leurs jambes qui se débattent pendant que Scylla les enlève dans les airs.

Homère, *L'Odyssée*, trad. du grec ancien et adapté
par I. Pandazopoulos, Gallimard, 2009.

2 Relevez, dans ce portrait héroïque, les expressions qui soulignent le caractère extraordinaire et les facultés exceptionnelles du personnage.

Bientôt, Achille revêt ses armes au milieu de ses hommes. Ses yeux brillent comme deux flammes, ses dents grincent, on dirait un fauve à l'affût de sa proie. Les armes forgées par Héphaïstos sont parfaites. L'armure s'ajuste bien à son corps et les crins d'or de son casque voltigent au vent. Achille prend la lance si lourde et si longue que personne, à part lui, ne peut soulever.

Homère, *L'Iliade*, trad. du grec ancien
et adapté par M. Laffon, Hatier, 2014.

2 Manipuler

3 Formez des adjectifs à partir des noms suivants :
titan • prodige • monstre • colosse • monument • phénomène.

4 Soulignez les expressions liées à l'exagération. Proposez une expression équivalente.
Exemple : Un flot de sang jaillit de sa blessure → Un torrent de sang jaillit de sa blessure.
1. Il s'efforce de donner de grands coups bien lourds. **2.** Le bruit de la bataille le remplit de rage. **3.** La rage lui brûla le cœur. **4.** Sa force était alors celle d'un ours. **5.** Leurs yeux étincellent de mille feux.

3 S'exprimer

5 Après avoir lu l'extrait suivant, développez la dernière phrase de façon à rendre épique la lutte entre les deux animaux.

« On m'a assuré encore, dit le Chat, mais je ne saurais le croire, que vous aviez aussi le pouvoir de prendre la forme des plus petits animaux, par exemple, de vous changer en un rat, en une souris : je vous avoue que je tiens cela tout à fait impossible. – Impossible ? reprit l'ogre ; vous allez voir », et en même temps il se changea en une souris, qui se mit à courir sur le plancher. Le chat ne l'eut pas plus tôt aperçu qu'il se jeta dessus, et la mangea.

Charles Perrault, « Le Maître chat, ou Le Chat botté »,
Contes de ma mère l'Oye, 1697.

6 En quelques lignes, décrivez l'illustration suivante en employant les particularités du registre épique.

Pierre Paul Rubens, *Samson broyant les mâchoires du lion*, 1628, Madrid.

Les registres 349

41 Le vocabulaire de la poésie

Retenir

▶ Le vers et la strophe

- Un poème peut être écrit **en prose** (sans règles rythmiques) ou en **vers**.
- Le vers se définit généralement par le **retour à la ligne** et l'emploi de la **rime**.
- Les vers sont souvent identifiés par leur nombre de syllabes, nommé **mètre**. Les mètres les plus fréquents sont :

  – l'**alexandrin**, vers de **douze** syllabes : *Heu/reux/ qui/ comm(e)/ U/lyss(e)/ a/ fait/ un/ beau/ vo/yag(e)* (Joachim du Bellay).

  – le **décasyllabe**, vers de **dix** syllabes : *Vo/tr(e) âm(e)/ est/ un/ pa/y/sa/ge/ choi/si* (Paul Verlaine).

  – l'**octosyllabe**, vers de **huit** syllabes : *Sa/ gran/deur/ é/blou/it/ l'his/toir(e)* (Victor Hugo).

Attention

Il ne faut pas oublier de prononcer les *-e* suivis d'une consonne ; en revanche le *-e* devant une voyelle ou en fin de vers ne se prononce pas.

- Le **vers libre** est un vers sans nombre de syllabes fixes et parfois sans rime. La seule différence entre vers et prose est le retour à la ligne.
- La **strophe** est un groupe de vers séparés des autres par un blanc. Le **quatrain** est une strophe de quatre vers et le **tercet** un groupe de trois vers.

▶ Les rimes et la musicalité

- La **rime** est le retour d'un son identique en fin de vers.
- Les rimes terminées par un *-e* muet sont appelées rimes **féminines** (par exemple, quand *grises* rime avec *églises*). Les autres sont appelées rimes **masculines**. Traditionnellement, les poètes font alterner rimes féminines et masculines.
- Les rimes peuvent se suivre selon différents schémas.

Structure	Rimes
AABB : *lampe/ tempe/ aimés/ fermés*	plates ou suivies
ABAB : *bois/ tours/ hautbois/ toujours*	croisées
ABBA : *cœur/ tournois/ sournois/ vainqueur*	embrassées

- Les répétitions d'un même son à l'intérieur d'un vers ou d'une strophe renforcent la musicalité du poème. Ce son peut être :

  – un son voyelle ; on parlera alors d'**assonance** : *Îles tapies, îles immobiles, îles inoubliables* (Blaise Cendrars).

  – un son consonne ; on parlera alors d'**allitération** : *Miroir, mondain, Madame, magnifique* (Théodore de Banville).

▶ Des formes poétiques

- Le **haïku**, d'origine japonaise, se compose de trois vers de cinq, sept et cinq syllabes.
- Le **sonnet** est un poème de quatorze vers répartis en deux quatrains et deux tercets.
- Le **rondeau** est un petit poème contenant un refrain à son début, en son milieu et à sa fin.
- L'**ode** est un long poème qui célèbre une personne, un objet ou un sentiment.

42 Le vocabulaire du théâtre

Retenir

Le théâtre est le genre où on représente un texte sur scène.

• Le texte est écrit par un auteur appelé **dramaturge** pour être joué par des **comédiens**.

• Un **metteur en scène** dirige la représentation. Selon son interprétation du texte, il choisit **décors** et **costumes**, et fait répéter les comédiens en leur indiquant comment prononcer les répliques et se déplacer sur scène.

• Un **scénographe**, aidé de plusieurs spécialistes, adapte les salles de théâtre pour la représentation.

▶ La parole au théâtre

• Le texte d'une pièce de théâtre comprend :

– les **répliques** : ce sont les paroles prononcées par les personnages sur scène. Une réplique plus longue que les autres est une **tirade** ;

– les **didascalies** : ce sont des précisions données par l'auteur sur la façon dont le texte doit être joué, sur les décors, etc. Elles ne sont jamais prononcées par les comédiens en scène.

• Les personnages peuvent parler entre eux ou au public :

– plusieurs personnages parlent entre eux → c'est un **dialogue** ;

– un personnage prononce une réplique que seul le public entend → c'est un **aparté** ;

– un personnage seul sur scène prononce une tirade → c'est un **monologue**.

• Au théâtre, le texte est prononcé par les personnages à destination des autres personnages, mais aussi à destination du public. Il y a donc deux destinataires aux paroles énoncées. On appelle ce phénomène la **double énonciation**.

• Parfois, un ou plusieurs personnages prennent une personne ou une situation pour une autre, alors que le public le sait : on parle alors de **quiproquo**.

▶ L'action au théâtre

• Une pièce est divisée en **actes**, qui correspondent souvent à une étape de l'action. Les actes sont divisés en **scènes**. Traditionnellement, on change de scène à chaque entrée ou sortie d'un personnage.

• Une pièce de théâtre raconte une histoire nommée **intrigue**.
Celle-ci peut être découpée en trois moments :

– l'**exposition**, où l'on présente l'intrigue ;

– le **nœud**, moment où se déroulent les péripéties ;

– le **dénouement**, où l'intrigue est résolue.

• Quand l'intrigue se finit bien et que la pièce est surtout destinée à faire rire, la pièce est une **comédie**.

• Quand l'intrigue présente des événements douloureux auxquels les personnages ne peuvent pas échapper, la pièce est une **tragédie**.

Le vocabulaire du théâtre

▶ Le monde du théâtre

Le théâtre est aussi le lieu où sont représentées les pièces. Une salle de théâtre contient :

• la **scène**, le plateau où jouent les comédiens. Le côté droit de la scène, vu de la salle, est le **côté cour**, l'autre le **côté jardin** ;

• le **rideau**, qui sert à masquer la scène ;

• les **coulisses**, la partie du théâtre située derrière la scène, où les comédiens se préparent ;

• une **fosse d'orchestre** où peuvent jouer des musiciens ;

• la **rampe**, qui sépare la scène des spectateurs ;

• des places où s'assied le public, réparties en **loges d'avant-scène** (sur les côtés de la scène), **parterre** ou **orchestre** (au niveau de la scène), **corbeille** ou **premier balcon** (au premier étage), **poulailler** ou **paradis** (places les plus hautes de la salle).

S'exercer

1 Identifier

1 Dans le texte suivant, repérez les répliques, les noms de personnages et les didascalies.

> SGANARELLE *entre sur le théâtre en chantant et tenant une bouteille.* – La, la, la.
> VALÈRE. – J'entends quelqu'un qui chante, et qui coupe du bois.
> SGANARELLE. – La, la, la... Ma foi, c'est assez travaillé pour boire un coup ; prenons un peu d'haleine. *(Il boit, et dit après avoir bu :)* Voilà du bois qui est salé comme tous les diables.
> Molière, *Le Médecin malgré lui*, acte I, scène 5, 1666.

2 Dans chaque couple de phrases, identifiez celle dans laquelle le mot en gras désigne un lieu.
1. Cette pièce est au programme de la **Comédie**-Française cette année. / Molière s'est illustré dans le genre de la **comédie**. **2.** Une fois monté sur **scène**, il devient une autre personne./ Dans cette **scène**, Sganarelle s'enivre. **3.** Ce **théâtre** a complètement été rénové./ Nous allons entamer notre étude sur le **théâtre**.

2 Manipuler

3 En vous aidant si besoin d'un dictionnaire, associez chaque métier à sa définition : metteur en scène • régisseur • dramaturge • comédien • costumier • éclairagiste. **1.** Il est chargé d'élaborer les costumes d'une pièce. **2.** Il interprète le rôle dans une pièce. **3.** Il est chargé de l'organisation matérielle d'une pièce. **4.** Il est auteur de pièces de théâtre. **5.** Il est responsable des éclairages. **6.** Il dirige les comédiens lors des répétitions.

4 Associez chaque numéro à la liste de mots suivants : scène • rideau • parterre • loge • poulailler • corbeille.

Théâtre national de Nice.

3 S'exprimer

5 a. Devenez dramaturge : Valère vient demander au bûcheron Sganarelle, qu'il prend pour un médecin, de guérir une femme malade. Vous écrirez leur dialogue sous la forme d'un texte de théâtre.

b. Devenez metteur en scène : imaginez un décor et des costumes pour les deux personnages, puis rédigez des conseils que vous pourriez donner aux comédiens pour répéter et jouer le texte.

> **Méthode**
> Employez des didascalies pour signaler :
> – le ton des comédiens ;
> – leurs déplacements.

43 Le vocabulaire de l'image

▶ **Identifier une image**

Pour identifier une image, il convient de définir sa nature, son auteur, son titre et sa date de réalisation.

1. Pour définir la **nature** d'une image, on décrit :
– son **type** → tableau, bande dessinée, mosaïque, affiche, céramique, vitrail, photographie, etc. ;
– son **support** → toile, verre, pierre, papier, écran, etc. ;
– la **technique** utilisée → peinture, impression, gravure, photographie, prise de vue (film, représentation), etc.

2. Pour présenter les **références** d'une image, on donne :
– le nom de son auteur ;
– le titre de l'œuvre (en italique) ;
– l'époque de sa réalisation.

On peut également préciser le lieu de conservation, la technique utilisée, les dimensions, la durée de l'œuvre (cinéma, représentation), etc.

Claude Gellée dit Le Lorrain, *Ulysse remet Chryséis à son père*, vers 1644, huile sur toile, 119 x 150 cm, musée du Louvre, Paris.

▶ **Analyser un tableau**

Pour analyser une image, il est nécessaire de décrire son **sujet**, sa **composition**, la palette de **couleurs** utilisée et l'**effet de sens** recherché.
En fonction du sujet traité, l'artiste s'inscrit dans un **genre** précis.

1. Pour identifier le **genre** retenu, on dit s'il s'agit :
– d'un **paysage** → villes, plages, mers, campagnes, montagnes, etc.
– d'un **portrait** (et **autoportrait**) → personnages historiques, anonymes, l'artiste lui-même, sa famille, etc.
– d'une **nature morte** → bouquets, tables dressées, vases, animaux morts, objets, etc.
– d'une **scène** → **de genre** (vie quotidienne, rue, intérieur), **mythologique**, **religieuse** ou **historique**.

Le tableau *Ulysse remet Chryséis à son père* présente une scène mythologique inspirée d'un passage de *L'Iliade* d'Homère. Ulysse ramène la jeune Troyenne Chryséis, prisonnière des Grecs, à son père.

Le vocabulaire de l'image

2. Pour décrire la **composition** d'une image, on s'appuie sur plusieurs éléments.

• **Le plan**.
– **Le premier plan** se situe sur le devant de la scène.
– **Le second plan** crée un effet de profondeur.
– **L'arrière-plan** est constitué par le fond de la scène.

Le tableau présente, au premier plan, des marchands sur le port en pleine transaction. Au deuxième plan, on aperçoit, sur les marches du palais de gauche, le héros Ulysse qui remet Chryséis à son père. L'arrière-plan se constitue de l'immense bateau noir et de la mer.

• **Les lignes de force** (diagonales, verticales, horizontales ou courbes) structurent l'image et peuvent attirer le regard sur un élément précis.

Les lignes de force se dirigent vers le bateau central. Situé au centre de la composition, le navire attire obligatoirement le regard du spectateur et se révèle le véritable sujet de la toile.

• **La perspective** crée l'illusion d'une profondeur dans l'image. Elle est créée à partir des **lignes de fuite** qui se dirigent et se retrouvent vers un point situé au fond de l'image (le point de fuite). Ces **lignes** guident le regard de l'observateur vers des masses et des objets précis.

La perspective est marquée par la succession des bâtiments et des colonnes. La taille réduite des personnages au second plan suggère l'immensité du monde maritime.

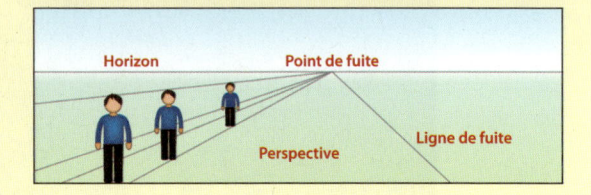

3. Pour analyser le choix des **couleurs**, on décrit :
• **la palette** utilisée et les choix qui dominent parmi les couleurs **froides** (bleu, vert et violet) ; les couleurs **chaudes** (rouge, orange et jaune) ; les teintes **claires** ; les teintes **sombres** ;

• **les jeux de lumière** → l'endroit d'où vient la lumière ; les éléments qu'elle met en valeur ; les contrastes entre les éléments de l'image.

Dans le tableau *Ulysse remet Chryséis à son père*, le navire central, à contre-jour, jette sur le port son ombre puissante, qui contraste avec l'éclat des bâtiments, tandis que les rayons du soleil font scintiller la crête des vagues. Les tuniques et le ciel bleus (couleur froide) côtoient les vêtements rouges et les couleurs chaudes du port.

▶ Analyser une photographie ou un photogramme

• **Le champ** est la partie de la scène visible dans l'image.
– On parle de **hors-champ** pour les éléments qu'on ne peut pas voir. De nombreux auteurs aiment jouer avec l'espace hors-champ en nous faisant imaginer ou deviner ce qu'on ne voit pas ou en faisant dépasser des morceaux d'éléments invisibles par ailleurs.
– On parle de **contre-champ** pour désigner ce que le personnage représenté dans l'image peut voir. On utilise beaucoup au cinéma l'alternance de champ et contre-champ pour montrer chaque personnage dans une conversation.

• **L'angle de vue** est l'angle à partir duquel le sujet est représenté.
– Le regard peut se poser **face** à la scène et se situer à son niveau.
– La **plongée** invite à contempler le sujet à partir d'une position surélevée et crée un effet de domination.
– La **contre-plongée** invite à lever le regard vers le sujet et crée un effet d'écrasement.

Plongée.

• **Le cadrage** désigne le champ visible d'une scène. Il s'appuie sur une **échelle des plans**.
– Le **plan d'ensemble** fait découvrir un lieu, une scène ou un groupe identifiable.
– Le **plan moyen** cadre un personnage de la tête aux pieds.
– Le **plan américain** coupe les personnages à mi-cuisse.
– Le **gros plan** se rapproche au plus près de l'objet cadré pour en souligner les détails.

Contre-plongée.

Plan d'ensemble   Plan moyen   Plan américain   Gros plan

• **Du texte** peut se trouver sur l'image. C'est le cas dans les affiches par exemple. Il faudra alors préciser l'emplacement de ce texte, son sens, et le lien qu'il entretient avec les autres éléments de l'image.

▶ Interpréter une image

Pour expliquer l'**effet de sens** recherché, on s'intéresse :
• aux **impressions** suscitées par l'image → harmonie, désordre, violence, calme, réalité...
• aux **symboles** → les éléments de l'image représentent-ils également des concepts, des idées, des sentiments ?
• au **contexte de création** de l'image :
– le contexte historique → l'œuvre est-elle engagée, a-t-elle un message politique ?
– le contexte artistique → l'œuvre est-elle conforme au style des œuvres d'art de la même époque ou cherche-t-elle à créer une rupture ?

Vocabulaire pratique

44 Les figures de style

Retenir

Les figures de style sont des procédés qui créent un effet sur le son ou le sens des mots.

Voici quelques figures fréquentes :
- La **comparaison** est le rapprochement de deux mots, un comparé et un comparant, à l'aide d'un outil de comparaison (*comme, tel que, pareil à, ainsi que, avoir l'air de, ressembler à...*).

  Le poète est semblable au prince des nuées (Charles Baudelaire).
  comparé — outil de comparaison — comparant

- La **métaphore** est la mise en relation d'un comparé et d'un comparant, sans outil de comparaison : *Un grand troupeau d'étoiles vagabondes* (Joachim du Bellay).
  comparé — comparant

- La **personnification** consiste à attribuer des caractéristiques humaines à un être qui n'est pas humain : *La rue assourdissante autour de moi hurlait* (Charles Baudelaire).

- La **périphrase** est le remplacement d'un seul mot par un groupe de même sens : *Hermès → le messager des dieux.*

- L'**énumération** est une suite de mots de même classe grammaticale ou de fonction identique : *Adieu veau, vache, cochon, couvée* (Jean de La Fontaine).

S'exercer

1 Identifier et manipuler

1 Décomposez chacune de ces comparaisons dans le tableau suivant.

Comparé	Outil de comparaison	Comparant

1. Des divins profonds comme des tombeaux (Charles Baudelaire).
2. Ses yeux brillaient comme des astres (Guillaume Apollinaire).
3. Où l'eau creuse des trous grands comme des tombeaux (Charles Baudelaire).
4. Le ciel s'ouvre à ce chant comme une oreille immense (Victor Hugo).
5. Les éruptions volcaniques sont comme des feux de cheminée (Antoine de Saint-Exupéry).

2 Associez chaque figure de style à l'un des extraits suivants : périphrase • énumération • métaphore • comparaison • personnification.

1. Sur ma route est venu s'asseoir
Un malheureux vêtu de noir
Qui me ressemblait comme un frère (Alfred de Musset).
2. La voilà pâle et effrayée, qui presse sur les dalles insensibles son cœur et son visage (Alfred de Musset).
3. Ô végétation ! esprit ! matière ! force ! (Victor Hugo).
4. Les fleurs des eaux referment leurs corolles (Paul Verlaine).
5. Les nuages de crêpe et d'argent (Victor Hugo).

3 Complétez ces comparaisons en ajoutant le comparant de votre choix.
1. Des arbres grands comme .... 2. Un serpent mince comme .... 3. Mon petit bonhomme devint pâle comme .... 4. Je sentais son cœur battre comme ....

2 S'exprimer

4 Inventez une périphrase pour chacun des mots suivants.
Exemple : les livres → les clés de la connaissance.
soleil • aigle • bibliothèque • sceptre • rose • poisson • jeu • planisphère.

5 Trouvez une énumération pour chaque mot de la liste, puis insérez-la dans une phrase : fleur • oiseau • bateau • arbre • pays • sentiment.

Tableaux des racines grecques et latines

Racines grecques	Sens	Mots français issus du grec
arch-/-arque	commandement	monarque : à la tête d'une monarchie, roi
auto-	soi-même	autonome : qui se gère, qui agit seul
bio-/-bie	vie	biologie : étude des êtres vivants
caco-	mauvais	cacophonie : sons désagréables
call-	beau	calligraphie : art de former de belles lettres
crat-	dominer	démocratie : système où le peuple a le pouvoir
dém-	peuple	démographie : étude des populations
gam-	mariage	polygame : qui a plusieurs époux(ses)
gé-	terre	géologie : étude de la terre
graph-/-gramm-	écriture, lettre	graphologie : étude de l'écriture
gyn-	femme	misogyne : qui hait les femmes
hélio-	soleil	héliotrope : plante qui se tourne vers le soleil
hétéro-	autre, divers	hétéroclite : de nature différente
homo-	même, semblable	homophones : mots de même prononciation
iatr-	médecin	pédiatre : médecin pour les enfants
log-	parole, discours	prologue : discours avant un texte
méga-	grand	mégalopole : très grande ville
micro-	petit	microbe : petit organisme vivant
mis-	détester	misanthrope : qui hait le genre humain
mon-	seul	monarchie : régime avec un seul souverain
néo-	nouveau	néologisme : nouveau mot
onoma-/-onym-	nom, mot	synonymes : mots de même sens
opt-/ophtalmo-	œil, vision	ophtalmologue : médecin pour les yeux
ortho-	droit, correct	orthographe
path-	fait d'être touché	pathologie : maladie
péd-	enfant	pédagogue : qui conduit les enfants à l'école
phag-	manger	anthropophage : qui mange des hommes
phil-	aimer	cinéphile : qui aime le cinéma
phob-	crainte	agoraphobe : qui a peur de la foule
phon-	voix	aphone : sans voix
poly-	plusieurs	polythéiste : qui croit en plusieurs dieux
pseudo-	mensonger, faux	pseudonyme : faux nom
psych-	esprit, âme	psychique : qui concerne l'âme
pyro-	feu	pyromane : qui a l'obsession du feu
théo-	dieu	théologie : étude concernant la religion
therm-	chaud	thermomètre : qui mesure la chaleur
xéno-	étranger	xénophobe : qui hait les étrangers

Racines latines	Sens	Mots français issus du latin
ambulo, ambulatum	marcher	ambulance, ambulatoire, funambule
aqua	eau	aquarium, aqueduc
anima	souffle de vie	âme, animal, animer
audio, auditum	entendre	auditif, audience, auditoire
caleo	être chaud	chauffer, calorie, chaleur
dico, dictum	dire	dicter, dictaphone, diction
domus	maison	domicile, domestique
fabula	histoire	fable, fabuleux, affabuler
labor	travail	laborieux, laboratoire
littera	lettre	littéraire, littérature
locus	lieu	local, localité, localiser
manus	main	manuel, manucure
mare	mer	mare, marée, marin, marinière
mater, matris	mère	maternité, maternel
monstro	montrer	démonstration, monstre
nox, noctis	nuit	nocturne, noctambule
occido	tuer	homicide, insecticide
pax, pacis	paix	pacifique, pacifier, pacifiste
somnus	sommeil	somnifère, somnambule
rapio, raptum	prendre	rapt, rapace
scio, scitum	savoir	science, omniscient
scribo, scriptum	écrire	scribe, script, écriture
sto, statum	être debout	station, état
tango, tactum	toucher	tact, contact, contagion
urbs	ville	urbain, urbanisme
video, visum	voir	vision, visage, envisager

Tableaux de conjugaison

Être

Indicatif

Présent	Passé composé
je suis	j'ai été
tu es	tu as été
il est	il a été
nous sommes	nous avons été
vous êtes	vous avez été
ils sont	ils ont été

Futur	Futur antérieur
je serai	j'aurai été
tu seras	tu auras été
il sera	il aura été
nous serons	nous aurons été
vous serez	vous aurez été
ils seront	ils auront été

Imparfait	Plus-que-parfait
j'étais	j'avais été
tu étais	tu avais été
il était	il avait été
nous étions	nous avions été
vous étiez	vous aviez été
ils étaient	ils avaient été

Passé simple	Passé antérieur
je fus	j'eus été
tu fus	tu eus été
il fut	il eut été
nous fûmes	nous eûmes été
vous fûtes	vous eûtes été
ils furent	ils eurent été

Conditionnel / Subjonctif

Présent	Présent
je serais	que je sois
tu serais	que tu sois
il serait	qu'il soit
nous serions	que nous soyons
vous seriez	que vous soyez
ils seraient	qu'ils soient

Impératif

Présent	Passé
sois	aie été
soyons	ayons été
soyez	ayez été

Infinitif

Présent	Passé
être	avoir été

Participe

Présent	Passé
étant	été, ayant été

Avoir

Indicatif

Présent	Passé composé
j'ai	j'ai eu
tu as	tu as eu
il a	il a eu
nous avons	nous avons eu
vous avez	vous avez eu
ils ont	ils ont eu

Futur	Futur antérieur
j'aurai	j'aurai eu
tu auras	tu auras eu
il aura	il aura eu
nous aurons	nous aurons eu
vous aurez	vous aurez eu
ils auront	ils auront eu

Imparfait	Plus-que-parfait
j'avais	j'avais eu
tu avais	tu avais eu
il avait	il avait eu
nous avions	nous avions eu
vous aviez	vous aviez eu
ils avaient	ils avaient eu

Passé simple	Passé antérieur
j'eus	j'eus eu
tu eus	tu eus eu
il eut	il eut eu
nous eûmes	nous eûmes eu
vous eûtes	vous eûtes eu
ils eurent	ils eurent eu

Conditionnel / Subjonctif

Présent	Présent
j'aurais	que j'aie
tu aurais	que tu aies
il aurait	qu'il ait
nous aurions	que nous ayons
vous auriez	que vous ayez
ils auraient	qu'ils aient

Impératif

Présent	Passé
aie	aie eu
ayons	ayons eu
ayez	ayez eu

Infinitif

Présent	Passé
avoir	avoir eu

Participe

Présent	Passé
ayant	eu, ayant eu

Aller

Indicatif

Présent	Passé composé
je vais	je suis allé
tu vas	tu es allé
il va	il est allé
nous allons	nous sommes allés
vous allez	vous êtes allés
ils vont	ils sont allés

Futur	Futur antérieur
j'irai	je serai allé
tu iras	tu seras allé
il ira	il sera allé
nous irons	nous serons allés
vous irez	vous serez allés
ils iront	ils seront allés

Imparfait	Plus-que-parfait
j'allais	j'étais allé
tu allais	tu étais allé
il allait	il était allé
nous allions	nous étions allés
vous alliez	vous étiez allés
ils allaient	ils étaient allés

Passé simple	Passé antérieur
j'allai	je fus allé
tu allas	tu fus allé
il alla	il fut allé
nous allâmes	nous fûmes allés
vous allâtes	vous fûtes allés
ils allèrent	ils furent allés

Conditionnel / Subjonctif

Présent	Présent
j'irais	que j'aille
tu irais	que tu ailles
il irait	qu'il aille
nous irions	que nous allions
vous iriez	que vous alliez
ils iraient	qu'ils aillent

Impératif

Présent	Passé
va	sois allé
allons	soyons allés
allez	soyez allés

Infinitif

Présent	Passé
aller	être allé

Participe

Présent	Passé
allant	allé, étant allé

Arriver

Indicatif

Présent
j'arrive
tu arrives
il arrive
nous arrivons
vous arrivez
ils arrivent

Passé composé
je suis arrivé
tu es arrivé
il est arrivé
nous sommes arrivés
vous êtes arrivés
ils sont arrivés

Futur
j'arriverai
tu arriveras
il arrivera
nous arriverons
vous arriverez
ils arriveront

Futur antérieur
je serai arrivé
tu seras arrivé
il sera arrivé
nous serons arrivés
vous serez arrivés
ils seront arrivés

Imparfait
j'arrivais
tu arrivais
il arrivait
nous arrivions
vous arriviez
ils arrivaient

Plus-que-parfait
j'étais arrivé
tu étais arrivé
il était arrivé
nous étions arrivés
vous étiez arrivés
ils étaient arrivés

Passé simple
j'arrivai
tu arrivas
il arriva
nous arrivâmes
vous arrivâtes
ils arrivèrent

Passé antérieur
je fus arrivé
tu fus arrivé
il fut arrivé
nous fûmes arrivés
vous fûtes arrivés
ils furent arrivés

Conditionnel

Présent
j'arriverais
tu arriverais
il arriverait
nous arriverions
vous arriveriez
ils arriveraient

Subjonctif

Présent
que j'arrive
que tu arrives
qu'il arrive
que nous arrivions
que vous arriviez
qu'ils arrivent

Impératif

Présent
arrive
arrivons
arrivez

Passé
sois arrivé
soyons arrivés
soyez arrivés

Infinitif

Présent
arriver

Passé
être arrivé

Participe

Présent
arrivant

Passé
arrivé, étant arrivé

Appeler

Indicatif

Présent
j'appelle
tu appelles
il appelle
nous appelons
vous appelez
ils appellent

Passé composé
j'ai appelé
tu as appelé
il a appelé
nous avons appelé
vous avez appelé
ils ont appelé

Futur
j'appellerai
tu appelleras
il appellera
nous appellerons
vous appellerez
ils appelleront

Futur antérieur
j'aurai appelé
tu auras appelé
il aura appelé
nous aurons appelé
vous aurez appelé
ils auront appelé

Imparfait
j'appelais
tu appelais
il appelait
nous appelions
vous appeliez
ils appelaient

Plus-que-parfait
j'avais appelé
tu avais appelé
il avait appelé
nous avions appelé
vous aviez appelé
ils avaient appelé

Passé simple
j'appelai
tu appelas
il appela
nous appelâmes
vous appelâtes
ils appelèrent

Passé antérieur
j'eus appelé
tu eus appelé
il eut appelé
nous eûmes appelé
vous eûtes appelé
ils eurent appelé

Conditionnel

Présent
j'appellerais
tu appellerais
il appellerait
nous appellerions
vous appelleriez
ils appelleraient

Subjonctif

Présent
que j'appelle
que tu appelles
qu'il appelle
que nous appelions
que vous appeliez
qu'ils appellent

Impératif

Présent
appelle
appelons
appelez

Passé
aie appelé
ayons appelé
ayez appelé

Infinitif

Présent
appeler

Passé
avoir appelé

Participe

Présent
appelant

Passé
appelé, ayant appelé

Cueillir

Indicatif

Présent
je cueille
tu cueilles
il cueille
nous cueillons
vous cueillez
ils cueillent

Passé composé
j'ai cueilli
tu as cueilli
il a cueilli
nous avons cueilli
vous avez cueilli
ils ont cueilli

Futur
je cueillerai
tu cueilleras
il cueillera
nous cueillerons
vous cueillerez
ils cueilleront

Futur antérieur
j'aurai cueilli
tu auras cueilli
il aura cueilli
nous aurons cueilli
vous aurez cueilli
ils auront cueilli

Imparfait
je cueillais
tu cueillais
il cueillait
nous cueillions
vous cueilliez
ils cueillaient

Plus-que-parfait
j'avais cueilli
tu avais cueilli
il avait cueilli
nous avions cueilli
vous aviez cueilli
ils avaient cueilli

Passé simple
je cueillis
tu cueillis
il cueillit
nous cueillîmes
vous cueillîtes
ils cueillirent

Passé antérieur
j'eus cueilli
tu eus cueilli
il eut cueilli
nous eûmes cueilli
vous eûtes cueilli
ils eurent cueilli

Conditionnel

Présent
je cueillerais
tu cueillerais
il cueillerait
nous cueillerions
vous cueilleriez
ils cueilleraient

Subjonctif

Présent
que je cueille
que tu cueilles
qu'il cueille
que nous cueillions
que vous cueilliez
qu'ils cueillent

Impératif

Présent
cueille
cueillons
cueillez

Passé
aie cueilli
ayons cueilli
ayez cueilli

Infinitif

Présent
cueillir

Passé
avoir cueilli

Participe

Présent
cueillant

Passé
cueilli, ayant cueilli

Tableaux de conjugaison

Finir

Indicatif

Présent
je finis
tu finis
il finit
nous finissons
vous finissez
ils finissent

Passé composé
j'ai fini
tu as fini
il a fini
nous avons fini
vous avez fini
ils ont fini

Futur
je finirai
tu finiras
il finira
nous finirons
vous finirez
ils finiront

Futur antérieur
j'aurai fini
tu auras fini
il aura fini
nous aurons fini
vous aurez fini
ils auront fini

Imparfait
je finissais
tu finissais
il finissait
nous finissions
vous finissiez
ils finissaient

Plus-que-parfait
j'avais fini
tu avais fini
il avait fini
nous avions fini
vous aviez fini
ils avaient fini

Passé simple
je finis
tu finis
il finit
nous finîmes
vous finîtes
ils finirent

Passé antérieur
j'eus fini
tu eus fini
il eut fini
nous eûmes fini
vous eûtes fini
ils eurent fini

Conditionnel

Présent
je finirais
tu finirais
il finirait
nous finirions
vous finiriez
ils finiraient

Subjonctif

Présent
que je finisse
que tu finisses
qu'il finisse
que nous finissions
que vous finissiez
qu'ils finissent

Impératif

Présent
finis
finissons
finissez

Passé
aie fini
ayons fini
ayez fini

Infinitif

Présent
finir

Passé
avoir fini

Participe

Présent
finissant

Passé
fini, ayant fini

Venir

Indicatif

Présent
je viens
tu viens
il vient
nous venons
vous venez
ils viennent

Passé composé
je suis venu
tu es venu
il est venu
nous sommes venus
vous êtes venus
ils sont venus

Futur
je viendrai
tu viendras
il viendra
nous viendrons
vous viendrez
ils viendront

Futur antérieur
je serai venu
tu seras venu
il sera venu
nous serons venus
vous serez venus
ils seront venus

Imparfait
je venais
tu venais
il venait
nous venions
vous veniez
ils venaient

Plus-que-parfait
j'étais venu
tu étais venu
il était venu
nous étions venus
vous étiez venus
ils étaient venus

Passé simple
je vins
tu vins
il vint
nous vînmes
vous vîntes
ils vinrent

Passé antérieur
je fus venu
tu fus venu
il fut venu
nous fûmes venus
vous fûtes venus
ils furent venus

Conditionnel

Présent
je viendrais
tu viendrais
il viendrait
nous viendrions
vous viendriez
ils viendraient

Subjonctif

Présent
que je vienne
que tu viennes
qu'il vienne
que nous venions
que vous veniez
qu'ils viennent

Impératif

Présent
viens
venons
venez

Passé
sois venu
soyons venus
soyez venus

Infinitif

Présent
venir

Passé
être venu

Participe

Présent
venant

Passé
venu, étant venu

Dire

Indicatif

Présent
je dis
tu dis
il dit
nous disons
vous dites
ils disent

Passé composé
j'ai dit
tu as dit
il a dit
nous avons dit
vous avez dit
ils ont dit

Futur
je dirai
tu diras
il dira
nous dirons
vous direz
ils diront

Futur antérieur
j'aurai dit
tu auras dit
il aura dit
nous aurons dit
vous aurez dit
ils auront dit

Imparfait
je disais
tu disais
il disait
nous disions
vous disiez
ils disaient

Plus-que-parfait
j'avais dit
tu avais dit
il avait dit
nous avions dit
vous aviez dit
ils avaient dit

Passé simple
je dis
tu dis
il dit
nous dîmes
vous dîtes
ils dirent

Passé antérieur
j'eus dit
tu eus dit
il eut dit
nous eûmes dit
vous eûtes dit
ils eurent dit

Conditionnel

Présent
je dirais
tu dirais
il dirait
nous dirions
vous diriez
ils diraient

Subjonctif

Présent
que je dise
que tu dises
qu'il dise
que nous disions
que vous disiez
qu'ils disent

Impératif

Présent
dis
disons
dites

Passé
aie dit
ayons dit
ayez dit

Infinitif

Présent
dire

Passé
avoir dit

Participe

Présent
disant

Passé
dit, ayant dit

Voir

Indicatif

Présent
je vois
tu vois
il voit
nous voyons
vous voyez
ils voient

Passé composé
j'ai vu
tu as vu
il a vu
nous avons vu
vous avez vu
ils ont vu

Futur
je verrai
tu verras
il verra
nous verrons
vous verrez
ils verront

Futur antérieur
j'aurai vu
tu auras vu
il aura vu
nous aurons vu
vous aurez vu
ils auront vu

Imparfait
je voyais
tu voyais
il voyait
nous voyions
vous voyiez
ils voyaient

Plus-que-parfait
j'avais vu
tu avais vu
il avait vu
nous avions vu
vous aviez vu
ils avaient vu

Passé simple
je vis
tu vis
il vit
nous vîmes
vous vîtes
ils virent

Passé antérieur
j'eus vu
tu eus vu
il eut vu
nous eûmes vu
vous eûtes vu
ils eurent vu

Conditionnel

Présent
je verrais
tu verrais
il verrait
nous verrions
vous verriez
ils verraient

Subjonctif

Présent
que je voie
que tu voies
qu'il voie
que nous voyions
que vous voyiez
qu'ils voient

Impératif

Présent
vois
voyons
voyez

Passé
aie vu
ayons vu
ayez vu

Infinitif

Présent
voir

Passé
avoir vu

Participe

Présent
voyant

Passé
vu, ayant vu

Pouvoir

Indicatif

Présent
je peux
tu peux
il peut
nous pouvons
vous pouvez
ils peuvent

Passé composé
j'ai pu
tu as pu
il a pu
nous avons pu
vous avez pu
ils ont pu

Futur
je pourrai
tu pourras
il pourra
nous pourrons
vous pourrez
ils pourront

Futur antérieur
j'aurai pu
tu auras pu
il aura pu
nous aurons pu
vous aurez pu
ils auront pu

Imparfait
je pouvais
tu pouvais
il pouvait
nous pouvions
vous pouviez
ils pouvaient

Plus-que-parfait
j'avais pu
tu avais pu
il avait pu
nous avions pu
vous aviez pu
ils avaient pu

Passé simple
je pus
tu pus
il put
nous pûmes
vous pûtes
ils purent

Passé antérieur
j'eus pu
tu eus pu
il eut pu
nous eûmes pu
vous eûtes pu
ils eurent pu

Conditionnel

Présent
je pourrais
tu pourrais
il pourrait
nous pourrions
vous pourriez
ils pourraient

Subjonctif

Présent
que je puisse
que tu puisses
qu'il puisse
que nous puissions
que vous puissiez
qu'ils puissent

Impératif

Présent
inusité

Passé
inusité

Infinitif

Présent
pouvoir

Passé
avoir pu

Participe

Présent
pouvant

Passé
pu, ayant pu

Vouloir

Indicatif

Présent
je veux
tu veux
il veut
nous voulons
vous voulez
ils veulent

Passé composé
j'ai voulu
tu as voulu
il a voulu
nous avons voulu
vous avez voulu
ils ont voulu

Futur
je voudrai
tu voudras
il voudra
nous voudrons
vous voudrez
ils voudront

Futur antérieur
j'aurai voulu
tu auras voulu
il aura voulu
nous aurons voulu
vous aurez voulu
ils auront voulu

Imparfait
je voulais
tu voulais
il voulait
nous voulions
vous vouliez
ils voulaient

Plus-que-parfait
j'avais voulu
tu avais voulu
il avait voulu
nous avions voulu
vous aviez voulu
ils avaient voulu

Passé simple
je voulus
tu voulus
il voulut
nous voulûmes
vous voulûtes
ils voulurent

Passé antérieur
j'eus voulu
tu eus voulu
il eut voulu
nous eûmes voulu
vous eûtes voulu
ils eurent voulu

Conditionnel

Présent
je voudrais
tu voudrais
il voudrait
nous voudrions
vous voudriez
ils voudraient

Subjonctif

Présent
que je veuille
que tu veuilles
qu'il veuille
que nous voulions
que vous vouliez
qu'ils veuillent

Impératif

Présent
veuille
veuillons
veuillez

Passé
aie voulu
ayons voulu
ayez voulu

Infinitif

Présent
vouloir

Passé
avoir voulu

Participe

Présent
voulant

Passé
voulu, ayant voulu

Tableaux de conjugaison

Devoir

Indicatif

Présent	Passé composé
je dois	j'ai dû
tu dois	tu as dû
il doit	il a dû
nous devons	nous avons dû
vous devez	vous avez dû
ils doivent	ils ont dû

Futur	Futur antérieur
je devrai	j'aurai dû
tu devras	tu auras dû
il devra	il aura dû
nous devrons	nous aurons dû
vous devrez	vous aurez dû
ils devront	ils auront dû

Imparfait	Plus-que-parfait
je devais	j'avais dû
tu devais	tu avais dû
il devait	il avait dû
nous devions	nous avions dû
vous deviez	vous aviez dû
ils devaient	ils avaient dû

Passé simple	Passé antérieur
je dus	j'eus dû
tu dus	tu eus dû
il dut	il eut dû
nous dûmes	nous eûmes dû
vous dûtes	vous eûtes dû
ils durent	ils eurent dû

Conditionnel / Subjonctif

Présent (Conditionnel)	Présent (Subjonctif)
je devrais	que je doive
tu devrais	que tu doives
il devrait	qu'il doive
nous devrions	que nous devions
vous devriez	que vous deviez
ils devraient	qu'ils doivent

Impératif

Présent	Passé
inusité	*inusité*

Infinitif

Présent	Passé
devoir	avoir dû

Participe

Présent	Passé
devant	dû, ayant dû

Savoir

Indicatif

Présent	Passé composé
je sais	j'ai su
tu sais	tu as su
il sait	il a su
nous savons	nous avons su
vous savez	vous avez su
ils savent	ils ont su

Futur	Futur antérieur
je saurai	j'aurai su
tu sauras	tu auras su
il saura	il aura su
nous saurons	nous aurons su
vous saurez	vous aurez su
ils sauront	ils auront su

Imparfait	Plus-que-parfait
je savais	j'avais su
tu savais	tu avais su
il savait	il avait su
nous savions	nous avions su
vous saviez	vous aviez su
ils savaient	ils avaient su

Passé simple	Passé antérieur
je sus	j'eus su
tu sus	tu eus su
il sut	il eut su
nous sûmes	nous eûmes su
vous sûtes	vous eûtes su
ils surent	ils eurent su

Conditionnel / Subjonctif

Présent (Conditionnel)	Présent (Subjonctif)
je saurais	que je sache
tu saurais	que tu saches
il saurait	qu'il sache
nous saurions	que nous sachions
vous sauriez	que vous sachiez
ils sauraient	qu'ils sachent

Impératif

Présent	Passé
sache	aie su
sachons	ayons su
sachez	ayez su

Infinitif

Présent	Passé
savoir	avoir su

Participe

Présent	Passé
sachant	su, ayant su

Faire

Indicatif

Présent	Passé composé
je fais	j'ai fait
tu fais	tu as fait
il fait	il a fait
nous faisons	nous avons fait
vous faites	vous avez fait
ils font	ils ont fait

Futur	Futur antérieur
je ferai	j'aurai fait
tu feras	tu auras fait
il fera	il aura fait
nous ferons	nous aurons fait
vous ferez	vous aurez fait
ils feront	ils auront fait

Imparfait	Plus-que-parfait
je faisais	j'avais fait
tu faisais	tu avais fait
il faisait	il avait fait
nous faisions	nous avions fait
vous faisiez	vous aviez fait
ils faisaient	ils avaient fait

Passé simple	Passé antérieur
je fis	j'eus fait
tu fis	tu eus fait
il fit	il eut fait
nous fîmes	nous eûmes fait
vous fîtes	vous eûtes fait
ils firent	ils eurent fait

Conditionnel / Subjonctif

Présent (Conditionnel)	Présent (Subjonctif)
je ferais	que je fasse
tu ferais	que tu fasses
il ferait	qu'il fasse
nous ferions	que nous fassions
vous feriez	que vous fassiez
ils feraient	qu'ils fassent

Impératif

Présent	Passé
fais	aie fait
faisons	ayons fait
faites	ayez fait

Infinitif

Présent	Passé
faire	avoir fait

Participe

Présent	Passé
faisant	fait, ayant fait

Prendre

Indicatif

Présent
je prends
tu prends
il prend
nous prenons
vous prenez
ils prennent

Passé composé
j'ai pris
tu as pris
il a pris
nous avons pris
vous avez pris
ils ont pris

Futur
je prendrai
tu prendras
il prendra
nous prendrons
vous prendrez
ils prendront

Futur antérieur
j'aurai pris
tu auras pris
il aura pris
nous aurons pris
vous aurez pris
ils auront pris

Imparfait
je prenais
tu prenais
il prenait
nous prenions
vous preniez
ils prenaient

Plus-que-parfait
j'avais pris
tu avais pris
il avait pris
nous avions pris
vous aviez pris
ils avaient pris

Passé simple
je pris
tu pris
il prit
nous prîmes
vous prîtes
ils prirent

Passé antérieur
j'eus pris
tu eus pris
il eut pris
nous eûmes pris
vous eûtes pris
ils eurent pris

Conditionnel

Présent
je prendrais
tu prendrais
il prendrait
nous prendrions
vous prendriez
ils prendraient

Subjonctif

Présent
que je prenne
que tu prennes
qu'il prenne
que nous prenions
que vous preniez
qu'ils prennent

Impératif

Présent
prends
prenons
prenez

Passé
aie pris
ayons pris
ayez pris

Infinitif

Présent
prendre

Passé
avoir pris

Participe

Présent
prenant

Passé
pris, ayant pris

Mettre

Indicatif

Présent
je mets
tu mets
il met
nous mettons
vous mettez
ils mettent

Passé composé
j'ai mis
tu as mis
il a mis
nous avons mis
vous avez mis
ils ont mis

Futur
je mettrai
tu mettras
il mettra
nous mettrons
vous mettrez
ils mettront

Futur antérieur
j'aurai mis
tu auras mis
il aura mis
nous aurons mis
vous aurez mis
ils auront mis

Imparfait
je mettais
tu mettais
il mettait
nous mettions
vous mettiez
ils mettaient

Plus-que-parfait
j'avais mis
tu avais mis
il avait mis
nous avions mis
vous aviez mis
ils avaient mis

Passé simple
je mis
tu mis
il mit
nous mîmes
vous mîtes
ils mirent

Passé antérieur
j'eus mis
tu eus mis
il eut mis
nous eûmes mis
vous eûtes mis
ils eurent mis

Conditionnel

Présent
je mettrais
tu mettrais
il mettrait
nous mettrions
vous mettriez
ils mettraient

Subjonctif

Présent
que je mette
que tu mettes
qu'il mette
que nous mettions
que vous mettiez
qu'ils mettent

Impératif

Présent
mets
mettons
mettez

Passé
aie mis
ayons mis
ayez mis

Infinitif

Présent
mettre

Passé
avoir mis

Participe

Présent
mettant

Passé
mis, ayant mis

Peindre

Indicatif

Présent
je peins
tu peins
il peint
nous peignons
vous peignez
ils peignent

Passé composé
j'ai peint
tu as peint
il a peint
nous avons peint
vous avez peint
ils ont peint

Futur
je peindrai
tu peindras
il peindra
nous peindrons
vous peindrez
ils peindront

Futur antérieur
j'aurai peint
tu auras peint
il aura peint
nous aurons peint
vous aurez peint
ils auront peint

Imparfait
je peignais
tu peignais
il peignait
nous peignions
vous peigniez
ils peignaient

Plus-que-parfait
j'avais peint
tu avais peint
il avait peint
nous avions peint
vous aviez peint
ils avaient peint

Passé simple
je peignis
tu peignis
il peignit
nous peignîmes
vous peignîtes
ils peignirent

Passé antérieur
j'eus peint
tu eus peint
il eut peint
nous eûmes peint
vous eûtes peint
ils eurent peint

Conditionnel

Présent
je peindrais
tu peindrais
il peindrait
nous peindrions
vous peindriez
ils peindraient

Subjonctif

Présent
que je peigne
que tu peignes
qu'il peigne
que nous peignions
que vous peigniez
qu'ils peignent

Impératif

Présent
peins
peignons
peignez

Passé
aie peint
ayons peint
ayez peint

Infinitif

Présent
peindre

Passé
avoir peint

Participe

Présent
peignant

Passé
peint, ayant peint

Glossaire

Abstrait : qui renvoie à une réalité perçue par la pensée ou le sentiment (opposé à ce qui est concret : perçu par un des cinq sens).

Accumulation : figure de style qui consiste en une succession de mots ou de groupes de mots de même nature et de même fonction.

Alexandrin : vers de douze syllabes.

Allégorie : représentation concrète d'une idée abstraite (par un personnage ou un objet). *Exemple* : Marianne, coiffée du bonnet phrygien, est l'allégorie de la République française.

Allitération : répétition d'un même son consonne.

Anachronisme : fait de mentionner dans une œuvre un élément (un objet, une manière de penser ou de parler) qui n'appartient pas à l'époque évoquée.

Anaphore : figure de style qui consiste à reprendre un même mot ou groupe de mots en début de proposition, de phrase, de vers ou de paragraphe.

Antonyme : mot de signification contraire, opposée.

Aparté : réplique d'un personnage qui est supposée être entendue seulement des spectateurs.

Assonance : répétition d'un même son voyelle.

Autobiographie : genre littéraire qui consiste pour un écrivain à raconter sa propre vie.

Calligramme : poème dont les vers sont disposés de telle sorte qu'ils forment un dessin.

Champ lexical : ensemble de mots appartenant à un même thème ou domaine.

Champ sémantique : ensemble des sens possibles d'un mot.

Chute : dénouement inattendu d'une histoire, d'un récit.

Comédie : genre théâtral qui vise à distraire, à faire rire en recourant au registre comique. L'intrigue est légère et les personnages sont des gens simples ou des bourgeois.

Comique : registre comprenant des éléments propres à faire rire.

Comparaison : figure de style qui rapproche, au moyen d'un outil de comparaison, deux éléments (idées ou objets) partageant une caractéristique.

Connecteur : mot ou expression assurant la liaison entre les propositions, les phrases ou les idées d'un texte. Il y a des connecteurs spatiaux, temporels et logiques.

Décasyllabe : vers de dix syllabes.

Dénouement : fin d'une histoire, d'une pièce de théâtre ou d'un récit. Un dénouement peut être heureux ou malheureux.

Destinataire : 1. personne à qui l'on destine le contenu d'un énoncé. 2. personnage de récit qui tire profit de l'action du héros.

Détournement : procédé qui consiste à reprendre une forme littéraire et à en modifier certains éléments (lieu, époque, caractère des personnages) pour susciter le rire.

Didascalie : indication scénique écrite en italiques, elle donne des informations sur les gestes, les costumes, l'intonation des personnages.

Diérèse : prononciation en deux syllabes distinctes de deux voyelles successives dans un même mot. *Exemple* : hi / er.

Dramatique : 1. propre au théâtre. 2. qui comporte un danger ou qui émeut.

Ellipse : procédé narratif qui consiste à passer sous silence certains passages d'une histoire.

Enjambement : dans un poème en vers, rejet d'une partie de la phrase (un mot ou une expression) au vers suivant. La pause ne s'effectue pas à la fin du vers.

Énoncé : réalisation d'un acte de parole, message produit par un seul locuteur, dans une situation déterminée.

Énonciation : moment durant lequel un énoncé est produit. La situation d'énonciation met en jeu un locuteur, un destinataire du discours, un cadre spatio-temporel.

Épopée : long poème vantant les exploits mythiques ou historiques de héros.

Fable : court récit en vers ou en prose qui vise à démontrer une leçon de vie, à amener une morale.

Fabliau : récit comique du Moyen Âge dont le but est de se moquer des puissants (riches, prêtres).

Farce : pièce de théâtre destinée à faire rire, avec des personnages caricaturés et une intrigue simple reposant sur le comique de gestes (poursuites, coups de bâton) et le comique verbal (jeux de mots).

Genre littéraire : catégorie d'œuvres définie par une forme. *Exemple* : le roman, le théâtre, la poésie.

Haïku : court poème japonais portant sur la nature. Le haïku possède une forme fixe, de dix-sept syllabes réparties en trois vers.

Hémistiche : moitié d'un vers, et notamment d'un alexandrin.

Homonyme : mot dont la prononciation est identique à celle d'un autre mot, mais avec un sens différent.

Hyperbole : figure d'exagération qui consiste à amplifier ou dramatiser une situation.

Ironie : registre qui use de l'antiphrase pour suggérer le contraire de ce que l'on dit, dans le but de discréditer le point de vue adverse.

Locuteur : personne qui émet un énoncé pour un destinataire.

Lyrisme : expression artistique basée sur la mise en valeur des émotions, des sentiments, des passions.

Mélioratif : qui présente quelque chose ou quelqu'un d'une façon favorable, positive.

Merveilleux : registre caractérisé par la survenue d'éléments surnaturels, avec l'intervention de la magie ou de divinités.

Métaphore : figure de style consistant à employer une image pour évoquer quelque chose, sans utiliser d'outil de comparaison.

Mise en scène : manière d'adapter une œuvre littéraire en spectacle vivant.

Monologue : au théâtre, discours d'un personnage seul en scène.

Mythe : récit fondateur imaginaire qui vise à expliquer certains aspects du monde.

Narrateur : dans un récit, celui qui raconte l'histoire.

Néologisme : mot nouveau, inventé.

Objectif : qui présente les faits de façon neutre, sans parti pris.

Octosyllabe : vers de huit syllabes.

Omniscient : point de vue de narration dans lequel le narrateur sait tout de l'histoire qu'il raconte, jusqu'aux pensées et émotions des personnages.

Paratexte : toutes les informations qui accompagnent un texte et l'éclairent. *Exemple* : date de publication de l'œuvre, données biographiques sur l'auteur, éléments de contexte historique.

Parodie : réécriture d'un texte ou d'une œuvre qui détourne ou accentue les procédés d'écriture pour amuser le lecteur.

Paronyme : mot qui a une prononciation très proche d'un autre, mais un sens différent. *Exemple* : allocution, allocation.

Péjoratif : qui donne une idée, une connotation négative, dépréciative (s'oppose à mélioratif).

Périphrase : figure de style qui consiste à remplacer un mot par plusieurs autres. *Exemple* : Victor Hugo peut être remplacé par « L'auteur des *Misérables* ».

Personnification : figure de style qui attribue des propriétés humaines à des animaux ou des choses. *Exemple* : la colère du volcan.

Photogramme : image d'un film.

Poème en prose : poème se caractérisant par l'absence de vers et de strophes, remplacés par de courts paragraphes.

Point de vue : perspective adoptée par le narrateur pour raconter. On peut aussi parler de « focalisation ».

Polysémie : propriété d'un mot qui a plusieurs sens.

Préfixe : élément lexical qui, placé devant le radical, sert à la formation d'un mot. *Exemple* : in-visible.

Propos : ce que l'on dit du thème, le thème étant le sujet sur lequel porte l'énoncé.

Prose : tout texte qui n'est pas écrit en vers.

Quatrain : strophe de quatre vers dont les rimes peuvent être plates (AABB), embrassées (ABBA) ou croisées (ABAB).

Quiproquo : situation qui résulte d'une méprise ou d'un malentendu, portant par exemple sur l'identité d'un personnage.

Rejet : en poésie, il y a rejet quand un élément de la phrase est placé dans le vers suivant. *Exemple* :
Demain, dès l'aube, à l'heure où blanchit la campagne,
Je partirai.
(Victor Hugo, *Les Contemplations*)

Satire : critique qui vise à se moquer d'une personne, des mœurs d'une époque ou d'un fait de société.

Scénographie : art de la composition de l'espace scénique. C'est un travail sur le décor, les objets, les matières, les couleurs mis au service du propos du metteur en scène de la pièce qui est jouée.

Schéma narratif : construction d'un récit en cinq étapes : la situation initiale, l'événement déclencheur, les péripéties ou les épreuves du héros, le dénouement, la situation finale.

Sens figuré / sens propre : le sens propre d'un mot est son sens premier, habituel. Le sens figuré est celui qui en dérive, souvent abstrait ou imagé dans une expression. *Exemple* : le cadre (d'un tableau) a comme sens figuré les limites à ne pas dépasser.

Sonnet : poème constitué de deux quatrains et deux tercets. Le vers est le plus souvent un alexandrin.

Stichomythie : succession de répliques brèves (quelques mots). Le rythme ainsi accéléré intensifie le comique ou la tension de la scène.

Strophe : ensemble de vers. Dans un poème, les strophes sont séparées les unes des autres et peuvent reposer sur des systèmes de rimes variées.

Subjectif : qui est personnel, qui varie selon les individus, qui traduit l'opinion. S'oppose à objectif. *Exemple* : un jugement subjectif.

Symbole : représentation concrète d'une réalité abstraite. *Exemple* : la colombe est le symbole de la paix ; la couleur rouge est le symbole de la passion ou de la violence.

Synérèse : en versification, prononciation en une syllabe d'une succession de deux voyelles habituellement prononcées en deux syllabes. *Exemple* : hi / er se prononce hier (en une seule syllabe).

Synonyme : mot de même sens. *Exemple* : craintif est synonyme de pusillanime.

Tercet : strophe de trois vers.

Thème : sujet sur lequel porte l'énoncé ; ce dont on parle.

Tragédie : œuvre théâtrale, en vers, dont le but est d'inspirer la terreur et la pitié. Les sujets sont souvent mythologiques ou historiques. Les personnages, nobles, sont voués au malheur.

Vers libres : vers souples, souvent non rimés, qui s'affranchissent des règles de la poésie classique. Ils restent marqués par un retour à la ligne.

Visée : intention, but, poursuivi par l'auteur d'un texte qui prend les dispositions nécessaires pour l'atteindre.

Index des auteurs et des œuvres

A

Apollinaire, Guillaume
Alcools, « Automne malade », p. 240

B

Barrie, James Matthew
Peter Pan, p. 148

Baudelaire, Charles
Les Fleurs du mal, « Les Hiboux », p. 262

Beau, Michel
Scriptoformes, « Scriptoforme du Hérisson », p. 266

Bible (La), Genèse, p. 212

C

Carême, Maurice
La Lanterne magique, « Il a neigé dans l'aube rose… », p. 250

Chaponnière, Pernette
L'Écharpe d'Iris, « Regardez la neige qui danse… », p. 253

Charles d'Orléans
Rondeaux, « Le temps a laissé son manteau… », p. 236

Charpentreau, Jacques
En ville, « Au marché des sorcières… », p. 35

Collognat, Annie
20 métamorphoses d'Ovide, p. 118, 246

Coran (Le), p. 218

Cros, Charles
Le Coffret de santal, « Le Hareng saur », p. 274

D

Dahl, Roald
Sacrées Sorcières, p. 44, 52, 55

Davidson, Marie-Thérèse
Œdipe le maudit, p. 110

Delerm, Philippe
C'est bien, p. 16

Desnos, Robert
Chantefables et Chantefleurs, « Le Crapaud », p. 257

E

Ésope
Fables, « Du Renard et de la Cigogne », p. 198

F

Fabliaux
Le Paysan mire, p. 205
Les Perdrix, p. 203
Vilain et la Tarte (Le), (*Le Vilain au buffet*), p. 192

Falkner, John Meade
Moonfleet, p. 146

Farce du pâté et de la tarte (La), p. 188

Fine, Anne
Journal d'un chat assassin, p. 31

G

Gautier, Théophile
La Comédie de la mort, « Le Chant du grillon », p. 253

Genest, Émile
Contes et légendes mythologiques, p. 108

Gilgamesh, p. 210

Goscinny, René
Le Petit Nicolas, p. 20

Grimm, Jacob et Wilhelm
Dame Trude, p. 36

Gripari, Pierre
La Sorcière de la rue Mouffetard et autres contes de la rue Broca, p. 38

Gutmann, Laurent
Le Petit Poucet, ou Du bienfait des balades en forêt dans l'éducation des enfants, p. 165 à 173

H

Haïkus
Bashô, p. 235
Buson, p. 234, 235
Hashin, p. 234
Koyu-Ni, p. 235
Saïkaku, p. 235

Heller, Brigitte
Petites Histoires des expressions de la mythologie, p. 114

Homère
L'Iliade, p. 92
L'Odyssée, p. 79, 80, 84, 86, 88, 99

Hugo, Victor
Dernière Gerbe, « Voici que la saison décline… », p. 247
Les Chansons des rues et des bois, « La Méridienne du lion », p. 271

Les Contemplations, « J'aime l'araignée », p. 260
Les Quatre Vents de l'esprit, « En hiver la terre pleure... », p. 242

L

Laclos, Michel
Les sorcières sont N.R.V., p. 52

La Fontaine, Jean (de)
Fables, « Le Coq et le Renard », p. 186
« Le Corbeau et le Renard », p. 184
« Le Renard et la Cigogne », p. 198

Laporte, Michel
12 Récits de l'Énéide, p. 84, 92

Lapouge, Gilles
Les Pirates, p. 155

Leconte de Lisle
Poèmes antiques, « Midi », p. 238

Leprince de Beaumont, Jeanne Marie
La Belle et la Bête, p. 60 à 67

Lescot, David
J'ai trop peur, p. 14

M

Mac Orlan, Pierre
Les Clients du Bon Chien Jaune, p. 150, 161

Molière
Les Fourberies de Scapin (III, 2), p. 190

Morgenstern, Susie
La Sixième, p. 22

N

Nerval, Gérard (de)
Odelettes, « Les Papillons », p. 233

O

Ovide
Les Métamorphoses, p. 118, 154, 214, 246

P

Pagnol, Marcel
Le Temps des secrets, p. 18

Perrault, Charles
Contes de ma mère l'Oye, « Le Petit Poucet », p. 165

Ponge, Francis
Le Parti pris des choses, « L'Huître », p. 264

Pseudo-Apollodore
Bibliothèque, p. 104, 121

R

Rachmuhl, Françoise
16 Métamorphoses d'Ovide, p. 214

Rivais, Yak
Les sorcières sont N.R.V., p. 52

Ronsard, Pierre (de)
Odes, « L'Amour piqué par une abeille », p. 258

Roubaud, Jacques
Les Animaux de tout le monde, « Le Lombric », p. 277

S

Sempé
Le Petit Nicolas, p. 20

Stevenson, Robert Louis
L'Île au trésor, p. 143, 144

T

Talamon, Flore
Noé face au déluge, p. 223, 229

Twain, Mark
Les Aventures de Tom Sawyer, p. 125 à 135, 138

V

Virgile
L'Énéide, p. 84, 92, 118, 222

W

Watson, Jane Werner
L'Iliade et l'Odyssée, p. 80, 84, 86

Winterfeld, Henry
L'Affaire Caïus, p. 24

Crédits

Couverture : De gauche à droite : Granger collection NY/ Aurimages ; The British Museum/ The Trustees of the British Museum/ Dist. RMN-Grand-Palais ; Kharbine-Tapabor ; Jean Vigne/ Kharbine-Tapabor.

Garde avant : Virgile : © AGF/Leemage ; Charles Perrault : Leemage/Photo Josse. *Infographie :* Jean-Pierre Crivellari.

p.3 : Prod DB © B. Spauke – Neue Schönhauser Filmproduktion – Majestic Filmproduktion – Arte/DR ; p.12-13 : Prod DB © Chapter 2 - Onyx Films/ DR ; p.14,15 : Christophe Raynaud de Lage ; p.18,19 : Prod DB © A Prime Group - JNP Films/ DR ; p.20 : Sempé et René Goscinny et Jean-Jacques Sempé, extrait de « Djodjo », *Le Petit Nicolas* [1960], IMAV éditions, 2013 ; p.21 : Prod DB © Fidélité Films/ DR ; p.24 : Johannes Laurentius/ RMN-GP ; p.25 (h) : Bildarchiv Steffens/ Akg Images ; p.25 (b) : DeAgostini/ Leemage ; p.26 : Prod DB © Films du Carrosse/ DR ; p.27 : WINDS/ Les Chemins de l'Ecole ; p.30 : Yvan Pommaux, *Avant la télé*, L'École des Loisirs, 2002 ; p.31 (h) : Pablo/ Plainpicture ; p.31 (m) : L'École des Loisirs ; p.32-33 : Prod DB © BBC - Magic Light Pictures/ DR ; p.34 (h) : Akg Images ; p.34 (mg) : Bridgemanimages ; p.34 (md) : Prod DB © Walt Disney/ DR ; p.34 (bg) : Bianchetti/ Leemage ; p.34 (bmg) Bianchetti/ Leemage ; p.34 (bmd) : DPA/Picture Alliance/ Leemage ; p.34 (bd) : Ulf Andersen/ Gamma Rapho ; p.35 : Fototeca/ Leemage ; p.36 : Bridgemanimages ; p.45 : Roald Dahl, *Sacrées sorcières*, illustrations de Quentin Blake, 1983, éditions Gallimard ; p.46 : Aisa/ Leemage ; p.47 (h) : Prod DB © Spelling Television/ DR ; p.47 (b) : Prod DB © Walt Disney Pictures - Roth Films/ DR ; p.52 : *Hocus Pocus : les trois sorcières*, film de Kenny Ortega, 1994. Prod DB © Walt Disney/ DR ; p.53 : Coll. Jonas/ Kharbine Tapabor ; p.56-57 : Prod DB © Eskwad - Pathe Production - TF1 Films Production - Achtzehnte Babelsberg Film/ DR ; p.58 (h) : Collection Christophel © DisCina/ DR ; p.58 (m) : DR ; p.59 (hg) : Bridgemanimages ; p.59 (hd) : Bridgemanimages ; p.59 (mg) : Selva/ Leemage ; p.59 (md) : Bridgemanimages ; p.60 à 67 : Madame Leprince de Beaumont, *La Belle et la Bête*, illustrations de Julie Ricossé, éditions Gallimard Jeunesse, 2007 ; p.68 : Selva/Leemage ; p.69 : Diltz/ Rue des Archives ; p.70 (h,mg) : Prod DB © DisCina/ DR ; p.70 (m,bd) : Prod DB © Andre Paulve/ DR ; p.71 (hd, hg, mg, bg) : Prod DB © Eskwad - Pathe Production - TF1 Films Production - Achtzehnte Babelsberg Film/ DR ; p.72 : *Monstres et Cie*, film de Pete Docter, Lee Unkrich et David Silverman, 2001. Prod DB © Walt Disney - Pixar Animation Studios/ DR ; p.73 : Fototeca/ Leemage ; p.74 : René-Gabriel Ojéda/ RMN-GP ; p.76-77 : Bridgemanimages ; p.78 (h) : Akg Images ; p.79 : Bridgemanimages ; p.80 à 83 : Hélène Kérillis, *Ulysse prisonnier du cyclope*, illustrations de Grégoire Vallancien, Hatier, 2012 ; p.84 : Costa/Leemage/ Adgap, Paris 2016 ; p.85 : Bridgemanimages ; p.86 : Bridgemanimages ; p.87 : Collection Kharbine Tapabor/ Adgap, Paris 2016 ; p.88 : The Trustees of the British Museum/ RMN-GP ; p.89 : Yvan Pommaux, *Ulysse aux mille ruses*, L'École des loisirs, 2011 ; p.90 (g) : Bnf/ RMN-GP ; p.90-91 : Artothek/ La Collection ; p.91 (h) : Bridgemanimages ; p.92 : Bridgemanimages ; p.95 : Collection Kharbine Tapabor/ Adgap, Paris 2016 ; p.96 : Béatrice Bottet et Emilie Harel, La mythologie en BD - Casterman 2015 ; p.97 : Erich Lessing/ Akg Images : p.100-101 : Raffael/ Leemage ; p.102 : Giambattista Tiepolo, *Bellérophon chevauchant Pégase tue la Chimère*, 1723, fresque, palais Sandi, Venise. Bridgemanimages ; p.103 : Immagina/ Leemage ; p.103 (hg, hd) : Werner Forman/ Akg Images ; p.103 (hm) : Bridgemanimages ; p.103 (mg,mm) : Hervé Lewandowski/ RMN-GP ; p.103 (md), reprise p.115 : Selva/ Leemage ; p.105 : FineArtImages/ Leemage ; p.106 : Viviane Koenig, *Le fil d'Ariane et le Minotaure*, illustrations d'Annette Marnat, Belin, 2016 ; p.107 : AF Fotografie/ Alamy/ Hemis/ Adagp, Paris 2016 ; p.108 : Electa/ Leemage ; p.109 : Youngtae/ Leemage ; p.110 : Fototeca/ Leemage ; p.111 : MMA/ RMN-GP ; p.112 (h,m) : Prod DB © Walt Disney/ DR ; p.112 (b) : Prod DB © Paramount Pictures - Metro-Goldwyn-Mayer - Flynn Picture Company/ DR ; p.113 (h,m) : Prod DB © Fox 2000 Pictures - 1492 Pictures - Imprint Ent - Sunswept Ent/ DR ; p.114 : Domingie & Rabatti/ La Collection ; p.119 : SuperStock/ Leemage : p.122-123 : Luisa Ricciarini/ Leemage ; p124 (h) : Prod DB © B. Spauke - Neue Schönhauser Filmproduktion - Majestic Filmproduktion - Arte/ DR ; p.124 (m) : Bridgemanimages ; p.124 (b) : Granger Coll NY/ Aurimages ; p.125 : Bridgemanimages ; p.127 : GraphicaArtis/ Corbis : p.129 : Prod DB © Selznick International Pictures/ DR ; p.130 : Mark Twain, *Tom Sawyer détective*, illustrations de Christel Espié, éditions Sarbacane, 2010 ; p.131 : Prod DB © Walt Disney Pictures/ DR ; p.133 : Prod DB © Cine-partners/ DR ; p.135 : Bridgemanimages ; p.136 (h) : Gallimard Jeunesse ; p.136 : Granger Coll NY / Aurimages ; p.138 : Granger Coll NY/ Aurimages ; p.140-141 : Bridgemanimages ; p.142 (h) : Fototeca/ Leemage ; p.142 (m) : Illust. Pizzi/ Kharbine Tapabor ; p.142 (bg) : Lebrecht/vLeemage ; p.142 (bmg) : Dorset County Museum ; p.142 (bmd) : SSPL/bLeemage ; p.142 (bd) : Gerald Bloncourt/ Rue des Archives ; p.143 : Mary Evans/ Rue des Archives ; p.143 (b) : NMM, Greenwich/ Leemage ; p.144, p.145 : Robert Louis-Stevenson, *L'Île au trésor*, illustrations de Sébastien Mourrain, éditions Milan, 2011 ; p.146 : Bridgemanimages ; p.147 : Prod DB © MGM/ DR ; p.148, p.149 : James Matthew Barrie, *Peter Pan*, adapté par Maxime Rovère, illustrations d'Alexandra Huard, éditions Milan, 2015 ; p.150 : Bridgemanimages ; p.152 (h) : Whitney Museum of American Art ; p.153 (h,m) : Prod DB © Jerry Bruckheimer - Walt Disney/ DR ; p.154 (h) : Erich Lessing/ Akg Images ; p.154 (b) : Gilles Mermet/ La Collection ; p.155 : Costa/ Leemage ; p.156 : Xavier Leoty/ Afp ; p.158 : Bridgemanimages ; p.159 (h,b) : Fotolia ; p.162-163 : Pierre Grosbois ; p.164 (h) : Selva/ Leemage ; p.164 (hg,m,b) : Pierre Grosbois ; p.165 : Leemage ; p.166 : Gianni Dagli Orti/ Aurimages ; p.167 : Pierre Grosbois ; p.168 : Leemage ; p.169 : Pierre Grosbois ; p.170-171 : Rda/ Rue des Archives ; p.170 (b) : Pierre Grosbois ; p.172 : Leemage ; p.173 : Pierre Grosbois ; p.174 (h) : Collection KharbineTapabor ; p.174 (b) : Gianni Bissaca ; p.175 : Pierre Grosbois ; p.176 (m) : Gusman/ Leemage ; p.176 (b) : Jephan de Villiers ; p.178 (h) : Bruno Ehrs/ Corbis ; p.178 (b) : Collection KharbineTapabor ; p.180-181 : Photo Josse/ Leemage ; p.182 (hg) : DeAgostini/ Leemage ; p.182 (hd) : Bibliothèque de Cambrai ; p.182 (mg) : Collection Kharbine Tapabor/ Adagp, Paris 2016 ; p.182 (md) : North Wind Pictures/ Leemage ; p.182 (bg) : Akg images ; p.182 (bmg) : DeAgostini/ Leemage ; p.182 (bmd) : Aisa/ Leemage ; p.182 (bd) : Photo Josse/ Leemage ; p.183 (g) : Association Frères Lumière/ Roger-Viollet ; p.183 (d) : Selva/ Leemage ; p.185 : Collection Kharbine Tapabor ; p.186 : Martine Franck/ Magnum Photos ; p.187 : Bridgemanimages ; p.188 : Compagnie Myriade ; p.189 : Leemage ; p.190 : Pascal Victor/ ArtComArt ; p.191 : Pascal Victor/ ArtComArt ; p.196 (h) : Collection particulière ; p.196 (md) : Martine Beck-Coppola/ RMN-GP/ Adagp, Paris 2016 ; p.196 (b) : Collection particulière ; p.197 (h) : Sierakowski/ Isopix/ Sipa ; p.197 (m) Edgar Mueller/ Rex/ Sipa ; p.197 (b) : Getty Images/ Afp ; p.198 : Bridgemanimages ; p.199 : Bridgemanimages ; p.202 : Akg images ; p.203 : Bnf ; p.206-207 : Electa/ Leemage ; p.208 (hg) : Luisa Ricciarini/ Leemage ; p.208 (hd) : Whiteimages/ Leemage ; p.208 (mg) : Aisa/ Leemage ; p.208 (bd) : Aisa/ Leemage ; p.209 : Georges Tatge/ RMN-GP ; p.209 (h) : Collection privée ; p.209 (b) : Pascal Guyot/ Afp ; p.210 : Bridgemanimages ; p.211 : Bridgemanimages ; p.212 : Photo Josse/ Leemage ; p.213 : Collection Kharbine Tapabor ; p.215 : Bridgemanimages ; p.216 : Bridgemanimages ; p.217 : Luisa Ricciarini/ Leemage ; p.218 : Akg images ; p.219 : Bridgemanimages ; p.220 (h,m,b) : Prod DB © Folimage Valence Production/ DR ; p.221 (h,m,b) : Prod DB © Cinereach/ DR ; p.222 (md) : Dragunov1981/ Dreamstime.com ; p.222 (bg) : Fotolia ; p.226 : Compagnie des Skowies ; p.230-231 : Bridgemanimages ; p.232 (h) : Bridgemanimages ; p.232 (hg) : Akg images ; p.232 (hd) : Bridgemanimages ; p.232 (mg : Luisa ricciarini/ Leemage ; p.232 (md) : Artothek - Christie's/ La Collection ; p.232 (bg) : Akg images ; p.232 (bmg) : Bridgemanimages ; p.232 (bm) : Costa/ Leemage ; p.232 (bmd) : Adoc-photos ; p.232 (bd) : Ullstein bild/ Akg images ; p.233 : FineArtImages/ Leemage ; p.233 (b) : Photo Josse/ Leemage ; p.234 : Costa/ Leemage ; p.235 : Bridgemanimages ; p.237 : Raffael/ Leemage ; p.239 : Akg images ; p.242 : Collection IM/ Kharbine Tapabor ; p.243 : Akg images ; p.244 : Jean François Souchet/ DL/ Pqr/ Maxppp ; p.245 (h,b) : Luisa Ricciarini/ Leemage ; p.246 : Jemolo/ Leemage ; p.251 : DR ; p.254-255 : Aisa/ Leemage ; p.256 (h) : Bridgemanimages ; p.256 (hg) : Bridgemanimages ; p.256 (hd) : Akg images ; p.256 (mg) : Bridgemanimages ; p.256 (md) : Michel Beau ; p.256 (bg) : Photo Josse/ Leemage ; p.256 (bmg) : Photo Josse/ Leemage ; p.256 (bm) : Archives-Zephyr/ Leemage ; p.256 (bmd) : Marion Kalter/ Akg images ; p.256 (bd) : Michel Beau, *Scriptoformes*, « Scriptoforme du hérisson », éditions Graph 2000, 1981 ; p.257 (h) : Bridgemanimages ; p.257 (bg,bd) : Prod DB © Bac Films/ DR ; p.258 : SuperStock/ Leemage ; p.259 : FineArtImages /Leemage ; p.260 : Jean-Gilles Berizzi/ RMN-GP ; p.261 : Tate Photography/ RMN-GP/ Adagp, Paris 2016 ; p.262 : Bridgemanimages/ Adagp, Paris 2016 ; p.263 : Bridgemanimages ; p.264 : Bridgemanimages ; p.265 : Artothek/ La Collection ; p.266 : Illustration Michel Beau p. 266 : Michel Beau, « Scriptoforme du hérisson », Scriptoformes, éditions Graph 2000, 1981. ; p.268 : Aisa/ Leemage ; p.269 : Photo Josse/ Leemage ; p. 275 : Bridgemanart ; p.293 : Editions Gallimard ; p.299 : Fotolia ; p.301 : PrismaArchivo/ Leemage ; p.303 : Photo Josse/ Leemage ; p.303 : Bridgemanimages ; p.305 : Bridgemanimages ; p.309 : SuperStock/ Leemage ; p.327 : Bridgemanimages ; p.339 : Bridgemanimages ; p.342 : Collection privée ; p.345 : Photo Josse/ Leemage ; p.349 : Collection privée ; p.352 : Jean Michel Emportes/ CIT›images ; p.353, reprise p.354: Luisa Ricciarini/ Leemage ; p. 355 : ProdDB © Salkind-DC Comics/DR.

Crédits textes
p.19 © Marcel Pagnol, pp.28, 116 © Sejer-Dictionnaires Le Robert, 2015.

Malgré tous les efforts de l'éditeur, il nous a été impossible d'identifier certains auteurs ou ayants droit. Quelques demandes n'ont à ce jour pas reçu de réponses. Les droits de reproduction sont réservés.

Illustrations

Couverture : Hélène Swynghedauw ; *Garde avant :* Béatrice Rodriguez ; *Intérieur du manuel :* Élodie Ballandras : p.78, 283, 285, 286, 295, 297, 299, 307, 317, 319, 321, 324, 331, 333, 347; Thérèse Bonté : p. 16-17 ; Emmanuel Cerisier : p. 192 à 195 ; Jean-Pierre Crivellari : p.354-355 ; Claire de Gastold : p. 240 et 241 ; Gwen Keraval : p. 38-43 ; Béatrice Rodriguez : p. 22-23, 29, 50, 51, 72, 116, 118, 137, 156, 157, 177, 200, 201, 224, 225, 227, 248, 249, 250, 271, 272, 273, 274..

Mise en page : Aude Cotelli, Stéphanie Hamel, Marina Smid.

Iconographie : Katia Davidoff/Booklage

Toutes les références à des sites Internet présentées dans cet ouvrage ont été vérifiées attentivement à la date d'impression. Compte tenu de la volatilité des sites et du détournement possible de leur adresse, les éditions Belin ne peuvent en aucun cas être tenues pour responsables de leur évolution. Nous appelons donc chaque utilisateur à rester vigilant quant à leur utilisation.

Le code de la propriété intellectuelle n'autorise que « les copies ou reproductions strictement réservées à l'usage privé du copiste et non destinées à une utilisation collective » [article L. 122-5] ; il autorise également les courtes citations effectuées dans un but d'exemple ou d'illustration. En revanche « toute représentation ou reproduction intégrale ou partielle, sans le consentement de l'auteur ou de ses ayants droit ou ayants cause, est illicite » [article L. 122-4]. La loi 95-4 du 3 janvier 1994 a confié au C.F.C. (Centre français de l'exploitation du droit de copie, 20, rue des Grands-Augustins, 75006 Paris), l'exclusivité de la gestion du droit de reprographie. Toute photocopie d'œuvres protégées, exécutée sans son accord préalable, constitue une contrefaçon sanctionnée par les articles 425 et suivants du Code pénal.

PEFC PEFC/14-38-00202
Imprimé en Espagne par Indice
N° d'édition : 70119844-03/Août2020 - Dépôt légal : août 2016

L'histoire des arts dans le manuel

1000 av. J.-C.

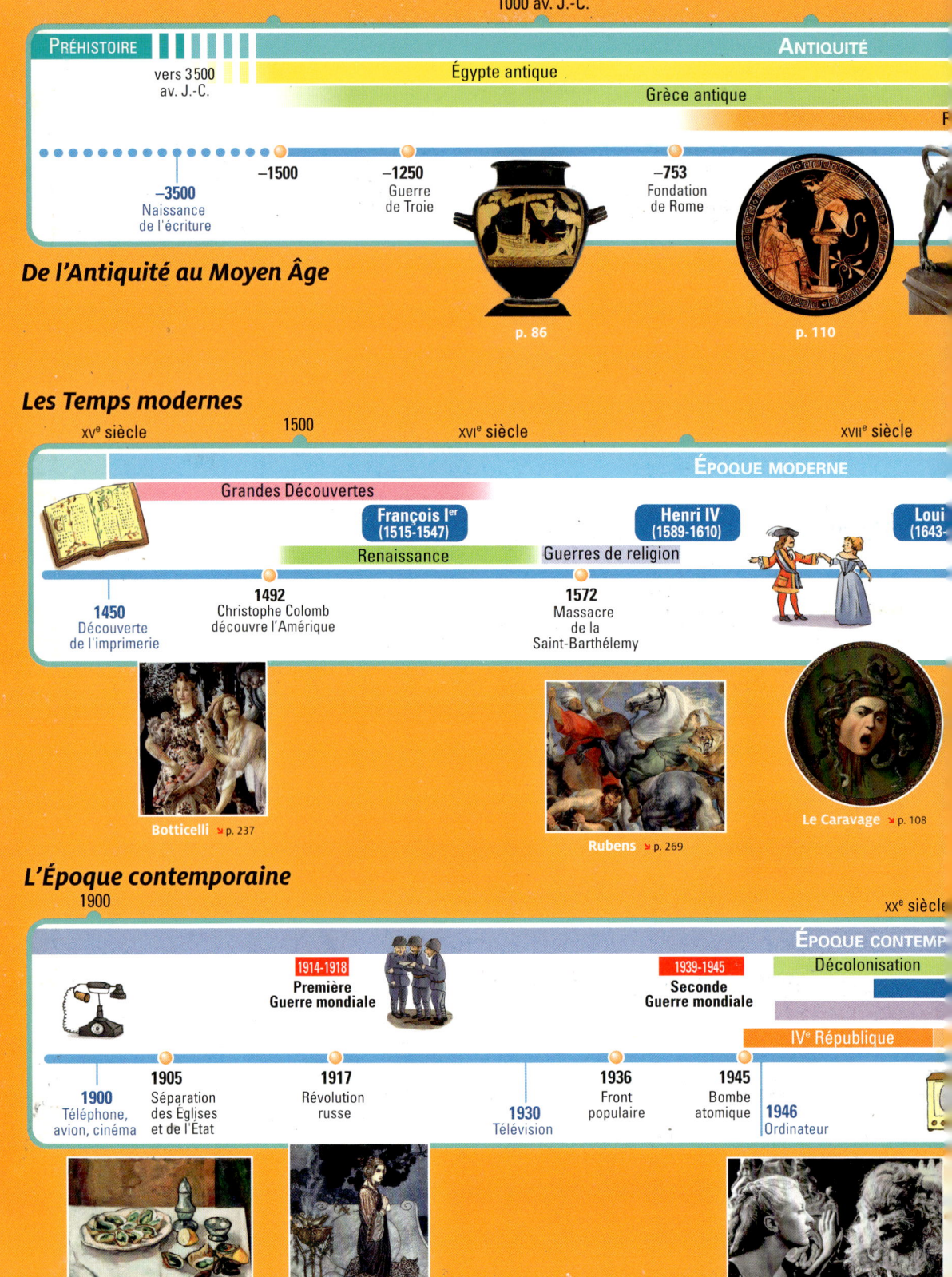

PRÉHISTOIRE | ANTIQUITÉ

vers 3500 av. J.-C.

Égypte antique

Grèce antique

−3500 Naissance de l'écriture
−1500
−1250 Guerre de Troie
−753 Fondation de Rome

De l'Antiquité au Moyen Âge

p. 86

p. 110

Les Temps modernes

XVᵉ siècle — 1500 — XVIᵉ siècle — XVIIᵉ siècle

ÉPOQUE MODERNE

Grandes Découvertes

François Iᵉʳ (1515-1547)

Renaissance

Henri IV (1589-1610)

Guerres de religion

Loui (1643-

1450 Découverte de l'imprimerie
1492 Christophe Colomb découvre l'Amérique
1572 Massacre de la Saint-Barthélemy

Botticelli ▸ p. 237

Rubens ▸ p. 269

Le Caravage ▸ p. 108

L'Époque contemporaine

1900 — XXᵉ siècle

ÉPOQUE CONTEMP

1914-1918 Première Guerre mondiale

1939-1945 Seconde Guerre mondiale

Décolonisation

IVᵉ République

1900 Téléphone, avion, cinéma
1905 Séparation des Églises et de l'État
1917 Révolution russe
1930 Télévision
1936 Front populaire
1945 Bombe atomique
1946 Ordinateur

Manguin ▸ p. 265

Dulac ▸ p. 84

Cocteau ▸ p. 58